中文创意写作

李金凤 \ 主　编

张纯静　李君威 \ 副主编

重庆大学出版社

图书在版编目（CIP）数据

中文创意写作 / 李金凤主编 . -- 重庆 : 重庆大学
出版社, 2025. 7. -- (汉语言文学新文科一流专业博雅
书系). -- ISBN 978-7-5689-5095-4

Ⅰ. H15

中国国家版本馆 CIP 数据核字第 2025MP3547 号

中文创意写作

ZHONGWEN CHUANGYI XIEZUO

李金凤 主 编

策划编辑 : 张慧梓

责任编辑 : 黄菊香　版式设计 : 张慧梓
责任校对 : 关德强　责任印制 : 张 策

*

重庆大学出版社出版发行
出版人 : 陈晓阳
社址 : 重庆市沙坪坝区大学城西路 21 号
邮编 : 401331
电话 : (023)88617190　88617185(中小学)
传真 : (023)88617186　88617166
网址 : http://www.cqup.com.cn
邮箱 : fxk@cqup.com.cn(营销中心)
全国新华书店经销
重庆正文印务有限公司印刷

*

开本 : 720mm×1020mm　1/16　印张 : 26.5　字数 : 416 千
2025 年 7 月第 1 版　2025 年 7 月第 1 次印刷
ISBN 978-7-5689-5095-4　定价 : 78.00 元

《中文创意写作》编委会

主　编：李金凤

副主编：张纯静　李君威

编　委：（按章节撰写顺序排序）

李金凤　刘　婕　高　翔　童龙超　毕　然

潘云贵　李君威　雷　勇　信世杰　张纯静

蒋黎黎　刘　赛　谢云霞

序

在信息与文化多元的时代，写作不仅是一种文字表达艺术，更是思想交流、文化传播与创新思维的载体。中文创意写作，突出写作固有的创意性，将创意看成是中文写作教育最重要的特征，无疑是顺应日益智能化时代人才培养的要求。作为一种源自传统的"新兴学科"，它具有典型的新文科特征，正以其独特的魅力和无限的可能，引领着文学教育与创作的新发展。面对这样的时代浪潮，一本优质的创意写作教材的问世，对于广大学子及写作爱好者而言无疑是一种福音，可以帮助他们更好地进入文学写作的广阔天地。

创意写作作为一门学科，其历史虽不长，却已在全球范围内展现出蓬勃的生命力。它起源于美国，随后迅速在欧洲、亚洲等地生根发芽，成为高等教育体系中不可或缺的一部分。创意写作不仅是单纯地教授写作技巧，更是通过系统的思维训练、方法指导与创作实践，激发学生的创造力，培养其成为具有独立思考能力和创新思维的写作者。

在中国，创意写作学科建设起步较晚，但近年来呈现出迅猛发展的态势，已正式成为中国语言文学的二级学科，它意味着中国文学教育进入了一个新的发展阶段。随着文化产业的繁荣和互联网的普及，创意写作已成为连接文学、艺术与文化市场的重要桥梁，其重要性日益凸显。越来越多的高校建设中文创意写作专业，开设创意写作课程，各类写作工坊、写作营也如雨后春笋般涌现，为中国写作学科的发展注入了新的活力。可以说，创意写作的引入和发展，体现了一种文化自觉和教育创新。它不仅为传统的文学教育注入新的生机，也将为当代社会培养大量的复合型写作人才。

文学写作教育与写作人才培养离不开教材的建设。教材是学科建设的基石，也是人才培养的关键。一本好的教材不仅能够传授基础知识和写作技巧，更能够激发学生的创作热情，培养其创新思维。然而，写作教材的编写并非易事，它要求编者既要具备深厚的文学功底和丰富的创作经验，又要具备敏锐的时代洞察力和前瞻性的学科视野。

当前，市场上的写作教材琳琅满目。一些教材偏于理论知识的传授，相对忽视了创作实践的引导；而另一些教材则追求技巧的堆砌，缺乏对学生思维能力的培养。另外，我们正面临一个新的社会形势与学科建设阶段，探索编写与时代特征相适应、能够满足写作人才培养新要求的写作教材也是势在必行。因此，编写一本既注重理论又兼顾实践，既强调方法技巧又重视思维训练，同时紧贴时代脉搏与人才培养目标的写作教材，显得尤为重要。

正是在这样的背景下，李金凤教授主编的《中文创意写作》教材应运而生。这本教材以其独特的编写理念、系统的内容编排和丰富的实操案例，为写作教育提供了一套较为新颖、实用的教学方案。

首先，本教材在编写理念上实现了较大突破与创新。它不仅关注写作技巧的传授，而且将思维训练、创作方法与过程写作作为三大核心板块，贯穿于整个编写过程，作为对写作教学的一种内在要求。它不仅符合写作学科的特点和发展趋势，也为教师的教学和学生的写作提供了有力的指导与帮助。

其次，本教材在内容编排上注重系统性与实操性的结合。它涵盖了现代诗、歌词、散文、小说、剧本、非虚构、新媒体、广告文案、网络文学、文艺评论等十余种文体，每种文体都从界说与特征、思维训练与创作方法、过程写作实训三个方面进行深入浅出的讲解。这种清晰有序的编排方式，不仅有助于学生掌握各种文体的写作知识与技巧，更能够引导学生通过实践与训练来提升写作能力。

此外，这本教材还融入了国际视野与本土特色。编者充分学习、借鉴了国外的创意写作理论和方法，同时结合中国特色和写作传统，尝试建构一个融合中外创意写作的内容体系。这不仅丰富了教材的内容与形式，也为学生的跨文化交流提供了支持，推动了创意写作在中国的本土化进程。

《中文创意写作》的出版，是西南大学文学院汉语言文学专业在新文科建设方面取得的成果，也是全国十所高校团结合作、智慧交融的结晶。期待它能够为广大师生及写作爱好者打开一扇创意写作之门，也希望未来能够有更多的专家学者加入到写作学的教学与研究工作中，共同推动这一学科的繁荣发展。

是为序。

方长安

2024 年 10 月 8 日于珞珈山

前　言

写作是一门古老而又现代的艺术。从古至今，人们通过书写来记录历史、传递知识和表达情感。写作也是最好的投资，学习写作并不是一定要成为作家或专家，而是写作能力与我们的日常生活和职业发展息息相关。创意写作不仅是艺术的表达和自我的投资，更是重要的沟通方式与创新思维的培养途径。

在当今社会，无论是小说创作、剧本写作，还是新媒体写作，都需要作者具备深厚的文学功底与敏锐的洞察力。本书旨在为学生提供一个学习创意写作的完整教育框架，涵盖从基础理论、写作技巧到创作方法、思维训练等多方面的指导。读者可以在这里熟悉十种主流文体的写作知识与技巧，了解写作的思维、方法与过程。我们希望通过这本教材，不仅能激发每一位学习者的创造力，还能引导他们发现并发展自己独特的声音，将其转化为触动人心的故事与独到的思想。无论是对文学充满热情的新手，还是寻求技能提升的资深写作者，本书或许能为创作者提供一些写作的灵感与资源。

在互联网与人工智能技术迅猛发展的时代，写作教育面临着前所未有的机遇与挑战。面对这一新形势，大学写作教育需要更加注重方法的训练和能力的培养。时代的变化和写作观念的发展，要求对现有的写作教材的结构与叙述方式做出新的突破。本书以思维训练、创作方法、过程写作作为教材编写的三大核心板块，将写作技巧与创作过程进行有机融合，对内容与体例进行了显著的改革。

概括而言，本教材具有以下三个特色。

一、编写理念新颖独特，强调方法

本教材试图突破现有的写作类教材的编写结构与叙述方式，从内容与理念方面展现一些新颖独特的气质。目前创意写作教材各有特色、各具优势，编写理念包括创意本体论、阅读型写作、立足实训与对接市场、培养普通人的写作能力等等。本教材将方法作为核心编写理念，着力呈现作为教育教学方法的创意写作，希望对教师如何教和学生如何写提供指导与帮助。本教材在部分章节融入了人工智能辅助写作的相关知识与案例，并配套了针对性的练习题，初步探索了人机协作在写作教育中的运用。

整本书重点实践创意写作在教育教学方法上的应用，全程采用可靠、有效的思维训练方式和创作方法指导文体写作实训，将思维训练、创作方法与过程写作进行充分展示。每一个文体都通过对创作者的思维激发和创作方法的提炼，将神秘的写作活动按照特定流程和步骤，从选题、构思、创作、修改到发表等环节，详细呈现一个作品的创作方法与写作过程，重点解决创意写作可以教和学的问题，从技术上支撑作家可以培养的理念。思维、方法和过程构成了创意写作教育教学的三大支柱，它们共同构建了这一领域的教育框架，成为创意写作方法论的核心要素。本教材强调作为方法的创意写作，也是在探寻一种新的文学生产范式，试图开辟一条以创作为核心的文学教育路径。

编者在写作教学中发现，单纯讲授"某某文体的写作""写作要点""写作策略"等常规教学，并不能让学生真正掌握某一文体的写作。通过对写作者进行针对该文体的思维训练，并总结提炼出符合其文体特质的创作方法，才是有效的教学方式。同时，有创作经验的教师带领工坊学生探索一个作品的产生过程，师生循环反复对作品进行反馈与修改，最终将作品打磨成精品。这一过程对学生来说是写作的祛魅和创作经验的积累，教材将这一过程呈现出来，对写作教师来说也是有益的观摩与参考。

葛红兵、许道军认为，创意写作的学科方法是工作坊方法、过程写作/教学法以及产学研一体化。本书对"过程写作/教学法"尤其重视，并在编写过程中进行全方位的实践。所有文体章节的第三节内容都专注于过程写作实训，描述写作流程和步骤，并且根据需要论述、复盘作品的写作过程。此外，作品发表是写作过程的重要环节，是作品从私人领域进入公共视野的关键步骤。本教材配套线上资源，建立SWU创意写作网络文化工作坊，通过微信公众号"SWU创意写作"

实践"过程写作/教学法",实现网络发表,将作品影响力辐射更多读者。

二、编写内容兼具系统性和实操性

本教材的内容编排具有系统性和实操性,既有国际视野,更有本土特色。编者充分学习、借鉴了国外的创意写作理论和方法,同时结合中国特色和写作传统,融入了本土的写作文化和实践,尝试建构一个融合中外创意写作的内容体系。第一章至第二章为"创意写作的理论与方法",介绍创意写作的概念、特征、方法体系、思维训练方案、过程写作流程、学科概况、学科理念、工坊教学等,写作理论知识讲解较为简明扼要。第三章至第十二章皆为"创意写作的文体与实践",包含诗歌、歌词、散文、小说、剧本、非虚构、新媒体、广告文案、网络文学、文艺评论等10种文体的写作。每章开头均明确"学习目标",章节正文设有"知识延伸""案例展示"等二维码阅读资料,结尾处设有"研讨与实践""拓展阅读"板块,自主设计了配套练习,辅助阅读文献,构成一个完整的学习体系。

创意写作和市场、文化产业密切相关,写作的范围不仅包括传统的诗歌、小说、散文、剧本等文体,还包括歌词、广告文案、短视频、新媒体文学、网络文学等。创意写作也不仅仅是感性、形象的思维训练,还应该是理性、抽象的思维训练。文艺评论作为一种融合感性与理性的文体,是最能体现创造性思维和批判性思维的文体,也应该纳入到创意写作的范畴中。本教材对文体的选择进行了谨慎又前沿的探索,将新媒体文案、广告文案(包含短视频文案)、网络文学和文艺评论纳入本教材的文体范畴,从而拓宽了创意写作的对象与范围。

本教材重视理论讲授与创作实践有机结合,并且创作实践占据核心内容。本教材将写作知识和理论作为基础和引领,这些内容主要集中在第一章至第二章以及文体章节的第一节"界说与特征"。第三章至第十二章的第二节和第三节的编写内容直接聚焦于写作主题、写作方法和写作过程,将思维训练、创作方法与作品创作紧密结合,编写的体例充分服务于创作和作品本身,从而更具实操性和实用性。

文体章节编写内容由"界说与特征""思维训练与创作方法""过程写作实训"三个部分构成，从基础概念到思维训练，再到高级技巧和创作实训，逐步深入，形成一个严密、系统的学习框架。"界说与特征"主要解决文体的概念、类型、发展与特征等问题，这是初学者需要了解的文体知识。在"思维训练与创作方法"板块中，本教材结合具体的文体，根据编者的教学实践和创作经验来提炼、概括、总结这一文体独特、可靠、有效的思维训练与创作方法，每一种文体提炼2—4种思维训练的方式或创作的方法。在"过程写作实训"板块中，编写者需要体现过程写作的理念与方法，论述一个作品的写作思路和产生过程，呈现写作教练的方法与建议，展现作者的创作过程和修改痕迹。有的章节详细描述了一个作品的写作流程和步骤，从选题、结构和语言等多方面进行指导，还会针对一个经典作品、一篇爆文的形成过程进行分析和解读；有的章节，作者提供创作阐释，复盘创作过程，教师也对作品进行点评。这三节内容紧密相连，尤其是第二节和第三节。第二节内容中，编者采用了特定的思维训练与创作/教学方法，第三节"过程写作实训"恰恰是对第二节内容的作品实践和成果展示。整体而言，本教材编写体例保持了高度的一致性，严格贯彻了编写理念，力求使编写内容更具有系统性、操作性和实用性。

需要说明的是，在"思维训练与创作方法"这节内容中，我们采取了较为灵活的编写方式。多数章节中，思维训练与创作方法都有深入详细的探讨，个别章节重点在思维训练或创作方法上。写作和思维是相辅相成的，一旦开始创作，思维活动也随之启动，写作是思维的外化，写作的过程本质上就是思维的过程，因此思维训练和创作方法是相互交融、彼此影响的。探讨创作方法必然涉及思维训练，讨论思维训练也会触及创作方法，不论重点论述哪一方面，最终都会涵盖思维训练和创作方法的内容。

三、编写团队实力较强，充满潜力

理想的创意写作师资应该是既有丰富的创作和教学经验，又有深厚的写作理论功底。把作家请进校园从事写作教学，将他们丰沛鲜活的写作经验传达给学生当然是重要的，但若作家缺乏理论视野和教学艺术，就容易变成感性化、碎片化的写作经验的传达，未必能被学生有效地吸收。因此，本教材邀请了既有感性、鲜活的创作经验又有扎实的理论知识的学者型/学院派作家，编写者由国内外创意写作博士、国家级省市级作家和具有丰富写作教学经验的大学教师构成，编写者全部从事一线大学写作教学，并且多位教师具有市场化写作培训经验。

本教材团队成员编写的章节都与他们各自的创作优势、教学内容和研究方向密切相关。其中，刘婕、高翔、李君威、雷勇、信世杰、刘赛均获得了创意写作专业博士学位。根据章节顺序，编写成员依次为：

刘婕：美国佛罗里达州立大学创意写作博士，现为湖北省作协会员、美国作家与写作项目协会会员。双语作家，出版了4部小说，发表了多篇英语作品。在美国高校从事多年创意写作教学，熟悉国内外的创意写作理论与教学。

高翔：资深创意写作导师，著有写作类指导书《动手写吧！故事写作创意手册》、短篇小说集《谋杀白日梦》，另有诗作见于《诗刊》《散文诗》等。开设的在线写作课被《解放日报》和上海人民广播电台专题报道。

童龙超：西南大学中国新诗研究所副研究员，长期从事音乐文学研究，开设中国现代诗乐金曲赏析、文学与音乐关系研究等课程，是国内少数精通音乐与文学的专家之一。

毕然：国家一级作家，在国内外公开发表文学作品约600万字，出版《雏鹰飞过帕米尔》《琢玉》等历史散文、儿童文学专著共66部。

潘云贵：台湾中山大学文学博士，青年作家，作品发表于《人民文学》《诗刊》《美文》等刊物达数百篇，已出版《人生海海，素履之往》《白马少年，衣襟带花》等20部个人图书作品。

李君威：中国作协会员，青年作家，出版长篇小说《昨日之岛》、传记《郑君里评传》，在《长江文艺》《作品》《香港文学》《新文学史料》等刊物发表作品、评论20余篇。

雷勇：西北大学创意写作专任教师，讲授剧本写作、小说写作等课程，出版专著《创意写作的创意理论研究》和作品《中华先贤人物故事汇·鉴真》等，合作翻译杰克·赫弗伦的《作家创意手册》等论著。

信世杰：江苏省作协会员，多次获得非虚构写作大赛优秀奖，在《中国作家》《青春》《儿童文学》等刊物发表作品、评论20余篇，开设线上写作课程，三期课程指导下的学员在澎湃非虚构写作平台发表40余篇作品。

张纯静：具有丰富的写作教学经验，长期负责微信公众号等新媒体运营，其教研论文获得世界华文创意写作大会一等奖，获得首届"何建明中国创意写作奖"理论奖优秀论文奖。

蒋黎黎：曾任中央广播电视总台（原中国国际广播电台）国际新闻编译员、编辑，《环球时报》·环球网责任编辑，现为西南财经大学人文与艺术学院外聘教师，讲授新媒体文案写作、财经应用文写作、沟通与写作等课程。

刘赛：讲授网络文学相关课程，其博士论文专攻网络文学的类型演变与创作成规，发表过数篇与网络文学相关的文章，出版合著《创意背景下的创意城市建设》。

谢云霞：吉林大学文艺学博士，重庆工商大学文学与新闻学院专任教师，讲授基础写作、写作与思维实训等课程，主要从事文艺理论、文艺批评和视觉文化等方面的研究，尤其擅长文艺评论写作。

总之，西南大学文学院写作教师李金凤、张纯静、李君威作为主力编写这本教材，协同中国各大高校，邀请创意写作教师以及中国作协、省市级作家等加盟本教材编写，确保每位教师都在各自擅长的领域编写相关章节。这本教材的顺利诞生，是来自全国十所高校团结合作、共同努力的结果。

本教材的编写和分工情况参见如下表格：

章　节	编写者
第一章　作为方法的创意写作	李金凤
第二章　创意写作的学科概况	刘　健
第三章　现代诗写作	高　翔
第四章　歌词写作	童龙超

续表

章　节	编写者
第五章　散文写作	毕　然　潘云贵
第六章　小说写作	李君威
第七章　话剧剧本写作	雷　勇
第八章　非虚构写作	信世杰
第九章　新媒体写作	张纯静
第十章　广告文案写作	蒋黎黎
第十一章　网络文学写作	刘　赛
第十二章　文艺评论写作	谢云霞

全书由李金凤提出编写理念、章节设计并进行修订。审稿工作由李金凤、张纯静、李君威等共同完成。李金凤对部分章节进行了较大幅度的修改，通读并审定全文，最后定稿。

本教材是重庆市一流本科课程"大学写作"建设教材，也是西南大学文学院汉语言文学新文科一流专业博雅书系之一，感谢学院提供教材编写的机会与经费，感谢学院领导王本朝教授、张春泉教授、寇鹏程教授以及各位同事的支持与帮助。感谢中国写作学会会长方长安教授在百忙之中为此书撰写序言。本教材从编写到出版，历经两三年的时间，终于即将面世。在此，感谢编写团队的全力以赴与精心打磨，正是他们的执著追求和专业精神，这本教材才得以优质完成。由于编写理念的设置，本教材编写难度较大，几乎每一章都经过了多次修改，感谢各位编者的支持与配合。感谢重庆大学出版社编辑老师的辛苦付出。

我们致力于编写一本高质量的创意写作教材，但由于各方面的限制，肯定存在不少问题。我们将不断探索，若有再版机会，定当编写得更加完善。欢迎广大读者提供宝贵意见。

李金凤

2024 年 9 月写于重庆北碚

目 录
CONTENTS

第一章　作为方法的创意写作　　　1

第一节　创意写作的界定与特征　　　2

第二节　创意写作的方法体系　　　9

第三节　过程写作：作品生成与创作实训　　　23

研讨与实践　　　28

拓展阅读　　　29

第二章　创意写作的学科概况　　　30

第一节　创意写作在海外的发展概况　　　31

第二节　创意写作在中国的发展历程　　　39

第三节　创意写作的学科理念　　　43

第四节　创意写作的教学模式：写作工坊　　　49

研讨与实践　　　59

拓展阅读　　　60

第三章　现代诗写作　61

第一节　现代诗的界说与特征　62

第二节　现代诗写作的思维训练与创作方法　66

第三节　过程写作实训：一首诗的诞生　79

研讨与实践　99

拓展阅读　100

第四章　歌词写作　101

第一节　歌词的界说与特征　102

第二节　歌词写作的思维训练与创作方法　109

第三节　过程写作实训：从一首歌词到一首歌　129

研讨与实践　140

拓展阅读　141

第五章　散文写作　142

第一节　散文的界说与特征　143

第二节　散文写作的思维训练与创作方法　153

第三节　过程写作实训：一篇散文的诞生　168

研讨与实践　175

拓展阅读　176

第六章　小说写作　177

第一节　小说的界说与特征　178

第二节　小说写作的思维训练与创作方法　184

第三节　过程写作实训：一篇小说的诞生　199

研讨与实践　204

拓展阅读　205

第七章　话剧剧本写作　206

第一节　话剧剧本的界说与特征　207

第二节　话剧剧本写作的思维训练与创作方法　214

第三节　过程写作实训：一部独幕话剧剧本的生成　223

研讨与实践　230

拓展阅读　230

第八章　非虚构写作　231

第一节　非虚构写作的界说与特征　232

第二节　非虚构写作的思维训练与创作方法　243

第三节　过程写作实训：非虚构作品的诞生　253

研讨与实践　267

拓展阅读　268

第九章　新媒体写作 269

第一节　新媒体写作的界说与特征　270
第二节　新媒体写作的思维训练与创作方法　274
第三节　过程写作实训：新媒体作品的诞生　284
研讨与实践　296
拓展阅读　297

第十章　广告文案写作 298

第一节　广告文案的界说与特征　299
第二节　广告文案写作的思维训练与创作方法　308
第三节　过程写作实训：广告文案作品的诞生　318
研讨与实践　331
拓展阅读　332

第十一章　网络文学写作 333

第一节　网络文学的界说与特征　334
第二节　网络文学写作的思维训练与创作方法　342
第三节　过程写作实训：网络文学作品的产生　351
研讨与实践　367
拓展阅读　368

第十二章　文艺评论写作　369

第一节　文艺评论的界说与特征　370

第二节　文艺评论写作的思维训练与创作方法　377

第三节　过程写作实训：一篇文艺评论的产生　389

研讨与实践　399

拓展阅读　400

————————— 第一章 —————————

作为方法的创意写作

学习目标

1. **知识目标**：理解创意写作的概念、面向，了解创意写作的特征，把握"思维、方法与过程"在创意写作方法体系中的重要性。

2. **能力目标**：理解贯穿于创意写作中的三大方法：思维训练、创作方法和过程写作，掌握一些思维训练的方法与方案，熟悉和运用过程写作的流程与步骤。

3. **素质目标**：树立创意优先的意识，在写作中以创意为本位，培养创新意识。

　　创意写作通常包括诗歌、小说、散文、戏剧、翻译等不同类型的写作实践，是20世纪在美国等英语国家高等教育体系中逐渐发展起来的新兴学科。2024年，中文创意写作新增为中国语言文学下的二级学科，这标志着中国创意写作的学科建设取得了阶段性成果。这一源自国外的创意写作，在中国深耕之后开辟出独属于它的发展空间。

　　那么，什么是创意写作？如何理解创意写作？与中国传统写作相比，创意写作有什么特征？创意写作的教育教学方法是什么？创意写作具有哪些独特的方法体系？这些问题都值得进一步了解。

第一节　创意写作的界定与特征

一、创意写作的界定

1837年，美国学者拉尔夫·沃尔多·爱默生（Ralph Waldo Emerson）提出了"创意阅读和创意写作"（creative reading as well as creative writing）的概念，强调阅读和写作是一种创造性活动，从此这一说法进入写作学界的视野中。目前，创意写作已具有130多年的实践历史，它以多元化的发展面向和丰富的形态呈现在公众面前。

（一）创意写作的面向

首先，创意写作被认为是一门与文学教育改革密切相关的课程，它起源于19世纪末美国高等教育体系内的英语写作课程改革。美国高校兴起一场文学教育教学改革，创意写作于是作为一项在全国高校内开设小说、诗歌写作课程的校园计划正式步入公众视野，这也预示着一个旨在招募小说家、诗人从事该学科教育教学的国家体系正在形成。美国剧作家、创意写作教师威廉·休斯·默恩斯（William Hughes Meaens）在1925年和1929年分别出版了《年轻的创造力》《创意的力量》，创意写作于是被正式指涉为一门具体的研究课程。创意写作课程将作家教学引入高校，倡导以学生创作的文本为中心，采用别具特色的过程写作法、作者式阅读法和以作品研讨为主的写作工坊，呈现出与传统的文学写作教育全然不同的特质。创意写作课程多以写作活动为基础，它面向文化创意产业，包含以文学写作为基础的写作活动。与"写作不可以教"的传统观念不同，创意写作具有很强的开放性，秉持写作是可以被学习和激发的理念，用全新的现代教育思想鼓励高校学生积极参与各种类型的写作活动及其实践，培养作家以及文化产业上游人才。

其次，作为方法的创意写作是创意写作领域中的一个重要维度。它强调通过系统的思维训练、创作方法的总结归纳以及过程写作法来提升学生的创意思维和写作技巧。写作工坊是创意写作教学方法的核心。教师在写作工坊中扮演着引导者的角色，通过设计各种思维训练活动来激发学生的创作潜能。这些训练包括但不限于头脑风暴、曼陀罗法、自由写作、强制关联法、思维导图绘制等，从而帮助学生打破常规思维，培养想象力、创造力和写作能力。同时，教师在小班化写作工坊中带领学生深入细致研讨作品，促进学生对写作技艺的思考。学生在作者式阅读训练基础上，学会像作家一样阅读作品，教师引导学生总结和归纳不同文体的创作方法，并让学生了解不同类型作品的创作规律和技巧，以便在实践中灵活运用。过程写作法是创意写作方法的另一核心要素。这种方法强调写作是一个动态的过程，包括预写作、打草稿、修改、编辑和发表等阶段。教师鼓励学生反复修改作品，通过同行评审和读者反馈来不断改进作品的质量。总之，作为方法的创意写作是一种全方位的教育教学方法，也是学生学习写作的重要方法。

再次，创意写作是20世纪在美国等英语国家高等教育体系中逐渐发展兴盛的学科。1936年，创意写作作为一门学科正式诞生于美国，经过一百多年的实践与发展，创意写作在欧美国家中逐渐发展成为一门成熟的学科，是包含近20个子类、设有本科、硕士、博士研究生培养层次的大学科，"作为学科，创意写作是一个包括工坊、驻校作家制度、课程、学位、写作系统在内的完整教育教学体系"[1]。创意写作通过师资、课程、课时、学分、学位、教学等方式，承担着培养大批量、多层次、多类型的作家的任务，并延伸为多种形式的社会培训。[2]黛安娜·唐纳利（Dianne Donnelly）认为："作为一个学科或者研究领域，创意写作已经能够通过专业化的学术体系、相关的专业组织、会议和出版物要求在英语文学系占有一席之地。最重要的是，创意写作

1.葛红兵、许道军主编：《创意写作教程》（第2版），北京：高等教育出版社，2023年，第3页。

2.葛红兵、许道军主编：《大学创意写作》（第2版），北京：中国人民大学出版社，2024年，第5页。

是一个正在发展中的、与艺术及创作行为相关的专业实体。"[1]创意写作学科的诞生和发展，形成了欧美文学教育教学的新体系，为欧美文化创意产业的兴盛和发展奠定了学科基础。

与此同时，创意写作走出高校，面向社区，服务于社会。第二次世界大战结束之后，无数退伍士兵因《退伍军人权利法案》走进美国各大高校创意写作课堂，从而让创意写作获得了额外的生源和支持。创意写作教学也从此具备了面向社会的传统。例如，著名华裔作家汤亭亭开设了退伍老兵写作工作室，教退伍老兵写回忆录。更多创意写作教师进入社区乃至监狱开设文学创作工作室，编选学员作品结集出版，他们在文学创作的普及与社会化方面发挥了重要作用。二战前后，创意写作在美国逐渐发展为一场全国性的社会运动，在应对战后军人战争创伤、黑人教育、移民浪潮、女权运动、多元文化差异、文学类型化、美国梦形成以及文化创意产业发展等诸多方面发挥了巨大作用。[2]创意写作从校园辐射到城市、社区、村落，参与了创意城市和创意国家的建设，塑造和推动民众的文化感受力，主张和捍卫公民写作的主体性权利。最终，创意写作在美国落地生根，然后在欧洲、大洋洲及亚洲等国家和地区推广开来，形成世界性潮流。

由此可知，创意写作打通了通识教育、专业教育和社会服务之间的边界，既面向个体、大众，也面向社会和国家建设。概而言之，作为写作课程/活动、作为教育教学方法、作为学科和作为社会运动，是创意写作的四个面向。这四个面向也可以说是创意写作的主要形态。

（二）创意写作的概念

在了解创意写作的四个面向之后，该如何进一步准确地理解创意写作？

首先，创意写作是一个外来词汇，英文名Creative Writing，既可以翻译成

1.黛安娜·唐纳利：《作为学术科目的创意写作研究》，许道军、汪雨萌译，上海：上海大学出版社，2019年，第5页。
2.葛红兵、许道军主编：《创意写作教程》（第2版），北京：高等教育出版社，2023年，第2页。

创造性写作，也可以翻译成创意写作。目前国内多以"创意写作"为名来统称这一从国外流传过来的写作理念与写作范式。无论是"创造性写作"还是"创意写作"，都强调作品的原创性、独特性与个人性，重视创作者打破常规、发掘自身潜能。正如《牛津英语词典》给"创意"所下的定义："特指文学与艺术，也指作家或艺术家有创造才能或想象力，想象力也体现在智力活动中，创造才能与想象力与其仅仅在批评、'学术'、新闻、职业、技术方面的表现相区别，而表现在文学或艺术产品中。所以，创意写作是此类的写作。"[1]创意写作也就意味着作者在创作过程中勇于突破自身的写作障碍，挑战自身写作经验，发挥创造才能与想象力，探索写作的新形式、新技巧与新表达，从而创作出有创意的作品。

其次，作为一个历史概念，创意写作原指英美大学语文系开设的一门与文学创作有关的课程，最初指文学写作和文学写作教育，后来泛指包括文学写作在内的一切面向现代文化创意产业、适应文学民主化、文化多元化、传媒技术的更新换代等多种形式的写作以及相关的写作教育。[2]换而言之，创意写作不仅包含通常所说的文学写作，也包含与文化创意产业相关的写作形式，即面向文化创意产业各个环节的写作。因此创意写作涉及影视娱乐、出版发行、杂志广告、人工智能、数字人文、动漫、游戏等领域，从而为创意经济时代提供支持与资源。创意写作还具有跨学科特征，往往与历史学、新闻学、传播学、电影学、心理学、脑科学、经济学、计算机科学等诸多学科产生交叉、融合，在多学科的冲击碰撞下，创意写作产生的内容与形式更加丰富多元。

最后，创意写作意味着创作者必须要有创造性思维。要树立创意优先的意识，在写作中以创意为本位，进行思维的开发与创新意识的培养。因此，创意写作的教学尤其看重创意能力的培养和写作技巧的训练。创意写作认为

1.转引自安德鲁·本尼特、尼古拉·罗伊尔：《关键词：文学、批评与理论导论》，汪正龙、李永新译，桂林：广西师范大学出版社，2007年，第83页。
2.葛红兵、许道军主编：《创意写作教程》（第2版），北京：高等教育出版社，2023年，第2页。

写作是可以教学的，人人皆可以通过专业的写作训练走上作家的道路。创意写作的作家，不仅仅是传统意义上的"文学作家""专职作家"，更是指具有创意思维与创意能力的创作者。创意写作的培养目标也更倾向于培育具有写作原创力的创造性人才。它坚持大众教育路线，着力激发全民创意，鼓励素人写作，实现创意写作教育的文学民主化和人民性理念，为心怀创作梦想的普通民众提供写作上的帮助与指导。

简而言之，创意写作一般被认为是创造性的写作，它以创造性思维为主导，以文字、符号、图片等形式探索个人声音，激发内在的创作潜能，实现创意和多元的写作活动。

二、创意写作的特征

创意写作在不断的发展过程中，其特征也处在变化之中，但在整体的观照中，创意写作一般具有以下五个特征。

（一）原创性与创意表达

创意写作的核心在于原创性，它要求作者在习得基本的创作技巧与文体成规之后，摒弃生硬的模仿和抄袭，追求独一无二的创作，形成创意的表达。创意表达是创意写作区别于传统写作的主要标准之一，它强调思维的开发与拓展，在创意思维的激发下，借助不同的写作形式，创新表达方式，创造出独特的作品。

创意写作既要遵守成规，了解创作规则与方法，熟悉相关文体的类型特征，善于学习经典之作的写作技艺；更要打破成规，从主题、内容、形式等方面形成陌生化的效果，促成作品创造性的生成。这种创造性通常也是个性化的，创意写作鼓励作者发展个人风格，寻找个人声音，挖掘自身的生活经历、情感体验以及独特视角，将这些素材转化为生动的文字。

（二）工作坊教学模式

创意写作的教学往往采用工作坊（Workshop）的形式，通过动手写作、团队协作和导师指导的方式，促进学习者在实践中学习和成长。工作坊教学注重实践操作，参与者通常需要完成具体的项目或任务，如创作一个故事、设计一个方案、编写一则文案等。这种方式促使学习者将写作理论知识转化为实际写作技能。

创意写作强调师生间的互动与反馈，创意导师提供一对一或小范围内的个性化反馈。在工作坊中，每位学生的作品都会被集体讨论，教师和其他学生提供建设性的批评与建议，帮助作者从多角度审视自己的作品，促进作品进一步完善。

创意写作工作坊营造了一个互相支持与鼓励的学习共同体，学生们在这里分享创作经验，相互激励，共同面对写作过程中的挑战。工作坊也直接培育了作者的读者意识，让作者直面读者的反馈并接受读者的合理建议。

工作坊教学模式有助于激发学生的创作潜能，提升写作技能，也培养学生的读者意识、批判性思维和交流合作能力，使他们学会倾听不同的声音，从而提升作品的质量。

（三）对写作过程的重视

与传统写作教育中过分关注最终成绩不同，创意写作更重视创作的过程。创意写作认为，写作不仅仅是为了完成一篇作品，更是一个探索、发现、表达和成长的动态过程。写作过程本身也极具价值，它可以释放内心的情感，使作者沉浸在创作的乐趣中，感受文字带来的魔力。在这个过程中，作者往往能获得新的见解和认知，还可能实现写作的疗愈效果。

教师引导学生关注创作的灵感来源、构思过程、草稿修改等环节，鼓励他们在写作过程中学习成长，而不仅仅是追求完美的成品。例如，一位学生在创作一篇小说时，可能经历了多次改写，将最初的粗糙草稿一步步打磨成最终的精致篇章。其中，教师和同学的反馈起到了关键作用，帮助作者不断完善作品，这一过程本身就是一次宝贵的学习经历，有助于作者习得写作技巧，增强作者的创作能力。

（四）跨文体与跨媒介实践

广义的创意写作涵盖的文体是宽泛的，一般可分为审美性写作、生产性写作和工具性写作。创意写作并不局限于传统的诗歌、小说或戏剧等文体，还涉及广告文案、短视频文案、新媒体写作、剧本游戏写作、纪录片脚本写作、新闻报道、商业计划书、市场分析报告等。最近盛行的非虚构写作就是包含报告文学与小说，融合文学与新闻的混合文体。一些新闻领域的非虚构写作已经颠覆了传统报纸的新闻呈现方式，将文字、音频、视频、动漫、数字高程模型、卫星模型联动等集成多媒体叙事，形成跨文体与跨媒介实践。

创意写作鼓励跨文体、跨媒介的尝试与创新。随着新媒体和AI技术的成熟，越来越多的作者可以自由地在不同文体、不同学科之间穿梭，甚至结合图像、音频、视频等多种媒介，创造出全新的艺术形式。例如，作者尝试将现代诗与动画短片相结合，制作出富有视觉冲击力的多媒体作品，这种跨媒介的创作方式，拓宽了创意写作的表现边界。

（五）社会实践与公共传播

创意写作是与文化产业、经济建设密切相关的学科，它要求作品走出课堂和校园，走向文化创意产业，与广阔的社会生活、文化经济相结合。中国创意写作更为重视社会实践，助力作品培育，推动作品发表和改编，组织作家和企业对接，组织面向社会需求的创作活动。

创意写作不仅强调自我表达，还需要公共传播，它连接着社会互动与公共对话的功能。"创意写作天然是面向公众的、行动性的，是以一种开放的、革新的力量重新结构内与外、个体与大众。"[1]创意写作鼓励作者将作品推入市场，带入更广阔的社会空间，通过发表、朗诵、展览、出版等形式，与公众

1.叶祝弟：《作为创意城市基础设施的创意写作》，《当代文坛》2024年第3期，第59—67页。

进行交流，建立作者自信，获得读者共鸣。例如，举办一场校园诗歌朗诵会，让学生上台分享自己的诗歌创作，既能营造浓厚的文学氛围，也能让学生体验到作品被他人欣赏的喜悦。

第二节　创意写作的方法体系

写作和阅读、言说一样，已成为人类的基本技能。创意写作的核心理念是人人都能写作，倡导将写作的权能赋予每一个人。创意写作并不全是为了培养和训练职业作家，其真正目的在于提高学生创造性体验和表达的能力。休斯·默恩斯（Hughes Mearns）也强调创意写作教育不是为了培养特定的作家，而是将创意写作视为创造性的自我表达。国外学者一方面将写作从修辞学、语文学的框架下解放出来；另一方面，破除大众对创作天才、创作灵感的推崇，将创造的权利赋予每一位写作者。"文学不再是少数人的特权或某种具有天赋的作者的专利，而是自我创造力激发的重要训练、媒介。"[1]作为二级学科的"中文创意写作"也重点强调"本学科特别注重创造力的激发、养成和拓展"。[2]

要达到以上目的，就需要有一套提高学生创造性体验与表达能力的方法系统，通过一定的教育教学方法激发、培养学生的创意写作能力。没有与创意写作理念相配套的可靠、有效的教育教学方法，创意写作的观念和目标也就难以落地生根。从这个层面而言，作为方法的创意写作在本学科中占据核心地位。

学界总结出创意写作的学科方法，概括为三种：1. 创意写作工作坊，解决作家如何培养的问题；2.过程写作/教学法，解决写作如何教学的问题；3.产

1.刘卫东：《英语国家创意写作的兴起与当代文学生态的新变》，《广州大学学报（社会科学版）》2024年第1期，第10—15页。

2.中国学位与研究生教育学会：《研究生教育学科专业简介及其学位基本要求（试行版）》，2024年1月22日发布。

学研一体化，解决创意与潜能如何激发的问题，将创意写作落实到产业化的实践中。[1]如何进行写作工坊的教学，如何进行过程写作教学，如何实践产学研一体化，如何运用中国本土化的创作/教学方法，仍是目前写作学界亟待解决的问题。

西方创意写作的发展历史及其教学实践证明，写作有规律可循，写作是可以训练的，成为作家并不靠神秘的天赋，而是长时期的专业训练。作家兼资深文学编辑多萝西娅·布兰德（Dorothea Brande）在《成为作家》一书中明确指出，作家是可以训练的，写作可以教，"写作确实存在一种神奇的魔力，而且，这种神奇魔力是可以传授的"。[2]但是在寻找到"神奇的魔力"之前，必须在认识上解除作家天才论的误区，然后进行写作训练，这种训练是全方位的，既包括写作技巧，也包括作家气质、心理、态度与性格的培养。

目前作家群体和写作学界普遍形成一种共识，即"作家可以培养""写作可以学习"。在这个共识基础上，需要进一步探讨的是，该如何进行写作上的专业训练？在创意写作教学过程中，作为写作教练特别需要关注三个维度：思维、方法与过程。这三个维度构成了写作的专业训练，这种训练既有思维的激发与开拓，创作方法的总结与习得，也有创作过程的完整呈现以及作品的祛魅。通过科学的思维激发和写作方法的训练，将神秘的写作活动按照某种流程和步骤，借助特定的创作方法，扎实具体地呈现一个作品的创作过程，这对初学者而言都是有益的观摩与指导。

思维、方法与过程共同构成了创意写作教育教学的支柱，形成了三位一体的方法体系，这三者是创意写作方法体系的核心组成部分。中文创意写作可以在此基础上架构其理论基础、方法体系与课程方案等。本节重点讲述创意写作的思维训练与创作方法的总结归纳，第三节重点呈现过程写作法。

1.葛红兵、许道军主编：《创意写作教程》（第2版），北京：高等教育出版社，2023年，第12—13页。

2.多萝西娅·布兰德：《成为作家》，刁克利译注，北京：中国人民大学出版社，2011年，译者序第7页。

一、创意写作的思维训练

（一）写作的本质是思维

早期哲学家就已经意识到思维的先在性和本体性。勒内·笛卡尔（René Descartes）认为，宇宙中具有精神世界（灵魂）和物质世界（扩延）两个实体，只有人类才具有灵魂，因此人是一种二元的存在物，既会思考，也会占空间——"我思故我在"，通过思考而意识到了"我"的存在，由"思"而知"在"。他指出，思维（思想）是不可怀疑的，在人类世界中占据核心地位，大脑的思考是认定主体（自我）存在的依据，"我"是大脑通过思考或者思想运作而衍生出来的意象。

那么，作为精神世界的写作领域，与"思"又有何关系？写作，顾名思义在写，但写的背后却是思。写作和思维是同时存在的，写作的过程即思维的过程，思维贯穿于整个写作过程中。作家是从事精神性的创造工作，任何一篇文章，都是创作者运用思维进行写作的结果。写，是一种表达，是思维的外在形式，是思维运转的语言输出，是思维的精炼与外显。写作离不开思维，思维是写作的核心。创意写作尤其离不开思维能力的培养，没有创意的思维也就没有创意的写作。

文学创作中的学养、知识、灵感、想象等是重要的，但思维更为关键。写作即思考，写作一旦发生，思维的运转就开始了。写作，本质是各种思维的总和，逻辑思维、形象思维等都会在写作中综合运用。写作靠思维来运用和调度知识，写作靠逻辑思维来构建框架体系，进行信息的加工、推理和演绎；写作更靠形象思维，结合主观的认识与情感，想象、描述和创造直观具体的艺术形象，形成故事思维和审美思维。故事思维，就是用讲故事的方式来叙述内容，阐述观点，得出结论。在某些情境下，编织一些充满趣味与生命力的小故事，相较于单调的说教和直接的逻辑论证，不仅能够更深刻地触动人心，也往往能达到事半功倍的效果，使信息更加易于接受且记忆深刻。审美思维，是对美的感知、判断和欣赏，是对美及其表现形式的研究。审美思维不仅涉及视觉上的美感，还涵盖了语言的艺术性、结构的和谐性以及情感的共鸣等多个层面。在写作过程中，作家常常会运用美学思维来增加文章的可读性和美感。写作是一项综合性的精神劳动，不仅需要丰富的知识储备，还需要运用各种复杂多样的思维能力。思维能力的高低也就意味着使用、调度知识能力的优劣，更控制着输出文字内容的优劣。

文字是思维的外化，所有的创作都是思维的表达，也是思想的表达，大凡优秀的作家，都有自己独特的世界观和方法论。在写作领域，世界观和方法论的本质即是作家的思维。作家个体的思维具有独特的风格和方式。思维风格一般指个体在思考和解决问题时所表现出的一致性特征或偏好。罗伯特·斯腾伯格（Robert J. Sternberg）和陶德·陆伯特（Todd I. Lubart）指出："思维风格是指个体以何种方式运用和开发自己的智力。思维风格并不是一种能力，而是个体选择怎样使用能力的方式。"[1]思维风格涉及个体在认知过程中的偏好、习惯和倾向，通常与个体的性格特质、价值观和生活经验有关。中外文学史上的著名作家都具有独特的思维风格，他们形成了个性鲜明、富有特色的文字表达，铸就了辨识度高的创作风格，这都和作家的思维有关。

众所周知，海明威的创作形成了"冰山风格"，在文学创作中被指简约含蓄，用通俗精练的语言表达丰富的思想，留给读者无限的想象空间。"冰山风格"的背后是"冰山理论"，即冰山在海面上展露的只有八分之一，其中八分之七的部分都隐藏在海水中。海明威有过记者经历，新闻写作的特殊要求使他形成了独特的"电报体"风格。他将"冰山理论"和"电报体"思维运用于文学创作中，坚信"少即为多"，形成了准确、凝练、含蓄的创作风格，从而创造了新的美学风范，成就了他的诺贝尔文学奖。

1.罗伯特·斯腾伯格、陶德·陆伯特：《创意心理学》，曾盼盼译，北京：中国人民大学出版社，2009年，第6页。

（二）设计思维训练方案

"创意"对于人来说具有本体意义，它包含两个层面：人是创造性地思维着的，人是思维着的创造者。[1]创造是人的本能，但需要激发，在创意写作教学中，应通过有效的思维训练来发挥学生的创造能力。创意写作需要设置思维训练的课程，开发思维训练的方案，将头脑风暴法、心智图法、曼陀罗法、自由联想法、逆向思维法、六项思考帽法、TRIZ法（发明问题解决理论）等运用到创意写作实践中。经过创意导师精心设计的训练，学生才能有效地跨越写作过程中的种种障碍，跳出常规的思维框架，逐渐培养出创造性思维，挖掘并释放自身蕴藏的无限创造潜能。

创意写作具有典型的新文科特征，可以采用多种形式进行思维训练。新文科的特征是综合性、跨学科、融通性，强调与现代技术融合，与其他学科交叉融合，与相近的专业融合，最终推进综合与创新。创意写作可以通过艺术跨界碰撞创意，与新媒体、音乐、美术、心理学、广告、影视、数字人文等学科融合交叉，丰富写作的内容与形式，打通文字与声音、图像的通道。在跨界过程中，可关注写作思维训练。心理学领域有著名的托兰斯创造性思维测验（TTCT），也是目前使用最广泛的创造力测试，它由言语创造思维测验、图画创造思维测验以及声音和词的创造思维测验构成。借助托兰斯（E.P. Torrance）的思维测试，结合写作特质，在创意写作领域也可以启动这三项创造性思维训练。写作教练可以通过思维训练重点培养创作者的言语创造思维、图画创造思维、声音创造思维等，这些思维训练有助于激发创意，培养原创能力。

1. 言语创造思维——关键词写作

言语创造思维是指借助大脑的思维运作，在创作过程中利用语言的独特属性，来激发新颖的表达方式、构建独特的语言结构的能力。这种思维方式主要通过语言文字来探索新的形式、情感和故事，从而创造出新鲜、独特的内容。

1.葛红兵：《创意写作学视域下创作方法论问题研究》，《山东青年政治学院学报》2019年第6期，第1—6页。

言语创造思维鼓励作者进行语言实验，尝试不同的风格、句式，使用不常见的词汇，创造新词，融合不同语言的特点，等等。作者可以借此找到新颖的表达方式，让熟悉的想法变得与众不同。这种思维方式利用语言的独特性进行创造性思考，它不仅涉及文字的选择和组合，更涵盖如何通过语言塑造意义、传达情感和激发读者的想象力。

言语创造思维还包括对文本形式和结构的创新。创作者打破传统文体规范，融入不同文体的风格，可能会获得意想不到的效果。例如，用诗歌的形式写小说，或在散文中融入诗歌的韵律。此外，创意阅读也是进行言语创造思维的重要方式，作者在创意阅读的基础上改写或改编作品。改写或改编起源于人类在阅读过程中的二次创作冲动，让一个为读者所熟知的作品"梅开二度""旧枝开新花"，生发出新的内容与形式。

作品改写是指对原作进行修改、调整或重组，更新其结构、语言或内容等。改写通常在同一媒介内进行，关涉语言形式的转换和文学样式的改变。比如，将古文改写为现代文，将诗歌改写为散文，或将小说改写为剧本，甚至对文本进行续写或戏说，等等。

作品改编则是将一个作品从一种媒介转换到另一种媒介，通常涉及对原作内容的重新诠释和重构。改编可能需要调整原作品的主题、情节、人物等，以适应新媒介的要求。如将诗歌改编成歌曲，将小说改编为电影、电视剧或舞台剧等。这样的改造与创新能够为作品增添独特性和吸引力。

接下来以关键词写作为例来说明言语创造思维的训练。"关键词写作"，简而言之就是他人拟定或作者自拟3-5个关键词，然后作者根据这些关键词，通过联想或想象，组织材料，构思框架，在限制又自由的环境下进行各种文体的写作。关键词写作是一种创意写作练习，它通过关键词来激发作者联想与想象的发散思维，激活词语创造力。

在正式进行关键词写作之前，建议在课堂上进行热身写作运动。譬如，借助关键词做故事接龙游戏，教师拿一沓关键词卡片按照某种顺序，让学生逐个使用关键词说一句话，把整个故事接龙下去。教师需要根据写作特性建立关键词库，并且根据不同的文体建立多套关键词库。如此，学生在课堂上随机抽取几组关键词就可以做相关训练了。

以小说写作为例，关键词写作要点如下：

◆ 行文中必须囊括给定的关键词，又要符合文章逻辑，句与句之间、段与段之间连贯自然，一气呵成地将关键词串联成一篇完整的文章。

◆ 需对关键词进行仔细推敲和合理搭配，避免生搬硬套，尽量将关键词运用得巧妙恰当，形成构思骨架、关键线索，推动故事情节的发展。

◆ 故事要完整，不一定从头讲起，可以从高潮处/结尾处/转折处讲起，但一定要完整、合情合理。

◆ 根据关键词思考故事核，拟定小说故事大纲，注意小说情节设计要有戏剧性和悬念，参考杰克·哈特（Jack Hart）的"叙事弧线图"[1]。

◆ 如果是自拟关键词写作，要选取具有戏剧性、故事性、矛盾性和开放性的词语，同时还要注意词语和词语之间的关联、对话和张力效果，提取适合构成情节发展、烘托情绪氛围的词语作为关键。[2]

关键词写作要求作者对给定关键词进行深入思考，并在作品中巧妙地运用这些词语。这不仅考验作者对关键词的理解和运用程度，还要求他们能够创造性地展开联想，突破常规思维，灵活地运用词汇来构建画面或故事，使关键词成为创作作品的关键因素，在创作过程中充分发挥关键词的作用与魅力。关键词写作特别适合"自我发掘"，利于学生想象力的开发，联想思维的拓展，从而在写作中发挥潜能，激发创意。总之，关键词写作不仅是一种培养言语创造思维的有效途径，更是一种富有创意的写作方法。

2. 图画创造思维——短视频制作和图画写作

图画创造思维是指通过视觉元素来激发创意和创作的过程。创意写作领域的短视频制作，联结文字、图片与视频，将写作教学与表演活动、网络视听进行整合，形成更为直观和生动的艺术形式。短视频的选题、制作考验学生的综合思维能力。短视频制作特别需要图画创造思维，摄影师"通过画面

1.关于"叙事弧线图"，参见本教材第八章"非虚构写作"第二节的内容"叙事弧线法"。

2.更多内容参考李金凤：《创意写作的"关键词"联想方法研究》，《写作》2019年第6期，第50—56页。

的设置，光线的运用，拍摄角度的选择，以及调动影调、色彩、线条、形状等造型元素，创造出具有表现力和造型美感的构图方式"[1]。短视频的图画创造思维直接关系到视频内容的视觉呈现和故事叙述方式，主要通过故事板、视觉叙事、镜头语言等方式体现。

故事板也叫故事图，是一种将剧本可视化的方法，它通过一系列静态图像来展示视频内容的大致流程。这相当于构思一个故事的大纲，并通过图画的形式来展现每个场景的关键瞬间。故事板有助于创作者明确视频的视觉风格、镜头角度、场景转换等，类似于绘制了一套可视化预演图纸，从而使视频作品符合预期的创作方向。

视觉叙事强调利用图像、色彩、动画等视觉元素来讲述故事。在短视频中，这些元素能够快速抓住观众的注意力，并有效地传达情感和信息。即使没有文字或对话，创作者通过精心设计画面构图、色彩搭配以及动态效果等，依然可以创造出富有感染力的故事。例如，一个女孩在海边捡起落下的风筝，背景从灰暗转为明亮的蓝天白云，这个设定就简单展现了女孩从失落到快乐的情感转变。

镜头语言指的是通过不同的镜头选择、角度、景别、运动和光线等因素来表达情感和信息。镜头语言包括不同类型的镜头运用，如特写、全景、运动镜头等，还包括镜头之间的剪辑方式。这些都能增强故事的表现力和视觉冲击力。例如，使用快速剪辑可以营造紧张感，使用全景镜头可以增加视觉上的壮阔感，而缓慢的长镜头能够增加艺术效果和情感深度。

"图画写作"是一种将图画和文字相结合的写作方法，它鼓励作家通过描绘图像的方式来表达想法。这种方法有效地连接了右脑（通常与创造性思维、视觉想象相关）与左脑（负责逻辑思维、语言处理）。"图画写作"也是一种成效显著的跨界训练，它打通了右脑（图画脑）与左脑（文字脑）的联结，引导创作者学会细致观察、精微描述，学会运用美术领域的色彩和构图的方式进行文字描述。图画写作借助细节观察、视觉化描述、色彩与构图的运用、

1.秋叶：《短视频实战一本通：内容策划 拍摄制作 营销运营 流量变现》，北京：人民邮电出版社，2020年，第90页。

多感官体验等方式呈现图画创造思维。

图画写作要求作者仔细观察图画及其周围的世界，捕捉细节并将其转化为文字。这种练习可以帮助作者培养敏锐的观察力，学会从不同的视角审视事物。例如，描述一棵树不能只说"这是一棵树"，而是要详细描述它的树皮质地、树叶的颜色、树冠的形状等。

图画写作强调使用生动的语言来构建画面感。作者不仅要描述物体本身，还要通过文字让读者在脑海中形成具体的图像。这意味着作者需要使用丰富的形容词、色彩词汇、动态描述、比喻等方式来增强文字的视觉效果，使读者能够"看到"作者所描述的场景。"她的眼睛像两颗闪亮的蓝宝石"就采用了形容词和动态描述"闪亮"、色彩词汇"蓝宝石"以及比喻的方式来呈现一双眼睛闪耀美丽的视觉效果。

尽管图画写作主要依赖文字，但作者可以通过对色彩和构图的理解来丰富其描述。例如，选择温暖或冷色调的词汇来营造氛围，通过安排、调整句子结构来模拟视觉上的平衡或不对称。比如，使用"金色的阳光洒满大地"来传递温暖的感觉，或是通过短句和长句的交错来模拟视觉节奏的变化。

图画写作不仅仅局限于视觉描述，还会涉及听觉、嗅觉、味觉和触觉等多个感官。这种全方位的感官描写可以使文字更加生动有趣。例如，描述一场雨时，除了描绘雨水落在地面上的样子，还可以提到雨滴的声音、湿润的空气气味以及皮肤上的凉爽感觉。

图画写作不仅是一种写作技巧，也是一种跨学科的训练方法，它帮助作者更好地理解和运用视觉艺术原理来提升文字表达能力，它使读者能够在阅读过程中体验到如同观赏艺术品一般的感受。

图画创造思维的训练目的是提高人类的表达能力。人工智能时代，更需要文字描述能力，AI工具可以通过使用者的文字描述生成图片和视频，描述越具有细节性、情境性和针对性，生成的图片也就更加贴切、逼真。这就需要创作者根据视频、图片等信息，培养读取文字信息、描述精细内容的语言表达能力。

3. 声音创造思维——音乐写作

声音创造思维是一种通过声音来激发语言表达的过程，它通过听觉刺激来激发想象力，并借助语言的力量来构建新的作品。声音包括音乐、语音、动物叫声、自然界的声响、特定的声音效果等等。声音能够成为创作的直接灵感来源。作者将听到的声音转化为文字描述，或者将声音的特质融入故事情节中。例如，将街头艺人的演奏作为小说中一个关键场景的背景音乐。声音还能助力作者营造特定的情感氛围。通过描述声音的细节，作者引导读者进入特定的场景或情绪状态中。比如，描述潺潺的流水声、夏天傍晚的蛙鸣、风吹过树林的声音等来营造一种宁静平和的氛围；描绘夜间的狼嚎、尖锐的警报声、玻璃破碎的声音等往往能营造一种紧张恐惧的氛围。

声音创造思维不仅仅关注声音本身，更强调声音与语言的结合。作者通过模仿声音的节奏、音调和强度来创作文字，使语言更具表现力。例如，模仿雨滴的声音来创作诗歌中的节奏和韵律，诗中可以描绘雨滴声从轻柔到急促，再到逐渐平息，形成一个完整的节奏变化，恰似一场小型交响乐。声音创造思维鼓励跨媒介的创作方式，即结合文字与声音元素来创作多媒体作品，如音频书籍、有声故事、配乐诗歌等形式都可以运用。

总之，声音可以引发人们的情感反应和想象，捕捉声音的细节和情绪，激发新的想法和创意，并将其转化为富有表现力的文字。这种思维方式在文学写作、艺术创作、音乐制作等领域有着广泛的应用。

"音乐写作"就是声音创造思维的典型体现，它融合了跨界艺术与思维训练，形成独特的写作方式。简单来说，音乐写作是通过听音乐的方式来进行写作，音乐驱动了写作过程，音乐成为写作的核心动力，音乐也是灵感来源，激发了写作的创意。音乐写作不仅汇集了跨界的艺术元素，更是一项深度思维训练的综合实践。它要求创作者将音乐元素、音乐叙述与联想思维、创造性思维巧妙结合，从而创作出富有情感、节奏又具创意的作品。这一过程不仅锤炼了写作者的跨界整合能力，还极大地促进了情感思维、画面思维与直觉想象的多重发展。

音乐能唤醒人的艺术感觉。作家余华就明确表示——"音乐影响了我的创作"，从长期反复的听音乐过程中，他深度理解了音乐的叙述，从音乐中获得了灵感，学会如何处理作品的叙述节奏，如何安排高潮、否定、色彩、字音等问题。"音乐的叙述和文学的叙述有时候是如此的相似，它们都暗示了时间的衰老和时间的新生，暗示了空间的转瞬即逝；它们都经历了段落的开始，情感的跌宕起伏，高潮的推出和结束时的回响。音乐中的强弱和渐强渐弱，如同文学中的浓淡之分；音乐中的和声，类似文学中多层次的对话和描写；音乐中的华彩段，就像文学中富丽堂皇的排比句。"[1]所有的艺术形式都是相通的，音乐写作除了关注音乐中的叙述节奏等话题，也可以用来训练联想思维、画面思维等。

关注音乐写作还有一个重要原因，创意写作包含歌词写作，借助音乐写作这一形式，可以有效打通歌词与各文体的界限，有机融合产生新作。在音乐写作过程中，创作者若能结合歌词的相关知识，例如旋律、曲调、乐段等来分析音乐，效果更佳。懂乐理的创作者更能明确描述音乐的节奏和结构，体会叙事的速度和力度，理解节拍、轻重、休止、缓急等节奏的变化带来形式、内容和情感方面的变动，分析主歌、副歌、导歌、桥段、前奏、间奏、尾奏等如何带给他们新颖独特的感受。音乐知识的多少并不影响创作者对音乐的欣赏，训练目的并不是专业地描述音乐，而是通过音乐培养对叙述节奏的敏感度、增强感觉化体验和激发创造性想象。

音乐写作也即"音乐的立体体验"，创意导师在工坊场所或课堂上播放一首音乐，这段音乐往往没有歌词或由于语言障碍听不懂歌词，学生通过音乐的旋律、节奏等声音元素想象无限丰富的内容。创意导师选择若干不同风格与情感内容的音乐作品，创作者可选择其中一首或自选一首最有感触的音乐进行写作。创意导师根据创作者的需要来决定播放音乐的次数，创作者闭上眼睛冥想，放空自我，自由写下听音乐过程中想到的关键词，以听觉、触觉、味觉、嗅觉、视觉等方式来回答听这段音乐的感受。[2]

1.余华：《高潮》，北京：华艺出版社，2000年，前言第1—2页。
2."音乐写作"的具体实施过程可查看李金凤论文《新文科、新媒体与新方法：西南大学文学院写作课程的实践与探索》，《中国创意写作研究》2023年第2期，第126—137页。

以华语群星演唱的《烛光中的卡布奇诺》为例，可以为"音乐的立体体验"制作如下思维训练表格。

表1.1　音乐的立体体验思维训练表

序号	创意导师提问	训练目的
1	你听到了什么声音/节奏？有没有什么变化？	听觉、叙述
2	这段音乐是松软还是僵硬的，是婉转还是圆润的？	触觉、听觉
3	这段音乐是什么味道？咖啡味还是苹果味？	味觉、嗅觉
4	你仿佛看到了什么？	视觉、想象
5	这段音乐让你想到了什么经历？比如某个雨天、某个咖啡店……	心灵写作 联想思维

创意导师对听者要给予充分的鼓励与肯定，引导他们描述听到、闻到、看到、想到的词语与画面，让其浸润在音乐的氛围中，进行思维集中的沉浸式写作，最终写成一篇文章。在听音乐的过程中，创意导师需要营造良好的研讨氛围，鼓励学生自由发言，在轻松愉悦的氛围中分享听音乐的感受，并不断引导与启发工坊成员的表达，帮助作者理清创作思路和走向。这个发言与交流过程也在充分运用脑力激荡法，每位成员的发言与想象都很独特，获取音乐信息的容量参差不齐，思维跳跃又散漫，空间和场景不断变换，联想的事物层出不穷，大脑进行了充分的联想与想象。在这样的情境激发中，创作者可能就此打开心灵的大门，写出心灵深处的故事，产生一篇篇与自我情感密切相关或充满想象力的不同类型的作品。

创意导师需要根据学生的个体兴趣，找到适合学生的思维训练方法，给予心理激励，拓展学生的创意思维。作为写作个体，也应通过写作发掘自我的创意思维，发掘潜在能力。在自我发掘时，需注意一些原则，譬如，写你喜欢的，写你知道的，找到你的声音，学会与他人连接，等等。

二、创作方法的总结归纳

传统的写作教育倾向于谈写作中的技巧、要点与策略。但割裂地谈写作要点、技巧或策略还属于理论层面的写作知识，学生很难将这种写作知识有效转化成写作技艺并运用在写作实践中。一个重要的原因在于，所授写作课程的学生并没有多少创作经验，学生学习了某种文体，清楚知晓某种文体的特征与写作要点，但在写作该文体时仍然无所适从、无处下手，难以找到简单操作的切入点。这就需要教学方法的转变，需要有丰富创作经验的作家结合某一种文体，将写作中的规律、技艺、文体成规进行归纳总结，提炼出该文体精准、独到的创作方法。

作家黄梵在《意象的帝国：诗的写作课》一书中就针对诗歌文体进行了创作方法的提炼与概括，简单来说可以称之为"意象法"。黄梵针对客观意象和主观意象进行了具有实操性的方法性指导。针对客观意象，黄梵认为："采用客观意象写诗的要义，是想方法让诗句带上情感或立场。""描述完客观意象，再用说明、对比、拟人等方式，写出有情感或立场色彩的句子。"[1]然后列举相关诗句来说明如何对客观意象进行"染色"，如此明确具体的阐释，读者是可以充分感知并运用的。再如，如何运用主观意象来写诗，黄梵直接总结出了四种诗句模式，相当于四个公式：

表1.2　主观意象写诗的诗句模式

诗句模式	操作方法	例证
诗句模式①	A的B，将现实场景中的某物，用错搭模式替换掉。把两个有相当距离又有点关联的事物，搭配在一起，就会产生诗意。	夜涌进我的窗 → 一只夜的手臂/伸进我的窗。 天上正下着雨 → 天上正下着雨的蕾丝。

1.黄梵：《意象的帝国：诗的写作课》，桂林：广西师范大学出版社，2021年，第94页。

续表

诗句模式	操作方法	例证
诗句模式②	A是B，A与B不太搭界，"是"还可以替换成"像""如""似""属于"等。	蝴蝶是秋天不肯落地的落叶。历史是一团堆积物/人们是凝固的血液，日子是坟墓。
诗句模式③	B解释A，A与B不太搭界，用事物B重新解释A。	我曾倾听海贝里面沉睡的摇铃。飞越国界的候鸟群/不必持有护照。
诗句模式④	让A做A做不到的事。（1）写下事物A；（2）列出A做不到的事；（3）硬让A去做。	猫头鹰扇动翅膀，并继续苦思冥想。音乐厅里响起一个国家/那里，石头比露珠还轻。

  针对每一种诗句模式，黄梵都给出了明确的步骤和运用的方法，并建议读者每天用上述四种模式，营造含有主观意象的诗句。普通读者都能尝试运用黄梵总结概括的诗句模式进行诗歌创作，这也为教师的诗歌教学提供了有益的借鉴与参考。教师在指导学生进行诗歌创作之前，可根据黄梵归纳的上述诗句模式在课堂上进行诗句训练，加强诗句生成的规律总结，让学生更好地理解诗意的构成与缘由。诗意是诗歌生成的内部成规，诗意来自诗人的注视，当学生能够清楚地理解诗句的构成、诗意生成的原因时，也就真正掌握了诗歌写作的技艺性知识，才有可能在诗歌写作中运用实践。黄梵此书原是诗歌写作课程的录音稿，经过实践发现："'公式'真的帮助一些零基础的人，一跃成为专业的写诗者……从不知新诗为何物或不知该怎么写，到在专业诗刊发表诗作，甚至获奖，时间短得惊人。"[1]黄梵的写作课说明，并非诗歌不可教学，而是现有的教学方式以及写作类书籍呈现的写作知识难以被学生有效吸收并转化为一种写作能力。

  创意写作的教学需要从某种文体的特殊性、独特气质出发，去探寻该文体的创作规律、创作面貌与创作方法。教师不必停留在单纯零碎地讲授"写作要点""写作策略"等理论知识，而应抓住该文体最鲜明的特色与成规，然后总结、提炼该文体的创作方法，并对该创作方法进行概念解释与路径说明，

1.黄梵：《意象的帝国：诗的写作课》，桂林：广西师范大学出版社，2021年，自序第4页。

明确该文体创作方法的具体步骤和操作过程，结合相关作品呈现和检验这一创作方法，从而给予读者一个明确的实践导向。

创作方法的归纳与总结，并不是件容易的事情，这需要具有丰富创作经验的教师根据写作成规与教学实践反复地琢磨、试验，再总结出适宜的方法。整体而言，可操作性、实用性和有效性是它的发展方向。

第三节　过程写作：作品生成与创作实训

过程写作（Process Writing）是一种以作品写作为中心、强调写作过程的教学或创作方法。创意写作重视过程写作，它认为写作是一个动态、循环、多维的过程，而不是一个静态、线性、单一的行为，具有极为丰富的心理认知过程和语言交际过程。它关注作品的最终质量，但更关注写作过程中的思考、策划、修改和反思。过程写作以实践为导向构建文学知识生产路径，关注文学作品的生成过程，坚持写作是一个逐步发展和完善的过程，通过持续的反思和修订来提高写作技能和表达能力。这种方法不仅帮助学生掌握写作技巧，更重要的是培养了他们对作品进行反思和自我修正的能力。

过程写作常见的组织方式是工坊制教学和项目制教学。工坊制教学起源于传统的作坊，最早可追溯到古罗马和中世纪欧洲的手工艺作坊。这种模式被引入到创意写作教育中，成为一种有效的教学方法。它强调学生在真实或模拟的工作环境中，一般在20人以内的写作工坊中，通过教师指导、实践操作和团队合作来掌握写作技能。项目制教学是指围绕特定的创意写作项目，如校企合作项目、校园宣传片制作、学生写作比赛等，通过项目的设计、实施、评估和反馈等环节，引导学生在完成项目的过程中掌握写作技能的教学模式。

过程写作主要经历五个阶段：预写作（prewriting）、打草稿（drafting）、修改（revising）、校订（editing）和发表（publishing）。在此基础上，过程写作强调以下九个步骤和流程。

◆ 构思选题。写什么是重要的，写作经验不足的工坊成员往往缺乏写作话题，不知道如何确定选题。在该阶段，既可以以集体工坊的方式讨论选题，拓展选题思路，也可以根据个人兴趣爱好或者创意激发选择一个合适的选题。这是写作前的准备工作，主要解决创作主题问题，可以采用提问或讨论的方式激活选题。例如，教师通过头脑风暴法、研讨法提供3-5个话题，学生选择一个最感兴趣的话题进行选题构思。

◆ 预写阶段。该阶段类似于运动前的热身，写作也需要热身，确定写作的目的、形式与读者等内容。在创作的预写阶段，作者可以借助头脑风暴、思维导图、大纲制作或自由写作等活动，来汇集并梳理内心的想法与灵感。这些活动不仅有利于促进诸如作品情节、角色塑造以及背景设定等方面的创意生成，还为作者的创作过程奠定了初步的结构框架。思考相对成熟之后，作者就可以撰写写作提纲。此阶段主要解决写作大纲和创作思路，创作者可能会出现写作障碍，创意导师需要根据具体情况提供帮助，尤其在心理方面给予辅导。

◆ 草稿阶段。作者需要将想法转化为文字，撰写草稿或初稿。在这个阶段，首要任务是捕捉并输出个人想法，流畅地表达核心创意，自由探索创作的可能性，根据直觉畅快地写好初稿，不必拘泥于语法准确性、用字规范或修辞的精雕细琢。美国作家詹姆斯·斯科特·贝尔（James Scott Bell）认为："如果你停下来，太关注技术细节，太担心要写得完美，你可能永远找不到故事中最原创的元素，错过一条充满可能的小径或小河！"[1]最重要的是写完，不必介意草稿的拙劣。没有作家不曾写过糟糕的草稿，但作家与爱好者的显著区别在于，作家会通过艰辛的修改，逐步将拙劣的初稿打磨成优秀的作品。

◆ 修改阶段。初稿写完之后，沉淀两三周，然后作者就可以对文稿进行修改。修改是写作过程中的重要环节，侧重于对文章内容、结构和整体逻辑的调整和完善。这个阶段需要毅力和耐心，需要他人审视与自我批评。作者积极参加写作工坊或自行邀请相关读者阅读作品，并根据读者反馈意见进行修改。作者可从主题、立意、逻辑、结构等环节审视草稿，哪里出了问题就改哪里，甚至要做好大幅重写的准备。查看文章的结构和章节划分，是否存

1.詹姆斯·斯科特·贝尔：《这样写出好故事》，苏雅薇译，长沙：湖南文艺出版社，2017年，第237页。

在结构失衡。以小说写作为例，作者需仔细检查情节连贯、结构安排，思考人物的性格、目标和发展等。作家应当像工匠一样，使作品如同精心设计的齿轮般紧密咬合，确保行文的流畅性以及文章的生动性。此阶段的修改是持续不断的，"创作要像苍蝇试错那样，及时捕捉即兴涌现的种种灵感，不断修正先前的想法。凡认为写作可以完全靠理性设计的人，就不幸落入了蜜蜂的教条境地"。[1]

◆ 交流和反馈。写作是沟通交流的艺术，工坊或项目教学都强调同伴之间的交流合作，突显了写作活动的交互性。在创作过程中，作者不妨主动寻求同伴、作家、导师和评论家的合作和反馈，还可以借助人工智能工具作为写作上的智能助教和学伴。这一阶段，创作者主动分享自己的创作与困惑，与同伴进行讨论，并接受他人的建议。作者若能善于接受来自不同人群、不同视角的反馈，就可以获得更多的创作灵感，形成新的创作思路和观点，帮助作者改进自身创作。

◆ 反思与改进。经过修改和交流反馈阶段，作品已经达到一个完成度较高的状态，但可能还是不够完美，创作者需要在此阶段反思自身写作过程，思考写作中存在的优势与短板。创作者不妨阅读与写作主题密切相关的经典著作，查看这些作品是如何处理类似的题材，是否在结构、叙述、人物与语言等方面给予新的启发。经过一段时间（如两三周）的观摩与思考之后，作者进一步审视自身作品，评估作品是否达到了写作目标，如故事结构和人物设计是否合理，是否需要改进。作者可以借助自我反思、学习经典作品以及接受他人反馈等方式来不断提升自己的写作水平。

◆ 编辑阶段。文章进入收尾阶段，作者对文章进行校对和润色。编辑是在修改之后的一个更精细的阶段，侧重于语言层面的改进，包括语法、词汇、标点、格式等方面，以彰显文章的专业性和可读性。作者应当细致审视文本的文字正误、标点符号运用、词汇选择以及语法结构等，避免任何能被轻易发现的错误与歧义，确保其作品清晰无误。此外，作者还可以检查文章的章

1.黄梵：《意象的帝国：诗的写作课》，桂林：广西师范大学出版社，2021年，第21—22页。

节划分、文本格式等，是否存在编序错误以及格式混乱等问题。此阶段也可以借助 AI 工具来协助创作者优化语言表达，还可以借助创意写作工坊实现学生作品的编辑会议，让同伴来审视文章存在的问题。

◆ 复盘写作过程。在完成作品之后，作者应当回顾并审视整个写作历程，进行自我反思与综合评估。通过复盘，作者能够清晰地认识到自己在创作中的优势与不足，思考哪些方面的技能得到了锤炼与成长，比如构思技巧、语言表达等。同时，作者也应诚实地面对并总结在写作过程中遭遇的难题与挑战，以及自己是如何巧妙应对、逐一克服困难的，从而为创作之路积累经验。复盘，不仅是对过往创作的总结，更是让作者学会从每一次写作实践中汲取营养。这种有意识的复盘，强化了作者对自身写作过程的理解，也为后续的文学创作奠定了坚实的基础，确保未来的写作活动更加聚焦与高效。

◆ 寻求作品发表。作品发表是写作过程的一个重要环节，是作品社会化的关键步骤，它使作品从私人领域进入公共视野。发表不仅关乎作品的最终呈现，还涉及作品的接受、反馈，促进作者与读者之间的交流互动。此阶段，最重要的是让作品面世，通过各种方式和渠道，吸引读者的阅读和关注。过程写作的发表并不局限于传统的出版形式，如书籍、期刊等，作者也可以选择博客、社交媒体、在线杂志等平台发表自己的作品。工坊教师可以在授课班级、工坊小组内朗读或传阅工坊成员的文章，可以转投新媒体网站发布作品，也可以投稿给相关刊物。

总之，过程写作在创作中的应用可以帮助作者逐步完善作品，提高写作技巧和创作能力。过程写作法强调多次修改与润色，倡导作者经过反复的修订与打磨，借此完善作品。每一次的修改都如同雕刻家的精细打磨，令结构更为紧凑，叙述更加流畅，作品愈发精致，整体呈现更具魅力。通过多次迭代和反馈循环，创作者在个人或集体的努力下不断反思、修改和润色，最终打磨出精品。

在实际写作教学中，受课时、人数等限制，创意导师可以根据过程写作法进行较为具体又简化的活动设计方案，参看如下表格。

表1.3 过程写作法活动设计方案

阶段	流程设计与任务
第一阶段	每位学生构思并撰写一篇作品初稿，主题不限，可以是任何体裁。
第二阶段	小组内师生互相审阅初稿，提出修改建议，重点关注创意点、结构、叙述、语言等方面。
第三阶段	作者根据反馈意见进行修订，完成第二稿，并撰写一篇修订日志，记录修改过程、采纳的建议及个人感悟。
第四阶段	班级展示与分享，选取几篇具有代表性的作品进行公开朗读或线上线下展示，鼓励学生分享创作背后的故事和心路历程。

这样一个简易方案可以让学生亲身体验过程写作的魅力，学会从批判性反馈或建设性批评中汲取营养，提升作品质量，增强自信心和表达能力。

过程写作法，既是创作法，也是教学法。上述九个步骤和活动设计方案，显示的是创作实训的思路与方法。本书遵循过程写作的创作方法，在后续的文体章节中详细呈现作品的生成过程与实践流程。如果将过程写作作为一种教学法，则是一种以过程为导向的写作教学模式，强调作家主导、实践本位和关注创作的动态过程。在教学理念上重视过程写作训练，工坊导师引导学生共同完成一个作品，营造良好的写作氛围。创意写作课程一般会设置写作工坊或小组，在真实的写作情境中，在小组合作、沟通和交流中，培养学生的写作方法和技能，提高学生的写作兴趣和质量。

创意写作是生成论、过程论的创作学，因此过程写作法是创意写作教学的核心。学习创意写作，也就意味着写作工坊的师生都需要集中精力关注这个作品是怎么被创作、生成和生产的。

综上所述，思维、方法和过程是创意写作教育教学中不可或缺的三大支柱。思维激发灵感，帮助写作者找到独特的视角和新颖的想法；方法提供具体的创作技巧和规律，指导写作者如何有效地将这些想法转化为文字；而过程则保障了从构思到完成作品的每一个环节都能顺利进行。这三者相辅相成，共同构建了一个完整又有机的创意写作方法体系。

创意写作教育教学应致力于寻找可靠、有效的思维训练方式和创作方法指导文体写作实训，将思维训练、创作方法与过程写作实训进行充分展示与实践，从选题、构思、创作、修改、发表等环节呈现一个作品的诞生过程。从思维、方法与过程的维度解决"创意写作可以教学"的问题，才更有可能从技术上支撑作家可以培养的理念。如此，中文创意写作才可能形成一种新的文学生产范式，不同于以往的文学理论阐释和批评，而是开辟一条以创作为核心的文学教育路径。

研讨与实践

1. 请查阅中外文献，看看学者们是如何界定"创意写作"这个概念的，在此基础上，谈谈你对创意写作的理解。

2. 在你看来，创意写作具有哪些特征？请分析一篇创意写作作品（诗歌、小说、散文等皆可），指出其中体现的创意写作特征，并讨论作者如何运用这些特征来吸引读者、传达情感或探索主题。

3. 教师给定一个常见主题，如"家""时间""梦想"等，要求学生运用创意写作的思维训练技巧（如头脑风暴、联想思维、逆向思维等），进行主题变奏练习。每位学生需至少创作三个不同角度或风格的故事梗概或开头段落，展示他们对同一主题的不同理解和创意表达。完成后，进行小组分享，讨论哪些思维训练技巧最有助于激发创意，并相互学习借鉴。

4. 选择一个日常生活中的常见物品，比如"钥匙"。进行一次创意写作思维训练，列出至少十种与"钥匙"相关的创意写作点子。这些点子可以是故事、比喻、象征意义或其他创意角度。之后，挑选其中一个点子，发展成一段完整的短文或诗歌。

5. 在以下五组关键词中，选择其中一组或自拟一组关键词写成一篇文章。文体不限，题目自拟，结构完整，充分发挥想象力，正文中使用加粗字体来标记关键词。若是写成诗歌，注意意象的运用，若是写成小说，注意用关键词来构思故事核。

（1）猫、树、鸽子、外星人、魔法；

（2）麦田、波浪、大海、孤独、封锁；

（3）白化病、栀子花、诺亚方舟、手枪、双人床；

（4）火锅、求雨、雾都、画像、镜；

（5）时间旅者、迷雾森林、破碎的记忆、月光下的秘密。

6. 选择一幅美术史上的名画（如国画/油画/素描/水粉/版画/动漫等）或者你喜欢的图片、照片以及视频等，写出画中的故事。采用细节观察、视觉化描述、色彩与构图的运用、多感官体验等方式进行精细描绘，注意用文字来营造画面和意境。不限字数，不限形式，不限文体。

7. 选择一首你喜欢的音乐，最好是没有歌词的纯音乐或由于语言障碍听不懂歌词的音乐，如《寂静之声》《A Todo Color》《Колыбельная》等，从听觉、触觉、味觉、嗅觉、视觉等方式来体验听这段音乐的感受，最后自由写作一篇文章，文体不限，诗歌、散文、小说或者评论等皆可。

8. 选定一个你感兴趣的主题，按照过程写作的步骤和流程创作一篇文章。每完成一个步骤，都要记录下你的思考过程和遇到的挑战，以及你是如何解决这些问题的。最后，提交你的最终作品和反思笔记，与同学分享你的创作旅程。

拓展阅读

1. 许道军：《创意写作：课程模式与训练方法》，《湘潭大学学报（哲学社会科学版）》2011年第5期，第113—118页。

2. 刘卫东：《创意写作基本理论问题》，上海：上海大学出版社，2019年。

3. 葛红兵、许道军主编：《大学创意写作》（第2版），北京：中国人民大学出版社，2024年。

4. 陈晓辉、安晓东、苏岑主编：《创意写作理论与实践》，北京：高等教育出版社，2024年。

5. 杰克·赫弗伦：《作家创意手册》，雷勇、谢彩译，北京：中国人民大学出版社，2015年。

第二章

创意写作的学科概况

学习目标

1. 知识目标: 说明国内外创意写作的发展历史和学科特点,列举创意写作学科的重要理念,阐述写作工坊的运行机制和基本特点。

2. 能力目标: 尝试运用作者式阅读法分析作品、撰写阅读反馈,参与写作工坊的作品讨论、进行口头点评。

3. 素质目标: 提高创意写作的专业素养,熟悉学科特有的教学模式和训练方法,增强作品评鉴意识和写作互动意识。

创意写作不同于传统的文学研究和写作教育,它以学生创制的文本为中心,顺应了时代潮流和社会需求,于1936年正式诞生于美国,21世纪初期在中国确立,并在当今焕发出蓬勃的生命力,将对中国未来的写作学科、文学图景乃至文化产业产生深远的影响。本章主要围绕创意写作的学科特点,在回顾其发展历史的基础上简要阐述相关重要理念,并对创意写作学科体系的核心——写作工坊展开集中论述。[1]

1.本章所有英文文献引语皆为笔者所译。

第一节　创意写作在海外的发展概况

目前学术界公认的看法是创意写作学科发端于美国。早在1837年，美国思想家、文学家拉尔夫·沃尔多·爱默生（Ralph Waldo Emerson）已在其著名篇章《美国学者》（"The American Scholar"）中提出创意写作这一概念，通过"创意写作"与"创意阅读"强调个体的主观创造性。这只是美国创意写作的萌芽，而有学者认为最早一批创意写作课程是在1896年由芝加哥大学开设的[1]，同期也有普林斯顿大学和爱荷华大学教授类似课程，其中爱荷华大学的诗歌写作课是后来写作工坊的雏形，爱荷华大学的作家工坊（The Iowa Writers' Workshop）也成为日后美国创意写作学科的重镇。

创意写作学科在美国的发展壮大使其影响力逐步辐射到其他英语国家。相关记录显示，加拿大于1965年在英属哥伦比亚大学成立了第一个创意写作项目，英国于1970年在东安格利亚大学设立了第一个创意写作艺术硕士学位，爱尔兰于1998年在都柏林圣三一大学创立了第一个英语创意写作哲学硕士学位，澳大利亚于1990年在悉尼科技大学设立了第一个创意写作硕士学位。根据美国最大创意写作组织"作家与写作项目协会"（Association of Writers & Writing Programs，简称AWP）的统计数据，目前全世界在该协会登记的高校英语创意写作项目已达1012个，其中提供创意写作方向博士学位的为47个[2]。不过，虽然20世纪的创意写作学科带有明显的美国印记，关于创意写作发展的源头，不同国家有可能追溯至各自更早的历史时期。例如，在阐述英国高校创意写作发展史时，格雷姆·哈珀（Graeme Harper）就分析了创意写作在18世纪以前的面貌。由于各国创意写作的早期历史仍属于学术探讨的范畴，

1.DeWitt Henry, "A Short History of Creative Writing in America," in Heather Beck (ed.), *Teaching Creative Writing*, London: Palgrave Macmillan, 2012, p. 18.
2.AWP, "Guide to Writing Programs," *Association of Writers & Writing Programs*, 12 December, 2023.

本章主要就创意写作学科化的历史，也即创意写作在20世纪以来的发展，以在美国高校形成的成熟体系为主展开讨论，并介绍创意写作在中国的发展情况。

一、创意写作的学科化

1936年，在沃尔特·施拉姆（Walter Schramm）的领导下，爱荷华大学的作家工坊设立了创意写作艺术硕士学位，"这是世界大学史上的第一个创意写作学位，也标志着创意写作学科的正式诞生"。[1]实际上，爱荷华大学已于1931年开始允许博士生提交创意作品作为毕业论文，而早在1922年爱荷华的学生已经可以凭借创意作品获得研究生学位学分[2]。有学者指出，在正式命名为"创意写作"的课程出现之前，美国高校多年来已经提供了隐形的创意写作课程，无论是古典文学课还是大学写作课，学生都有可能被允许以书写小说或诗歌的形式完成作业[3]。创意写作在形式上学科化以前，已经以各种面目存在于高等教育体系内部，而爱荷华创意写作学位的出现，也有其背后深刻的历史成因。

（一）美国高等教育的现代转型

创意写作的学科化是在美国大学教育的现代化转型背景下发生的。承继欧洲的高等教育体系，在19世纪晚期以前，通行于美国的大学教育意味着基于经典的传统本科教育，主要学生群体为白人男性精英，教授的内容包括拉丁文、希腊文、数学、逻辑和神学等。在这一学科体系中，很长时期内英语文学研究都没有占据重要地位，被认为是更适合女性和工人阶级的科目。19

1.葛红兵：《创意写作学理论》，北京：高等教育出版社，2020年，第11页。
2.DeWitt Henry, "A Short History of Creative Writing in America," in Heather Beck (ed.), *Teaching Creative Writing*, London: Palgrave Macmillan, 2012, p. 18.
3.DeWitt Henry, "A Short History of Creative Writing in America," in Heather Beck (ed.), *Teaching Creative Writing*, London: Palgrave Macmillan, 2012, p. 18.

世纪晚期，美国大学世俗化、科学化、职业化的发展促生了现代意义上新的学科体系的形成和研究生项目的创立。随之而来的是英语文学研究在19世纪80年代的兴起和英文作品的经典化，其标志性事件之一为1884年现代语言学会（Modern Language Association）的成立，该协会后来制定了国际上通行的英语文学乃至人文科学学术文献标准MLA。高等教育中文学领域的焦点逐渐从古希腊罗马典籍向当代文学和写作转移，而在写作范畴内则形成两大分支方向，包括源自古典修辞学的修辞与写作（以大学写作为主）、面对当下文学生态的创意写作。作为艺术的代表，创意写作又与以学术为导向的文学研究分属不同阵营。这三者共同构成大学英文系体制下的复杂风景。

（二）文学教育改革

创意写作的学科发展与英文系体制内两大专业方向文学研究、修辞与写作的演变存在着密不可分的联系。创意写作作为一个学科不是凭空出现的，而是特定历史条件下高校文学教育改革的产物。D. G. 迈尔斯（D. G. Myers）在梳理美国创意写作早期发展历史时就指出，在1880至1940年间创意写作的萌生主要服务于文学研究的改革，这基于对文学的重新定义。文学被看作是"一种持续的经历而不仅仅是知识的汇集"[1]，包括鲜活的现实而不只有已经固化的过去，文学是当下正在进行的创作实践，也是未来文本的生成力量。创意写作的兴起，是对这种文学观念体制上的呼应，是一种将文学理论和实践、文本分析和写作技巧整合起来的尝试（虽然最后并没有完全成功）。19世纪晚期美国高等教育所追求的是体系化的科学严密的知识，当时文学研究的主流语文学（philology）也从这一立场出发，将文学当作关于语言的知识，而缺乏在实践中、从文本内部对文学形成的理解。

针对文学研究和实践存在的分裂，修辞与写作方向的英语作文（English composition）做出了早期修正，成为学界认可的英语创意写作的另一先驱。从19世纪晚期到20世纪初期，哈佛大学的英语作文课已经允许学生提交诗歌和

1.D. G. Myers, "The Rise of Creative Writing," *Journal of the History of Ideas*, vol. 54, no. 2 (April 1993), p. 279.

小说来获得学分。其间巴雷特·温德尔（Barrett Wendell）更对哈佛的大学写作课进行改良，要求学生关注个人经历、基于日常观察进行每日主题的写作。这种模式很快风行于美国各高校，产生了广泛的影响。温德尔的写作教学打破了旧有的文学观念，表明文学并不局限于固化的知识，确立了写作实践在体制内的地位，为日后创意写作的发展奠定了基础。之后，休斯·默恩斯（Hughes Mearns）正式教授的注重自我表达和成长的创意写作课程，诺曼·福厄斯特（Norman Foerster）入主爱荷华大学设计的创意写作项目，都在不同方向上继续对文学观念进行改革，力图将创意写作整合进文学教育之中。

二、创意写作学科体系的特征

在美国高等教育现代化转型和文学教育改革的背景下，创意写作学科开始了从诞生到完善的过程，在20世纪的发展呈现出职业化和分层化的特点，并在本科和研究生教育不同培养模式的基础上，形成了多路径的完整学科体系。

（一）职业化

1936年爱荷华大学设立的创意写作艺术硕士学位已体现出明显的职业化趋向。爱荷华的写作工坊陆续走出了大批有成就的作家，包括弗兰纳里·奥康纳、约翰·加德纳、雷蒙德·卡佛和詹姆斯·艾伦·麦克弗森等等。"自从40年代以来，它（创意写作）的体制结构日益职业化。发展趋势是将创意写作当成出产专业作家的机器，而这种趋向的象征就是日益受到创意写作学生追捧的艺术硕士高级学位。"[1]虽然诺曼·福厄斯特在爱荷华大学倡导创意写作的初衷并不仅限于培养作家，而存在文学教育改良的志向，但创意写作学科体系的实际发展顺应了众多作者的经济需求，逐渐变成一种新型的写作资助系统。

---

[1].D. G. Myers, "The Rise of Creative Writing," *Journal of the History of Ideas*, vol. 54, no. 2 (April 1993), pp. 295-296.

　　长期以来，许多文学创作的爱好者都面临经济条件的限制，写作活动很难完全支持个人生计，通常只能停留于业余爱好或副业兼职的层面。缺乏传统欧洲贵族对文学艺术的资助和中国大陆发展起来的作家协会体系，美国的年轻作者如果想要持续地进行创作，往往需要另外谋求一份稳定的正式工作。在第二次世界大战以前，美国高等教育中很少有提供给作家的职位。英语文学地位的上升和创意写作的学科化改变了文学生产的经济形态。到了20世纪60年代中后期，作家进入高校教学变成比较普遍的现象，大学通过雇佣和访问交流的形式为作家的职业发展提供主要支持，在文学受到影视文化的冲击日渐式微的时候更是如此。一些为研究生提供助教或期刊编辑岗位的大学创意写作项目，也能资助学生作者度过几年聚焦于创作的稳定时期。

　　从这一意义上说，为满足各高校写作项目的需要，1967年由爱荷华作家工坊的早期毕业生R.V.卡西尔（R. V. Cassill）创办的专业组织——写作项目协会AWP（Associated Writing Programs，后更名为作家与写作项目协会），可以被看作是创意写作学科体系完善的标志和职业化发展的里程碑。AWP明确表示最初协会的创立就是为了支持高等教育体系中的作者："在那时，英文系还主要是过去伟大文学作品的温室，学者们激烈抵制创意写作项目的设立。AWP的创建就是为了克服这种抵制、支持新的项目并为年轻作者提供发表机会。"[1]迄今为止，AWP已成为美国最大的创意写作组织，年会参与人数逾万。

（二）分层化

　　伴随创意写作学科职业化发展的是不同阶段教学的分层化，主要体现为研究生教育的精英化和本科教育的普及化。虽然爱荷华大学早在1931年就允许学生将原创作品作为英语文学硕士毕业论文提交，针对本科生的写作工坊课程却直到1949年才设立。面向研究生的爱荷华作家工坊的兴起仍是以精英化为特点，在其后期的发展中，年轻作者进入作家工坊学习更要经过激烈的竞争。温迪·毕晓普（Wendy Bishop）曾总结道："在爱荷华模式中，美国最

1.AWP, "The History of AWP," *Association of Writers & Writing Programs*, 14 December, 2023.

出色的年轻作者通过顶尖研究生项目进入学术体系。自20世纪30年代后期，这些项目就蓬勃发展起来。"[1]实际上，巴雷特·温德尔在哈佛大学关于写作课的早期探索已体现出对不同写作水平学生的不同期待，他的教育试验意在使平常学生掌握"惯常的、不矫饰的写作技巧"，而那些有才能的杰出学生将成为"技艺精湛的、有创造力的艺术家"[2]。在英文系的体制内，创意写作专业往往会设置艺术的门槛，虽然创意写作的研究生可以自由选修其他方向如文学、修辞与写作的课程，其他方向的研究生却未必被允许加入写作工坊。即使是某些针对本科生的创意写作课程，也可能要求学生预先提交作品，根据其文学创作水平进行筛选。

与研究生阶段的精英化不同，创意写作的本科教学面对的是一个庞大、写作水平参差不齐的群体，需要采用不同的培养策略，因而更近似一种基础的文学教育形式。美国高校的现代转型带来了本科教育的平民化，第二次世界大战后的退伍军人法案也在20世纪50年代促使大量年轻人涌入校园。不同背景的本科学生整体上并不具备较高的文学创作和评鉴能力，因此文艺作品的产出并不是创意写作本科教育的主要目的。此外，在本科阶段，创意写作、修辞与写作在教育对象、教学内容、教师群体等方面都存在交集，也共同面临时代带来的教育改革课题。修辞与写作课程在早期发展时就包括小说和诗歌的创作，散文（essay）更因其既可容纳个人叙写又可发展为分析议论的灵活形式而频繁成为大学写作的训练手段。研究生助教制使创意写作研究生更可能分担大量的大学写作必修课教学任务，而创意写作研究生在毕业后从事修辞与写作教学的也不乏其人。同修辞与写作一样，创意写作的本科教学更侧重普及基础的写作训练，也更能体现这一学科早期希望实现的文学教育改良理想。创意写作尚在起步时，爱荷华大学已有写作教授表示创意写作的任务

1.Wendy Bishop, "On Being in the Same Boat :A History of Creative Writing & Composition Writing in American Universities," *The Writer's Chronicle*, March/April, 1992.
2.Barrett Wendell, *The Privileged Classes*, New York: C. Scribner's Sons, 1908, p. 237. 转引自D.G.Myers, "The Rise of Creative Writing," *Journal of the History of Ideas*, vol.54, no.2 (April 1993), p. 285.

不应是培养专业作家，"真正的目标是发展学生在创造性体验方面的能力"[1]。这种侧重文学创作体验的教育更符合本科教学的特点，能帮助学生从文本内部增强对文学作品的理解、提高审美鉴赏能力，也使创意写作作为整合文学研究和实践的方法在一定程度上得以确立。

实际上，创意写作本科教育的普及也是实现创意写作学科职业化发展的重要一环。创意写作学科的职业化并不能保证所有作者都成为职业作家。现实的情况通常是，即使获得创意写作硕士学位，在高等教育体系之外，作者能找到的与个人写作发展相适配的职位仍然有限。为众多作者服务的写作项目协会AWP，其主要职责之一就是提供就业指导和发布招聘信息，而创意写作学科向本科教育的扩展，意味着高校中与写作相关的工作机会增多，有助于实现学科自身的"内循环"。随着创意写作本科课程和专业的设立，大量创意写作研究生毕业后可以在高校获得教职，在培育下一代年轻作者的同时，继续在高等教育体系的"资助"下从事文学创作活动。到目前为止，在AWP协会网站登记的378个高校会员项目中，共有288个提供创意写作文学本科学位，此外尚有32个项目提供创意写作艺术本科学位。可以看出，本科教育是支撑整个创意写作学科良性发展的基石，其主要趋向是以文学教育为导向，鼓励有志向的本科生投身对写作的艺术追求，同时为创意写作研究生的职业发展提供空间。

（三）多路径

到了20世纪末，美国高校的创意写作不仅形成了贯穿本科、硕士、博士完整的学科体系，还分化出多样的学位类别，兼容文学创作与研究，这一定程度上也是出于该专业学生职业发展的特殊性。高校的创意写作项目一般分为偏创作类（studio）、偏学术类（academic program）和混合型，已经显示出创意写作毕业生多种不同的职业路径选择。本科学位区分为创意写作文学本科学位（Bachelor of Arts，简称BA）和创意写作艺术本科学位（Bachelor of

---

1.John T. Frederick, "The Place of Creative Writing in American Schools," *The English Journal*, vol.22, no.1 (Jan.1933), p.11.

Fine Arts，简称BFA）。创意写作的硕士学位包括文学硕士学位（Master of Arts，简称MA，学制一般为一到两年）和艺术硕士学位（Master of Fine Arts，简称MFA，学制一般为三年）。其中值得注意的是，AWP推动了将艺术硕士学位（MFA）当作创意写作领域终端学位的认定，主张创意写作艺术硕士学位应等同于英语博士学位，为创意写作毕业生寻求教职和晋升争取更大的空间。通常情况下，有志于成为职业作家的作者可以选择艺术学位的道路，在硕士阶段完成所有的专业学习，学位要求也更偏向文学作品的产出。仍然想从事文学研究、获得学术训练的作者可以选择文学学位的道路，从创意写作方向的文学硕士学位（MA）到文学博士学位（Ph.D.），一路接受更接近文学专业方向的研究生教育，毕业后可以同时胜任写作和文学教师岗位的要求，职业发展有更广泛的选择。这也是很多创意写作研究生和高校创意写作项目的选择。

现实中，越来越多获得创意写作艺术硕士学位的作者选择继续攻读文学博士学位，以期在高等教育体系中有更好的职业发展前景。因为对于高校的主要群体、非写作专业的本科生而言，创意写作课通常只作为选修课出现，而文学课和大学写作课则有相应的毕业学分要求，创意写作的课程数量和相关教职都不及文学、修辞与写作两大方向。高校在招聘时也更青睐能同时教授各类写作课和文学课的复合型人才，专门提供创意写作教学的岗位较少。简而言之，即使是在创意写作发展出独立学科体系的时代，其内部也长期存在着写作和文学两个流向，创意写作和文学教育一直存在着紧密的联系。2001年时任AWP主任的大卫·芬扎（David Fenza）曾表示创意写作项目使文学项目重新焕发了活力，如今在学生面前文学显现为"生长和进化着的""活生生的存在"，"在创意写作课堂上，学生不是从外部文本，而是从自己作品的内部学习文学的要素"[1]，这无疑是创意写作对文学研究和教育的独特贡献。

1.DeWitt Henry, "A Short History of Creative Writing in America," in Heather Beck (ed.), *Teaching Creative Writing*, London: Palgrave Macmillan, 2012, p. 20.

第二节 创意写作在中国的发展历程

有别于传统的写作学，中国的创意写作是当代在西方影响下衍生出来的概念。根据这一概念的不同定义，创意写作在中国的源头最早可以追溯至古代。英语世界中的"Creative Writing"很多时候所指的是纯文学创作，主要涉及诗歌、小说和散文。随着社会经济和信息技术的变革，这一名称也逐渐指向适应文化产业发展所需的各类写作实践。从这种新的含义出发，有学者认为中国的创意写作发端于市民社会，是顺应市场需求的文化生产，早期历经宋话本、元杂剧和明清通俗小说写作等不同形态[1]。在20世纪90年代以前，"Creative Writing"主要被译为"创造性写作"，侧重其文学创作的内涵。据考证，"创意写作"这一译名最早出现于1986年，自20世纪90年代以来对此名称的使用逐渐增多，并于2004年由葛红兵正式引入中国学术领域[2]。同一时期，国内英语界也已开设英语创意写作课程。2003年，隋刚在20世纪90年代英语教学基础上撰写了《英语诗歌和小说写作指南》，这是"国内出版的第一本英语创造性写作（即英语文学创作）综合指南"[3]。

一、中国创意写作的早期发展

相较于大陆，中国港台地区的作家和教育者更早地接触到创意写作并展开相关实践。目前研究显示，最早于1958年，台湾作家余光中已开始在爱荷华大学攻读艺术硕士学位，之后陆续有港台作家赴美接受创意写作的专业训

1.毕旭玲：《中国古代创意写作史略论》，载中华文学基金会、世界华文创意写作协会编《2015世界华文创意写作大会论文集》，2015年，第171—178页。
2.宋时磊：《创意写作在中国接受与传播的历史考析（1959—2009）》，《写作》2018年第6期，第57—68页。
3.隋刚：《英语诗歌和小说写作指南》，北京：人民出版社，2003年，中文序言第1页。

练。其中值得注意的是1964年加入爱荷华作家工坊的台湾作家聂华苓。出生于武汉的聂华苓注目于更大的文学舞台，希求跨越地域和文化的交流，与爱荷华作家工坊负责人保罗·恩格尔（Paul Engle）一起于1967年创办了爱荷华大学的国际写作计划项目（The International Writing Program，简称IWP），对世界的文学图景产生了深远的影响。国际写作计划是首个由大学支持的全球作家交流计划，五十多年来已经为150多个国家的超过1500名作家提供了在爱荷华写作和交流的机会。改革开放以来，中国大陆约有100多名作家先后前往爱荷华大学访问，包括艾青、王蒙、丁玲、吴祖光、茹志鹃、王安忆、冯骥才、汪曾祺、苏童、余华、莫言、刘恒、迟子建、毕飞宇、格非等等。

20世纪80年代到21世纪初可以被视作中国当代创意写作的萌芽酝酿期。80年代大陆的写作研究一度兴起，1981年中国写作学会创立，《写作》杂志创刊。80年代初聂华苓访问故乡武汉，也促使武汉大学于1985年开始创办作家班时借鉴国际写作计划。随后北京大学、西北大学、南京大学、北京师范大学等也开办了不同层次的作家班，不过这些作家班尚未能真正实行海外创意写作的专业训练。这一时期，香港地区已于1988年开始在中小学设立创意写作课程，在高等教育层面，90年代最早由浸会大学开展创意写作教学。在台湾，东华大学于2000年率先开设了创意写作硕士项目。[1]这些都是中国创意写作发展早期的可贵尝试。

二、中国创意写作的学科化

2009年至2014年属于中国当代创意写作的探索建设期，其中2009年被多数学者认为是创意写作的元年。在这一年，复旦大学成立了大陆首个创意写作专业硕士点，曾到访爱荷华的王安忆在汲取海外经验的基础上参与筹办该专业，并长期引领相关课程和学科建设，侧重纯文学创作的复旦大学路径逐步

1.以上内容参考宋时磊论文《创意写作在中国接受与传播的历史考析（1959—2009）》，《写作》2018年第6期，第57—68页。

形成。同年，上海大学成立了文学与创意写作研究中心，这是大陆首个创意写作研究机构。在葛红兵、许道军等学者的带领下，该机构对英语国家创意写作的历史展开了系统研究，并就中国创意写作的学科建设进行了大量理论探讨，开辟了面向高校文学教育改革和文化产业的上海大学路径。此外，2009年香港大学也设立了英文创意写作艺术硕士。

　　此后，西北大学、广东外语外贸大学等相继开设创意写作本科专业方向。2012年，上海大学创办了大陆首个创意写作学术硕士点，并于2014年创建大陆首个创意写作博士点（计划外二级学科），创意写作历经前期的课程建设、专业建设快速进入学科建设阶段，初步形成了完整的学科体系。2014年，北京大学中文系设立创意写作专业硕士学位，北京师范大学成立文学创作专业硕士点，推动了创意写作在其他高校的专业建设，中山大学则成立了大陆首个英语创意写作研究中心。这一年的另一标志性事件是，由上海大学、香港大学、中国人民大学等30余所高校研究机构共同发起的世界华文创意写作协会成立，这表明创意写作在中国高等教育体系内的发展已经具有相当规模，并形成了国际性的专门学术组织。这一时期的研究主要围绕海外创意写作的历史和译介、创意写作的内涵及学科定位、创意和写作规律、创意写作教学、分体写作等等展开[1]，总体趋向是在吸取海外创意写作学科发展经验的基础上为中国创意写作的学科建设从理论、教学和写作实践各方面奠定基础。

　　2015至2024年是中国当代创意写作的上升发展期，其间创意写作的专业建设和学科建设进展迅速，"超过100所高校招收该专业本硕学生，成为近年中文教育改革最为重大的'事件'"[2]。在重视纯文学创作的复旦大学路径和面向文化产业的上海大学路径以外，以西北大学为代表的一些高校也摸索出在两者之间取得平衡的综合人才培养模式。在这一时期，不仅相关的理论探讨成为研究热点，而且在翻译海外成果的基础上，原创的学术著作和写作教材

1.雷勇：《国内外创意写作研究综述》，载上海大学中国创意写作中心、上海市华文创意写作中心编《世界华文创意写作协会高峰论坛（2016-2017）会议论文合辑》，2018年，第156—171页。
2.陈晓辉：《近十年中国内地创意写作发展素描》，《田家炳中华文化中心通讯》2019年第1期，第9—10页。

逐渐增多，专门的学术刊物、国家级重要研究项目相继出现。2019年学术集刊《中国创意写作研究》创刊，2023年第一个创意写作国家社会科学基金重大项目获批[1]。同年，为促进高校创意写作的交流发展和资源整合，以中国作家协会为指导单位，北京大学、北京师范大学、复旦大学等九所高校发起成立中国大学创意写作联盟，这一全国性学术组织的出现，也是中国创意写作学科化的关键一步。

随着创意写作学科的发展，当代众多知名作家如贾平凹、余华、韩少功、迟子建、苏童、格非等，纷纷以驻校作家的形式进入高等教育体系开展写作教学。除了王安忆以外，莫言、阎连科、毕飞宇等也长期驻守高校从事创意写作人才的培养。文学界和高等教育之间建立了更为紧密的联系，创意写作专业的毕业生也开始在文坛崭露头角。在这一阶段，创意写作的研究与实践也不断向新领域扩张。创意写作的影响力已经超出高校范围，向中小学教育和作文教学改革延伸。在产业化以外，创意写作的社会化如疗愈写作也日益受到关注。面对时代变革，如何在新文科的背景下，在数字文化的冲击中，以新的形式和媒介发展创意写作，也是前沿议题。其中人工智能写作在近年受到了特别的关注，涉及算法研究、创作机制、类型文学、网络文学、辅助教学和相关伦理等多方面。整体而言，这一时期的主要趋势是创意写作的中国化和本土化，在学习分析海外经验之后，中国当代创意写作的历史使命是建立具有中国特色、适应社会发展需要的学科体系。

2024年1月，教育部公布的最新《研究生教育学科专业简介及其学位基本要求（试行版）》正式将"中文创意写作"列为中国语言文学二级学科，这既标志着国内创意写作多年探索和学科建设的重大成就，也是新征程的起点。

1.葛红兵主持，项目名称为"世界创意写作前沿理论文献的翻译、整理与研究"。在此之前，2013年由戴凡主持的"英语创意写作教学框架研究"、2020年由许道军主持的"创意写作与当代中国文学生态研究"分别为首次获批的英文和中文创意写作国家社科基金项目。

第三节 创意写作的学科理念

美国主流的英语文学研究以文学经典和文艺理论为主要对象，修辞与写作致力于以学术写作为中心的大学写作教育，而以艺术为导向、侧重文学实践的创意写作学科在20世纪逐渐形成与前两者全然不同的理念。以艺术化的培育和写作社群为核心，以写作规律和技艺的研讨为基底，创意写作学科从学生创制的文本出发，改写了作者、文本、读者三者之间的关系，在美国高等教育体系内开掘出一个独特又开放的文学和美学空间。

聚焦发展中的活文学，这可以说是创意写作学科和其他专业方向如文学研究、修辞与写作的本质差异。传统的文学或写作教育围绕重要作家作品展开，教师是讲台上具有权威的专家，学生尤其是本科生更多时候处于受教化启蒙的位置，是知识的接受者和文本的学习者，也是不具有很多话语权的读者。创意写作改变了这种旧有的课堂生态，突出学生文本，采用"圆桌讨论"的形式教学，更符合教育现代化改革的潮流，呈现出在传承中创新的特点。创意写作的重要学科理念如下。

一、以学生为中心

与许多以讲授为主的大学课程不同，基于写作工坊的创意写作课程最显著的特征就是真正以学生为中心。这首先表现在对学生作者的赋能和对学生创制文本的重视。虽然仍包含对经典作家作品的分析，创意写作课堂最关注的是生成中的文学。学生习作，哪怕是不成熟的作品，也成为教学的主要内容。不再是被动的接收者，学生以作者身份登上舞台，收获大量有助文稿修改的反馈意见，其习作和名篇一样受到细致而全面的阅读点评，这种经历对职业作家来说也是难得的。

不仅如此，在传统文学课堂中，作者和文本始终是高于读者的，创意写作课却使三者处于相对平等的位置，促进了作者和读者之间的直接交流。在写作工坊的作品研讨中，读者反馈的价值得到认可，学生读者是课堂活动的主力，从各种角度对文本体现的写作技艺展开分析，读者的意见成为教学的主要输出。在这一过程中，教师的角色由主导者转变为引导者，作为有经验的作者和读者参与、主持讨论，师生在比较平等自由的氛围中完成教学活动。工坊采用的圆桌讨论和小班教学形式更强化了这一点。在圆桌讨论中，教师走下讲台，融入学生群体围桌而坐。小规模的群体也能保证读者充分参与讨论。在理想的情况下，写作工坊课的学生一般为14人左右（不超过20人，网课不超过7人），创意写作项目更要维持较低的师生比（如1：12）[1,2]。

二、艺术与学术的平衡

创意写作学科将艺术追求摆在首位，以纯文学创作为主，兼容类型文学，有意识地与学术保持距离。这是为了使偏重感性直觉的文学创作和审美不过多受到文学研究和理论的"干扰"。从创意写作学科的早期发展开始，尤其是在研究生阶段，体系化的教学法便被刻意削弱，以便在高等教育严格的学术训练中为艺术保留更大空间。支持爱荷华作家工坊的诺曼·福厄斯特（Norman Foerster）就曾表示："让我们不要在想象性写作方面创造一个复杂的课程体系，而是尽可能地保持一种简单的关系"[3]，意指师生之间应该形成类似师徒的关系，创意写作教师需要是有创作经验的艺术家，能从艺术的角度来阅

1.AWP, "AWP Hallmarks of a Successful MFA Program in Creative Writing," *Association of Writers & Writing Programs*, 14 December, 2023.
2.AWP, "AWP Hallmarks of an Effective BFA Program or BA Major in Creative Writing," *Association of Writers & Writing Programs*, 14 December, 2023.
3.Norman Foerster et al., *Literary Scholarship: Its Aims and Methods*, Chapel Hill: University of North Carolina Press, 1941, p.210. 转引自 Wendy Bishop, "On Being in the Same Boat: A History of Creative Writing & Composition Writing in American Universities," *The Writer's Chronicle*, March/April , 1992.

读作品。这种注重实践、弱化教学法的思想在高校创意写作发展中长期存在，写作工坊课往往更强调作品技艺讨论和写作过程反馈。

不过，从整体专业设置上来考察，这可以被视为是一种保持艺术与学术平衡的努力。除了写作工坊以外，学生通常必须完成相当数量的文学课程以满足学业要求。实际上，引领创意写作的专业协会AWP在对创意写作项目和教师发布的指南中既肯定了创意写作的艺术导向，也认同文学研究对作者发展的重要作用，将研究生写作项目分为创作型、创作研究并重型和研究型三类。许多高校都要求创意写作的学生在文学课中学习理论、提高研究能力，AWP更主张创意写作的本科教育需要包括多样的文学课程和常规的学术训练，帮助学生更有效地提高写作能力和文学认识水平。

三、倡导作者式阅读

一个好的作者必须首先是一个好的读者，阅读和写作在文学实践中密不可分。长期以来，创意写作学科所倡导的作者式阅读法（Read Like a Writer，简称RLW）是一种写作视角下的文本细读，体现了通过阅读来学习文学写作的理念，这可以被视为文学研究、修辞与写作两大专业方向阅读方法的融合。

文本细读是新批评主义所强调的阅读方法，从阅读视角出发寻找文本的意义。20世纪20年代到70年代，新批评主义在英语文学研究领域占据主导地位，将文本看成一个自洽的有机整体，不关注作者生平、历史背景或读者接受等文本以外的东西，主张从文本的形式、风格、结构、语言等内部特征展开分析。新批评主义追求作品超越时空的普遍共性，虽有其局限，但容易为学生所接受，相应地，文本细读法也在文学课堂上被广泛采用。

创意写作的作者式阅读法也是在新批评主义的文本概念框架下发展起来的，然而阅读的出发点不再是意义的理解，而是对写作技艺的分析，这同修辞与写作领域的作者式阅读法存在共通之处。修辞与写作以各类实用文章和学术论文为主要阅读对象，侧重从写作视角对文本的写作意图、目标受众、文体特征和交际情境等进行审视，而创意写作的作者式阅读法立足文学作品，意在发现不同文学体裁的写作特点和创作规律。

作者式阅读训练是写作工坊的核心，更是处于创作入门阶段的本科学生必须掌握的方法。AWP在其教学建议中明确指出："对文学作品和学生文稿的文本细读是创意写作课程的核心机制"，甚至将诗歌背诵作为一种重要教学手段单独列出，因为背诵是"终极的文本细读"。[1]许多写作工坊课都要求学生对研讨的作品进行细致深入的分析，并撰写具体的书面反馈意见，以促进学生对写作技艺的思考。一个突出的例子是关于句子功能的解读。在上海教英语创意写作的瑞安·索普（Ryan Thorpe）就要求学生根据写作所实现的不同功能，逐句解读小说习作，以判定每个句子在叙事上的有效性、辨识文稿中存在的问题和缺失，详见如下表格（内容为笔者所译）[2]。

表2.1　小说句子功能列表和样例解读

1. 人物塑造	13. 领悟
2. 概括/背景	14. 介绍人物
3. 伏笔	15. 回忆/闪回
4. 确立矛盾	16. 揭示情节
5. 确立欲望	17. 人物选择
6. 引发行动	18. 辩护
7. 时间跳跃	19. 重复
8. 发展矛盾	20. 人物行动
9. 原因/结果	21. 高潮
10. 例子/演示	22. 解释
11. 环境描写	23. 人物内心想法
12. 人物描写	

又一个工作日

简终于挤出沙丁鱼罐头一样的公交车［环境描写］。可是，虽然她已经很努力了，还是又错过了站［确立矛盾］。能挤出人群，她仍然感到如释重负。扫了一眼熟悉的车站，她开始往家走［发展矛盾］。还好，这次只错过了一站。"就把它当成是锻炼了，"她小声嘟哝［人物描写］。

直到十点简才到家［时间跳跃］。当她把钥匙插进锁里的时候，她看见她的邻居也回来了［介绍人物］。

1.AWP, "AWP Recommendations on the Teaching of Creative Writing to Undergraduates," *Association of Writers & Writing Programs*, 14 December, 2023.

2.Ryan Thorpe, *Teaching Creative Writing to Second Language Learners: A Guidebook*, New York: Routledge, 2022, pp. 82-84.

这种作者式阅读训练是以写作提高为导向的，学生读者在阅读文本、提供反馈、帮助作者修改文稿的过程中也在学习写作技巧、总结修改经验，为自己今后的写作和修改提升奠定基础。

四、全方位的多样化

以工坊为主的创意写作课本身已经提供了一个开放包容的创作空间，支持学生的多方探索试验，但创意写作学科的多样化理念还体现在师资和课程设置方面。AWP认为，一个成熟创意写作项目的教师群体应当具有多元化的背景，在文学实践和教学上能涵盖至少三个不同文学体裁的写作，并展示出各具特色的审美和创作思想。创意写作学科重视差异碰撞所带来的火花和对创造力的激发。与之对应的，即使学生有自己钦慕的作家教师，也常被要求多参加不同教师的写作工坊，以开阔眼界、汲取各方经验、发展个人的独特风格。创意写作学科这种对多样化的追求更集中反映在访问作家制上。高校通过招徕各地有成就的专业作家驻校短期访学讲课（通常为一学期或一年），积极引入流动的师资力量，为写作项目补充新鲜血液，帮助学生在更广泛的层面上接受艺术的熏陶、接近当下文学实践。"在展现多种艺术方法和写作技巧方面，访问作家的讲座、朗读和工坊是对常任教师能力的拓展。"[1]

在课程设置上，创意写作学生选择专业课也不能只限于自己主攻的某一种文学体裁，必须同时尝试其他文体的工坊写作，以丰富自身的文学体验。除了各类不同层级的写作工坊以外，学生也需要修读相当数量的文学课程，涉及不同主题、不同时期、不同地域，有时甚至必须选修外系课程以掌握不同专业的思维和方法。在21世纪信息技术革命的背景下，创意写作的本科教育更进一步强调学生对新媒体技术的学习，鼓励学生参与网络时代新形式的创作，并重视外语学习对学生写作能力的提升。"通常，最好的作家是那些掌

1.AWP, "AWP Hallmarks of an Effective BFA Program or BA Major in Creative Writing," *Association of Writers & Writing Programs*, 14 December, 2023.

握两种或更多语言的人，因为关于外语的知识使人对自己母语的优势和弱点感受更为敏锐。"[1]可以说，在AWP的指导下，英语创意写作学科致力追求的多样化，是全方位而立体的。

借鉴海外发展经验，当代中国大陆的创意写作学科自2015年以来日益致力于创意写作的本土化建设。除了理论探索以外，早期的本土化更多表现为在教材和教学中对海外模式有选择地吸收和融合[2]，突出其中更适应学情、国情的部分，试图创立自身体系。而且大陆对外来经验的学习研究并不限于美国创意写作学科，还包括英国、澳大利亚等国家和地区的本土化成功先例。

从整体上看，大陆的创意写作本土化主要表现为在中国语境和教育背景下对创意写作的内涵探索与重新定位，在纯文学创作以外，也更关注和文化产业相结合的实践与人才培养，更注重类型文学尤其是网络文学还有应用新技术或新媒体的创作。大陆的创意写作具有更强的理论自觉，并展开了相应的量化分析[3]，在教学方面更重视创意思维训练、集体创作形式、产学结合，创设了别具特色的项目制、双师制（校内导师和作家导师）等等。另一方面，大陆的创意写作也试图挖掘转化本土资源，包括古典文论、传统文章学、现代写作学、当代作家的写作经验等，探讨与以鲁迅文学院为代表的写作培养体系接合的可能[4]，并继承了采风的写作传统。目前，大陆的创意写作本土化尚未形成完整的体系和统一的标准，但建立有中国特色的创意写作学科是未来的发展方向。

1.AWP, "AWP Recommendations on the Teaching of Creative Writing to Undergraduates," *Association of Writers & Writing Programs*, 14 December, 2023.

2.如李华的《写出心灵深处的故事》注重写作的自我表达和自由，许道军的《故事工坊》突出写作技法的训练体系。

3.高尔雅：《创意写作能力量化理论研究论纲》，《江西师范大学学报（哲学社会科学版）》2017年第1期，第65—70页。

4.叶炜：《创意写作视域下的作家系统化培养——对鲁迅文学院文学新人培养的学科化路径思考》，《当代文坛》2018年第2期，第158—162页。

第四节　创意写作的教学模式：写作工坊

　　AWP强调，创意写作学科的系列理念应着重体现出"创意写作项目的最佳实践""对学生需求的关注""对当代文学、文化潮流的理解"[1]。英语创意写作教学是对这一主张的践行，并发展出学科特有的写作工坊教学模式。

一、写作工坊的涵义和形式

　　根据*Oxford English Dictionary*数据库，工坊的英文"workshop"最初意指物品生产或维修的场所，已经和生产过程有着紧密的联系，"workshop"在写作工坊层面的意义兴起于美国，相关用法最早出现在1912年，主要指就特定主题或项目展开集中讨论等活动的会谈。大约自1961年以来，"workshop"也开始被作为动词广泛使用，意味着通过工坊讨论和实践的形式进行发展提升，而且主要涉及对文艺作品尤其是戏剧的修改。由于戏剧演出需要多次排练、集体创作，动词工坊意味着特定群体在初步的演绎和探索基础上，通过小组讨论、即兴创作等形式不断完善剧本，打磨出最终上演的版本。与戏剧表演的集体创作类似，写作工坊也强调通过集体讨论的形式集思广益，对作品进行全面密集的反馈，在生成性的过程中帮助作者修改文稿、优化现有版本。不过，写作工坊主要提供意见参考，修改活动的执行和决策还是在作者个人。

　　在高校体系中，写作工坊主要分为专业必修课、专业选修课和通识选修课几类，在本科阶段可能由不同专业背景的学生参与，在研究生阶段一般只对创意写作专业的学生开放。这类课程多数聚焦于某一文体，如小说工坊、诗歌工坊，也存在混合型工坊，如同时接受小说和散文的工坊。在现实教学

1.AWP, "AWP Hallmarks of a Successful MFA Program in Creative Writing," *Association of Writers & Writing Programs*, 14 December, 2023.

中，写作工坊会以学生习作的点评研讨为主，辅以写作练习、口头报告、期刊分析、佳作鉴赏等活动。其常见形式为每次课前由两到三名学生作者提交供工坊讨论的作品，学生读者对之进行仔细审读并形成评价意见，在课堂上教师组织学生读者围绕作品发表各自的看法，并有针对性地就特定方面展开深入探讨。学生作者根据教师和同学的反馈在课后对文稿进行相应修改。在课时允许的情况下，学生作者的修改稿也可以提交给工坊，由教师和学生读者评点两稿的差异和修改效果，帮助学生作者进一步完善作品。

二、写作工坊的流程

（一）工坊讨论前：阅读反馈

写作工坊一般要求学生在课前采用作者式阅读法对同学提交的习作进行点评，撰写评语和批注，并以此为基础参与课堂讨论。学生读者的反馈可以分为两个基本类型：描述式（descriptive）和指定式（prescriptive）。在描述式反馈中，读者相对客观地说明在阅读习作中观察到的吸引人之处和需要加强的地方，阐述自己对写作技巧和作者意图的理解，但不直接介入修改过程，仅仅将阅读反馈提供给作者，由作者自行决定如何修改。指定式反馈则带有更多的个人评判，在阅读感受的基础上更为主观地表达写作倾向，以作者的视角出发，直接提出应该用什么方式修改文稿以达到更好的效果。由于指定式反馈不一定基于真实的写作意图，而且会更多干涉作者的修改活动，有些写作教师可能会更提倡描述式反馈，以给作者留下更大的创作空间。无论是哪种类型的反馈，读者都需要对作品进行全面的评价，既肯定其中的闪光点，也要指明有待完善之处，并侧重作品的修改提升。

表2.2　工坊作品阅读反馈示例表

九个月大的三花猫SoSo翻了个身趴在阳台地板上。整个下午，她已经试过了左侧卧、右侧卧和翘着脚仰头摊开睡。八月的阳光透过三叶草窗帘的缝隙挤进来，给她鼻尖前面不远处的黄色发条毛绒小鸡烙下一个光斑，她也没有动弹。闷热的空气压下来，屋子里静悄悄的，连苍蝇也不嗡嗡叫了。她甩了一下褐色环纹的长尾巴，把肚皮贴在瓷砖上，感觉到从腹部底下传来的一丝凉意。她伸出左爪向前搭在墙角的洗衣机上，车祸后被截去了右爪的前肢不自觉地摇晃了一下，似乎仍想抓住什么。脑袋挨着门框，她忍不住张嘴打了一个哈欠，黄荧荧的眼睛逐渐眯成了一条线。外面，下面，车水马龙的长街，那是她不再凝望的世界。

描述式反馈	指定式反馈
描述细致，有画面感。比较吸引人的地方在于人物（猫）特征的刻画，车祸、截肢、下面的世界等相关语句提示读者有隐藏的故事。这一部分停留在场景描写和背景介绍阶段，后续故事走向不明。	建议压缩这一段的描写，尽快引入矛盾冲突。虽然有一些具体的细节，但令人印象深刻、有效推进情节发展的不多。这里到底发生了什么呢？整个场景比较平，节奏比较慢。故事最好从最后几句开始。

（二）工坊讨论中：规则与形式

在工坊讨论中，直接面对读者关于自己作品的各种评价，尤其是负面评价，对于学生作者来说具有一定挑战性。为了避免作者急于为自己辩解而干扰读者正常讨论，写作工坊一般不允许学生作者发言。学生作者应扮演倾听者的角色，以开放的心态尽量理解读者的感受和立场，并记录讨论要点为后续文稿修改做参考，可以在讨论结束后就自己关注或不清楚的地方向读者提问。

工坊讨论也存在不同形式。对处于入门阶段的本科生而言，为了打开思路、保证讨论质量，教师可能需要对读者进行更多引导，给出具体的讨论问题或对讨论范围进行限定。例如，在讨论短篇小说时，根据写作阶段的不同，教师可能要求学生着力思考如下问题。

表2.3 小说工坊点评问题示例表

针对初稿
● 这个故事的焦点是什么？主要矛盾如何演变和发展？故事为什么从这里开始？
● 这是谁的故事？主人公是圆形人物吗？展现出复杂性、有转变吗？故事人物的行动或思想合理可信吗？
● 作者采用了哪种叙事视角？这一叙事视角有效吗？有其他更好的选择吗？
● 作品的哪一部分你觉得最有趣、最吸引人？为什么？作品的哪一部分你觉得比较平淡、还需要进一步发展？为什么？
针对二稿或三稿
● 故事矛盾的复杂化和高潮部分是否得到了充分的发展？故事结局令人满意吗？
● 作者是否有通过外表、行动、语言、思想或其他人的感受等手段来刻画小说中人物的特点？主人公的形象立体丰满吗？
● 人物之间的对话是否必要、可信、能打动人？对话是否有助于介绍故事背景、塑造人物形象、推进情节发展？
● 故事中的概括和描述部分是否均衡有效？是否讲述过多而缺乏展现？故事的重要节点是否有对应的场景描述？作者在这些地方是否包括了足够的细节？哪些细节令人印象深刻？
● 小说的标题和开头能够迅速抓住读者的注意力吗？标题是否足够形象生动、呼应主题或暗示故事的主要矛盾？

而在高级写作工坊或研究生工坊中，由于读者已经掌握相关写作术语和文本分析技巧，更多时候教师会采用自由讨论的形式，以期获得对文稿更全面的探讨。

表2.4 小说工坊点评术语示例表

情节	悬念	主要人物	圆形人物	环境	叙述视角
事件	钩子*	次要人物	扁形人物	场景	腔调
矛盾	转折点	主人公	动机	闪回	节奏
复杂化	危机	反派	行为	伏笔	展现
张力	高潮	说话人	对话	背景故事	讲述
紧迫性	结局	叙述者	道具	可信性	（叙事）距离

*钩子（hook）在英文创意写作中指作品开头抓人的部分。

此外，基于不同的教学理念，教师在工坊讨论中也可能呈现出不同的面目。有些教师更乐于以读者身份参与讨论，更平等地与学生读者互动交流，在作品点评中不以自己的意见为主导。另外一些教师在文学创作观念和审美方面存在个人偏好，会对工坊讨论的流程、内容、框架等做出具体的规定，期待学生读者的讨论朝特定方向推进，在评判作品得失时也带有个人标准。

（三）工坊讨论后：考核评价

工坊讨论围绕学生的习作进行，能够有效帮助作者进行文稿修改，但很多学生读者也应当意识到，阅读反馈和作品讨论是创意写作专业训练必不可少的环节，能够促使读者加深对写作技艺和规律的认识，也是工坊学习考核的重点之一。"参与课堂讨论对有效的创意写作课如此重要，它必须在课程的最终成绩中占有很大比重。"[1]与之相关的，学生作者能否充分吸收读者反馈（包括教师的点评）、从读者角度重新审视文稿并完成修改，也是学习考核的一项重要内容。因此，即使某个学生最初在写作工坊中提交了出色的作品，如果作为读者并没有认真撰写反馈意见、没有积极参与课堂讨论，或者不重视读者对自己作品的评语，其课程最后的整体评分也不会很理想。

总之，作品形式和内容的创新、对他人作品的反馈与讨论、基于过程的文稿修改，这三项构成了写作工坊教学测评的基本板块。在创意写作教学中，自己创作、协助他人创作、在与读者互动的修改过程中学习创作都是紧密联系在一起的，教学成果并不单一地指向作品产出，而是读者意识的增强和综合写作能力的提高。

1.AWP, "AWP Recommendations on the Teaching of Creative Writing to Undergraduates," *Association of Writers & Writing Programs*, 14 December, 2023.

三、写作工坊的特征

与传统的讲授式课堂不同，写作工坊围绕学生作品的提升修改进行，以读者反馈和集体讨论为核心，具有以下三个鲜明特征。

（一）高度个性化的教学

由于工坊主要围绕学生习作展开，针对学生写作中的具体问题进行讨论，每一次工坊课程的内容都是不可复制、以学生需求为导向的。学生提交的作品就是学习研究的主要对象，无论是作者和读者，都需要在"这一个"案例中加深对写作技艺的理解，习作通常能获得较为全面透彻的分析。在工坊之外，教师也常会和学生作者进行一对一的会谈，更深入地探讨文稿写作和修改的方向，学生获得的个人关注是超乎寻常的。

（二）基于过程写作法的修改

创意写作教学将写作视为一个探索发现的过程，文学作品的形成往往要经过多稿修改，学生提交的习作并非大体不变的成品，而是具有可塑性的开放文本，这是工坊讨论的出发点和教学考核的落脚点之一。因此，工坊讨论重视对习作各种可能性的挖掘，学生也可以提交自己感觉推进困难的草稿、章节，以期在集体讨论中整理思路、突破障碍。在长篇小说工坊中，学生分次提交小说章节时更需要对小说未来走向的推想和建议。写作工坊讨论以帮助作者完成最理想的版本为目标，从内容、结构、语言等各层面提供修改建议。从这种意义上来说，有效吸收读者意见的修改稿也是集体创作的成果。

（三）类似师徒制的紧密关系

与常规的课堂教学不同，工坊所营造出的独特艺术空间也存在更随意的氛围和更个人化的关系。有的工坊鼓励作者为习作讨论准备美食，有的工坊期末时直接在教师家开展，教学活动在自由轻松、艺术沙龙式的环境中进行，以促进创意思考还有更和谐的互动交流。与之相应的，写作工坊的师生、学生之间往往会形成一种更紧密的人际关系。由于工坊强调写作技艺的传承，师生之间更类似欧洲中世纪手工业行会中常见的师徒关系。写作教师犹如旧式手艺人，分享创作经验，在具体作品的分析中展示特定写作技术，教师对学生的个人影响更深。更进一步说，工坊教学所期望的是在写作社群中培育一种持续终生的关系，即使在课程结束、学生毕业以后，工坊成员还能在今后漫长的文学道路上互相支持、互相鼓励。实际上，由于文学创作和作者的自我紧密相关，写作工坊对学生作品也即学生自我表达的密切关注，能有效促进师生、学生之间的相互了解交流。如果加上工坊通行的小班教学模式，工坊成员之间更容易结下深厚的情谊。

总之，写作工坊通常由富有创作经验的作者教师主持，围绕学生的写作过程展开，相较于传统的讲授式课堂，具有独特的优势。不过在海外的长期发展中，写作工坊的教学模式也显露出一些局限，如教师的个人偏向、理论和教学法研究不足、创作上的同质化等。

中国高校的写作工坊教学更为注重理论研究，并积极探索本土化的发展路径。不过尚存在师资缺乏、小班制难以实行、学生讨论参与度低等问题，仍有待未来的教学实践去逐步解决，以期形成独具中国特色的新形式。

【知识延伸】
海外写作工坊的局限

四、写作工坊的未来

近年来，信息技术的快速变革，为写作工坊的发展揭示了新的可能。传统的写作工坊囿于时空的限制，一般只能在固定地点、特定群体中展开，线上工坊已经展现出更大的灵活性和参与者的多样性，但随着人工智能对教育的影响日益增强，尤其是在中国高校写作工坊师资缺乏、学生人数多而个性化教学难以施行的背景下，通过不同形式将人工智能工具引入工坊实践可以有效地提升教学效果、促进学生作者的成长。

　　就写作工坊的整体流程来看，在工坊讨论前的阅读训练环节和工坊讨论涉及的写作反馈和文稿修改层面，人工智能工具都能为学生提供课堂教学之外的有益补充。首先，人工智能工具可以有效提升学生从写作角度对作品进行解读的能力。工坊讨论要求学生在课前对同伴提交的习作进行细致而深入的阅读点评，而创意写作学科的核心作者式阅读法不同于惯常的文学阅读，对于初学者来说存在一定的难度。对作者式阅读法的学习和掌握，不是课堂内短时间能够解决的，需要学生在课后的大量实操中逐步积累经验。而另一方面，作者式阅读法又是有规律可以依循的。因此，采用人工智能工具辅助学生在课后反复进行作者式阅读训练具有相当的实际意义。以之前的小说句子功能列表（表2.1）为例，人工智能工具如DeepSeek等[1]，在学习功能列表和样例以后，可以对不同作品的句子功能进行比较准确的解读，而且还能识别出同一个句子可能具有的多重功能，其相对全面的解读能丰富学生对作品的认识。详见以下示例：

表2.5　DeepSeek对托拜厄斯·沃尔夫小说《答应》[2]开头的解读

中文译文节选
他们正在洗碗，妻子清洗，丈夫擦干。与大多数他认识的男性不同，他确实会认真分担家务。几个月前，他无意间听到妻子的朋友祝贺她，说她有位如此体贴的丈夫。 　　两人聊着各种话题，不知怎地谈到了白人是否应与黑人结婚。他说，综合考量后，他认为这不是个好主意。 　　"为什么？"她问。

1.目前完成的样本测试表明，DeepSeek（深度思考R1模式）对作品把握的准确程度和阐释的具体程度高于Kimi和智谱清言，还额外提供了高阶解读，其思维推导过程的展示也有助于学生加深对作者式阅读法的理解。
2.Tobias Wolff：《Say Yes》，载徐克容、杨立民编《现代大学英语精读2》（第二版），北京：外语教学与研究出版社，2011年，第32—36页。原文为英文，译文为DeepSeek翻译。

续表

逐句功能解析
1. "他们正在洗碗，妻子清洗，丈夫擦干。"
［环境描写（11）　+ 人物行动（20）］
（通过家务分工建立日常场景，暗示婚姻中的角色固化）
2. "与大多数他认识的男性不同，他确实会认真分担家务。"
［人物塑造（1）　+ 辩护（18）］
（通过对比塑造"非典型丈夫"形象，同时为后文种族偏见制造认知反差）
3. "几个月前，他无意间听到妻子的朋友祝贺她，说她有位如此体贴的丈夫。"
［回忆/闪回（15）　+ 例子/演示（10）］
（用第三方评价强化人物形象，埋下"体贴"表象与内在偏见的矛盾伏笔）
4. "两人聊着各种话题，不知怎地谈到了白人是否应与黑人结婚。"
［发展矛盾（8）　+ 伏笔（3）］
（"不知怎地"暗示潜意识的种族焦虑，将日常对话推向伦理悬崖）
5. "他说，综合考量后，他认为这不是个好主意。"
［确立矛盾（4）　+ 人物内心想法（23）］
（"综合考量"凸显理性化偏见的虚伪性，建立核心冲突锚点）
6. "'为什么?'她问。"
［引发行动（6）　+ 悬念（功能列表外延补充*）］
（简短问句如手术刀划开婚姻表象，触发后续认知崩塌的链式反应）

　　同样，在工坊讨论过程中，人工智能工具也可以根据要求针对学生习作提供描述式反馈或指定式反馈，根据设定的问题对初稿、二稿或三稿做出侧重点不同的点评。而且，经过特别设计、面向创意写作教学的人工智能体，基于专门的知识库，往往能给出更具参考价值的写作反馈，辅助学生持续对文稿进行修改。

　　值得注意的是，人工智能工具的引入可能突破传统工坊的局限，带来新型的人机混合式工坊，甚至是更加适配学生需求的个人定制化工坊，进一步发挥工坊所特有的个性化教学优势。传统的写作工坊通常被限定在师生之间的互动，和文学界的现实存在距离，难以引入其他重要点评视角。通过角色扮演，人工智能工具能为工坊教学提供多样丰富的写作反馈，从而推进学生对写作活动的反思和文稿的修改完善。在教师和同伴之外，人工智能工具可以便捷地扮演期刊编辑、出版商、知名作家、文艺批评家、目标读者等角色，并给出具体修改实例，从而拓宽写作反馈的范围和质量，弥补以往因教师的个人倾向、理论性缺乏等因素可能造成的不足。例如，针对表2.2中的工坊习作示例，可以要求DeepSeek扮演海明威，结合他的冰山理论和经典作品，提供具有作家个人风格的修改建议。

表2.6　DeepSeek进行角色扮演的写作反馈示例

DeepSeek扮演海明威提供的反馈选摘
● 原文： "车祸后被截去了右爪的前肢不自觉地摇晃了一下，似乎仍想抓住什么。" 海明威式改写： "右前肢在洗衣机铁皮上刮出三道白痕。去年那辆雪佛兰冲上人行道时，她正咬着只知更鸟。" ● 原文： "八月的阳光透过三叶草窗帘的缝隙挤进来，给她鼻尖前面不远处的黄色发条毛绒小鸡烙下一个光斑。" 海明威式改写： "三叶草窗帘漏进的光割开发条小鸡。铁皮烫了，她没动。" ● 原文： "外面，下面，车水马龙的长街，那是她不再凝望的世界。" 海明威式改写： "底下街道在响。那种铁皮罐头相撞的响。她舔了舔左爪第二根趾头。"
海明威法则执行清单 ● 动词专政：每杀死一个形容词，奖励自己喝杯威士忌。 ● 创伤矿物化：将情绪转化为物理痕迹。 ● 对话的沉默变体：让物体代替人类说话。
老海明威的结语 　　小子，写作是场拳击赛。你给猫套上了丝绒拳套。把那些见鬼的光斑、闷热和凝望扔进密歇根湖。用断肢在铁皮上刮出的白痕说话，用知更鸟的羽毛和兽医台的铁锈写诗。记住：真正的痛感不在伤口，在伤口拒绝成为隐喻的瞬间。现在去写。写完了喝一杯。要是写不好，就再喝一杯。反正写作和喝酒一样，都是对着虚无开战。

　　人工智能工具通过角色扮演生成的写作反馈不仅更具趣味性，还能有效减少工坊讨论存在的社会压力。由于不用直接面对读者的评判，不涉及人际互动的负面影响，学生对人工智能工具提供的写作反馈可能接受度更高，更能相对客观地比较不同的点评意见，人工智能工具也更容易抱持欣赏友好的态度输出积极反馈，增强作者的信心。在掌握提示词技巧的情况下，学生作

者甚至可以自行设置一个小型工坊，指定人工智能需要扮演的几名教师、作家或编辑，围绕个人的写作需求获得完全定制化的反馈。考虑到国内小班制难以实行、课堂讨论有限的情况，结合人工智能工具的写作工坊无疑具有特别重要的意义。

　　总体而言，虽然在现阶段应用于写作工坊的人工智能工具可能还不够完善，存在着局部逻辑失序、对文本的过度解读、对作品情感和艺术性的把握不足等问题，但人工智能工具已经在辅助写作方面显现出巨大的潜力。从灵感激发、资料搜集到人物设定、大纲编写、语言优化，人工智能工具已经日益渗透到写作活动的各个环节，并将在未来推动更具创新性的写作形式出现，如人机合作的创作、多模态跨媒介的内容生成等。由于人工智能的训练采用了大量的外语材料，在跨语言、跨文化写作方面，人工智能工具也能发挥其优势，为对外讲好中国故事作出贡献。

研讨与实践

　　1. 创意写作作为一个学科具有哪些特点？

　　2. 创意写作在中国的发展可以分为哪几个时期？在每个时期各发生了什么重要事件？

　　3. 如何推进创意写作的中国化和本土化？数字化和人工智能给中国的创意写作带来了哪些机会和挑战？

　　4. 参考表2.1"小说句子功能列表和样例解读"，选择一篇习作或你喜欢的短篇小说，采用作者式阅读法对作品进行文本细读。在浏览作品之后，要求至少精读两遍，第一遍阅读时逐句标注其功能，第二遍阅读时综合考察小说的情节、人物、叙述视角、环境设定等方面，分析其中的优点或有待完善之处，并撰写不少于三百字的书面反馈报告。

　　5. 参考表2.3"工坊作品点评问题示例表"，组织一次小规模的工坊讨论（3-4人），在交换阅读作品的基础上，根据问题提示的方向进行相互口头点评。

6. 选择一篇需要修改的习作，提交给DeepSeek等AI工具获取反馈。首先说明描述式反馈和指定式反馈两种类型，然后要求AI工具针对习作分别提供描述式反馈和指定式反馈，记录反馈中值得参考的部分。可以尝试就特定方面进一步提问，获取更具体的反馈意见，并思考人工智能能够在多大程度上辅助写作修改活动。

拓展阅读

1. 葛红兵：《英语国家创意写作学科的发生发展与研究》，载《创意写作学理论》，北京：高等教育出版社，2020年，第11—36页。

2. 安晓东：《创意写作简史》，载陈晓辉等主编《创意写作理论与实践》，北京：高等教育出版社，2024年，第14—33页。

3. 戴凡：《国内外创意写作的教学与研究》，《中国外语》2017年第3期，第64—73页。

4. 宋时磊：《创意写作在中国接受与传播的历史考析（1959—2009）》，《写作》2018年第6期，第57—68页。

5. 莫詹坤等：《我的跨文化写作与人生旅程——聂华苓访谈录》，《当代作家评论》2020年第5期，第198—206页。

—————— 第三章 ——————

现代诗写作

学习目标

1. 知识目标： 理解现代诗的定义、文体特征，了解现代诗经典诗人及其诗作，掌握诗歌意象、风格、结构等知识，能够熟读或背诵一些经典现代诗。

2. 能力目标： 理解现代诗创作常用的四种创意思维，掌握六感激发、诗歌结构设计、炼字炼词、语言风格设计等涵盖诗歌创作全过程的创作方法，最终学会创作诗歌。

3. 素质目标： 通过阅读经典现代诗，形成好诗的判断标准，培育诗歌写作兴趣，提升诗歌鉴赏和批评素养，以诗歌促进德育、美育，弘扬现代诗教精神。

这一章展示的是现代诗写作的创意之旅。在这里，一起领略现代诗百余年的璀璨华章，感受词语的舞蹈、意象的狂欢，从0到1体验现代诗写作的全过程，激发六感，掌握创意思维，尽情发挥天马行空的想象，抒发独一无二的情绪情感，通过写诗重新发现生活，每个人都可以创造属于自己的诗意世界。

第一节　现代诗的界说与特征

一、现代诗界说

现代诗又称新诗、自由诗，是指产生于"五四"新文学时期，有别于古体诗，以现代汉语（白话文）写就的诗歌。

现代诗不受格律限制，既可以押韵，也可以不押韵，它追求一种自由的诗歌形式，其字数、句式、行数和节数等均无固定格式。

19世纪末、20世纪初，梁启超、谭嗣同、夏曾佑等人呼吁"诗界革命"，黄遵宪首倡"新派诗"，提出了"我手写吾口"的诗歌主张，这些诗学理念，动摇了传统古典诗歌的观念，为中国诗学的现代化进程揭开了序幕。胡适是中国新诗的早期倡导者，也是新诗创作的探索者。胡适提出了"作诗如作文"的诗学观念，并提出"诗体的大解放"口号，希望打破传统诗歌对新诗创作的束缚，要求以白话诗代替文言诗词。[1]1917年，《新青年》刊出胡适的白话诗8首，此后相继出现沈尹默、周作人、刘半农、康白情、陈衡哲、俞平伯、鲁迅、陈独秀等人的白话新诗。1920年，胡适的《尝试集》出版，这是中国现代文学史上第一部白话诗集。

此后，诗人们不断探索，创生了许多流派，包括：1920年代的尝试派、人生派、创造社、湖畔诗派、新月派、象征诗派等；1930年代到1940年代的现代派、七月派、九叶派；1950年代到1970年代的中国现实主义、新现代主义、创世纪诗群等；1970年代末到1980年代的朦胧诗派、大学生诗派、新生代诗群等；1990年代至今，随着网络诗歌的发展，现代诗的写作风格、写作方法更加多元和多变。

1.朱栋霖、朱晓进、吴义勤主编：《中国现代文学史：1915-2018》（第4版），北京：高等教育出版社，2020年，第65页。

无论现代诗的流派怎样变化，一首诗要成为一首好诗的基本标准并没有变。胡适的《梦与诗》对一首好诗的标准提供了可能的答案：

梦与诗[1]

胡 适

都是平常经验，

都是平常影象，

偶然涌到梦中来，

变幻出多少新奇花样

都是平常情感，

都是平常言语，

偶然碰着个诗人，

变幻出多少新奇诗句！

醉过才知酒浓，

爱过才知情重：——

你不能做我的诗，

正如我不能做你的梦。

在这首诗中，胡适将作诗的过程比作"造梦"。平常经验和影像，经过梦境的巧妙加工、变形和拼贴，能够生成各种新奇画面。写诗也是如此，平常的情感和言语是诗人的创作素材，但是诗人能够融入自己的体验、个性和创意思维，写出独一无二的新奇诗句。好的诗歌表达的是诗人真实的体验和心理，不是无病呻吟，也不是矫揉造作的空想，是"醉过才知酒浓"的独家记忆，是"爱过才知情重"的刻骨铭心，每个人都有自己独一无二的梦，也要写出投射自我灵魂的独一无二的诗。

因此，好的现代诗至少要满足以下两个标准。

1.张德明：《百年新诗经典导读》，广州：暨南大学出版社，2015年，第10—11页。

（一）运用创意思维进行创意表达

现代诗是语言的艺术，写好现代诗需要运用创意思维，写出区别于普通人、其他诗人的创意表达。同样的意象、同样的情思，诗人需要运用新奇的比喻、独特的视角、巧妙的语句组合方式或个人化的风格表达出来，创造出独特的意境和令人回味的意蕴。好的现代诗是对生活的重新发现。

反之，没有运用创意思维的陈词滥调，就不是好的现代诗。比如，自称"废话派"的网络诗人乌青的诗："天上的白云真白啊/真的，很白很白非常白/非常非常十分白/特别白/特白/极其白/贼白/简直白死了啊……"——这首诗名为《对白云的赞美》，全诗极言"白云之白"，但通篇只是生硬地使用强调副词："真白、很白、非常白、特别白、贼白、白死了"，贫乏的表现手法，重复空洞的抒情，只是一组口号，流于白云之白的表面观察，并没有对生活的重新发现。

（二）表现诗人独一无二的情绪情感体验

好的现代诗必须是"有我之作"，即写出诗人独一无二的、无可替代的情绪情感体验和独特的人生观、世界观。真正的好诗，源于诗人自我内心深处的感动，循着诗兴，以诗的语言表达内心感受，打动自我的同时又能引起他人的共鸣。

反之，有形而无神的空洞抒情，或者只是陌生化语词的拼贴，都不是好诗。比如，某些刻意追求押韵和排比的朗诵诗，人工智能自动生成的拼贴诗，某些连作者自己也看不懂的盲目追求新奇的"朦胧诗"——都只能算是"像诗的诗"，因为它们没有灵魂。

二、现代诗的特征

从一般意义上说，现代诗具备三个基本特征。

（一）语言：使用深入浅出的白话文

从写作语言界定，现代诗的第一个特征就是用"白话文"写诗。最早的推动者胡适，把现代诗的语言革命当作白话文学革命的一部分，他认为现代诗就是白话诗。所谓白话，有三重意思："一是戏台上说白的'白'，就是说得出，听得懂的话；二是清白的'白'，就是不加粉饰的话；三是明白的'白'，就是明白晓畅的话。"[1]为了达到"三白"的效果，胡适、闻一多等人开始研究和搜集童谣，重新用口语化的方式写诗。现代诗的语言风格的第一大来源就是童谣、民歌等口头文学。当我们写作现代诗时，切忌矫揉造作，不用艰深晦涩的字词，而要采取深入浅出、通俗易懂的表达方式。

（二）形式：设计自由而有创意的形式

从形式上看，现代诗的第二个特征是表达自由。区别于古体诗词对形式的严格限定，现代诗一般不讲求格律，不刻意追求押韵，采取分行分段的形式，强调"我手写我心"，因此现代诗也称为自由诗。

为了体现这种自由感，诗人往往会对句断方式、句式表达等进行专门设计，使句式富有变化性、跳跃性、新奇性，使诗歌具有音乐美。当然，初学者对现代诗的"自由感"可能有误解，认为只要分行，随便写也是现代诗。其实，现代诗的自由结构背后，凝聚着诗人独一无二的审美智慧和天马行空的想象力，从措辞到断句，都不是随意的，而是诗人精心设计的结果，蕴含着内在的创意思维和抒情逻辑。

（三）主题：表达现代多元化思想

从主题上看，现代诗的第三个特征是宣扬现代的多元化思想，表达诗人独一无二的情绪情感体验和哲学思考。现代诗的"现代"二字，一方面是指运用现代汉语去写，另一方面是指其思想主题是"现代的"。现代，首先指现

1.叶君主编，胡适著：《胡适文选·文学与哲学》，哈尔滨：北方文艺出版社，2013年，第7页。

代人的情绪，例如，回归个体我，表现诗人独一无二的忧愁和欢喜。

除了现代的情绪，现代诗还表达现代的思想。这些现代思想，一部分来源于西方翻译诗歌，如意象主义、象征主义、现代主义等，只要有新的文学思潮，就立刻会诞生出新的现代诗流派，比如存在主义、女性主义、自由主义等，造就了现代诗百花齐放、流派众多的繁荣局面；另一方面，诗人写作现代诗，并不是完全排斥古典诗歌的传统，相反，诗人们总是创造性地运用现代的、后现代的哲学思想对古典诗歌进行改造、解构和重构，创作出具有独特汉语美感的创意诗歌。

第二节　现代诗写作的思维训练与创作方法

创意是诗的灵魂。要想写出创意表达，就需要运用创意思维。现代诗写作常用四种创意思维。分别是发散思维、联想组合思维、比喻思维和物我投射思维。这四种创意思维其实也是诗歌创作的方法。

一、从0到1：运用发散思维积累意象

发散思维是写诗时最常用的创意思维方法。发散思维又叫曼陀罗思维法，指的是围绕一个关键词，自由联想，新想出的词语又成为新的关键词，层层衍射，像曼陀罗花一样绽放开来。诗人写诗时，往往先写一个主题词，不断联想出几十个甚至几百个意象，再将这些意象巧妙组合在一起。

训练发散思维最简单的方法，就是选择一种颜色作为关键词，先写一首"色彩诗"。比如，选择"白色"为中心词。一想到白色，能想到生活中什么事物呢？请刻意观察，发挥想象，把想到的所有白色的意象写下来。这些意象又能让人产生怎样的情绪情感、情境画面和故事联想？如果没有头绪的话，不妨来看看诗人洛夫的《白色墓园》是怎样以"白色"为中心词写作诗歌的。

《白色墓园》作于1987年2月4日，记录的是洛夫参观菲律宾马尼拉一座烈士陵园时的所见所想。整首诗是以"白色"作为中心词进行发散思维写成的。全诗列举了白色墓碑、白色野雀、白色滩头、白色十字架、白色枯萎玫瑰、白色落日、白色炮声、白雪、鸽子、墓草、银白

【案例展示】
洛夫：《白色墓园》

水壶、月光和钢盔帽、鸢尾花等几十种白色的意象，构成了白色的世界。除了铺陈白色事物，诗人还由白色写到战争的残酷、亡灵的孤独、被遗忘的历史、对生命的缅怀和敬畏等白色的象征意义。整首诗在形式上也突显了"白色"的意境，上篇以"白的+名词短语"的形式整齐排列，下篇则以"名词短语+白的"形式对称排列，整个诗篇在形式上就像墓碑林立的墓园，这样整齐恢弘、有意味的结构，进一步增强了诗的震撼感。

除了色彩词，任何一个名词都可以作为中心词，进行发散。不仅是平面的意象罗列与堆叠，还可以拓展和延伸到文化层、情感层、象征层，还可以直接写出立体的故事和画面。闻一多的《忆菊》就采用了这种三层立体发散思维的写作方法。整首诗运用发散思维，写尽了诗人眼前看到的、心中想到的各式各样的菊，它们姿态各异，但都有值得欣赏的美。诗人罗列了开在不同地方的菊：虾青瓶中的菊、水晶瓶中的菊、紫藤篮里的菊、酒盏和酒壶旁的菊、田野中的菊、苗圃中的菊、房前屋后的菊、霭霭雾气中的菊、细雨微风中的菊。诗人还罗列了不同品种的菊：鸡爪菊、绣球菊、江西蜡菊、白菊。这样的方式属于水平发散，即围绕中心词组词，展示中心词的各个不同侧面和角度，罗列出相关的所有实物符号。

除了水平发散，还可以进行垂直发散。垂直发散是挖掘中心词的文化寓意、象征意义、情感寓意等。例如，菊花是什么样的精神符号，会让人有怎样的文化与情感的联想。第三层发散是更立体的发散，称为情境发散，即综合水平和垂直的维度，联想到一个具体的画面、情境和故事。

综上所述，运用水平发散、垂直发散、情境发散等三层发散思维的立体模型，就可以续写该诗。

【案例展示】
闻一多：《忆菊》

请看如下表格：

表3.1　运用三层发散思维解读《忆菊》

水平发散	菊——鸡爪菊、绣球菊、江西蜡菊、白菊、紫菊、金菊等。
垂直发散	菊——代表清高、孤傲、坚忍不拔，想到君子、隐士，白菊花代表哀婉和祭奠、雏菊代表纯真、非洲菊代表热情和勇气等。
情境发散	菊——提到菊就想到"采菊东篱下，悠然见南山"的画面；提到菊就想起，爷爷为我泡菊花茶的童年的下午；提到菊就想起和朋友参观菊花节游园会的美好秋日。

二、剪刀诗学：运用联想组合思维创造新天地

发散思维是诗歌写作中最常用的思维，可以开掘灵感，围绕一个关键词发现足够多的意象。但这些意象还需要进行剪辑和筛选，选出最有张力、最准确传神的诗歌符号，创作出最有意味的诗歌，这就需要运用联想组合思维。它是对发散思维的补充，能够让思绪从发散到聚合，让诗歌更有意境和意蕴。

联想组合法就是把意象通过巧妙方式组合起来，大体可分为相关联想、象征联想、对立联想、指示联想、类比联想、文化联想、移情联想等多种方式。其中，最常用的是相关联想和对立联想。下面结合案例，重点学习这两种联想组合手法。

（一）相关联想法

作家的想象力总是天马行空，能够将看似不相关的事物并置在一起，重新发明一种新的联系。比如，运用相关联想，从事物被忽略的某个属性出发，找到某种共同点，创造出一个新视角，或者新的构图、新的认识方式。常用方法有视角切换构图法、意象并置法、变形联想法。

1. 视角切换构图法

通过视角切换，可以生成巧妙构图。卞之琳的名作《断章》："你站在桥

上看风景/看风景人在楼上看你/明月装饰了你的窗子/你装饰了别人的梦"[1]。这首诗微妙之处在于，作家通过视角的切换，发现了事物之间微妙的联结，完成了巧妙构图。首句，"你站在桥上看风景"，镜头的聚焦点是"你"，画面似乎随着诗行指向远方。第二句却反转，将镜头转向背后，有人在楼上看"你"——"你"成为风景的一部分。"你"看着远方的风景，而"你"本身也是风景的一部分。这样的构图就像套盒，像画中画。第二部分是相同结构，或者说，时间到了晚上。"你"在窗口看明月，远处的明月装饰了"你"的窗子，而看不到的某处，别人正在想你，"你"装饰了别人的梦。或者说，"你"在望月，但"你"不知道，"你"也是别人的月亮，是梦中的月亮。那么这两个部分连缀在一起，又该怎么解释？可以想象，那个做梦梦到"你"的人，正是白天在楼上无意间看到"你"的那个人。这是一首邂逅的相思之作，是朦胧的爱意。整首诗里，诗人创造了巧妙的"看与被看""梦与被梦"的联系，令人回味无穷。

类似的像顾城写"看云"："你/一会看我/一会看云/我觉得/你看我时很远/你看云时很近"[2]（《远和近》）。云、你、我三者的距离关系，被诗人重新诠释了。为何你看我时很远呢？因为物理距离上，你离我很近，但是你看我时如此冷漠，所以我感觉很疏远；但是你看云时，是那样真实地享受美，真实地表现自我，所以我感觉可爱，又觉得心理距离在拉近。运用这种视角切换的方法，可以仿写。比如："你在雨天等雨停，我在雨里等你"。写叙事诗时，也是如此，先写主人公的视角，再切换到其他人的视角，进行对比，会让故事更丰富。

2. 意象并置法

意象并置是古代诗人常用的联想组合法，在写现代诗时可以借鉴。例如温庭筠的《商山早行》："鸡声茅店月，人迹板桥霜。槲叶落山路，枳花照驿墙"。与卞之琳的构图法不同，温庭筠是选择典型的植物、动物、自然意象，

1.上海辞书出版社文学鉴赏辞典编纂中心编：《文学经典鉴赏·新诗三百首》，上海：上海辞书出版社，2021年，第142页。
2.顾城：《顾城作品精选》，武汉：长江文艺出版社，2019年，第38页。

从视觉、听觉、体觉各个角度切入，以名词的堆叠来白描造景，引发读者想象。

陈先发的《丹青见》也运用了意象并置法："桤木，白松，榆树和水杉/高于接骨木，紫荆，铁皮桂和香樟/湖水被秋天挽着向上/针叶林高于阔叶林/野杜仲高于乱蓬蓬的剑麻/如果湖水暗涨，柞木将高于紫檀/鸟鸣，一声接一声地溶化着/蛇的舌头如受电击/她从锁眼中窥见的桦树/高于从旋转着的玻璃中，窥见的桦树/死人眼中的桦树，高于生者眼中的桦树/被制成棺木的桦树，高于被制成提琴的桦树"[1]。在诗中，诗人列举了一系列绘画的植物意象，并使用"高于"这个连词创造了奇妙的构图关系，将这些意象并置在一起。

3. 变形联想法

写诗需要夸张的想象力，你可以抓住意象的一个特点，将它无限放大。例如，洛夫写《发》："捧起你的发/从指缝间漏下来的/竟然是长江的水/我在上游/你在下游/我们相会于一个好深好深的漩涡"[2]。洛夫给人洗头发，洗出了这么灵动、飘逸、大开大合的想象力。诗人由头发间流下的水，联想到长江，顺着头发，诗人好像穿越到了头发之中，想象站着的自己是在长江的上游，而弯腰洗头发的朋友或者恋人是在长江的下游。洗头本是一件小事，头发本来是很小的事物，但是却被无限放大，一定要和长江、漩涡这样的大意象放置在一起。

你可以学习洛夫这种"放大"的联想组合法。比如，写她的酒窝是百慕大三角，回眸一笑间，就迷失了整个世界。或者写一颗草莓在唇齿间，像无数红色气球飞向高空。

除了把意象放大，还可以把意象缩小，即把恢宏壮阔的情感浓缩进一个很小的意象里。比如杨克的《我在一颗石榴里看见了我的祖国》，就是把爱国的宏大情感投射在一颗石榴里。

诗人从石榴联想到祖国，抓住了两者诸多相似性，写就了这首充满创意和诚挚热情的诗作。从形式特点上看：石榴籽很多，和中国人口众多相类比；

1.陈先发：《陈先发诗选》，西安：太白文艺出版社，2019年，第1页。
2.洛夫：《洛夫诗全集（上卷）》，南京：江苏文艺出版社，2013年，第316页。

石榴是一瓣瓣的，像中国地理上相邻的省份；石榴一面红，一面青涩，一面还有伤痕的裂口，则与中国的东西部地形相呼应。"高原红的脸蛋""包孕的水晶之心"：诗人处处在写石榴，但每一句话又都在描述祖国。从文化意义上看，石榴所代表的多子多福、丰收喜悦的文化观，也与爱国情怀相统一，所以这个意象组合非常和谐、巧妙。

【案例展示】
杨克：《我在一颗石榴里看见了我的祖国》

诗人杨克能从石榴里读懂中国，你能否尝试用这种联想组合的思维写诗？比如，你能从一棵茄子里看到什么人生哲理吗？你能从一枚核桃里读出什么新的意义吗？

（二）对立联想法

我们也可以"反着写"，这就是对立联想——反其道而行之，由一个事物想到和它的某个属性对立、相反的事物。例如，诗人看到梅花，却不写梅花，写牡丹，写芍药，写一切春天的花，以春花来反衬梅花苦寒独自开的孤傲。诗人看到水，却想到山。看到浮云，却想到太阳。运用对立联想往往可以让两个看上去对立的事物组合产生冲突错位的奇妙反应，这种奇妙反应有时表现为作家的独特个性，有时表现为一种机巧的哲理，或者对生活的重新发现。

1. 反义词并置法

对立联想最简单的方法就是将一组反义词并置。比如，洛夫的《水与火》："写了四行关于水的诗/我一口气喝掉三行/另外一行/在你体内结成了冰柱/写了五行关于火的诗/两行烧茶/两行留到冬天取暖/剩下的一行/送给你在停电的晚上读我"[1]。标题就是一组反义词。整首诗把诗和水火互喻。先写水的诗，三行被喝掉，一行结成冰柱，水的诗似乎还会随着温度变化，很有童趣；再写火的诗，两行烧茶，两行取暖，一行留给朋友来读。诗可以做燃料来烧，可以做火来烤，可以做诗人灵魂的代言。洛夫的这首诗，整体的灵感是对立

1.洛夫：《洛夫诗全集（上卷）》，南京：江苏文艺出版社，2013年，第317页。

联想组合，但是每一小节里又是相似联想，由水想到喝，想到冰；由火想到茶，想到暖，想到停电的夜晚。因此洛夫的诗是对立联想、相似联想娴熟运用之典范。

再如，顾城的《一代人》只有两句："黑夜给了我黑色的眼睛/我却用它寻找光明"[1]。先写黑夜和黑色的眼睛，极言绝望、困顿，似乎没有出路。但第二句却笔锋一转，由黑暗想到光明，运用对立联想，写出了"寻找光明"的名句。这两句诗运用一个转折连词，一对反义词组，组成了鼓舞人心、振聋发聩的金句。

你可以模仿洛夫和顾城，先想一对或者多对反义词，运用对立联想写一首诗。例如，看到下雨想到晴朗，看到花开想到花落。你可以写：在每一个晴朗的日子里，怀念下雨的夜晚；在每一个下雨的夜晚，想念晴朗的你。

2. 语义反转法

运用转折句式，也能达到对立联想、引人深思的效果。比如，舒婷的《神女峰》结尾写道："但是，心/真能变成石头吗/为眺望远天的杳鹤/而错过无数次春江月明/……与其在悬崖上展览千年/不如在爱人肩头痛哭一晚"[2]。这里隐含着一个对立联想，将"一次永恒的远眺"和"无数次错过的风景"相对比，诗人不禁反问，选哪个更智慧，选哪个更值得？结尾两句，诗人已经得出了答案，与其像神女那样牺牲自我，将真心化作一颗望夫石，在悬崖上展览千年，还不如在爱人肩头痛哭一晚。展览千年是被动的牺牲，痛哭一晚是主动的表达与爱的互动。舒婷历来崇尚女性独立平等的爱情观，这首诗也是一个代表。"与其……不如"这个句式内含一个反转："千年"与"一晚"，有极大落差；"悬崖"和"肩头""展览"和"痛哭"，也是对立联想的体现。

你可以模仿舒婷的诗，运用对立联想的句式写诗。比如，可以用到"与其……不如""不是……而是""……然而""我却……""没有……但是""我不……我只要"等句式。

1.顾城：《顾城作品精选》，武汉：长江文艺出版社，2019年，第17页。
2.舒婷：《舒婷的诗》，北京：人民文学出版社，2000年，第218—219页。

三、万物的隐秘关联：运用比喻思维让想象力飞起来

诗歌是最有创意的语言。诗人妙笔生花的秘密就在于熟练掌握了比喻思维。比喻就是打比方，是用本质不同而又有相似点的事物描绘另一事物。比喻思维，是人类认识和解释世界的一种常见思维方式，汉语的造字原理，就隐含着比喻的思维。写作修辞中，比喻可以细分为20多种类型。不过，在写诗时，诗人常用隐喻，达到惜墨如金的朦胧美。

下面结合具体案例，重点讲解三种训练比喻思维的创意方法。

（一）学会赋形法：化虚为实

写诗时，切忌大段喊口号，或者空洞抒情，而应该巧用比喻，以生动传神的意象和准确的洞察力来打动读者。愁和孤独，分别是中国古典诗歌和现代诗歌最常见的母题。无论是古代还是现代诗人，都不约而同地使用了赋形法，以比喻化虚为实。

贺铸在《青玉案》里写："试问闲愁都几许？一川烟草，满城风絮，梅子黄时雨"。这首词几乎是以呼喊的方式，连用三个比喻来形容愁，愁绪像一川氤氲的草绵延不绝，像满城飘飞的柳絮满目皆是，像梅子成熟时节的雨下个不停。

现代诗人海子也运用类似的方法写孤独："孤独是一只鱼筐/是鱼筐中的泉水/放在泉水中"[1]。这首诗，不禁让人想起冯至。冯至写"寂寞是一条蛇"，已经是很新奇的比喻了。而海子却更进一步，把孤独比作鱼筐。鱼筐和孤独有什么关系呢？孤独就像鱼筐一样，空空的，但又有所期待，期待收获一些爱和温存。而现实呢？空空的孤独，竹篮打水一场空，最终是把泉水放在泉水里，什么也没有。

1.海子著、西川编：《海子诗全集》，北京：作家出版社，2009年，第125页。

（二）尝试反写法：化实为虚

比喻也可以反用，采取化实为虚的手法，赋予眼前实在景象以朦胧意境，让人回味其中意蕴。

古人和现代诗人，都钟情于"梦"的意象。秦观在《浣溪沙》中写："自在飞花轻似梦，无边丝雨细如愁。宝帘闲挂小银钩"。秦观透过挂着银钩的帘子望见迷蒙的飞花轻盈得像梦一样，无边的雨丝飘洒得像愁一样细腻。诗人以抽象的虚空的梦和愁来比喻具象的飞花和丝雨，更能引人遐想，达到言不尽意，意在言外的效果。

徐志摩《再别康桥》与之有异曲同工之妙。徐志摩写："那榆荫下的一潭，不是清泉，是天上虹/揉碎在浮藻间，沉淀着彩虹似的梦/寻梦？撑一支长篙，向青草更青处漫溯/满载一船星辉，在星辉斑斓里放歌"[1]。诗人写榆树荫下的水潭，本是实景，却不写清泉，写泉中虹影，这是第一重以虚写实；紧接着写风吹碎的浮藻间的虹影，又把沉下去的水草、浮藻比作五彩斑斓的梦。从清泉到虹影再到虹梦，意象越来越缥缈、灵动。紧接着又从这朦胧的梦意象出发，不写划船，写寻梦。在青草更深处，寻到了什么梦呢？原来是一船星辉，星辉璀璨，放歌也缥缈，一切都是轻盈的意象，一切都亦幻亦真。

（三）陌生化：追求新奇

俄国形式主义学者什克洛夫斯基说，艺术要追求奇异化，即陌生化。诗歌的语言要突破日常语言的樊篱，产生新颖、惊异的审美效果。[2]因此，最高超的比喻应该使读者体会到"语不惊人死不休"的震惊感。

比如，夏宇的《甜蜜的复仇》这样写："把你的影子加点盐/腌起来/风干/老的时候/下酒"[3]。诗人为了表达"执子之手与子偕老"的爱，居然把爱人的

1.徐志摩：《徐志摩诗精选》，武汉：长江文艺出版社，2022年，第130—131页。
2.高建平、丁国旗主编：《西方文论经典第五卷：从文艺心理研究到读者反应理论》，合肥：安徽文艺出版社，2014年，第97—98页。
3.李少君、陈卫编：《台湾现代诗选》，北京：现代出版社，2017年，第306页。

影子比作腊肉，或者新鲜白菜、鱼，因为爱得太深，所以就突发奇想，把爱人的影子加点盐，腌起来风干，这样就可以永远保存爱的鲜活，等老的时候，把这份珍贵的美妙的回忆拿出来下酒。所以这首诗的比喻看似奇异，但细细品味，它里面包含了好几层的隐喻。爱一个人，所以想如影随形，就连看到的影子都那么动人，以至于想永远保存这份浪漫的记忆，一直到老。

同样是写爱情，洛夫在《子夜读信》里是这样比喻的："子夜的灯/是一条未穿衣裳的/小河/你的信像一尾鱼游来/读水的温暖/读你额上动人的鳞片/读江河如读一面镜/读镜中你的笑/如读泡沫"。[1]开篇，诗人把夜晚的白炽灯比作"未穿衣裳的小河"，灯没有灯罩，所以是"未穿衣裳"，这个比喻可爱有趣。灯光倾泻流淌，像一条小河。承接其后，诗人把爱人寄来的信比喻成一尾鱼，这是自然而然的联想。信本是无生命的，却拿有生命的鱼作比，有陌生化效果。读信的过程中目光随文字移动，又像鱼儿游动，比喻形象贴切。诗人又说，读信的内容，就像数着鱼儿额头的鳞片，比喻中套着比喻，又把信比作江河，而字里行间浮现出写信人的笑与欢欣，就像江河上涌起的泡沫。整首诗运用一连串环环相扣的比喻，写出了夜晚读信的外在情境，以及诗人的心境，耐人寻味。

四、童真世界：运用物我投射思维让诗更有趣

诗歌的创意是诗人独特世界观的文字表达。诗人在写诗时，神游寰宇，与万物对话，把自我的灵魂与天地交融，看到的一切都带着自我的影子。这在心理学上，叫作投射思维。

在具体创作中，诗人往往运用两种投射方法：一种是拟人，一种是拟物。所谓拟人，就是赋予动植物或自然物象以人格化的特征。在诗人眼里，流水有情，落花有意，一只飞鸟带着愁容与乡思，一朵云彩也有惆怅和梦想。与

1.洛夫：《洛夫诗全集（上卷）》，南京：江苏文艺出版社，2013年，第188页。

之对应，拟物，就是把人降格为物，把人比喻为动物、植物或其他没有生命的意象，从而达到一种新奇的、错位的效果。

下面结合经典案例来学习这种物我投射的创意思维方法。

（一）万物有灵法

拟人手法的理论基础是万物有灵的朴素世界观。诗人要赋予万物以灵魂，跳出自我惯常视角，甚至跳出理性限制，从他者的眼光看自己，让想象力自由地舒展。例如，闻一多的诗《闻一多先生的书桌》：

> 忽然一切的静物都讲话了，
> 忽然间书桌上怨声腾沸：
> 墨盒呻吟道"我渴得要死！"
> 字典喊雨水渍湿了他的背；
>
> 信笺忙叫道弯痛了他的腰；
> 钢笔说烟灰闭塞了他的嘴，
> 毛笔讲火柴烧秃了他的须，
> 铅笔抱怨牙刷压了他的腿；
> ……[1]

闻一多先生写自己的书桌，没有以多么深刻严肃的笔调去细描，而是运用诙谐轻松带着调皮的语调去写。诗人以拟人的手法，让桌上的文具开口说话。在这首诗里，墨盒没墨水了，就高喊口渴；字典被雨打湿，就抱怨背上有水；信被折起来，就说腰疼……原本没有生命的文具，有了嘴、有了背、有了腰、有了胡须、有了腿，而且还有了痛觉，有了情绪。诗人运用拟人的手法达到了一种幽默自嘲的效果：被疲惫折磨的文具恰恰反映了诗人创作和

1.闻一多：《闻一多诗选》，北京：中国青年出版社，2021年，第154页。

工作的辛劳，凌乱的书桌本是呕心沥血的创作见证，但诗人却乐在其中。

　　赋予万物以人的灵魂，是一种常用的创意思维。我们还会想到迪士尼的电影《玩具总动员》、好莱坞电影《博物馆奇妙夜》，都是一夜之间，原本没有生命的东西突然开口说话，有了人的性格。你可以模仿闻一多的这首诗，写一写你的书桌或者卧室，想象你的笔记本开口说话，你的电脑开口说话，你的床、你的壁画、你墙上的海报都能够开口说话，它们会说什么呢？

（二）融情于物法

　　与拟人相对应，诗人也会采取拟物的方式，即将自我的情绪和情感投射在外物之中，使得一切物象皆有人性，从万物中看到自我的缩影。正如，杜甫写"飘飘何所似，天地一沙鸥"：将飘零的孤独自我化身为一只沙鸥，用动物的视角写自己。

　　下面来看写作《火柴》的两个案例。叶文福的《火柴》通篇运用拟人手法，诗人仔细观察一盒火柴，把火柴比喻成渺小的、挤在一起的、贫穷的一家子。但是它们细长的身子支撑着高傲、正直、善良的灵魂，它们身材渺小，但是品格高大——因为它们一旦点燃，便毫无保留，奉献出自己的全部，从来不退缩，也从来不作假。显然，诗人是借火柴赞颂有骨气、有奉献精神的英雄品性。而高翔致敬叶文福的诗作《城中村诗人》，则是拟物，即把城中村的诗人比作火柴，比作一个觉醒的、孤独的火柴。他不像其他人一样安于现状，温饱度日，而是选择通过写诗来燃烧生命，来创造烟花般绚烂的人生意义。他苦闷，像一根划不亮的火柴，但是他一次次尝试，在深夜写诗，孤独中拥有梵高一样为艺术奉献的执着。可见，无论是拟人，还是拟物，其实都是诗人的人生观的投射。

　　你可以尝试模仿这两首诗，仔细观察一个小物件，比如八音盒，或者钟表，发挥联想，一个八音盒让你想到了什么故事，一个钟表让你想到了人的什么品格或者性格。运用拟人或者拟物的方法，写一首诗。

【案例展示】
叶文福《火柴》和高翔《城中村诗人》

（三）物我对话法

在诗歌创作中，诗人除了直接运用拟人或拟物外，还会以更自由、更含蓄的方式表现人与物的交融与互动，那就是以对话的形式，写人看物，物看人，物象里有人性，人性里又有物的影子。

例如，苏轼《卜算子》写："惊起却回头，有恨无人省。拣尽寒枝不肯栖，寂寞沙洲冷"。诗人望着不远处的孤鸿，它不断回头，像是心头有烦怨却无人能懂。结尾处，诗人和孤鸿相互读懂了彼此。

余光中的《问烛》和苏轼的"问孤鸿"有异曲同工之妙：

问烛（节选）[1]

余光中

……

每一截蜡烛有一段故事

用蕊心细细地诉给火听

桌上的这一截真的就是

四十年前相望的那枝？

真的就是吗，烛啊，我问你

一阵风过你轻轻地摇头

有意无意地像在说否

无意有意地又像在说是

——就算你真是从前的那截

在恍然之间被我认出

又怎能指望，在摇幻的光中

你也认得出这就是我

认出眼前，哎，这陌生的白发

就是当日乌丝的少年？

1.余光中：《守夜人：余光中诗歌自选集》，南京：江苏凤凰文艺出版社，2017年，第84—85页。

物我互动的另一种方式是人与物对话。这首诗里，诗人在深夜，质问一根将要燃尽的蜡烛。这与岑参的诗"孤灯然客梦，寒杵捣乡愁"和张继的诗"江枫渔火对愁眠"有相似的意境。孤独的夜晚，一盏蜡烛照亮了诗人的心事。诗人想象蜡烛这样用尽全力地燃烧，一定是也像诗人那样，在回忆往事，它那跳跃的火苗就像是似是而非的回答。诗人把蜡烛当作多年未见的老友，问他是不是四十年前，诗人少年时代点起的那根蜡烛？这是诗人奇崛的想象力。一根蜡烛的一生也许只有一个时辰，但这也是诗人一生的写照，时光飞逝，一夜白头，诗人从蜡烛里看到了往昔，也看到了一生转瞬就到了暮年。所以表面是问烛，其实是问心，问岁月，问人生。

你可以尝试模仿苏轼、余光中的诗，带着自己的情绪和情感去看待日常的事物。去看一只飞鸟，去看一只蝴蝶，甚至是一颗鹅卵石、一枚发夹、一个暖水壶，或者一棵白菜。总之，把自己的感受投射进这个物象里，写出物我交融的诗句。

第三节　过程写作实训：一首诗的诞生

很多人误以为诗歌的创作就是等待"酒神的狂欢时刻"，只要诗兴到来，灵感爆发，就能出口成章、一气呵成。写诗需要强烈的抒情驱动力，但只有诗兴还不够。写诗的过程是创意思维的闭环，需要至少经历三个阶段：灵感激发——忽然想到了一句金句，或触动了某个情绪，想要写诗；设计结构——写了第一句，如何写第二句，如何结尾，如何断句使整体结构有意境和意味；打磨语言——怎样炼字和炼词，写出创意表达，写出独一无二的个人风格，让诗句打动人心、口耳相传？写诗的过程始于诗兴，终于"术与道"的修炼，伴随着创造的快乐和修改的痛苦。

下面结合具体案例，来拆解诗歌创作的三个阶段。

一、诗的灵感激发

诗是对生活的重新发现。诗的灵感首先源于感觉的唤起。诗人总是敏感的，一只飞鸟穿过白云、松涛和雪花的飞舞，都能唤起诗兴。人的感觉都有哪些呢？《心经》将人体感官系统总结为"六根"，即"眼耳鼻舌身意"。六根接收的信息称为"六尘"，即"色声香味触法"。它们的关系可表述为如下表格：

表3.2 《心经》对感觉系统的认识

六根	六尘	释义
眼睛	色尘	视觉所见的各种颜色、形状、人和物的样貌。
双耳	声尘	听觉所接纳的各种自然之声、乐音、不同人和物的声音。
鼻子	香尘	嗅觉所识别的各种香味、臭味、自然的气息、人体的体味等。
舌头	味尘	味蕾所识别的酸甜苦辣咸香等味道。
身体（皮肤）	触尘	皮肤具备的体觉感受到的干湿、冷热、软硬、疼痛。
意念（大脑）	法尘	大脑对五感的加工产生的通感、幻觉、想象、烦恼。

唤起六感，可以产生源源不断的诗歌灵感。许多经典诗歌都是一种或多种感觉体验的结合。

（一）捕捉视觉意象

诗歌源于一个美的视觉瞬间。这个瞬间就是美学家莱辛所说的"富有包孕性的顷刻"，是一个令你心动，引发无限联想的时刻。捕捉视觉瞬间，积累美的意象，需要注意三点。

1. 选取最有代表性的特征

诗人需要训练一种能力，即从万千图景中快速选取一个最有表现力的典型特征，这也是古人所说的写人要写出"颊上三毛"和"传神阿堵"，有了那传神、灵动的细节，我们的视觉意象就有了灵魂。

徐志摩《赠日本女郎》中称赞爱慕之人的美，只提炼了一个瞬间："最是那一低头的温柔/像一朵水莲花不胜凉风的娇羞"[1]。低头的刹那就是富有包孕性的顷刻：温柔、羞涩，像风中的水莲花，有朦胧的芬芳。诗人写女性之美，往往都是抓拍最美的特写镜头。《卫风·硕人》篇写庄姜的华美，用的是"巧笑倩兮，美目盼兮"，定格的是从轿子上回眸一笑、眼波流转的瞬间。你可以仿照这种方法，选择一个典型的神态或动作，来描写一个人。比如，要写一个篮球运动员，就可以写：正是跳起扣篮的一瞬，像雄狮扑向一头羚羊；要写一个舞蹈演员的美，就可以写：她舒展双臂飞向空中，像一只天鹅亲吻着微风……

2. 学会准确描摹色彩

人眼对色彩非常敏感，面对一个视觉瞬间，往往先被其色彩吸引。因此，写作视觉意象，可以从描绘色彩开始。顾城就特别擅长使用色彩用词。有热心读者统计过，顾城90多首代表作里，色彩用词一共出现了150多次。顾城可谓现代诗人里的王维，借助绘画的技巧来写诗。

比如，顾城的《感觉》：

《感觉》[2]

顾　城

天 是 灰 色 的

路 是 灰 色 的

楼 是 灰 色 的

雨 是 灰 色 的

在 一 片 死 灰 之 中

1.徐志摩：《徐志摩诗精选》，武汉：长江文艺出版社，2022年，第53页。
2.顾城：《顾城作品精选》，武汉：长江文艺出版社，2019年，第43页。

> 走过两个孩子
>
> 一个鲜红
>
> 一个淡绿

这首诗采用白描手法，用色彩对比勾勒作者心情的变化，有一种写意之美。前半部分全部铺陈灰色，营造了一种绝望压抑的氛围；结尾笔锋一转，两个色彩鲜艳的孩子跃入画面之中，一个穿鲜红衣服，一个穿淡绿衣服，他们就像灰蒙蒙的心情画卷里让人惊喜的一抹重彩。整首诗简洁明快，捕捉到了色彩对比强烈的视觉瞬间，令人不禁想起电影《辛德勒的名单》里那个永载电影史册的画面：在冲锋队屠杀犹太人的一片死寂的黑色中，有一个穿红衣的小女孩默默站在一侧，是整个画面中唯一的暖色，那么渺小又那么鲜明。你可以仿照这种色彩对比的方法，写一写你喜欢的电影镜头，或者生活中遇到的色彩缤纷的画面。

对色彩的描绘不一定遵从现实逻辑，它可以是诗人心理世界的投射。顾城《爱的日记》写道："我好像，终于/碰到了月亮/绿的，渗着蓝光/是一枚很薄的金属纽扣吧/钉在浅浅的天上"。[1]很少有人写月亮是绿色的，这大概是诗人天真的想象，或者是诗人梦中看到的变形的月亮，或者是诗人奇异心情的投射。由此可见，诗歌中的颜色可以陌生化处理，写出和心境相符的颜色最好。

3. 学会构图法

运用视觉意象写诗，就是做文字画。你需要将看到的物象、画面用合适的构图展示出来。

闻一多《二月庐》写道："面对一幅淡山明水的画屏/在一块棋盘似的稻田边上/蹲着一座看棋的瓦屋——/紧紧地被捏在小山底拳心里"[2]。这首诗是构图法的典范。诗的开篇，诗人把眼前的淡山明水比喻成一幅画屏，淡、明二字是用绘画的用语来描述山水的观感和明暗对比，和王维的"江流天地外，山

1.顾城：《你看我时很远：顾城诗选》，郑州：河南文艺出版社，2018年，第140页。

2.闻一多：《闻一多诗选》，北京：中国青年出版社，2021年，第34页。

色有无中"有异曲同工之妙；接着，诗人把整齐的稻田比喻成棋盘，以一个"蹲"字巧妙运用拟人手法，把矮小的瓦房比喻成在一旁观棋不语的隐士。接下来，又以"捏"字将小山比喻成拳头，巧妙地交代了瓦屋处在山脚的位置。整首诗里，诗人通过巧妙设计山、水、稻田、瓦屋的方位关系，寥寥数语，就形成了一个立体的构图，很有画面感。

你可以仿写这首诗，在诗中运用一系列方位词表示各个意象间的位置关系：在山脚下，在悬崖边上，在一朵花的后面，在山坳里，在河流的尽头，等等。

（二）谱写听觉意象

我们生活在一个声音的世界，任何声音都可以化为诗意的符号。声音里有音乐美、有故事性、有隐喻的哲思。写诗时，我们要打开自己的耳朵，尽可能地去寻找足够多的声音意象，体会不同声音的音量、音色、节奏，揣摩声音背后的情绪与情感，运用准确的形容词和名词记录下这些声音，最好以排比的形式呈现出来。谱写听觉意象，可以使用如下两种方法。

1. MTV写诗法

想象你有一个录音机，漫步在田野或街头，闭上眼睛，记录下你听到的一切声音。根据这些声音意象，写作一个带有画面和音乐律动的MTV脚本，这就是用MTV写诗法。

譬如，穆木天的《雨后》写道："穿上你的轻飘的木屐/穿上你的轻软的外衣/趁着细雨蒙蒙/我们到湿润的田里/我们要听翠绿的野草上水珠儿低语/我们要听鹅黄的稻波上微风的足迹/我们要听白茸茸的薄的云纱轻轻飞起/我们要听纤纤的水沟弯曲曲的歌曲/我们要听徐徐渡来的远寺的钟声/我们要听茅屋顶上吐着一缕一缕的烟丝/我们要瞅着神秘的扉开在灰绿的林隙"[1]。这首诗写的是诗人在雨中漫步，诗人没有写雨本身，而是写在雨中听风，听云，听涨起的溪流和钟声，各种声音好像带着雨水的潮湿与朦胧。读整首诗，就像在看一部富有意境的音乐电影。

1.蒋述卓：《诗词小札》，北京：中国青年出版社，2008年，第323页。

你可以选一首钢琴曲、小提琴曲，根据听乐曲的感受写诗，相当于为其填词。也可以为喜欢的流行歌曲撰写MTV脚本，再将其用诗的方式展示出来。

2. 融情于音，写出音乐背后的哲思

聆听或弹奏一段乐曲，在音乐的节奏中你听到的是对人生的感慨，对生活的重新发现。这就是把自我的情绪情感和人生难题投射在音乐里的过程，也是写诗的创意方法。

欧阳江河的《一夜肖邦》先写弹奏肖邦钢琴曲的感受："可以把肖邦弹得好像弹错了一样/可以只弹旋律中空心的和弦/只弹经过句，像一次远行穿过月亮/只弹弱音，夏天被忘掉的阳光/或阳光中偶然被想起的一小块黑暗/可以把柔板弹奏得像一片开阔地/像一场大雪迟迟不肯落下"[1]。诗人运用通感，以视觉写听觉，由钢琴曲联想到生死，表面写弹琴，实则写的是人生哲理。紧接着，诗人又将其上升到对时代精神的反思上："这已经不是肖邦的时代/那个思乡的、怀旧的、英雄城堡的时代……/真正震撼我们灵魂的狂风暴雨/可以是/最弱的，最温柔的"[2]。真正永恒的、打动人心、超越时代的是真善美，是人文精神和理想主义。因此，诗人表面上在写肖邦钢琴曲，实则是写对人生的思考和对时代的批判。

（三）唤起嗅觉意象

弗洛伊德曾说，气味是一种最持久的记忆，它可能是婴儿对母亲带有乳香体味的依恋的延续。气味就像一个生命档案馆，我们留恋一个人或地方，首先唤起的就是独一无二的嗅觉记忆。因此，气味意象里深藏着挥之不去的诗意。

在写诗时，我们需要训练一个"诗人特有的鼻子"，去向内嗅探自己生命经验中值得写的气味意象，同时也向外搜寻各种可以写的气味，搭建气味图书馆。首先，尽可能地搜集各种各样的奇妙气味，并能区分不同气味间微妙的差别。例如，区分橘子和橙子的甜味有何不同，区分今天的雨和昨天的雨

1.欧阳江河：《谁去谁留》，长沙：湖南文艺出版社，1997年，第34页。
2.欧阳江河：《谁去谁留》，长沙：湖南文艺出版社，1997年，第35页。

有什么不同，可能就是因为所投射的情绪情感的不同，导致了相似的气息也会引发完全不同的联想和感受。在此基础上，我们还需要掌握一些气味表述用词，运用诗的语言描述这些气味。

来看戴望舒的《雨巷》（节选）：

撑着油纸伞，独自

彷徨在悠长，悠长

又寂寥的雨巷

我希望逢着

一个丁香一样地

结着愁怨的姑娘

她是有

丁香一样的颜色

丁香一样的芬芳

丁香一样的忧愁

在雨中哀怨

哀怨又彷徨

她彷徨在这寂寥的雨巷[1]

这首诗有很多种读法，常规的读法是用眼睛去读，我们看到诗人写了在细雨纷飞的江南小巷中遇到一个温婉忧愁女子的场景。但是这首诗更巧妙之处在于，诗人所写的意象既有视觉的，也有嗅觉的，是一种交融状态：诗人将悠长的挥之不去的丁香之美与蜿蜒的小巷之美，身材袅娜、忧郁彷徨的姑娘之美，还有绵绵不绝的细雨之美巧妙融合在一起。丁香的气味弥散在字里行间，而小巷、姑娘、愁怨、细雨都像丁香的气味一样，绵长、悠远，萦绕在诗人和读者的心头。因此，这首诗我们要用鼻子去读。诗人虽然没有直接

1.戴望舒：《戴望舒诗选》，南京：江苏凤凰文艺出版社，2018年，第26页。

描写丁香，但是处处又都洋溢着丁香之味；诗人也没有细描姑娘究竟为何哀愁，但她那带着愁容的美，她那寂寥、彷徨的形象却跃然纸上，并随着雨巷的蜿蜒一步步消失在雨中。

你可以仿照这种写法，选取一个场景，比如一个人孤独地站在花园，或者雨后初晴的公园，或者黄昏的湖边，写一首诗来描述这个场景。但是尽量不要用视觉意象，而是像戴望舒一样，运用嗅觉的意象来营造挥之不去的气息。例如，你可以写黄昏就是一缕炊烟，是炊烟里温暖的带着一丝木香、米香的悠长气味；你可以写雨后初晴的公园就像含着一块薄荷糖，空气中的薄云、飞鸟、蝴蝶，都是那么清新，那么轻盈……

（四）表现味觉意象

美食里蕴含着诗人独特的味觉体验、记忆，甚至人生哲理。诗人写作味觉意象，主要有两种表现方式。

1. 细描美食的味觉感受

诗人一般采取"食材+味觉用词"的组合句式。味觉用词常见的有：酸、甜、苦、辣、咸、香、鲜、臭等等。当然，我们的味蕾非常敏感，能够感受到更加复杂的味觉刺激，所以诗人也会把丰富的味蕾变化写出来。喝白茶，感觉到先苦后甜，有淡淡的苦香味和清冽的回甘。吃臭豆腐是闻着臭，吃着香，外焦里嫩，外面咸香酥脆，里面入口即化软糯可口，令人唇齿留香。同样是辣，也分为香辣、鲜辣、麻辣、酸辣、甜辣、油辣等多种不同的口感。因此我们在写作时，要准确地罗列出食材名称，并细腻地写出味蕾的变化，从舌尖延展出诗意。

为了细描味觉，一般会用到通感。例如，微博美食诗人王玎玲写《香蕉牛奶》："喝香蕉牛奶时/联想到了/月亮在白莲花般的云朵里穿行"[1]。把香蕉牛奶的味觉感受通感为"月亮在云朵中穿行"的视觉画面，隐含了一个比喻：牛奶像云朵，香蕉像月亮，用吸管喝香蕉牛奶的感觉就像月亮穿行于云朵中

1.王玎玲：《下饭的诗》，上海：复旦大学出版社，2016年，第80页。

一样，悠闲、美好。再如，王玎玲写《毛血旺了》："一想到高考/整个人都毛血旺了"[1]，把高考的紧张、焦虑情绪类比为吃毛血旺的感觉，很形象又很新奇。

写作味觉意象的诗，可以在舌尖凭空想象一种味道，例如柠檬酸、草莓甜、花椒……由一种味道做题目或者做开头的意象写一首诗，请写出足够多的联想：这个味觉与童年、与亲人、与爱情、与心底秘密的关系。你也可以仿照普鲁斯特的方式：专门写一种印象深刻的食物，由它做引子来写一首诗。

2. 写作美食的制作过程

诗人还可以写作某种美食的制作和品尝过程，由此隐喻自我和生活的关系。例如，高翔的作品《晚餐的诗》，就是以比喻拼盘的方式记录海鲜麻辣香锅的制作过程，由美食联想到人类历史。

【案例展示】
高翔：《晚餐的诗》

在这首《晚餐的诗》里，作者先用一个比喻设定"意境"——把炒锅比作海，之后的诗句就是填充意象，把所有食材都比作与海洋相关的喻体。红椒是鳟鱼，蒜瓣是岛链，盐巴是月光，洋葱是水母，金针菇是水草，土豆是暗礁，茄子是海豚，粉条是海岸线……运用比喻拼盘，生动地展示了麻辣香锅的配料和制作过程。最后，升华主题：推动人类历史的动力，是火的发明和爱的共同体。美食背后是爱的付出，是情感的维系。

你也可以尝试写一下：火锅的诗、煲汤的诗、番茄蛋炒饭的诗，先写出美食制作过程，再延伸到背后的情感故事与人生隐喻。

（五）舞动体觉意象

体觉意象，常常被人忽略，但刻意运用，事半功倍。体觉，就是皮肤对外界刺激的感受。因为人惯用双手触摸，所以最常见的体觉是触觉。人通过体觉，可以感受到空气的湿润或干燥、温度的冰冷或炎热、物体的粗糙或光滑、尖锐或平整、坚硬或柔软，当然还有最普遍的感受：痛觉。

1.王玎玲：《下饭的诗》，上海：复旦大学出版社，2016年，第74页。

触觉是一种非常独特的创意视角，可以诞生很多故事。戴望舒的《我用残损的手掌》就是运用触觉表现战争的伤痛和爱国深情。这首诗写于1942年7月3日，抗日战争进行到最激烈的时刻，诗人抚摸着中国地图，百感交集，含泪写下此诗。整首诗是循着诗人触摸地图的手指，一行行，随着地名而进行的"空间发散"。诗人以残损的受伤的手，小心翼翼地触摸着地图，从故乡到长白山，再到黄河、江南水田、岭南和南海……所触之处，满目疮痍。触觉的延展，触摸的是地图，但引发了回忆和真实的联想，整首诗就像指尖的旅行，就像战争的微缩画卷徐徐展开。从指尖到心头，诗人既表达了"国破山河在"的悲伤，又有对外族侵略的愤恨，还有对饱受战争摧残的人民的同情，结尾处回归到抗战必胜的决心。

除了触觉，单纯的冷或者热，极度干燥或极度潮湿，都能诞生写作创意。例如，娄烨的所有电影都要将空间设置在雨天，作者想要通过极度的潮湿来营造一种沉静、悲伤、阴郁的独特气氛。而美国意象派诗人杜立特尔的《热》则是运用一连串具有爆发感、撕裂感的动词来细描闷热的体觉："哦风，撕开这闷热/劈开这闷热/把它剁成碎片/空气这样粘厚/果子也落不下来/果子掉不下，被闷热/紧紧压住，磨钝了/梨子的尖端/搓圆了葡萄/劈开这闷热吧——/犁过去/把它翻开/抛在两边"[1]。

【案例展示】
戴望舒：《我用残损的手掌》

你可以仿照这种写法，再写一下《冷》《潮湿》《晴朗》《温暖》等，也可以写一下让你印象深刻的天气，可能是连日的暴雨、鹅毛大雪、突如其来的冰雹、肆虐无常的台风……

1.刘象愚选编：《现代主义文学作品选》，北京：高等教育出版社，2002年，第79页。

（六）开发联觉意象

以上总结了激发五种感官，积累诗歌意象的训练方法。在实际写作中，还存在着第六种感觉，即联觉，又称通感。钱钟书在研究古诗词时运用了这一概念，他说："在日常经验里，视觉、听觉、触觉、嗅觉、味觉往往可以彼此打通或交通，眼、耳、舌、鼻、身各个官能的领域可以不分界限。颜色似乎会有温度，声音似乎会有形象，冷暖似乎会有重量，气味似乎会有体质。"[1]

实际上，当我们唤起了各种感觉经验以后，要用文字表现出来，就必须用到比喻、通感的手法。这就要求诗人要学会"以感觉写感觉"。例如，品味美食时，会联想到听音乐的感觉；读文字会有闻到花香的感觉；看颜色可能会联想到温度；听音乐可能会有身临其境的触感。

在创意写作工坊中，我们可以采取音乐冥想的方式来训练通感，激发艺术感受力。比如，我们可以选取一段轻音乐、交响乐或小语种歌曲，让工坊参与者在导师的引导下闭上眼睛，仔细聆听这段音乐的旋律、节奏的变化，不必听懂歌词，仅靠着音乐的听觉感受来唤起其他的感觉，加以联想：

这段音乐，让你仿佛看到了什么？这段音乐是什么味道的？草莓味，还是泥土味？这段音乐是柔软的还是僵硬的，是粗糙的还是光滑的？这段音乐是温暖的还是冰冷的？是湿润的还是干燥的？这段音乐让你想到了什么经历吗？比如某个雨天，某个温柔的下午……

一个经典的案例是西班牙歌曲《A Todo Color》（五彩缤纷），这首歌是以音乐的方式描绘颜色，颜色中又包含触觉、嗅觉、味觉的经验，音乐的旋律变化又带有叙事性。在工坊创意写作训练中，教师可以让参与者根据音乐的通感写作，最后再公布歌词。

【案例展示】
《A Todo Color》中文歌词

1.钱钟书：《七缀集》，北京：生活·读书·新知三联书店，2002年，第64页。

二、诗的结构设计

诗的结构是重要的创意元素。结构设计包括如何开头、如何结尾、如何分行和断句、如何处理时间和空间、如何把握节奏感等。贴切、有创意的结构不仅能让读者眼前一亮，还能更好地彰显主题，增强表现力。初学者容易犯的错误是只关注意象和情绪情感，没有找到合适的结构，写出的诗歌杂乱臃肿，没有美感。现代诗的写作常用如下三种结构形式。

（一）重章叠唱结构

重章叠唱是诗最常用的结构方法和审美策略。《诗经》就常用重章叠唱的形式，达到朗朗上口、余音绕梁的音乐美。例如，《诗经·周南·桃夭》就是重复"桃之夭夭……之子于归……"的句式；《诗经·小雅·鹿鸣》则是重复"呦呦鹿鸣……我有嘉宾……"的句式。重章叠唱的写作，主要是训练发散思维，使用排比的修辞：重复一个词、一个词组、一句话、一种固定的语法结构。

道格拉斯·玛拉赫的诗歌《做一个最好的你》就是重复一个带有"否定—转折"语气的固定句式："如果你不能……那就……但要……"。这一句式连缀全篇，彰显了一种人本主义的主题：如果你不能成为最优秀的精英，那就成为一个平凡却幸福的人，每个人的人生都拥有独一无二、不可替代的价值。显然，重章叠唱的结构是为内在主题服务的。

有时，重章叠唱结构可以简单到重复一个动词。比如西川的《开花》通篇主要是以"开花"为关键词进行发散思维，排比造势；张二棍的《原谅》通篇重复的是"原谅"这个动词，颇有致敬辛波斯卡《在一颗小星星底下》的意味。

【案例展示】
道格拉斯·玛拉赫
《做一个最好的你》

（二）螺旋式结构

螺旋式结构，是重章叠唱的变体，它不是排比式的简单重复，而是顶真式的交替重复。所谓顶真，就是下句的句首词和上句的句尾词重复。比如，汉乐府诗《饮马长城窟行》："青青河畔草，绵绵思远道。远道不可思，宿昔梦见之。梦见在我傍，忽觉在他乡。他乡各异县，辗转不相见。"这首诗运用顶真手法，表现妇人对远处参加劳役的丈夫的思念之情。

螺旋式结构对初学诗歌者大有裨益。当写作诗歌思绪凝滞时，就可以选取该句的最后一个词作关键词，续写第二句，以此类推，让诗意流动起来。比如，高翔的《红酒的顷刻》，就是运用了这种方法："在一杯暖热的红酒里，听见秋天的葡萄正结满黄昏/黄昏在高高的秋千上，别着，像一枚发卡/发卡，在最美妙的位置平衡一切/你的长发，把我的世界抛向空中/空中，是这杯红酒回旋的此刻/此刻，你突然看我/我感觉，有什么沉重而小小的东西，坠落了，像一场预谋/一颗接着一颗，葡萄啊/一颗接着一颗/在举杯的顷刻，撞向缤纷的夜色。"这首诗的思绪始于约会时摇晃红酒杯的瞬间，从红酒杯联想到秋天的黄昏，由黄昏想到荡秋千的女孩，又由女孩想到了女孩的长发，由长发想到秋千回荡时的天空，由天空再回到红酒摇晃的此刻，继续写心动的感觉，直至干杯。其实，螺旋式结构和摇晃酒杯的动态、暧昧的约会气氛、心动却欲说还休的情绪是呼应的，力图达到形神兼备的效果。

螺旋式结构也可以走向极端，成为环形结构。即首尾重复，中间部分可以不用顶真。圆形结构就像贪吃蛇一样，是头咬住尾巴的形态，常用于表现某种哲理的诗歌。比如，苏轼的《观潮》写："庐山烟雨浙江潮，未到千般恨不消。到得还来无别事，庐山烟雨浙江潮。"首尾呼应，表现一种超越性的人生境界，是哲学意义上"否定之否定"的过程。张枣的《镜中》则是一种镜像结构，首尾呼应，达到一种奇妙的隐喻效果。

镜　中[1]

张　枣

只要想起一生中后悔的事

梅花便落了下来

比如看她游泳到河的另一岸

比如登上一株松木梯子

危险的事固然美丽

不如看她骑马归来

面颊温暖

羞惭。低下头，回答着皇帝

一面镜子永远等候她

让她坐到镜中常坐的地方

望着窗外，只要想起一生中后悔的事

梅花便落满了南山

　　赏析这首诗，一定要从镜像结构入手。题目是《镜中》，内容讲述的是关于"镜中的故事"，而整首诗也是一个镜子，首尾互相映照。这首诗初读时，给人一种唯美、伤感、破碎的感觉。但细读时，我们将主语补全后，就会发现，它其实是符合叙事逻辑的，讲述了一个完整故事：一个年老色衰的古代嫔妃，孤独地坐在镜前，此时，窗外南山开始落雪。她看到了镜中年轻时的自己，她人生最幸福的时刻是与皇帝邂逅的那段时光，她青春芳华，喜欢游泳、登梯子、骑马冒险，希望尝试一切危险而新奇的事。皇帝对她一见钟情，将她招纳入宫。短暂的青睐之后是漫长的冷落。皇帝可能很快便厌弃了她，等待她的是每天坐在镜子前梳妆打扮，但此后再也没有等来皇帝。人生无常，孤独到老，日复一日的孤独与等待，在层层的镜像中重叠，她就这样回忆了一生，直到回过神来，窗外的梅花已落满南山。当然，这个故事并不只是讲

1.张枣：《张枣的诗》，北京：人民文学出版社，2010年，第45页。

述嫔妃和皇帝的爱情，它也是对人生无常的隐喻，或者象征着一种无力感。诗歌通过首尾呼应，完成了叙事闭环，值得学习和仿写。

（三）震撼结尾式结构

震撼结尾式结构是指诗歌写作的开头和中间可以自由写作。但结尾必须震撼人心，能够达到余音绕梁或振聋发聩的效果。常用如下三种方式。

1. 未完成时态法结尾

好的诗不是磐石一块，而是不断生长的状态，它可以穿越时空，让诗意永不终结。经典古诗词的结尾大多采取了未完成时态法。诗人有时会想象未来提前抵达，采取"将来完成进行时"的时态结尾。例如，王之涣《登鹳雀楼》的结尾"欲穷千里目，更上一层楼"就采取了"将来完成进行时"的方式，诗人一边上楼一边想象登上最高层时举目远眺的场景，让诗意在永恒的登高中挥之不去。诗的结尾也可以采取"过去完成进行时"，达到余音绕梁、回味悠长之感。比如，常建的《题破山寺后禅院》结尾句："万籁此都寂，但余钟磬音"——离开禅院，但钟声依旧，就像禅意在心中永恒回旋。还有一种写法，可称作以"现在完成进行时"结尾：诗人聚焦此刻，但不停歇，让此刻的感觉无限绵延。譬如，李白《关山月》的结尾："高楼当此夜，叹息未应闲"——叹息声不绝，思念远方亲人的感情也无法停歇。

现代诗也经常采取未完成时态法结尾。例如，曾卓的《悬崖边的树》："不知道是什么奇异的风/将一棵树吹到了那边——/平原的尽头/临近深谷的悬崖上/它倾听远处森林的喧哗/和深谷中小溪的歌唱/它孤独地站在那里/显得寂寞而又倔强/它的弯曲的身体/留下了风的形状/它似乎即将倾跌进深谷里/却又像是要展翅飞翔……"[1]在诗的结尾，诗人捕捉到一个最具张力的动态瞬间：悬崖边的小树被风吹得要坠落但还未坠落的刹那。诗人并未写它是否跌入深渊的结果，而是无限放大树与狂风抗争的过程，让小树顽强的意志在字里行间永不停歇。

1.上海辞书出版社文学鉴赏辞典编纂中心编：《文学经典鉴赏·新诗三百首》，上海：上海辞书出版社，2021年，第186页。

总之，为了达到余音绕梁、意蕴悠长的效果，诗歌结尾句可以采用带有飘渺感、绵延感的名词，如余音、鸟鸣、水声、烟波、月光、足迹、雾气、风声、雨声，或带有运动感的东西，如坠落、飞起、飘洒、纷纷扬扬、汹涌、跃起等等。同时，巧妙地设计时态，达到完成进行时的状态，活用时间词汇，比如："已经……还在""曾经……如今……""已经……将要"等。

2. 一锤定音式结尾

与未完成时态法结尾相反，一锤定音式结尾是突然点题，以哲理性的、震撼人心、引人反思的金句结尾，起到振聋发聩的效果。诗的前半部分可以天马行空、细致入微，谈论的都是跳跃的意象或细节，但结尾升华，一锤定音，道出哲思。

比如，海子的《秋》写道："秋天深了，神的家中鹰在集合/神的故乡鹰在言语/秋天深了，王在写诗/在这个世界上秋天深了/该得到的尚未得到/该丧失的早已丧失"[1]。这首诗写秋，频繁出现的意象都和"神"有关，可见这是一首象征隐喻型的诗歌。诗人自比为：诗歌王国里的王，精神国度中的神。全诗弥漫着孤独而肃穆的情绪，这种情绪直到结尾推向了高潮——"该得到的尚未得到"，但是"该丧失的早已丧失"，表现了人生的不可控感、无助而绝望，这种箴言般的表达方式，又透露着虚无主义的哲理。

海子的《日记》也是类似写法：诗的前半部分，意境开阔，将草原、戈壁的辽阔与诗人的渺小相对比，突出孤独情愫。到了结尾，将意境扩大到整个人类；结尾处转折"姐姐，今夜我不关心人类，我只想你"[2]，最终聚焦在"你"身上，把所有的相思都倾泻而出，达到震撼人心的效果。

舒婷的《神女峰》也属于一锤定音式结尾，"与其在悬崖上展览千年/不如在爱人肩头痛哭一晚"[3]。此结尾点题，道出诗人的爱情观：真正的爱情是相濡以沫，是灵魂的深切共鸣，而不是一方的苦守。

总之，一锤定音式结尾，要让人眼前一亮，体现解读生活的创意视角和

---

1. 海子著、西川编：《海子诗全集》，北京：作家出版社，2009年，第431页。
2. 海子著、西川编：《海子诗全集》，北京：作家出版社，2009年，第488页。
3. 舒婷：《舒婷的诗》，北京：人民文学出版社，2000年，第218—219页。

对人生的反思。

3. 反转结构——反讽式结尾

诗也可以很幽默，在反讽中体现智慧。反转结构就是在结尾处忽然转折，甚至推翻前面的内容，给出意料之外的解释。反转思维广泛被应用于喜剧、段子、幽默故事的创作中。诗歌采取反讽式结尾，能达到让人会心一笑，进而反复回味的效果。

伊沙的《车过黄河》："列车正经过黄河/我正在厕所小便/我深知这不该/我应该坐在窗前/或站在车门旁边/左手叉腰/右手做眉檐/眺望像个伟人/至少像个诗人/想点河上的事情/或历史的陈账/那时人们都在眺望/我在厕所里/时间很长/现在这时间属于我/我等了一天一夜/只一泡尿功夫/黄河已经流远"[1]。这是一首口语叙事诗，开篇定位在火车的厕所。之后铺陈对黄河这一文化符号的崇敬之情，但结尾反转，将一泡尿这样庸俗的意象和黄河这样庄严伟大的意象并置，达到了解构主义的反讽效果。相比于那些宏伟的概念，是否日常的吃喝拉撒才是普通人所真正关心的？是否在一泡尿里蕴藏着感觉的真实，而在那些矫揉造作的宏大概念里可能潜藏着虚伪？这都是诗人提出的怀疑。

大九的诗《稿费》："我写诗/赚到唯一一笔钱/是花五万元/印了三千本诗集/诗集卖不了/没地方放/又花了八万/买了个车库/五年过去了/诗集没卖多少/车库涨到了三十万"[2]。该诗通篇叙事，结尾反转，自嘲了物欲膨胀的时代，没有人关心诗歌。如果不是意象组合的诗歌风格，而是致力于发现被忽略的黑色幽默的真相，就可以采取类似的反转创意法，在结尾突然将心灵鸡汤变成"毒鸡汤"，在幽默中发现智慧。

三、现代诗的语言打磨

诗歌是最能体现语言功力和语言创造力的文体之一，现代诗写作需要打

---

1. 伊沙：《伊沙诗选》，西宁：青海人民出版社，2003年，第7页。
2. 大九：《稿费》，载于《都市》，2022年第3期，第120页。

磨语言，反复设计后挖掘出个人风格。

现代诗语言风格设计常用三种方法。

（一）提炼字词

写诗要炼字，就是锤炼字词，以达到最契合的意境，最具表现力的程度。

诗人在写诗时，需要对名词进行提炼。韦应物《秋夜寄丘二十二员外》中写道："山空松子落，幽人应未眠"。这里的名词意象选择了"松子"，而不是桂花、枣花、落叶，一是因为松子给人的感觉和山空的幽静意蕴相吻合，二是松子和丘二十二员外（丘丹）的道士身份也相吻合，给人仙风道骨的感觉。同理，诗人写"幽人"，不直接说朋友、道人或丘丹，是因为幽人的称谓既能指代丘丹的道士身份，还和此刻作者在幽静孤独的氛围中一夜无眠、思念友人的情感相吻合。

在写诗时，除了炼名词，还需要炼动词。选取准确、有创意的动词，可以起到画龙点睛的效果。例如："孤灯然客梦，寒杵捣乡愁"（岑参《宿关西客舍》），"四更山吐月，残夜水明楼"（杜甫《月》），"风老莺雏，雨肥梅子，午阴嘉树清圆"（周邦彦《满庭芳》）。

写作现代诗时，也要特别注意提炼动词，尽量将带有形容词的判断句式转化为带有动词的动宾结构。比如，写"他是一个头发花白的老人"，这种表达没有表现力，我们加入动词，将其改成"我看见他那被岁月吹白的头发"。"被岁月吹白的头发"比直言"头发花白"更有冲击力，更有沧桑感。同理，写"佝偻的母亲"就不如写"被生活压弯了腰的母亲"，后者有画面感，更能体现母亲的辛劳。

还有一种诗歌写作惯用的炼动词法，叫作"动词拼贴法"。你可以试着将不同领域和属性的动词叠加到一个名词之后，快速生成带有创意动词表达的诗句。例如，先写出某个领域的惯用动词，比如厨师惯用的动词有：切、焖、煮沸、烧、烹饪、酿造等。再写出和厨师毫不相干的领域，比如星空、爱情、相思、初恋等。下一步，将厨师的惯用动词和陌生化的宾语组合在一起："我切碎了相思""我煮沸了星空""我酿造了一生的爱情"。

这种方法还有一种更简便的操作形式：写诗时，先写一个主语，再写一个宾语，谓语动词进行隐喻化置换。比如主语是"我"，宾语名词是"云朵"，谓语动词是"看见"。写"我看见一朵云"，没有诗意，我们把动词替换成带有陌生化的带有隐喻性质的词，比如"我吹灭了一朵云"，是将云比喻成火苗；"我采撷一片云"，是将云比喻成花朵；"我痛饮夜空的云"，是将云比喻成酒。

除了炼名词、动词，有时甚至可以炼量词。西西的《可不可以说》就是将惯常的量词表达重新组合，达到反讽效果："可不可以说/一枚白菜/一块鸡蛋/一只葱/一个胡椒粉？/可不可以说/一架飞鸟/一管椰子树/一顶太阳/一巴斗骤雨？/可不可以说/一株柠檬茶/一双大力水手/一顿雪糕梳打/一亩阿华田？/可不可以说/一朵雨伞/一束雪花/一瓶银河/一葫芦宇宙？/可不可以说/一位蚂蚁/一名甲由/一家猪猡/一窝英雄？/可不可以说/一头训导主任/一只七省巡按/一匹将军/一尾皇帝？/可不可以说/龙眼吉祥/龙须糖万岁万岁万万岁？"[1]这首诗中，将表示敬语的量词和表示卑微之物的量词错位："一位蚂蚁"与"一匹将军"对比，把原本渺小之物拔高，把原本高大之物压低，解构了人们对于权威的盲目崇拜，揭露了量词所表现的语言文化中的权力秩序，引人反思。

（二）古典诗词的再创造

现代诗和古典诗词并不是截然对立的，相反，很多现代诗人都是在继承古典诗词美学的基础上进行再创造。

郑愁予的《错误》就是很好的例子："我打江南走过/那等在季节里的容颜如莲花的开落/东风不来，三月的柳絮不飞/你底心如小小的寂寞的城/恰若青石的街道向晚/跫音不响，三月的春帷不揭/你底心是小小的窗扉紧掩/我达达的马蹄是美丽的错误/我不是归人，是个过客……"[2]这首诗取用了宋词常用的古典

1.王心果、红叶主编：《香港当代文学精品·诗歌卷》，武汉：长江文艺出版社，1994年，第42—43页。
2.郑愁予：《郑愁予诗的自选（Ⅰ）》，北京：生活·读书·新知三联书店，2000年，第11页。

意象："江南、莲花、东风、柳絮、跫音、春帷、马蹄、归人"等，题材上也是对"闺怨诗"的改写，表现了春日江南里，女主人公对远行丈夫的相思之情。在句式表达上，这首诗也借鉴了《诗经》、乐府诗等常用的"双重否定句"："东风不来，三月的柳絮不飞""跫音不响，三月的春帷不揭"——东风来了，柳絮才飞；恋人的脚步声响了，佳人的帘子才揭开——在春天柳絮纷飞的和煦时节，佳人相思的心扉逐渐打开，但又欲说还休，等了一个个错误的过客，始终没有等来归人。

在写现代诗时，刻意加强古诗词的积累，化用古诗词的表达方式，进行再创造，能够逐渐形成具有古典美韵味的个人风格。

（三）发现生活美学

写诗要"我手写我口，我手写我心"，从口语或日常个性化表达中发现生活美学，重新组合，也能产生无穷诗意。

余秀华的《我爱你》："巴巴地活着/每天打水，煮饭，按时吃药/阳光好的时候就把自己放进去，像放一块陈皮/茶叶轮换着喝：菊花，茉莉，玫瑰，柠檬/这些美好的事物仿佛把我往春天的路上带/所以我一次次按住内心的雪/它们过于洁白过于接近春天/在干净的院子里读你的诗歌/这人间情事恍惚如突然飞过的麻雀儿/而光阴皎洁，我不适宜肝肠寸断/如果给你寄一本书，我不会寄给你诗歌/我要给你一本关于植物，关于庄稼的/告诉你稻子和稗子的区别/告诉你一棵稗子提心吊胆的/春天"[1]。这首诗开篇，"巴巴地活着"是口语、方言用词，表现出诗人的卑微。接着，诗人用阳光、茶叶这些美好的事物来抵挡"打水、煮饭、按时吃药"的庸常生活。正是因为对美的追求，唤起了诗人对生活的热情。她开始读诗歌，开始思念远方的恋人，她那羞怯而自卑的内心逐渐打开，最终勇敢地说出了"一棵稗子提心吊胆的春天"：稗子是独立的、野生的、虽有缺陷但人格健全有自尊的灵魂。诗人作为一个农妇，所用意象也是和乡村生活有关，但诗人并没有止于乡村生活的表面，而是深入灵魂和

1.余秀华：《摇摇晃晃的人间：余秀华诗选》，长沙：湖南文艺出版社，2018年，第2—3页。

内心，写出了朴素生活中的真善美。

在诗歌创作中，作者可以尝试用方言、口语直抒胸臆，表现日常生活的朴素情感，写好后再提炼字词，写出金句，逐渐形成个人风格。

研讨与实践

1. 模仿洛夫的《白色墓园》，尝试选一种或多种喜欢的颜色，写作自己的"色彩诗"。题目可以是：《红》《蓝》《绿》《黄》等。

2. 运用三层立体发散思维，选一个中心词，比如玫瑰花、桂花、雪花，仿照《忆菊》的写法，写一首新的《咏花诗》。你可以写出不同品种、不同颜色、不同位置、带来不同隐喻、不同感受的花的意象。尝试尽可能向垂直的文化情感层挖掘，向背后的故事挖掘，写出更立体、更有意味的表述。

3. 运用相关联想法，写作一首诗，要求有10种以上的意象，且具有陌生化的新奇感。

4. 运用对立联想法，写作一首诗，要求有反义词并置的意象，有转折句式。

5. 运用比喻思维，写作一首诗，要求至少有5个比喻句，涵盖"化实为虚"和"化虚为实"两种类型，比喻句最好还有陌生化效果。

6. 运用物我投射思维，写作一首诗，要求体现拟人、拟物或物我对话的效果。

7. 选取你喜爱的三个现代诗人，熟读其作品，模仿他们的语言风格，仿写三首诗，并分享给他人。

8. 在工坊中，举办诗歌朗诵会，每位同学朗读自己最满意的诗歌，相互点评。

9. 尝试运用Suno等AI工具，将自己的现代诗改编为合适风格的歌曲，进行推广；尝试为诗歌配图，制作个人精美诗集。

拓展阅读

1. 张德明：《百年新诗经典导读》，广州：暨南大学出版社，2015年。

2. 张德强：《阅读新诗》，北京：北京大学出版社，2021年。

3. 黄梵：《意象的帝国：诗的写作课》，桂林：广西师范大学出版社，2021年。

4. 特德·休斯：《诗的锻造：休斯写作教学手册》，杨铁军译，南宁：广西人民出版社，2019年。

5. 常文昌：《中国现代诗歌理论批评史》，北京：人民文学出版社，2004年。

6. 周瓒：《当代中国诗歌批评史》，北京：中国社会科学出版社，2020年。

7. 上海辞书出版社文学鉴赏辞典编纂中心编：《文学经典鉴赏·新诗三百首》，上海：上海辞书出版社，2021年。

8. 陈先发：《陈先发诗选》，西安：太白文艺出版社，2019年。

9. 西川编，海子著：《海子诗全集》，北京：作家出版社，2009年。

10. 维斯拉瓦·辛波斯卡：《万物静默如谜：辛波斯卡诗选》，陈黎、张芬龄译，长沙：湖南文艺出版社，2016年。

----------------------------- 第四章 -----------------------------

歌词写作

学习目标

1. 知识目标：知晓歌词的定义和特征，了解歌词与诗的联系与区别。

2. 能力目标：掌握歌词写作的情感体验法和随体赋形法，了解歌词的产生过程和关键环节，并尝试创作一首歌词。

3. 素质目标：培养对歌词的审美判断能力，感受优秀歌曲所蕴含的丰富美学内涵。

如何写好歌词？这一看似简单的问题，在歌词理论和创作领域仍存在争议。是追求如诗般的文字美感，还是更注重易于演唱和传唱？流行度和排行榜是否应成为评判标准？这些问题仍在探讨中。与已有明确评价体系的新诗不同，歌词的创作标准尚不明确。然而，通过研究歌词的文体特征，并借鉴现代歌词史上的成功案例，词作者依然可以找到清晰的创作方向。

第一节　歌词的界说与特征

讨论歌词，自然涉及诗歌话题。歌词是诗或者不是诗？歌词应该写成诗或者不能写成诗？词作者往往陷入两难的困境。因此，准确理解歌词的概念及其特征，是每位词作者需要首先厘清的问题。

一、歌词的界说

目前，通行的歌词定义是一种概括性描述，泛指古今中外一切歌曲中的可唱性文字，涵盖诗、词、曲、赋、歌等各种韵文体式。显然，这不是一个内涵明确的科学定义，仅仅是遵从惯例，根据音乐语境和音乐用途，把它作为不同于纯文学的一种音乐文学类型而已。

不过，理论界正在寻求某种突破。从词源上看，英文对歌词的一种解释是words of a song，强调"歌中之词"，表明音乐对它的先天制约，跟中文的意思一致。但英文中一般称歌词为Lyric，也就是"抒情诗"之义。其词根Lyre，是古希腊的一种拨弦乐器，隐含了诗、歌一体，同生于乐的历史渊源。歌词的本义是合乐伴唱的抒情诗。在中国古代，歌词或称作歌辞，也是一个泛称，跟声诗、歌诗、唱词、乐诗等概念相近，起于远古歌谣，历经《诗经》、楚辞、汉乐府、南北朝民歌、唐诗、宋词、元曲、明清民歌等诗歌体式。因为歌与诗不分，歌与诗一体，歌词就是能唱的诗，今人因此常称歌诗。

在自由诗兴起的语境下，为适应新音乐的需要，歌与诗逐渐分离。清末民初的学堂乐歌作为现代歌词的起源，五四时期胡适倡导的白话诗作为新诗的起源，歌与诗自此分道扬镳、各自发展。沈心工填词的《兵操》是中国第一首现代歌

【案例展示】
歌词《兵操》

词，面向儿童进行"军国民"教育，以通俗、大众化和表现集体意识的特征，与高雅、精英化和表现个人意识的新诗拉开了文体界限。

为了与"诗"相区别，现代歌词也另用"歌词""歌""词""唱词"之名称呼。然而，分离不是对立，更不是隔离，在歌词史上，诗、歌分离一直没有阻断事实上的诗、歌交流，例如：晚清诗界革命向学堂乐歌的延伸、早期艺术歌曲创作选择为新诗谱曲、"诗歌大众化"思潮中诗与歌的合流、新民歌运动中的民歌体新诗创作、台湾校园民谣中诗歌与音乐的联姻、朦胧诗对大陆20世纪80年代歌词创作的影响、摇滚乐和新民谣等流行音乐吸收现代诗因素等。这些交流不断打破诗、歌之间雅与俗，精英与大众，个人意识与群体意识的既定边界。一部现代歌词史，既在"诗是诗、歌是歌"的观念中得到确立，也是一部诗、歌互动交流，新诗向现代歌词不断渗透的历史。歌词的诗歌属性是歌词文体不能回避的基本课题。

鉴于诗、歌之间的历史渊源和现实联系，理论界产生了"歌词是诗，又不是诗"[1]，歌词融汇"歌与诗的美"[2]"歌词的真名是歌诗"[3]等看法。尤其把歌词看作歌唱的诗，倾向于以"歌诗"替代歌词的观点，在歌词界呼声很大。古代歌诗即古代歌词，现代歌词即现代歌诗。这个看法的合理性除了承续传统之外，还跟世界接轨，接近英文Lyric的本义，更加注重歌词的诗艺本质。

可以说，从文艺上界定，歌词就是歌诗之意，是按照声乐要求创作、被谱曲的、可唱的诗歌文本，主要是指合乐伴唱的抒情诗。它作为歌曲的文词部分，一般是配合曲子一同出现，在体裁上受到音乐的深刻制约。

1.乔羽：《〈歌词创作美学〉序言》，载《乔羽文集·文章卷》，北京：新华出版社，2004年，第17页。
2.张藜：《歌诗之路》，北京：文化艺术出版社，1984年，第4页。
3.党永庵：《歌词的真名叫歌诗》，《音乐天地》2010年第1期，第60页。

二、歌词的特征

与诗比较，歌词是"音乐中的文学"，它融合了语言艺术与声音艺术。对歌词文体的认识，既要从文本上把握，也需要从音乐上观照，文本内外相互参照。

（一）文学性和音乐性的统一

从文本上看，在门类划分上，歌词属于文学还是音乐，一直纠缠不清。实际上，歌词介于诗歌和音乐之间，没有真正的独立性，属于音乐文学的交叉类型，即"歌词最基本的存在，其实是在诗歌与音乐的关系里，在诗歌与音乐的互动中，在诗歌与音乐的跨学科里"[1]。一方面，歌词作为语言艺术，表达明晰的显意识，具有诗的外在形式与诗意的文学性，与诗类同。另一方面，歌词又通过语音外壳与音乐建立了物理联系，配乐可唱，是构成声乐艺术的一个必要部分，属于音乐。这种处在诗乐之间的交叉位置，是歌词文类赖以立足的根本，也构成歌词文体的基本特点，即文学性和音乐性的统一。

1. 与诗比较。徐志摩的《别拧我，疼》是一首自由诗：

"别拧我，疼，"……

你说，微锁着眉心。

那"疼"，一个精圆的半吐，

在舌尖上溜——转。

一双眼也在说话，

晴光里漾起

1.童龙超：《诗歌与音乐跨界视野中的歌词研究》，北京：人民出版社，2016年，第3页。

心泉的秘密。

梦

洒开了

轻纱的网。

"你在哪里？"

"让我们死，"你说。

——《诗刊》1931 年第 3 期

　　该诗对男女打情骂俏的"拧"这一细节，运用跨行断句和标点符号的特殊手段，巧妙地表现了切身的肌肤感受和会心的内在娱情。这种特别的感受，并不需要诗歌具有音乐性，也不需要借助音乐；通过视觉符号的感知、书面文本的阅读就可获得，诗本身足以独立地表现诗意。

　　后来，这首诗由李泰祥作曲，齐豫演唱，成功改编为歌曲。歌词对原诗进行了文字和形式的大幅改编。变成这样：

别拧我，疼，你说

微锁着眉心

那疼，一个精圆底半吐在舌尖上溜转

一转眼也在说话

晴光里漾起心泉的秘密

梦洒开了轻纱的网

你在那里，让我们死

你在那里，让我们死，你说

　　一是省略号、破折号等特色性的运用已经消失，由语调、歌调代替。二是跳跃性的跨行断句经过重新组织，按照口头表达变成了"别拧我，疼，你说""一个精圆底半吐在舌尖上溜转""晴光里漾起心泉的秘密""梦洒开了轻纱的网"等完整句子，句意清晰。三是诗末"你在哪里，让我们死"经过反复。整首诗经过对称化反复，把一首单独段落的自由诗变为一首两段再现的分节歌。这些改编弱化了男女情趣的切身感，但自然的口头语调和重复再现的手法，赋予了原诗可唱性和音乐美，使恋爱之中的深情更加动人。这个例子表明，跟诗比较，音乐性对歌词的必要性，以及由音乐性所带来的不同艺术表现力。

2. 与乐（或曲）比较。《梁祝》本是一首著名的小提琴协奏曲，题材是家喻户晓的民间故事，表现梁山伯、祝英台的生死之恋。无疑，这支乐曲自身可以实现审美目的，欣赏者借助标题的提示和纯音乐的聆听，就可以感受其中的深沉爱情，并不需要借助文词表达。然而，词作家阎肃填上歌词，把它变成歌曲。阎肃的填词，根据乐曲的情感基调和原型故事，运用诗的笔法，把一首类似抒情诗的内容融入音乐中。较之原曲，语言文本的加入，不仅将难以名状的情感状态、过程、强度、变化等予以明示，还把故事的一系列人物、情节、场景和重要细节呈现出来，诸如鸟语花香、草桥结拜、同窗三载、十八相送、长亭惜别、英台抗婚、哭灵控诉、坟前化蝶等片段。这些显意识的情感和直观性的想象，原曲并不存在，正是由歌词提供的文学性之体现。这不是说歌曲《梁祝》优于或可以取代小提琴曲《梁祝》，而是表明歌词的文学性较之纯音乐的差异，它所构成的声乐艺术和产生的艺术效果不同。

碧草青青花盛开

彩蝶双双久徘徊

千古传颂深深爱

山伯永恋祝英台

同窗共读整三载

促膝并肩两无猜

十八相送情切切

谁知一别在楼台

这种处于诗、乐两种艺术门类的交叉位置，同时获得了各自艺术特性的文学性与音乐性的统一，正是歌词文体的一个基本特征。

（二）非自足性和未完成性的融合

从艺术生产过程看，歌词具有非自足性和未完成性的特征。"非自足性"是说歌词不是一个自足独立的语言系统。它不能被单独运用，而必须与音乐结合，借助音乐去完成它的意义。歌词写作也不只是考虑诗意建构的单一因素，而必须考虑音乐的制约并给音乐留下空间。"未完成性"不是说词作者没有完成写作、歌词不完整；也不是说歌词不能直接阅读，是未完成的文学作品；而是对于完成歌曲创作来说，歌词从语言文本到音乐作品，还要经历一系列加工、修改、再创造的过程。非自足性与未完成性既密切相关，也相互融合。

词作家近似诗人，身份都是创作主体，任务都是完成文字作品。但是，诗到文本为止，作为一个互涉、内指的表意结构，其内涵被书面文本牢牢限定，一旦完成便具有某种不可动摇的作者权威和文本权威。胡适的一些早期诗作如《蝴蝶》，尽管存在"不顺口"等问题，被批评也无妨，但除了胡适本人，并不是其他人可以随便"修改""完善"的。但对歌词来说，它不承认词作者的最终评判权。它向外敞开，等待音乐的介入；它向音乐召唤，只有进入音乐才能获得艺术生命。一首歌曲，无论篇幅长短，它在音乐结构上总是完整的，曲可离词而存活，词离曲则词亡。以词就曲的作曲是一首歌词能否存活的先决条件。不只是作曲，歌词的最终目的是成为歌声。在当前歌坛"歌星中心"的生产机制下，只有从歌手口中唱出来，转化为歌星的作品，歌词的价值才得以根本体现（歌手之后的翻唱、传唱，不过是对原唱的翻版和延长）。包括词作者在内，很多生产要素都退居幕后，而歌星走到前台，成为歌曲艺术从产品到商品再到受众的关口。

歌词的文本包括书面的歌谱，只是生产过程中的一个构成环节，或一种记录性的提示符号，都不是完成品。从歌词到歌曲形成，包含作词、作曲、编配、演唱、制作等环节，融合歌词、器乐、和声、声部、表演等成分。这不是一般的歌词传播问题，而是充满创造性的一种集体创作。歌词成为可塑性极强的活性文本。各个环节代表不同的主体，展示不同的技能，对歌词构成不同方面的制约、不同程度的干预，既采取必要的加工、再创造，也将新质、新能赋予在歌词上。

例如，张藜作词的《我和我的祖国》。他根据积累多年的情感经验，先邀请秦咏诚作曲，然后依声填词，最后由李谷一演唱。为了"听众更容易懂"，李谷一把原词"你用你那母亲的脉搏"中的"脉搏"改为"温情"。张藜不赞成这样改，认为破坏了"诗一样的语言"，然而李谷一依旧以"温情"演唱和传播。这首歌的面世，首倡者是张藜，但非他一己之力所能完成，首先应归功于作曲者秦咏诚提供了它的音乐生命，还在很大程度上依赖于歌唱家李谷一的深情演绎和传播影响力。同时，听众认可李谷一的歌词演唱版本，却不太关注作词者以及原作如何，包括作曲者是谁也基本被忽略。

可以说，从一首歌词到一首歌，作词环节固然不可或缺，但歌词不能失去对音乐的根本依靠，在达到音乐目的上，作曲和演唱的环节或许更为关键，远超过作词。歌词在词作者笔下没有完成最终的审美任务，词作者也不能控制歌词的最后面貌，音乐和表演会对歌词施以限定、充实和改造，只有听众接受到的歌曲才是终端产品。因为这一点，很多歌词既没有阅读价值，也没有机会进行书面传播。一些歌词有幸在报刊上发表，可供阅读，产生诗的价值，但本身不具有音乐意义，不能实现一首歌的价值。

非自足性和未完成性是歌词作为音乐文学的重要体现。相比其他文学体裁，歌词写作具有过程性、开放性。它也追求语言艺术（文学）的价值，但把成就一种音乐艺术（声乐）作为最终目的。这意味着：要把歌词放入一个综合艺术的整体中来考察，以声乐艺术为中心；要把歌词写作放入一个生产流程来考察，以歌手演唱为中心。对词作者来说，就是要把个人劳动放置于集体劳动的统领之下。

第二节 歌词写作的思维训练与创作方法

作为音乐文学，歌词写作需要找到诗歌与音乐的结合处，以不负"歌诗"之名。具体地说，情感元素的内在联系和声音元素的形式融合，是实现歌词文学性和音乐性统一的关键。

音乐是用声音符号作为抒情载体的艺术。音乐是声音艺术和抒情艺术的统一。歌词受音乐制约，需要树立音乐观念，需要在写作中贯穿音乐思维，即在文学性上突出"抒情性"，在声音形式上强调"可唱性"，以创造出"声乐"类的音乐作品。只有受文学性节制、建立在表情基础上，并以抒情占主导的歌词（抒情诗），才能从根柢上获得音乐的接纳，而不至于违背歌曲的艺术本性。歌词的音乐性具体是指可唱性。歌词要变成"声乐"，不仅要求上口可唱，还要唱来尽量悦耳动听。为此，歌词对音响形式及其听觉美别有讲究，对声音格律的要求，不仅与自由诗形成鲜明对比，相较一般诗歌，音乐性的标准也更高、更严，即追求歌唱性的格律。

艺术是情感与形式的统一。因此抒情性、可唱性同样重要，不可偏废。歌词写作强调可唱性，但不是把顺口溜、打油诗当作歌词；歌词写作强调抒情性，但不是把抒情诗简单当作歌词；歌词写作不脱离诗的要求，也不是把诗歌的音乐性等同于歌词的可唱性，更不是想当然地把自由诗改造成格律诗。当前，现代诗的写作不仅趋向自由化，也越来越悖逆诗歌的抒情传统，造成诗与歌的严重对立。一些人从现代诗的路子切入歌词写作，结果是南辕北辙。只有在音乐思维指导下，以抒情为底子、强调抒情性，同时融入声音形式、歌唱格律的诗，才是逼近音乐、适合音乐的，才能满足抒情诗与可唱性的结合。在新诗史上，以徐志摩、余光中等为代表的诗人，为歌词写作树立了文学性典范，也有意识尝试与音乐融合。尽管在可唱性上还没有达到严格的歌词标准，但他们的新诗却是最适合入乐歌唱且实际谱曲最多的。

歌词之为"歌诗"，包含"诗""歌"两义，既是指歌词文体特征的一体两面，也是指歌词写作可以分解的两个目标、两个步骤。对应"诗""歌"两义，依据抒情性和可唱性这两个要求，适用歌词写作的两个基本方法是情感体验法和随体赋形法。具体步骤如下：

首先，以情感体验开启文学原创，以情感之流充盈歌词写作，主要解决抒情性问题，力求以情感人；

其次，以听觉思维指导歌词的形式，对文学原创进行随体赋形的再加工，主要解决可唱性的问题，力求上口好听。

一、情感体验法

歌词写作是极不自由的，除了音乐门类的制约，还表现在写什么、不写什么的题材、主题等方面经常受到"他者"因素的干扰。所谓"遵命写作""应制之作"的说法，就是词作者迷失自我、歌词丧失主体性的某种体现。由艺术本性决定，歌词跟其他文学体裁一样，只能把艺术目的当作根本目的，把审美原则当作第一遵循。从情感到形式，歌词跟诗一样，应注重"自我表现"，把内在情感作为创作的原点和原动力。从动机激发开始，歌词追随音乐创作——"未成曲调先有情"——必须经历一个原始的情感投入、情感酝酿的思维过程，即为情感体验法。

根据歌词创作实际，情感体验法不仅适合原创作词，也适合填词运用。

（一）情感体验法的作词运用

歌词被称为"歌诗"，其诗性在于词作者的主体性和内在感受的表达，而非仅仅是语言和技巧。这是保持歌词艺术性和文学性的关键。不应将"诗性"简单视为普通的"诗歌元素"。歌词虽常反映时代精神和社会心理，但须通过个体的情感体验来呈现。缺乏个体视角，仅强调集体意识，易流于空洞的说教。歌词不必是好诗，但应具有诗意。歌与诗在表达情感、打动人心方面是相通的。

情感作为一个心理概念，是一个泛称，涵盖了由理性主导的情感和深层次的无意识情绪。运用情感体验法作词，一般涉及这两种情感。

适合作歌的诗，在传统上主要是抒情诗；在当前语境下，主要是情绪的诗。传统的抒情诗偏向情感的表现，依赖词语的意义所指，建立一个观念性的抽象结构，注重认知、领悟、思想的表达，其展开过程遵从"意义逻辑"。这种受理性主导和节制的情感，也大多走入理性世界。如田汉《夜半歌声》"在这漫漫的黑夜里/谁同我等待着天明"，晓光《在希望的田野上》"我们世世代代在这田野上生活/为她富裕，为她兴旺"等都属此类。

当代歌词立足音乐的抒情本质，偏向于情绪表现。情绪的抒写比传统的抒情对内心世界的开发更广泛、更深入，更贴近现代人复杂、多变的心理。跟随音乐的指引，歌词往往以感性、直观甚至非理性的方式潜入生命本体。除了表现一般喜怒哀乐、爱恨情愁，也混合了直觉、本能、欲望、梦呓、自由联想、记忆碎片等心理元素。当然，歌词不排斥理性，但理性缺少控制力，理性的推理往往无效。歌词遵从"情绪逻辑"，以非理性为统摄，表现内在生命之流的运动发展——或是起承转合、蜿蜒曲折，或是循序渐进、层层递进，或是自由联想、即兴变奏，或是按照发生、发展、高潮、结局的过程演变等等。

情感本是平常之物，词作者与一般人的不同是会有意识地进入这种心理情景中。不管是长期的情感酝酿，还是一时的情绪触发，他都主动地在内心反复、仔细地加以体会。混合相关人物、环境、事件的心理表象，与喜怒哀乐的心理感受、是非好恶的主体态度，经历熔化、锻炼、萃取等过程，形成丰富、深入、饱满的心理体验，以此奠定创作的情感基础。如徐银华作词的《妈妈留给我一首歌》，抒写平凡而伟大的母爱。歌词不采用空洞的歌颂，而选取童年时候的切身感受，把妈妈的哺养、爱护比作一首传唱的歌，留给"我"一生享用的幸福和欢乐。推想歌词创作，作者长期的情感积累、反复的个人体验必不可少。

为创造声乐艺术，歌词需要紧扣音乐的本质，与乐曲配合，一起向内转，呈现一段情绪之流的原生态，形成以心相交、以情感人的艺术幻象。因此，跟诗讲求含蓄、隐晦不同，歌词唯情感至上，在呈现方式上，独白、倾诉、对话、和声、寄托、比喻、暗示等手法，都可以采用，尤其为了表情之便，以内心独白最受青睐。歌曲之情感充沛，通常就是以歌词的直抒胸臆、坦露心迹、抵近灵魂来实现的。如歌手齐秦的《大约在冬季》，或被认为不是一首好诗，没有表达深刻的主题思想，没有采用象征、陌生化、意象暗示等诗歌技法，但却是一首深入内心、呈现生命本体的优秀歌词，它把难以言表的惜别心理，融化在情绪之流的起伏和律动之中。

你问我何时归故里
我也轻声地问自己
不是在此时　不知在何时
我想大约会是在冬季

不过，歌词虽然重情，却不可把它庸俗化，认为情深爱浓便是好歌词。当前以流行歌词为主体的歌坛，多以抒情为主导，并不缺乏情感，甚至可以说是情感泛滥。艺术的感染力与现实的情感狂热不同。一些毫无遮拦的宣泄、浅表的煽情会适得其反。"大声说我爱你""想你一千遍一万遍"等赤裸裸的表白，没有把握好生命的韵致和艺术的形式美学，只会增加与心灵的隔膜。

为了产生含蓄蕴藉之美，歌词也需要使用文学修辞、诗歌技巧进行艺术表达，拓展情感的宽度和厚度，呈现生命的灵动和奇妙。包括采用语言、形式、结构上的技巧，使用情景交融、借景抒情、意象象征、叙事抒情等间接表现的手法。这方面，歌词与诗歌并没有特别的界限。但是，顾及音乐"直接抒情"的特点，对文学修辞、诗歌技巧的运用，一般不应切断潜在的情绪之流。歌词的词句有必要跟随情绪去推动，并根植于情绪线索的流转，不管外部人、事、物等物理要素的完整性如何，理性世界的规则都不适合歌词。

同时，现代诗有极为重要的艺术标准，比如认知、主题、思想等元素，歌词则不必严格要求。歌词没有意义建构、促人深思的迫切需要。如方文山填词的《东风破》，近似一首现代诗，采用了虚实相生、自由联想、意义跳跃、意象拼接等手法，但离情别绪大于人生思考。在纷繁的语言表象下，情绪的线索在字里行间一直保持畅通。除了运用人、事、物的意象寄托，如"我"与"你"，夜伴孤灯，窗、月、烛火之类，一些情绪词也不时流露、与之交错，如离愁、孤单、假装、寂寞、清醒、不忍、苛责等。

> 一盏离愁孤单伫立在窗口
> 我在门后假装你人还没走
> 旧地如重游月圆更寂寞
> 夜半清醒的烛火不忍苛责我

当然，对于情感表现，也存在真切性、独特性、深度、广度等高下、优劣之别。歌词以感受生命为最终目标，以充分的表情达意作为出发点。生命本身是丰盈饱满、多姿多彩的。如何解放饱受遮蔽、压制的生命体，努力接近真实的生命状态，是歌词之本职。音乐贵在以情感人，歌词之情也应如诗那样，有作者的切身体验，用真心、动真情，触及灵魂深处，尽可能表现自己的真情实感和内心感受。可以说，"所有能经受时间考验的歌曲，都是发自内心的呼唤、甚至哭泣"。[1]歌词、歌诗与歌曲，在深入表现内心上的方向应是一致的。说到底，就是抓住歌词的诗歌本质——并非诗的语言、形式，而是在根本上的"诗情"内质。词作家的本质是诗人，诗情、诗意仍是歌词的美学基础，需要他从内界的情绪之流获取创作源泉，把生活感受化为个人的内在体验，酝酿情感，然后发之于外。

在现代歌词史上，有很多以诗写歌的例子，记录了词作者的心路历程和情感故事。尤其那些根据亲身经历写成的歌词，携带真情实感，从中容易诞生成功之作。如，王洛宾的《在那遥远的地方》就是一首发自内心、呼唤"好姑娘"的歌，其中浪漫、爱慕、思念的情感，源于青海湖边他与一个藏族姑娘的美好相遇，那种"皮鞭轻打"的切身感不是依靠文字技巧可以编造出来的。

1.白桦：《白桦歌诗五首》，《词刊》2007年第2期，第49页。

我愿做一只小羊
跟在她身旁
我愿她拿着细细的皮鞭
不断轻轻打在我身上

　　对听众来说，从歌曲中获得的情感体验，诸如感同身受、感人肺腑等，很大程度上也是依靠歌词的赋予。较之文学接受的想象性，歌词是通过音乐纽带，在人与人之间以"共情"方式实现情感传递的。以歌词连接词作者一端，从中可以感受作者鲜活、跳动的灵魂。即听众"听歌入心"的效果，一定来自作者"写歌入心"的投入。只有先触及自己的灵魂，才能触及他人的灵魂；只有先感动自己，才能感动他人。通过以心换心的交流，歌曲不仅使听者积郁的情感得到疏解，也使其心灵净化和精神升华，既促进个人的身心健康，也增进人与人的真诚、友爱、理解和包容。

　　不过，强调个人感受并不意味着与外部世界、时代社会隔绝。相反，优秀的艺术恰好在于超越个人私情进入公共空间的价值。宏大叙事进入歌曲，可以使歌曲底蕴更厚重、境界更开阔、观念更普及，从而培育社会的认同意识和群体力量。扎根时代生活、民族国家和人民大众的土壤，从改良人的精神上推动社会文明和时代进步，是歌词的文化使命。如罗大佑的格局就是对一般港台流行歌曲小情小调的超越，其中对时间、生命、时代、民族、国家等重大课题的思考，深入海内外中华儿女的集体无意识。不过，那些外界、社会的内容不应视为与自我无关，若歌曲没有融合个人的经验和体会，而直接充当中介的传声筒，则歌曲无论传唱、流行与否，是否得到主流扶持、集体认可，都将失去感动人心的情感魅力。对个人意识的消解，是歌词写作在文艺上的一大误区。个人与时代、内心与外界不应对立起来。罗大佑歌中的主题，诸如"盼望长大的童年""流水它带走光阴的故事""亚细亚的孤儿在风中哭泣""人生难得再次寻觅相知的伴侣""请别忘记我永远不变黄色的脸"等，既有思想性、时代性、现实性，也是浸透着个人情感、出自个人感受的抒发和个性化的艺术创造。只有从外部到内心、从宏大到个体转化，变成主体的心理构成，立足于个人内在生命去折射、映现、透视，才能切中音乐的艺术本性和表情要求。

例如，"世界和平"这种宏大主题，在一般人看来应该是"歌以载道"，用枯燥的口号去编写。然而，陈哲等作词的公益歌曲《让世界充满爱》打破这一陈规，从个体感受出发，运用"轻轻捧脸""擦眼泪""深深凝望""紧紧握手"等细节和情景刻画，推己及人、由近及远，再扩大到人类的爱、包容和理解，从而使主题变得触摸可及、真切可感。

> 轻轻地捧着你的脸
> 为你把眼泪擦干
> 这颗心永远属于你
> 告诉我不再孤单
>
> 深深地凝望你的眼
> 不需要更多的语言
> 紧紧地握住你的手
> 这温暖依旧未改变

同时，强调个人感受也不是说局限于个人生活。一般人的生活平淡无奇，不一定会遇到大的情感波折。如果要求歌词基于亲身经历，将剥夺很多作者的创作权利。大量的文艺作品产生于艺术虚构，或者是为他人代言。但是，这与情感体验的要求仍然不冲突。体验包括自我亲历的直接体验和经自我转化的间接体验，而后者更常见。词作者不应是唯我独尊，对他人、世界冷漠的人，他需要做一个有情、有心、心胸开放之人，用同情心、同理心与生活相处。在对外交流中，把他者的事件作为自我体验的素材，设身处地进行"我如果是他"的角色转换，把自己的思想、情感和意志充分融入其中，从而使他者完全内化为自我心理活动的产物。这样，即使使用了虚构和代言，采用了技巧化、技术化的艺术加工，也因为关键的体验和感受是真切的，同样可以达到情真意切的逼真效果。基于人的心理同构，间接性、想象性的体验也是自我情感体验的一种基本方式。

《漂洋过海来看你》是李宗盛的原创歌曲，原唱娃娃。据悉，李宗盛根据歌手的一段异地恋故事，为其量身定制。因为这一段苦恋故事的亲身经历，以至于娃娃录唱这首歌时，几乎哭到录不下去。如果不是感同身受，李宗盛可能很难写出如此令人感动的歌。

> 为你，我用了半年的积蓄
> 漂洋过海地来看你
> 为了这次相聚
> 我连见面时的呼吸
> 都曾反复练习
> 言语从来没能将我的情意
> 表达千万分之一
> 为了你的承诺
> 我在最绝望的时候
> 都忍着不哭泣

（二）情感体验法的填词运用

在传统的先词后曲条件下，或许较为容易保证词作的个人感受和独立的诗艺价值，但在当前语境下，歌曲生产越来越倾向于乐曲在先的倚声填词，当歌词创作的自由度严重受限，个人意识的表达空间非常狭窄，词作者如何在填词中确保真切的情感体验？

这的确是歌词创作中的难题，歌曲史上曾有"牛头不对马嘴"的深刻教训。而且创作自由度受限也是造成当今歌坛精品力作少、平庸之作多的重要原因之一。应当承认，填词的难度大于作词。因为既要适应先在乐曲的规定结构，完成词与曲的形式结合，又要挖掘乐曲的情感内涵，把握词与曲内在的情感融合，还要求表现个人的真情实感、创造诗意。这对填词人诗、乐两个方面的综合素养、艺术感受力、审美创造力和艺术技巧等，都是很大考验。一些人以为现成的乐曲省去了成歌的烦恼，填词仅是按部就班运用文字技巧，只要歌词形式完善、音韵讲究、配曲好唱即可。实际上，当今填词之作无数，但优秀的填词之作却很少，词匠之作、词曲分裂、文胜于质的问题就是从中产生的，很多陈词滥调、无病呻吟、平庸套路之作也是从中产生的。如果词作者不具备相关素养，便不适合从事歌词创作。

一个适用的填词法是，基于音乐曲调的想象性情感体验法。不同于一般情感体验的原生性，这是一种间接的二度体验法。其步骤，首先是抛开各种先入之见，进入忘我之境，沉浸式乐曲欣赏，对乐曲的情感意蕴，尽可能达到充分的领悟和理解。然后对乐曲进行整体把握，准确概括其情感基调。在曲谱上，经常看到"深情地""激烈地""舒缓地""欢快地""哀怨地"等提示词，就是对情感基调的高度概括。如果进一步参考乐曲的文字标题，了解相关创作背景、音乐家的艺术经历等信息，将有助于更加深入地理解乐曲。围绕情感基调反复感受，当它逐渐积累、转化为词作者的情感体验，便形成了填词的原动力。

不过，情感基调相对抽象、概括，偏向于理性认知。而乐曲本身是具体、感性的表情，在时间维度上，曲调的行进与内在的情绪之流直接连通。因此，对填词者来说，在情感基调的统摄下，接下来如何从不同乐段、乐句的节奏特点、旋律走向，去具体把握乐曲的情绪之流，便成为最考验填词者功底的时候。这一点构成词句写作的基础和依据。在填写中，词作者需要对乐曲作细致入微的解析，诸如呈现、再现、铺垫、华彩的分布，高低、强弱、起止、断续的变化，把乐曲的情绪之流迁移过来，具体化作歌词段落、词句展开的情绪线索，形成词与曲在情绪推进中的动态结合。这里对词作者的音乐感受力和情感丰富性，要求很高。

从整体到局部对乐曲的情感把握，需要词作者依据乐曲的"原意"，调动个人的内部资源，如情感经验、记忆表象、想象力等，把乐曲创设的艺术情景当作自我的设身处地，把乐曲的抒情主体变成自我的角色，由"我"代言，把乐曲的情感内容当成自我的情感故事讲述出来。当然，在艺术呈现上，写歌词跟写诗大致一样，都是组织语言、运用技巧，表达诗情和诗意。只不过，由于歌词的"抒情诗"定位，歌词创作以适合抒情诗的类型、遵从情感之流的线索为原则。

在一个情感主题下，从情感基调到情绪之流，当词、曲达到很大契合度时，歌曲便在时间性展开中，以敞开心扉的方式，塑造一个"情感人"的逼真形象。不管词作者是否使用虚构或者代言，因为音乐融化了歌词，歌曲都将如一个鲜活的生命般走进听者的内心。如沈陵作词的《最远的你是我最近的爱》，歌曲主题或许普泛，表达对过去一段缘分的珍惜和回味，但歌曲在情绪推进中，词、曲高度一体化，抒情主体的生命律动显露内心的本来状态，语言符号、音乐符号不分彼此，都化作"心声"从内心深处流淌出来，颇为动人。

> 夜已沉默
> 心事向谁说
> 不肯回头
> 所有的爱都错过
> 别笑我懦弱
> 我始终不能猜透
> 为何人生淡薄

当然，词、曲的配合不是机械的。要求歌词对乐曲亦步亦趋、"情投意合"、毫厘不爽，难度很大也束缚创作。词、曲之间留下一定空间，语言符号、声音符号之间保持一定差异，或可产生一种对位、张力的美。不过，在旋律的基本方向，乐曲的关键之处、华彩之处，一般审美原则还是忌讳词、曲的错位和冲突。大多数歌曲的篇幅短小、结构简单，相较大型音乐作品，在表情达意上，其曲调结构（特别是旋律）具有一定模糊性和概括性，留给歌手的发挥空间很大，也留给词作者在配曲上较大的自由度。分节歌或变化分节歌成为常见的结构方式，就是这个道理。因此，如果把握好乐曲情感的大局，同时在旋律的紧要处、出彩处做到关键细节的情绪渲染，也可产生一首词曲配合得当的成功之作。

王洛宾的《在那遥远的地方》，作为一首民歌的分节歌，表现了某些艺术歌曲的特征。第一节"在那遥远的地方，有位好姑娘"一句表现遥远的怀想，"人们走过了她的帐房，都要回头留恋地张望"一句表现走近的迟疑和离去的留恋，诗意与曲情配合妥切。但第二节对姑娘形象的特写，表现"笑脸"和"眼睛"的美貌动人，音乐仍旧采用第一节的乐段，在词曲关系上就存在一定间隔。不过，歌词没有违背歌曲的整体氛围，在表现对远方"好姑娘"的爱慕和怀念之情上，与乐曲的基调仍然是协调的，不必非要配上另外一个乐段不可。

<blockquote>
在那遥远的地方

有位好姑娘

人们走过了她的帐房

都要回头留恋地张望

她那粉红的笑脸

好像红太阳

她那美丽动人的眼睛

好像晚上明媚的月亮
</blockquote>

二、随体赋形法

歌词为了入乐歌唱，它与乐曲之间不仅需要内在相通，还需要形式上相互结合。这便进入歌词写作的第二步：按照乐曲的行进、结构、风格，对原诗进行形式的再加工，赋予它一个适合乐曲形式的歌体。这就是"随体赋形"。"随体赋形"本质上是音乐思维的外化，了解和掌握歌词的结构、元素和表现形式，有助于更好地提升歌词的可唱性。

关于赋予歌词之歌体的操作环节，可以从以下两个路径来认识。

一是从现实的歌词产生看，其中存在从"初辞"到"声辞"的加工过程。先解决文学性的问题，再解决音乐性的问题，先实施文学性加工，再实施音乐性（可唱性）加工，使诗意与歌体充分结合，这样可兼顾歌词的两种基本属性，也保证歌词在两个艺术指标上都获得锤炼，从而诞生优秀歌词。比如罗大佑创作的《童年》。在读大学之初，他回想童年的美好时光，很快完成了乐曲创作。对歌词，他根据脑海中的印象，采用诗的笔法写出内心感受，也形成了一个最初的文本。不过与乐曲并不契合。歌词从初创到修改，前后经历了五年之久。他根据口头化的要求不断清除书面痕迹，进行词曲磨合，最后才完全定型。[1]现在原稿已经不在，但原诗的内质一直留存在歌中，与可唱性极佳的歌体结合，成为如今"歌诗"的精品，呈现出和谐的音韵、鲜明的节奏、整饬的句段、通俗的口语、亲切的语调等。

池塘边的榕树上

知了在声声叫着夏天

操场边的秋千上

只有蝴蝶停在上面

黑板上老师的粉笔

还在拼命叽叽喳喳写个不停

等待着下课　等待着放学

等待游戏的童年

二是从诗到歌的转化看，即从"原诗"到"歌诗"，也证明抒情诗的写作与可唱性形式的赋予可以分解。前述诗的文本权威不容冒犯，可是歌词选择诗人诗作、歌词对原诗的改编，即所谓"选诗入乐""依乐定词"，在歌曲史上却是一种正常而被广泛运用的现象。古代如王维的原诗《送元二使安西》，自唐代以来，产生了《阳关》《渭城》《渭城曲》《阳关三叠》等各种歌诗或琴

1.2022年5月27日，罗大佑举办首场线上演唱会，中新文娱记者王诗尧就有关《童年》的创作进行采访。

曲的歌词版本。在现代，如赵元任出版的《新诗歌集》，尝试为胡适、刘半农、徐志摩等"五四"诗人的白话诗谱曲，都是很典型的例子。因为是创造另一种艺术，诗可以作为歌的素材，提供歌词的文学性（抒情性）条件，但为了可唱性，还需要以音乐规范对原诗重新赋予歌体。赋予歌体环节包括增字、减字、改字、加衬字、加叠句、加和声、填实虚字、重章再现、分解章片、变齐言为长短句、变自由体为格律体等，这都是常用的改编手段。这种转化既反映诗、歌的门类差异，也说明对歌词创作来说，诗意、歌体可以分解并相融合，从原诗变歌诗是其重要一途。

胡适对胡怀琛改诗不满，却主动与音乐家赵元任配合，其诗作《上山》经过多处修改后作曲，收入《新诗歌集》中。赵元任说那些修改都是"因为音乐的理由"[1]。一个更为典型的例子，是胡适的《希望》被改成《兰花草》的过程。

《希望》表达诗人心中的"希望"，是一首情感单纯、格调清新，兼有建筑美和声音美的短诗。其诗情、诗意及朗朗上口的音韵具备入乐的基本条件。但对作曲来说，原诗一段十二句，在内容上不可切分为六句对称的两段，原诗"坏""祝""汝"等音节和"ao""e""a"等韵脚也不够和谐，歌词在句段和韵律上都做了较大改编，即赋予可唱性形式，把一首诗变成一首歌唱的诗：

《希望》原诗
——胡适

我从山中来，带得兰花草。

种在小园中，希望开花好。

一日望三回，望到花时过。

急坏种花人，苞也无一个。

眼见秋天到，移花供在家。

明年春风回，祝汝满盆花。

1.赵元任：《新诗歌集》，载《赵元任全集》（第11卷），北京：商务印书馆，2005年，第59页。

《兰花草》歌词

——张弼、陈贤德谱曲

我从山中来，带着兰花草。

种在小园中，希望花开早。

一日看三回，看得花时过。

兰花却依然，苞也无一个。

转眼秋天到，移兰入暖房。

朝朝频顾惜，夜夜不能忘。

期待春花开，能将夙愿偿。

满庭花簇簇，添得许多香。

当然，歌体的赋予不是简单套上一个可唱的声音外壳。歌体既是实现词、曲结合的物质条件，也具有表现诗意和音乐情绪的双重潜力。它的确立，应该是在诗、乐两个方面的兼顾和妥协。其要领，是利用歌词音乐性的构成元素，依据诗意的表现和乐曲的规范，为原诗赋予一个适宜抒情达意的可唱性形式。这方面，我国旧诗词的诗律学、声律学为了追求音韵之美，已经积累了不少经验，可作借鉴。不过，在现代音乐条件下，歌词音乐性较之传统的歌、诵、吟、唱变化很大，在继承传统之外，歌词音乐性还需要进一步充实和完善。

接下来，将从平仄四声、押韵、节奏、句式、段式、语调、附加语、修辞等八个方面依次阐述歌词写作的随体赋行法，把音乐思维具体融入歌词的形式中。

（一）平仄四声

现代歌词不苛求旧诗词的字调规则，但平仄、四声的音效和表情差异，在今天仍旧不同程度地存在。因此，在语音入乐之际，在选字配音、行腔、咬字吐音等方面，歌词可尽量做到相互协调，以求合情好唱。如李叔同填词的《送别》："长亭外，古道边，芳草碧连天。晚风拂柳笛声残，夕阳山外山……。"字调转折服从音高的高低变化，音节组织顺从旋律的行进趋向，发音自然、可唱性强；在韵脚上，密集的"an"韵不仅使开口响亮，也用平声韵相叶以便拖音延长，烘托辽远、开阔、悠长的"送别"景象。对词曲的搭配，还要特别注意"倒字"现象。"倒字"虽然难以避免，但在表达的关键之处，还是尽量回避，以免发生严重歧义。如《你知道我在等你吗》中的"你知道我在等你吗（妈）"和《故乡是北京》的"唱不尽那新潮欢（唤）涌王府井"等词句，就受到一些听众的批评。对此，一般简单的处理是在歌词上换字或在旋律上作细小改动。

（二）押韵

汉语以韵脚元音押韵，其规律化的出现有助于突出节奏、形成反复，建构声乐的和谐与统一。在实践规则上，旧诗词多为隔行押韵、偶句押韵，现代歌词则常见隔行韵、奇偶韵、句首韵、句中韵、句句韵、多韵、转韵等多种形式的综合运用。较之一般诗歌，歌词的押韵要丰富多样、讲究严格得多，并可能与平仄、清浊等要求相配合。某些极端的例子甚至不惜以韵害义，如《我不知道为什么会爱上你》中的"你的情话没有酒/我却醉得像条狗"和《大中国》中的"还有珠穆朗玛峰儿/是最高山坡"。

（三）节奏

歌词节奏不是曲调节奏，但歌词节奏需以规律化的组织营造朗诵的乐感，以适应曲调拍子、小节、乐句、乐段的结构。节奏问题本身很复杂，内涵很丰富，除了拍子规则，音节的高低、轻重、长短、断续、再现、重复与变化，句段的分割与错落，还有内在情绪的起伏与律动等，都是节奏的构成元素。复杂的节奏构型很难把握，歌词写作可以抓住关键性的节拍要素作重点处理，不必求全责备。根据声乐的需要，词人可以建构如古诗词那种规则、整齐甚至固定的拍子模式，也可以不考虑细小的词语拍子，而是如大多数现代歌词那样，以较大单位的短语音节群作为节奏单位，形成那种整齐与不整齐、规则与不规则、固定与变化相交错的节奏型。如方文山作词的《菊花台》，歌词用规律性的短语顿歇、ang音尾的密集押韵、轻重音的定点出现，配合内在情绪的起伏、涨落，构成了鲜明、强烈的歌唱节奏。

你的泪光/柔弱中带伤//

惨白的月弯弯/勾住过往//

夜太漫长/凝结成了霜//

是谁在阁楼上/冰冷的绝望//

（四）句式

歌词句式受制于乐句结构，以一个气息的呼吸为度量，一般要求规律化而不是自由式。它可以是长短整齐、对仗工整、四言八句的严整型，也可以是长句兼短句、对句兼散句、呼应句兼变化句的变化统一型，而后者贴近人的生理实际，音乐性更强。中国音乐文学史上之所以诗让于词、词让于曲，现代歌词近似宋词元曲，形成长短句、杂言胜于齐言的趋势，原因即在于此。如徐志摩的诗作《我不知道风是在哪一个方向吹》，其句式情形与现代歌词毫无两样，句读的布置适应气息的运行，长短相间、收放自如、起落有致，所以很好谱曲，黄磊的演唱如说话一样腔调自然，毫无拗扭之感。

我不知道风

是在哪一个方向吹

我是在梦中，

在梦的轻波里依洄。

我不知道风

是在哪一个方向吹

我是在梦中，

她的温存，我的迷醉。

（五）段式

段式指不同段落的共同样式。它受歌曲的曲式制约，与歌词句式一样，是建立歌曲形式框架的基本要素。歌词段式一般与曲调的主体乐段相对应（乐曲结构相对独立），构成一首歌曲中使用人声演唱的声乐主体。歌曲的辅助部分，如引子、桥段、尾声、和声、声部等，通常由器乐完成，但也可用人声歌唱去代替，并要相应设计歌词段落。一个词作者不必考虑所有环节（包括歌曲结构），但歌词段式照应主体乐段却是应尽之责，即根据主体乐段的数量和相互之间的发展逻辑，去设置歌词的段式和段落之间的构成关系。如歌曲有几个乐段？乐段之间是重复还是再现、递进还是顺承、变奏还是对比、铺垫还是强化、展开还是集合关系？在各种型态中，如一段体（A）、二段体（A+B）、三段体（A+B+C）、多段连缀体（A+B+C+D）、回旋曲体（A+B+A+C+A+D）、变奏曲体（A+A1+A2+A3）等，词作者可以根据需要选择（填词遵循既定曲式），相应地设计歌词的段式和段落结构。

当前流行歌坛，主歌+副歌的结构成为最受大众喜闻乐见的典范形式。这是一种二段体结构，主歌是叙述铺垫、展开内容的主干部分，副歌是不断重复、具有和声特征的高潮部分，两者构成对比中的统一。词作者可以从掌握这种结构开始，以获得大众接受，不过要防止走入单一化、模式化、程式化的误区。在引导歌曲创作的多元、个性和创新方面，歌词段式应当主动寻求突破。譬如，周仁作词、艾辰演唱的《错位时空》是一首模范的流行歌曲，采用A+B的两段体，A为主歌、B为副歌，在AA'BB'AA'BB'的推进中，A段的展开铺垫与B段的集中抒情相互交错、回环往复，颇为动听。

A：填不满半排观众的电影

直到散场时突然亮起灯

字幕定格在某某出品和发行

我目送他们行色匆匆

A':像个自不量力的复读生

完不成金榜题名的使命

命不是猜剪刀石头布的决定

那么任性

B:我吹过你吹过的晚风

那我们算不算相拥

可如梦初醒般的两手空空

心也空

B':我吹过你吹过的晚风

是否看过同样风景

像扰乱时差留在错位时空

终是空是空

（六）语调

在平仄四声的字调之外，汉语的句调、句间调等也可以增加歌词的音乐性。虽然歌曲旋律不是对歌词语调的简单跟从，但两者在宏观上应保持一致，语调的起伏变化蕴含着歌曲旋律的大致走向。一般来说，雅化的书面语相对单调，语调平直，旋律倾向于追逐和表现内在情感；而活泼的口语变化多姿、自然亲切，本身旋律感强，易于在形式上跟旋律结合，长于外向的对话和交流。

前者如庄奴作词的《垄上行》：

我从垄上走过

垄上一片秋色

枝头树叶金黄

风来声瑟瑟

仿佛为季节讴歌

后者如刘青作词的《祝你平安》：

你的心情，现在好吗

你的脸上，还有微笑吗

人生自古，就有许多愁和苦

请你多一些开心

少一些烦恼

（七）附加语

附加语包括一些凑足音节、重复或新增的"杂语"，还有拟声词、象声词等一类的"声音语"，以及一种既拟声又表义、"拟声"以"达意"的"姿态语"。若从语义看，或许它们并不重要，但从声乐表现来说，为加强歌唱性和充分表情，成就声乐特色，这些声音性附加语的作用很大，在歌词中往往被大量运用。这个方面，词作者可以从民歌中汲取经验，学习方法。民歌是典型的口头艺术，较少受书写文化影响，在人民群众的口头创作、口耳相传中，它从听觉思维、声音感受出发，加入大量附加语，很看重可唱性、音响化和悦耳性。如陕北民歌《山丹丹花开红艳艳》：

一道道的（那个）山（来）（呦）

一道道水

……

千家万户（哎咳哎咳呦）

把门开（哎咳哎咳呦）

……

（八）修辞

某些修辞手法如反复、排比、双声、叠韵、重音、顶真等，声音性突出，可以美化声乐语言、增强歌曲的歌唱性，常常被大量运用到歌词语言中，甚至作为歌词整体的艺术手法。如牛朝阳作词的《两只蝴蝶》，"我和你缠缠绵绵翩翩飞"一句，双声叠韵和重音的运用很精彩。杨湘粤作词的《牵挂你的人是我》，则以"……你的人是我"的固定句型结构全篇，将反复、排比运用到极致。

> 舍不得你的人是我
> 离不开你的人是我
> 想着你的人哦是我
> 牵挂你的人是我是我

上述歌词音乐性的问题，通俗地说，就是歌词的"格式"问题。在要素上，歌词比一般诗歌的音乐性更广泛、更丰富，尤其相较于一般诗歌重点关注的节奏和押韵，歌词还需要适应歌曲的曲式结构，对句式、段式等要素特别注重。对词作者来说，完善的歌词音乐性是歌词获得音乐转化的重要条件。但过分拘泥于格式、屈从于格式，也将限制音乐的自主性和表现力，导致以声害义。歌词的表情达意始终是歌词写作的基础，词作者的第一要务是写好"本辞"，忘却抒情本质、片面追求外在形式是本末倒置。作曲家，也包括编配和演唱者，对歌词形式享有很大裁量权和主观能动性，词作者不必事无巨细、包办代替。歌词写作在整体上兼顾歌词的表情达意和乐曲的基本结构，形式上遵循讲究与不讲究、对称与不对称、整齐与不整齐、规律与不规律相结合的原则即可。

第三节　过程写作实训：从一首歌词到一首歌

写歌词是一回事，成为一首歌是一回事。从一首歌词到一首歌，是一次重要飞跃、一个重要转折。从歌词到歌曲的具体过程是什么？跟词作者有什么关系？需要词作者做什么？以下提供一些操作性方法和一个实践性案例，供读者参考。

一、从歌词到歌曲的实现路径

从声乐艺术的目的看，歌词的书面形式只是一种记录、提示符号，也只是一个构成要素、一个阶段性成果。只有当歌词成为唱出来的歌，即歌声，才代表它的美学价值得到实现。歌词完成语言文本，包括书面发表，并不意味着任务结束。鉴于歌曲生产的综合性、过程性和集体性，歌曲成功的因素除了文本之外，很多工作在歌词写作之外，需要词作者继续作为。词作家邬大为曾说，大部分业余作者都面临这样的困难，他们"属于单兵、散点式的操作方式，写了词却找不到人谱曲，谱了曲很难找人唱，即使有人唱了，参加比赛及音像制作的费用也令人望而生畏，只能望洋兴叹了，造成许多好的歌词长期积压在个人的日记本里，作品集中，起不到社会作用"。[1]因此，从一首歌词变成一首歌，词作者可以尝试从以下三个方面寻找门路。

（一）强化歌唱意识

词作者形成强烈的歌唱意识，以增强歌词的歌曲转化潜力。

作词与作曲、演唱，分工不同，不要求词作者全部包办，但受制于歌曲

1.邬大为：《歌词技法》，哈尔滨：黑龙江人民出版社，2001年，第656页。

的生产和演出机制，词作者对自己的歌词文本，除了语言艺术的考量外，还需要预想歌曲作品的可能面貌、舞台演唱的可能方式、听众人群以及听众的反响如何。词曲作家付林曾分享经验，"你确定写词的时候，一定要牢记：你为谁而写？怎样写？写后如何处理？"[1]就是说，在声音思维、音乐幻想下，词作者首先进行自我感受、自我评审以及自我完善。无疑，这时的音乐形态是模糊的，但某些基本方面可以预先确定，经过虚拟化之后渗入歌词。

　　自觉的歌唱意识将大幅提高歌词的歌曲转化率。例如，在音乐体裁上，不仅有艺术歌曲、民歌、流行歌曲等大的类型，而且大的类型可以细分，比如流行歌曲还有波普、摇滚、民谣、爵士、乡村、说唱等小的分支。不同的歌曲体裁对歌词的主题、文体、风格、语言等都有相应要求。在音乐风格上，也存在不同层次、各种形态，词作者需要把歌曲体裁的风格、歌手的演唱风格、地域民族的风格、时代潮流的风格等，落实到歌词的文体和语言上，塑造歌词独特的风格美。在演唱形式上，按照男声、女声、童声、混声或独唱、齐唱、重唱、对唱、合唱等不同，词作者还需要考虑歌词的表达、体式如何适应舞台呈现，适应不同演绎手段、不同角色的抒情主体。如此之类，词作者可以参考"基本乐理""作曲技法""演唱技巧"等相关书籍，补充声乐方面的学科知识，通过换位思考，了解作曲家、歌唱家对歌词的评判和需求，以"好谱""好唱"为导向，提高歌词写作的目的性和有效性。比如，歌词"风在吼，马在叫，黄河在咆哮"，词风激越昂扬，表现全民抗战的时代主题，适合采用群众歌曲的大合唱。歌词"一棵小白杨，长在哨所旁//根儿深，干儿壮，守望着北疆"，风格清新明亮，表现守边战士的情感心理，适合民歌体的抒情歌曲。歌词"我曾经问个不休，你何时跟我走？你总是笑我，一无所有"，情感爆发激烈，彰显出身体的能量，主体的反叛姿态突出，便适合个人呐喊性的摇滚乐。

　　当前对词作者来说，尤为重要的是对歌星中心机制的适应。一首歌要谁唱，适合谁唱，歌手的条件和资源如何，诸如年龄、性别、音乐素质、人声特色、演唱风格、粉丝人群、社会影响等因素，都需要词作者评估、预判。

1.付林、王雪宁：《流行歌词写作新概念》，北京：中国文联出版社，2003年，第2页。

努力方向甚至是成为"御用"词人，为某位歌手竭诚服务，量身定制适合的歌曲歌词。这个好处是解决了作品推广的最大难题，依赖于成名歌手的影响很容易取得商业效益和艺术成名。不过，这种单向定制、固定结构，长远来说，对歌词创作发挥主体性、创新性、多元性也损害不小。在当代歌坛，经常见到很多传播成功、商业成功，而在艺术上失败、创新上失败的例子，其中的利弊，需要词作者一分为二地看待。一个有艺术追求的词作者，应该树立自主性和独立意识，而不是长期甘于附从的角色，矮化歌词的地位。

（二）介入歌词运作

寻找各种渠道推广歌词，深入社会音乐文化生活，力求获得作曲者、歌手和传播媒介的知悉、认可。

这方面，吴颂今作为当代歌坛的一名跨界音乐人，深谙歌曲生产过程和机制，市场经验丰富，对词作者如何进行"歌词运作"，总结了很多实用方法，可资借鉴。诸如：（1）发表歌词，掌握歌词的发表刊物，注意如何投稿；（2）应征参赛，了解主办方信息，关注赛事，迎合参赛的主题和要求；（3）争取与曲作者合作，学会主动跟歌手接触、打交道；（4）通过唱片、网络、影视等各种媒体推出新歌；（5）借助音著协、音乐文学学会与经纪人的力量。[1]笔者还补充一点，利用节庆、集体活动进行新作的朗诵、推送或教唱等。一般词作者成功不易，企图像明星歌手那样一夜成名，或像方文山那样以写作立身、成为职业，机会不大，例子很少。不过，相比写诗来说，写词因为市场广阔和具备大众文化特征，又要容易得多。词作者如果找准方向、主动出击，哪怕出身低微也有成功逆袭的可能。吴颂今提到湖北仙桃的例子。前些年仙桃涌现了一支二十多人的歌词创作队伍，专攻全国各地的征歌比赛。当地文联统计，共计在省级以上媒体发表（播放）歌词一千余首，其中央视节目播送五十余首，获得全国性大奖四十余项。这个成绩，对相对偏远的地方条件来说，颇出人意料。

1.吴颂今：《歌词写作十八讲》，北京：人民音乐出版社，2012年，第211—225页。

当今社会，媒体的力量尤其强大。它不仅占据歌曲生产过程的流通环节，更是歌曲歌词实现社会价值、商业价值的关键力量。对业余作者来说，高端平台、权威平台难以获得，但网络作为最容易掌握的大众传媒，面向大众开放，可以在个人与社会之间建立直接、迅速的联系，业余词作者可以利用网络作为传播的首选途径。2000年前后，雪村的歌曲《东北人都是活雷锋》，在全国范围内产生轰动效应，就不是通过主流媒体传播，而是上传网络并借助网民关注来实现的。当时，雪村参加新浪网和MTV-CHINA的见面会，把《东北人都是活雷锋》的MP3放到这两个网站，未料到这个行为，开启了一个利用网络传播和网络歌曲流行的时代。今天，各种网站、平台、软件、程序等资源更加丰富，低成本、低门槛、低技术的音频制作、短视频接入，为有才华而资源有限的业余作者提供了极大便利。不过，网络媒介也是诞生平庸低俗之作的温床，歌词写作可能遭受金钱至上、娱乐至死、纵欲主义等不良风气的侵扰，从而偏离文艺的美学路线。

（三）参与团队协作

利用个人的生活环境，组建文艺小组、工作室或乐队，为今后进一步发展积累经验，奠定从业基础。

这个途径的步子小、见效慢，但是能够锻炼自己的综合才能，内外兼修，利在将来。组建团队的一个关键步骤是寻找一个作曲的合作伙伴，通过对话、切磋，词曲之间的往来反复、打磨修改，提升歌词的音乐品质，使歌词直接插上音乐的翅膀。迈出这一步，歌曲的产生就具备了最基本的要素，对词曲作者来说，也是一个相互提高、相互成就的过程。传统上，很多词作家就是通过这样的途径取得成功的。如公木毕业于北平师范大学中文系，本来是写诗的，后来与作曲家郑律成因为在延安鲁艺的一段共事，开始了词、曲的相互合作。借助《八路军大合唱》一举成名后，公木从此开辟了歌词创作的新方向。

不过，在当前歌曲生产机制下，仅依靠词曲作家的"二人转"很难打开局面，词作者的出路越来越依赖创演圈子、团队和平台的力量。在大型文艺院团、当红明星、官方传媒等难以合作的情况下，一个可行的办法是利用身边的资源，向小团队、全流程、小制作的方向发展。通过组建团队，使词作者了解歌曲生产的各要素、环节，在目标导向下、在真实环境中，锻炼自己的写作、制作、传播等各项技能。如从朋友圈中，从当地音协、文艺社团、学校教师、音乐培训机构、青少年宫等处，吸收志同道合的曲作者、歌手、乐手、演艺人员、传媒人员，或加入一个能够发挥作词才能的现有乐队，建成一个兼备创作、编配、演唱等生产要素的文艺队伍。

集体的力量不仅有助于完善创作，还可以分担责任和成本，对某些满意之作，共同实施音像制作和推向公众空间的工作。音乐人高晓松的成名就是一个例子。他本来没有音乐专业的背景，大学就读于清华大学电子工程系，但因为对音乐感兴趣，加入了蒋涛、戴涛、赵伟、老狼等组建的大学生"青铜器乐队"。在乐队中，他发挥词、曲创作才能，参加各地巡演，推出了《同桌的你》《睡在我上铺的兄弟》等一批优秀之作，成长为大陆校园民谣运动中的骨干力量。不过，对于团队组建来说，集齐人员或许不难，所难的是建成一支整体水平高的队伍。这要求词作者不能甘于现状而要怀揣野心，在积累一定经验之后，应注意现有团队的优化或进入更高层级的团队，直到产生精品佳作、获得社会影响。

歌词创作的一个总体原则是既要坚持歌词质量优先，主要是个性化、内在性，打好"诗"的基础；又要重视歌曲生产过程中的歌词运作，融入集体生产，实现"歌"的目的。这两个方面或许有矛盾，但这是歌词文类的独特之处，一个优秀的词作者需要把握这两者的协调与结合。其关键之处，是以情为纽带，在作者个体与受众群体之间建立情感的沟通。歌词写作必须通过听众终端来实现价值，歌词运作的根本方向也是指向听众。因为音乐的精神性，它总是通过对个人的心理和精神作用，通过以情（绪）感（染）人产生实效。歌词转化为音乐，就一定要落实到对听众个人的精神感化上。没有个人体验的群体意识，可能走向抽象的宣传和说教，浮于外表而不能入驻内心。所以，歌词写作立足个人感受、内在情感，是其收获听众人心、实现艺术目的的关键。忽视人心根基、片面追求听觉效果，是歌词写作的歧途。同样，忽视歌词美学、片面追求歌词运作，也是词作者的本末倒置。歌词运作的实质，应是基于"共情"原则从个体到群体的"移情"过程。

二、过程写作案例：一首歌词的产生过程

接下来呈现过程写作的歌词案例。词作者岳琬清[1]在一位音乐引路人的帮助下走上流行歌词创作道路。这里由她复盘一首歌词《今晚你会梦到我吗》的产生过程，既呈现歌词写作从初稿、二稿到终稿的修改过程，也描述歌词写作、谱曲成歌、歌曲面世的全过程，并给予简评。

（一）创作缘起与主题

歌词酝酿于2022年4月，当时气温回暖正值初夏，词作者身处大学校园，周围洋溢着阳光温暖的气息，一群充满青春活力的少年少女，在欢声笑语里演绎着许多浪漫故事。在这样的氛围下，词作者触发个人的生活体验与情感经历，产生了创作动机，确定了以青春校园恋爱为主题，表现恋爱中的别离和相思之情。

（二）写作与修改过程

1. 初稿创作

作为先词后曲的作品，初稿写作具有很大自主性，但词作者开始就注意了诗意诗情的内容与音乐性的形式相结合。词作者在创作时充分考虑了作品的音乐性，主要体现在词格设计、结构设计、韵脚设计等方面。

在词格设计上，初稿词格偏向于方正规整，易于曲作者进行后续谱曲工作。

在结构设计上，采取了"主歌（Verse）—预备副歌（Pre-Chorus）—副歌（Chorus）"比较常规的模式。

1.岳琬清，曾用艺名"球球"，西南大学文学院2019级汉语言文学（公费师范）学生，代表作品《危险派对》《渐暖》等。

在韵脚设计上，主歌（Verse）—预备副歌（Pre-Chorus）统一押"ian"韵，副歌（Chorus）改押"a"韵。

初稿参见如下表格：

表4.1 《你梦到了我吗》歌词初稿

《你梦到了我吗》	说明
Verse1 蝴蝶 是插上翅膀的闪电 飞快 坠入爱河心事翩翩 夏季 那喋喋不休的树叶 似你 从未迟到在我屋檐 Verse2 悸动 某某位栀子花少年 搁浅 在记忆里温柔碎片 你是 黄昏模糊降落海边 涟漪 倒映着我们的光年	主歌运用比喻拟人等修辞手法，选取"蝴蝶""树叶"等意象刻画出夏天少年少女的清新活力感。
Pre 听 蝉鸣它还在沙沙地 搭讪着雨天 听 小荷塘叮当作响的 是我的思念 woooo 夏が来る na tsu ga ku ru. woooo 夏が終わった na tsu ga o wa tta	预备副歌由视觉重心转到听觉重心，侧重于声音描写，最初进行了日语设计，"夏天结束了"暗示着青春终将过去。
Chorus 你会梦到我吗 梦到 掀起你被小雨 吻湿的头发 梦到 朦胧的青涩的 写不完情话 是我呀 对时光回答 Chorus 我会梦到你吗 梦到 眼睛里扑闪的 明亮的盛夏 梦到 白衬衫飞扬 笑意开出花 是你吗 最好的年华	副歌核心句突出歌曲主题"你会梦到我吗"，采用排比等模式加强记忆点，升华情感。

《你梦到了我吗》	说明
备选Chorus 还在做着梦吗 梦到 红蜻蜓渐渐地 地平线停下 梦到 离别的一刹那 思念开出花 遗憾里 悄然地长大	备选段是为一首完整的歌曲制作提供的素材，方便后续歌曲内容变化设计。本首歌曲备选段落最后没有使用。

歌词采用主歌+副歌结构，具有一般流行歌词的情歌风格。围绕"我"的情感故事，主歌部分追忆"我"与恋人的初见和交往，副歌部分抓住印象最深的恋爱情景抒发"我"的想念之情，预备副歌以当前处境引导副歌的集中抒情，并作铺垫。

由于词作者具有一定从业经验，该作对于流行音乐的风尚、内在情绪的抒写以及歌词体式的设计等把握较好，便于谱曲。不过，在句段设计上，初稿偏于方正规整，词格严谨，显得拘束，在表达方式上偏于书面化，不够活泼自然，与表现情感的变化不相适应。

2. 第一次修改

（1）内容修改

词作者将初稿发至音乐创作团队微信群，与本首歌的曲作者兼歌手黄鲲[1]及其他成员展开讨论。大家从歌曲的内容、传播、音乐性等角度提出很多修改意见，主要如下：

① 主歌部分较为普通。采用寓情于景的手法，繁复的意象铺陈，画面感、氛围感强，但情感被埋没在小事物里，最后落脚点到人，整体情感比较淡化。可放大人和人之间的情感联系，加入明确的故事点染。

② 预备副歌的日文应予删除，小语种外文穿插不利于歌曲传播，且与歌曲的整体风格产生冲突。

③ 预备副歌"小荷塘"意象的乡村气息较浓，显得俗气，建议更换。

④ 副歌以"我会梦到你吗"作为主旨句需要斟酌，建议改为"今晚你会

1.黄鲲，独立唱作人，成立乐队浪漫机率（Romantic Odds），代表作品《夏悸》《女孩》等。

梦到我吗",更利于传播。

⑤ 题目"你梦到了我吗"改为"今晚你会梦到我吗"照应主旨句,更贴合内容,后者作为题目也易于传播。

（2）配合曲式调整

曲作者尝试对原歌词谱曲,同时调整歌词格式,返回给词作者两版主歌旋律供选择。原版词格的旋律相对规整重复,新版词格的旋律变化丰富,可听性更强。经与创作团队讨论,词作者按新版词格,配合新的旋律对原歌词进行删改、整合、重新填词。修订情况参见如下表格:

表4.2 《今晚你会梦到我吗》新词格与新歌词

谱曲后的新词格	按照新词格产生的新歌词
Verse Xxx xxxx Xxx xxx Xxx xxx xxx Xx xxxxxx	Verse 情诗还 没有完结 剩半截 写再见 像插上翅膀的小闪电 蝴蝶 飞速扇动离别
Verse Xxx xxxx xxxxxxx Xxx xxx xxx Xx xxxxxxxx	Verse 有多少遗憾眷恋 怎么就忽然夏天 想留住栀子花的少年 你那 温柔双眼心事翩翩
Pre x xxxxxxx xxxxx x xxxxxxx xxxxx	Pre 听 蝉鸣还在沙沙地 搭讪着雨天 听 屋檐下叮当作响 是我的思念
Chorus xxxxxxxx xxxxxxxxx xxxxxxxx xxx xxxxx	Chorus 今晚你会梦到我吗 掀起被雨吻湿的头发 朦胧的青涩的脸颊 是我呀 写不完情话
Chorus xxxxxxxx xxxxxxxxxx xxxxxxxx xxx xxxxx	Chorus 今晚我会梦到你吧 眼里扑闪的明亮的盛夏 白衬衫飞扬的笑意 是你吗 最好的年华

这时，创作团队固定了歌曲的基本结构，产生了一个词曲结合的小样。主歌部分增强了情感抒写，渲染了离别的不舍；在词格上，齐言的长句变为参差的长短句，使唱句更加活泼自然，歌唱性得到加强。

3. 第二次修改

歌曲旋律已确定，团队对样件进行讨论，再次对歌词内容的个别地方提出修改意见。

主歌中，"栀子花的少年"意象显得有些俗气。对该句歌词，词作者提供三个修改项供选择：A.想挽留被偷走的时间/和你温柔双眼心事翩翩；B.天边的橙红色渐飘远/带走你最温柔的一双眼；C.想暂停翩然的梧桐叶/那些悸动瞬间反复怀念。最后团队采纳了A。

歌词定稿为：

今晚你会梦到我吗

情诗还 没有完结

剩半截 写再见

像插上翅膀的小闪电

蝴蝶 飞快扇动离别

有多少遗憾眷恋

怎么忽然就夏天

想挽留被偷走的时间

和你温柔双眼心事翩翩

听 蝉鸣还在沙沙地 搭讪着雨天

听 屋檐下叮当作响 是我的思念

今晚你会梦到我吗

掀起被雨吻湿的头发

朦胧的青涩的脸颊

是我呀写不完情话

今晚我会梦到你吧
眼里扑闪着明亮的盛夏
白衬衫飞扬的笑意
是你吗最好的年华

综上所述，该歌词创作经历了初稿创作——第一次修改（歌词内容修改和配合作曲旋律修改）——第二次修改（定稿）这一过程。其中主要涉及两个方面：一是基于谱曲旋律上的修改配合；二是综合了来自曲作者、歌手以及主创团队的建议对歌词内容进行的修改，细化到歌名、主旨、意象选取等。在此过程中，创作团队的思维和想法不断碰撞，在所有参与成员的精心打磨之下，完成了一首较为规范、成熟的歌曲作品。

（三）歌曲推送与演出

岳琬清作词、唱作人黄鲲作曲并演唱的歌曲创作完成后，由网易云音乐云上工作室出品。该曲发行首日登上网易云音乐飙升榜，收获听众好评，同时作为黄鲲2022年《今晚你会梦到我吗》同名个人巡演作品，现场演出。

（四）小结

词作者本身诗、乐的素养较好，加入创演团队锻炼了作词才能，也打通了歌词推广之路；该歌词写作结合自己的情感经历，缘情而发，也熟练运用了流行歌词的体式，文体意识强；在歌曲形成中，歌词经由团队协作，尤其是作曲者（兼歌手）从音乐上主导，返回词作者进行多次修改，增强了抒情性，也跟旋律不断磨合，最后诗乐融合、声情融合，产生了一首好唱也好听的歌曲；在推送环节，借助歌手黄鲲的实力和名气，通过网络、演唱会等渠道传播，歌曲产生社会反响，收获了较好的文艺及商业效益。

整体上，该歌词在歌曲生产过程中的参与上，表现出色。不过，从更高要求来看，该歌词的文学性弱于音乐性，主要是抒情诗（或情绪的诗）的写作"先天"不足，无论怎么修改，都限制了这首歌的艺术品质。例如，如何从个人经历中获得独特的情感体验，提炼新颖的情绪主题；如何塑造抒情主人公的鲜明形象，强化"我"的角色性；如何表现情绪之流的连贯性与变化性、深入性与丰富性；等。这些都需要词作者以文艺的追求扭转大众化、娱乐性的趣味。对于爱情题材，表现一般性的回忆和思念显得平常普泛，主旨句"今晚你会梦见我吗"（亦即歌名）就反映了这种局限。同时，流行歌曲的固定模式、套路化创作，对词作者的创作自由、创造才能构成了很强的束缚，需要词作者具备创新意识，敢于在文本形式上突破陈规旧律。

研讨与实践

1. 辨析歌词与诗的文体异同。

2. 搜集为徐志摩的诗歌《再别康桥》谱曲的所有歌曲版本，从歌词对原诗的改编方面，分析各个歌曲版本在创作上的得失。

3. 阅读以下材料，将其改写成现代歌词。

青玉案·元夕
［宋］辛弃疾

东风夜放花千树，更吹落、星如雨。宝马雕车香满路。凤箫声动，玉壶光转，一夜鱼龙舞。

蛾儿雪柳黄金缕，笑语盈盈暗香去。众里寻他千百度，蓦然回首，那人却在，灯火阑珊处。

4. 从个人感受出发，创作一首爱情主题的原创歌词，然后通过Suno、SongR、豆包等AI工具调试成一首你喜欢的歌曲。重点调试音乐风格、音色以及情绪等，让它们符合歌词的内容表达。在音乐调试过程中，可不断修改歌词，达到抒情性与可唱性的结合。

5. 利用身边资源，组建一个小型创演团队，吸收作曲者、演唱者等加入。尝试把一首创作歌曲制作成音频材料，上传音乐网站或抖音推送。

拓展阅读

1. 吴思敬：《歌词与现代诗的审美差异》，《江苏行政学院学报》2002年第4期，第122—124页。

2. 童龙超：《声乐展演与歌词的角色意识——兼与诗歌比较》，《兰州大学学报》2018年第4期，第190—199页。

3. 王立平主编：《百年乐府——中国近现代歌词编年选》（共四卷），上海：上海音乐出版社，2018年。

4. 毛翰：《歌词创作学》，北京：社会科学文献出版社，2015年。

5. 吴颂今：《歌词写作十八讲》，北京：人民音乐出版社，2012年。

6. 张宏光、陈涤非：《歌曲写作基础教程》，北京：人民音乐出版社，2023年。

第五章

散文写作

学习目标

1.知识目标： 了解散文的概念与文体特征，学习和掌握散文写作的基本知识和写作规律。

2. 能力目标： 理解贯穿散文写作的思维，熟悉散文写作的流程，熟练运用散文写作的思维训练方法与写作方法来创作优质的散文作品。

3. 素质目标： 通过阅读、品鉴和分析经典散文作品，培养文字素养，提升文学修养和创作水平。

当代散文是一种自由而充满诗意的文学形式，作者可以通过它来表达情感、记录生活、描绘风景以及阐述哲理等，因此被称为"全民文体"。尽管散文看似人人都能驾驭，但创作出优秀的散文仍需遵循一定的标准与要求。本章将深入探讨散文写作的技巧和方法，展示语言艺术的魅力。

第一节　散文的界说与特征

一、散文的界说

（一）散文的定义

　　散文是与诗歌、小说、戏剧等文学体裁并列的文体之一。一般认为，散文是与韵文、骈文相对的散行文章。《辞海》指出：中国六朝以来，为区别韵文与骈文，把凡不押韵、不重排偶的散体文章（包括经传史书）统称"散文"，在很长一段时间内又泛指诗歌以外的所有文学体裁。到了现代，散文有狭义和广义两种理解。狭义的散文，即所谓"抒情性散文"，其特征相近于"五四"文学革命初期周作人所提出的"美文"，主要是借鉴英式随笔"自我表现"的精神传统与文体的亲和特性，让典雅华贵的古典散文成为接近平民的通俗文学。广义的散文概念，则除此之外，还包括"叙事性"的、具有文学意味的通讯、报告（报告文学、特写），也包括以议论文为主的文艺性短论，即杂文、杂感。另外，文学性的回忆录、人物传记，写实性的史传文学，有时也会被列入散文的范围之内。[1]

　　散文是中国文学的肇源和行文传统。甲骨文字的发现，使中国古典散文的源头可以追溯到甲骨卜辞。《尚书》是中国最早的散文集，标志着中国古代散文的形成。南宋末年罗大经的《鹤林玉露》首次把"散文"作为文体概念提出来。不过中国古代散文在很长一段时间内并非一种文体概念，而是一种语言概念。它不受固定格式和音律的限制，与强调声韵和对仗的韵文、骈文

---

[1].洪子诚：《中国当代文学史》，北京：北京大学出版社，2007年，第134页。

相对立。内容广泛，包括策论、传记、碑志、寓言、序言、书信、游记、笔记、史书典籍等，涵盖哲学、政治、历史、文学批评、道德教化等众多方面，其中一部分属于日常文书，在现代看来，可归为应用文。这些都是古人表达个人情感、主张或者处理日常事务的载体，也是传承文化、思想或者传递信息的重要方式。中国散文的含义历来伴随其应用的发展而不断演变。

现代观念中的散文，主要是指"五四运动"时期涌现出来并发展至今的现代白话散文，它源自西方的随笔散文（Essay），在文体功能上与作为语言概念的古代散文有所差别。这种随笔散文随着工业革命和现代印刷技术的兴起而在欧洲流行，报纸和杂志的普及为它提供了传播的媒介，促进了该文体的发展。这种文体融合了叙述和议论，通常篇幅较短，以记录真实经历或思考为核心，语言朴实、流畅，接近口语。这种散文样式亲切、灵活、从容，与"五四"时期反对封建礼教、崇尚个性自由、追求民主科学的精神相契合。

"五四"时期，许多散文作家在对我国古代散文遗产做出新的审视、评价的同时，吸收、借鉴了不少西方的文学理论和创作经验，推出了众多散文佳作和散文理论。陈独秀、鲁迅、钱玄同等人在《新青年》杂志所开辟的"随感录"专栏中发表了多篇振聋发聩的文章，开创了现代杂文创作的先河。鲁迅的《野草》是中国第一本现代散文诗集，虽篇幅不长，但思想独特、意境深远、手法新颖。他的《朝花夕拾》则是一部充满冷静叙述和睿智思考的回忆录。刘半农提出了"文学散文"的概念，将散文与论文、新闻通讯、日记、信札等做了区分，实际上也与一部分古代散文做了区分，为现代散文的发展奠定了基础。周作人则大力推广"美文"，提升了白话抒情散文的地位。同时他还将"独抒性灵"的明代小品与"五四"时期自由、活泼的思潮接轨，展现他在"继承"古代散文上的创造性。第一批现代散文作家中，还有如朱自清、郭沫若、郁达夫、冰心等人，也都以各自独特的艺术风格丰富了现代散文的内涵。他们的作品虽然风格迥异，但都体现了"五四"时期的理性精神，符合"立诚""写实"的原则。这两点成为现代散文创作中难能可贵的传统。

现代散文无论在题材、技巧、语言方面，还是外在形式的借鉴方面，都实现了质的飞跃，为中国悠久的散文传统增添了新的光辉。当下的散文作家都十分注重把握时代脉搏、捕捉生活细节、反映社会热点问题，也进行了大量的文体交叉和融合尝试，吸收了小说、诗歌、报告文学等多种文体的元素，扩大了散文的边界。其次，随着互联网写作的发展，散文的形式和传播途径也在不断演变。微博、微信、抖音等各类社交媒体平台为散文创作提供了区别传统纸媒的新的舞台，使得每个人都可以成为散文家，随时随地分享自己的所思所感。散文的细分类型也日益丰富，包括但不限于人文随笔、思想随笔、生活随笔、杂文、小品、影评、书评、札记、传记、通讯稿、悼词、致辞、访谈录、回忆录、演讲稿、短报告、散文诗等。这些丰富多样的形式，不仅满足了不同读者的需求，也为散文创作提供了更多的阵地。而人工智能ChatGPT的出现，更是为散文创作提供了新的可能性。通过学习和模仿人类的写作风格，ChatGPT可以生成各种类型的散文作品，甚至可以模拟出某个特定作家的风格。当然，这种技术的出现，也引发了人们对于人工智能在文学创作中角色和地位的思考。但无论技术如何发展，散文的核心始终在于真实、自然、富有感染力的表达，这是人工智能所无法替代的。

总而言之，散文是一种富有生命力的文体，它随着时代的变迁和社会的发展而不断发展、变化。无论是古代的散文，还是现代的散文，无论是人类的创作，还是科技时代下新的创作，都有作者对生活的深入思考和独特表达。散文的魅力便在于它能够捕捉到生活的细微之处，揭示出生活的真实和深度，产生情感共鸣。

（二）散文的分类

散文是个庞杂的文学文体。从表达方式的角度，散文可分为叙事性散文、抒情性散文、说理性散文；从作品题材与内容的角度，可分为记人、记事、写景、历史、文化、游记、哲理、政论等散文；从语体风格的角度，可分为语丝体、散文诗、骈文、赋、札记、随笔、随感录等。

以下是常见的五类散文文体：

1. 抒情性散文

抒情性散文是注重表现作者的思想感受、以抒发作者感情为主的散文形式。由于散文文体以"情"和"志"为主导，抒情性与诗性传承有关，从"载道"到"言志"，从"五四"时期的美文传统倡导至当代杨朔的散文"诗化"主张及赵丽宏在此基础上提出的散文"诗性"等观点，抒情性一度成为散文笔调的灵魂。

2. 叙事性散文

叙事性散文以记人叙事为主，侧重于从叙述人物和事件的发展变化过程中反映事物的本质，有时间、地点、人物、事件等要素。叙事性散文虽在表现手法上与小说相似，却有着明显的区别。小说是虚构的艺术，而散文的底色是真实，素材多来源于生活，多为使人产生心灵震颤或记忆深刻的典型人物和事件，在行文表达方面有细节修饰和艺术加工处理。

3. 随笔

"随笔"在中国古代主要是指较为随意和感性的散漫笔记。16世纪，法国作家蒙田开创了一种随意而轻松的试验性文体，称之为Essais，传到英国后译为Essay。现代白话文运动后，Essay传到中国，也译作随笔。鲁迅认为其文体在随意和感性方面，接近中国古代随笔。郁达夫在《清新的小品文》中强调西方Essay有说理倾向。随笔类散文既可抒情，也可叙事，但更青睐于展现写作者的知识谱系、深刻的见解和不凡的观点，需要写作者涉猎广泛，旁征博引，并有自己独特的观察、视角和感受。

4. 游记

游记是一种极具开放性的文体，其写作门槛不高，凡是有旅行经历和体验的人，都可以写游记。游记本身既属于文学文本，又属于文化文本，是介于文学与地理学之间的复合文体。游记文学、游记散文、山水游记、旅游文学、纪游文学、旅行记、纪行文、行记、行役记等都可归为游记。游记作为行旅体验的载体，多以移步换景的手法，从起点到终点的观察与感悟，表情达意、抒发情感，描述行旅不同的经历和体验。

随着全球化的开放，"地球村"的人员流动频繁，近现代游记文学数量增多，从晚清到现当代，国内及域外行旅作品层出不穷。例如，朱自清的《桨声灯影里的秦淮河》、曾根俊虎的《北中国纪行》、芥川龙之介的《中国游记》、马可·波罗的《马可·波罗游记》等。

5. 文化散文

文化散文通常以历史人物和重大事件及与之相关的风土人情、民俗民规等为主体，所涉及的均为历史大人物（包括政治家、军事家、革命家、学术家、艺术家等）和历史大事件（包括政治、经济、军事等）。此类文体需要作者具备广博的知识及素材积累，在从事人文或社会科学研究的同时，凸显融会学者的理性思考和个人感性的表达。由于学术性、思辨性较强，文化散文也被称为"学者散文"，显示知识分子关注历史、现实问题和参与文化交流的新趋势。

文化散文的特点是将繁复的文献考证、田野调查实践与个人观点相结合，表达人文解读和对历史的思考。例如，余秋雨的文化散文系列《文化苦旅》《山河之书》等。

【知识延伸】
中国散文的类别与代表作

二、散文的特征

散文是一种较为综合多元的文体，其特征也比较复杂。一般来说，散文具有以下特征。

（一）形式自由，无体为体

梁实秋在《论散文》里说："散文是没有一定的格式的，是最自由的，同时也是最不容易处置，因为一个人的人格思想，在散文里绝无隐饰的可能，提起笔来便把作者的整个的性格纤毫毕现的表示出来。"[1]

法无定法，以无体为体，散文即是如此。散文有看似无形却有形的创作表现形式，仿若"大象无形"，高超的技术化有形于无形中，与文章形成难以割舍的连接。形式的自由度、主题的多元在一定程度上构成了散文的多样性、庞杂性。

1.梁实秋：《梁实秋散文集·第3卷》，长春：时代文艺出版社，2015年，第85—86页。

作家李敬泽的散文集《跑步集》充分体现了这个艺术特点，学者李壮曾具体分析：

看看《跑步集》里包含的文本类型便知：文学演讲、作品序跋、访谈对话、问卷答题、活动致辞、人物印象记……当然，也有传统意义上的文学评论文章，但前述种种"杂类"文本中有很多篇也完全可以作为文学评论文章来读。至于内容，从时代总体经验到个体内心疑难、从文学史话到写作现场、从世界文学大师到国内文坛新秀、从"物"到"人"、从"他"到"我"……兴之所至，几乎无所不包。用作者自己的话来说，这是一本"杂拌儿集"。杂拌儿好吃，但不好定义。直接的后果之一便是难坏了出版社：《跑步集》版权页的分类信息里，一口气列了"世界文学""文学评论""文集"三项，可谓是"无远弗届""有容乃大"了。[1]

自由且自律，散文自由的文体形式决定其不可被模式化的特点，否则有悖于散文的自由精神。而散文在自由创作中清醒地有着极其自律的认知：愈是高超的散文创作，愈会呈现多元化表达，愈是不拘形式的创新和不落俗套的突破，这是优质散文的走向和归宿。

优秀散文通常都有既可散得开、又能收得拢的特性，所谓"形散而神不散"正是文学创作必须要处理好的形神关系。所谓"形"，即是写作中的取材、构思、篇章、结构和语言等方面所呈现的样态；"神"则为散文的中心或主题，即作品所表达的核心观点和价值。"散"意味着敞开防线和禁锢，避免文体陷入单一、僵化的模式。散文之"意"即是"神"，如果没有"意"，散文写作就会变成作者的无意识呓语或琐屑的流水账，读者阅读起来一头雾水，不解其意，即为无意义。

一般情况下，散文家的作品意旨愈深邃，形态的自由形式即会愈丰富，愈会按照艺术自律的内在要求发展，从而指向自我创新的中心点。

---

1. 李壮：《星图般的"言谈"——评李敬泽〈跑步集〉》，《光明日报》2021年12月25日第12版。

（二）真实自然，本色为文

王安忆曾评价散文是"放下虚构的武器，是创作者对自身的纪实"[1]。季羡林一再强调散文写作的精髓在于"真情"。"真"是指散文中的背景、人物、事件、情感的真实性，不能像小说那般纯属虚构的编造，需要有真挚饱满的情感体现。散文的功能之一即充分表情达意。寄景抒情、托物言志、情蕴其中等手法，都是表达真情实感的重要手段。"情"真终要体现在"理"真，即表达世间的真理和法则，这也是散文表达的核心，即"神"。无论是事真、情真还是理真，最终散文创作都要遵循真实自然的规律性。

本色为文，不假雕饰，是散文的重要美学特征，也是写作主体的人格体现。作家将自身的性情、体悟率真地呈现在文本中，能够让读者感知作家的真性情与人格魅力。评论家谢有顺认为："散文最大的敌人就是虚伪和作态。没有了自然、真心、散漫和松弛的话语风度，散文的神髓便已不在。"[2]

例如，史铁生的《我二十一岁那年》：

一位女大夫把我引进10号病室。她贴近我的耳朵轻轻柔柔地问："午饭吃了没？"我说："您说我的病还能好吗？"她笑了笑。记不得她怎样回答了，单记得她说了一句什么之后，父亲的愁眉也略略地舒展。女大夫步履轻盈地走后，我永远留住了一个偏见：女人是最应该当大夫的，白大褂是她们最优雅的服装。[3]

史铁生在青春之季不慎患病，余生只能依靠轮椅行走。《我与地坛》呈现了这段与病痛相关的个体生命体验，其在生病时所承受的身心折磨、对母亲的感念之情以及在逆境中的思考和感悟都是真切自然的。《我二十一岁那年》再次呈现真实的事件、个体的生命体验以及在医院病房中的真实体悟：白大

1.王安忆：《心灵世界——王安忆小说讲稿》，上海：复旦大学出版社，1997年，第361页。
2.谢有顺：《散文是在人间的写作——谈新世纪散文》，《文艺争鸣》2008年第4期，第29—34页。
3.史铁生：《我与地坛》，北京：人民文学出版社，2010年，第23页。

褂是女人最优雅的服装。质朴的文字用本色自然的表达而显得格外有力量，从而能够打动读者。

（三）虚实相生，加工生活

在所有的文学作品中，散文是最容易将人们的日常生活素材、所见所闻、所感所知，加工转换为文学艺术作品的体裁。散文的重要文体特征为"真"，那么，是不是所有的内容都必须进行真实的原貌再现呢？散文创作可否有虚构的成分？

散文会对日常生活做真实呈现或直接反映。但不是所有的生活素材、人物形象、场景事件都可以转换为文学意象，散文的创作需要经过作者有意识地对生活素材进行加工，才能让笔下的内容具有文学性。作者需要在真实的生活素材的基础上加以提取、切割、组合或拼接，提取生活中的典型事件、人物与典型的场景、对话、细节等，采取合理想象、适当拼凑等技术组合嫁接，还可以采用蒙太奇式拼贴、意识流、表现主义、象征主义、科学普及知识等多种综合手法，达到虚实相合、动静相宜的艺术效果。

李敬泽在散文创作中对虚实关系的处理进行了很好的示范。例如，《沉水、龙涎与玫瑰》片段：

由此我们得知蔷薇水是蒸馏提取的，从开封的皇宫要走很远的路才能抵达蔷薇水的故乡——那却不是占城，实际上当初占城使者进贡就已明言，蔷薇水来自"西域"，而这位使者的中文名字是蒲诃散，中古时代的蒲姓多为穆斯林，所以我们还得登上扬帆南归的波斯舶，由马六甲海峡西去。披拂着印度洋上的海风，你越来越清晰地感觉到一种新鲜、生涩的香气——这本来就是一条输送香气的海路，不同种族的人们在这条路上交换他们的嗅觉经验、他们对香的想象和发现。香气越来越浓重，你知道这是蔷薇水的味道，你想象着在远处若隐若现的陆地上流淌着蔷薇紫色的汁液。

于是，你上岸了，船员们会用波斯语告诉你，这里是法尔士，毗邻波斯湾。你看到大片的鲜花在大地上开放，"茎密生锐刺。羽状复叶，小叶5-9片，椭圆形或椭圆状倒卵形，上面有皱纹。夏季开花，花单生，紫红色至白色，芳香。"——即使这时，你可能还不知道，这是玫瑰，不是蔷薇。[1]

这段文字，作者不但考据关于蔷薇植物的自然和人文历史，还关注东西方不同文化的差异，使用科普知识引用、文献考据、想象与思考等虚实结合的表现手法，并将其合理拼贴组合穿插其间，形成陌生化与历史感相结合的艺术张力。

（四）语言个性，风格鲜明

散文是语言的艺术，也是作家展现个人风格和写作理念的标签。张爱玲在写文章的时候喜欢使用色彩浓厚、音韵铿锵的字眼，如珠灰、黄昏、婉妙。而汪曾祺的散文语言则有朴素、平淡、韵味无穷的特点。林语堂用"健、达、雅"概括自己的语言风格。健，即为健朗；达，则是明白晓畅；雅，即文雅，即形成了一种庄谐并用、私房娓语式的闲适笔调，显示出幽默、闲适、性灵文学的气质。热爱自然的阿来自称是"自然之子"，他抱着一种谦卑的姿态描绘山川、河流、草木、花朵，语言呈现本真自然的状态。

散文的语言最能展现作家的创作风格，体现作品的辨识度。1000个作家造就了1000种个性化的表达。作家的作品即是不断对自己的突破挑战及个性化风格形成的过程。司空图在《二十四诗品》中将诗人的语言风格、境界归为二十四类：雄浑、冲淡、纤秾、沉著、高古、典雅、洗炼、劲健、绮丽、自然、含蓄、豪放、精神、缜密、疏野、清奇、委曲、实境、悲慨、形容、超诣、飘逸、旷达、流动。这些不同的风格同样也适用于散文写作。

不同语言的主导形成不同的风格。在"兼有小说细密平实与诗歌疏朗错落"的风格间，与"客观性实写与主观性虚写有机融合"的审美特征制约下，散文的语言呈现以下四种表达方式。

1.刘会军、马明博主编：《散文的可能性：关于散文写作的10个提问及回答》，北京：人民文学出版社，2006年，第134—135页。

1. 以客观实写描述为主导

采用实词实句对散文意象的特征进行真实、客观的描述，较少使用修辞手法，文风质朴，文字洗练，只用一些具象的所见、所闻、所触、所感，及有色彩、有声响的实词，描述散文意象，突出文字的质感，营造写实的画面感。如巴金、周国平等人的散文，语言朴拙平实，不做作，无伪饰，宛若清水出芙蓉，语言本真自然，呈现出哲思的气质和内涵力量。

2. 以主观感觉化描述为主导

常使用丰富的修辞手法是此类散文的最大特征，突出、强调、渲染作者的主观感受，通过情感表达意象。常见的修辞手法有比喻、拟人、通感、夸张、寄情、借代等手法，强调打开感官，呈现眼耳鼻舌身意、七觉、五感的丰富感受，用细腻、生动、辞藻丰富的文字，展现作者独特的情感变化和生命体验。例如，朱自清在《荷塘月色》当中就是以主观感觉化描述为主导完成作品的。文中通过使用比喻、拟人、通感等丰富的修辞手法对荷塘进行细腻的描绘，使读者仿佛置身其中，也感受到作者的情感变化和生命体验。

3. 以说理与思辨为主导

说理与思辨是中国古代散文到当下散文中常见的内容。文辞哲思不仅需要严谨的思辨逻辑，还需要浑厚的思想体系作为支撑，并非只对某个观点的简单贩卖。如果要写谈论中国文化的文章，需要写作者有文化背景或学养支撑，并对中国古典道家的自然之道、儒家的人伦之道、佛家的明心见性等知识体系有所了解，需要扎实的理论基础，涉猎广泛的阅读积累，更重要的是作者的洞见与思考，行文带有哲思意韵。如果要以说理与思辨为主导写当下社会议题的散文，不妨阅读王小波的散文集《沉默的大多数》，书中充满了他独特的幽默和辛辣的讽刺，但同时也饱含深刻的哲学思考和理性分析。王小波在散文里通过对社会现象的观察和批判，展现了他对个体与社会、自由与权威等问题的深刻思考。

4. 以叙述为主导

由于散文的边界被创作者大胆拓宽，新生代散文的叙事改变了过去一事一议、封闭性、同一性的模式，从过去抒情为主的模式变为以叙述为主，散文的叙述张力、节奏变化、语辞讲究已经成为散文作家的写作策略。借鉴西方小说"意识流"等叙述方式，不再按时间、空间、事件发展的逻辑顺序，让时空交错，过去、现在与未来重叠，注重现实与幻觉、描写与议论，多重并举、相互杂糅。例如，史铁生在《我与地坛》中以自身与地坛的亲密关系为主线，通过叙述的方式展现了作者对生活的感悟和对人生的思考。散文中的叙述方式灵活多变，既有对地坛历史的叙述，也有对作者个人经历的叙述，时空交错，情感丰富。

【知识延伸】诗歌、散文、小说的语言风格对比呈现

第二节　散文写作的思维训练与创作方法

散文入手容易，写好难。如何写出高质量的散文？本节将总结散文写作中常见的思维训练和写作方法。

一、散文写作的思维训练

散文写作的思维训练，不仅仅是关于写作的技巧和步骤，更多的是关于如何培养和提升我们的思维能力。以下是一些从散文写作本身出发的思维训练方法。

（一）观察思维训练

细节是深藏在文章中的灵光展现，也是一个成熟作家的标志。特殊的细节如同写作者的胎记，会成为作品引人注目的焦点。观察思维训练是散文写作前最为基础的训练。它要求创作者以开放的心态发现生活中的种种细节，从而挖掘出写作的灵感和素材。怎样进行观察思维训练呢？首先，可以在日常生活中学会细致观察。例如，当自己在公园散步时，可以观察树叶的形状和颜色，观察鸟儿的飞翔和鸣叫，观察人们的行为和表情。这种细致观察可以锻炼人的直观形象思维，发现生活中最外在的美。其次是学会深度观察。例如，当看到一个老人在公园里喂鸽子时，可以观察他的动作、表情、眼神，然后想象他的生活、情感、故事。这种深度观察可以帮助创作者认识事物、人物间的差异性和独特性。再者，在观察世界时，要尽量多角度观察。例如，当看到一个垃圾桶时，可以从不同的角度去观察它，除了它自身的外形，还要注意它的位置、使用情况、与它产生关联的人员等。然后从这些观察中找到写作的角度，如垃圾桶可能象征着社会的底层、被人忽视的力量，垃圾象征着被人错放或抛弃的事物等，之后再进行写作。

例如，刘亮程《春天的步调》：

发现那棵西瓜时，它已扯了一米来长的秧，根上结了拳头大的一个瓜蛋，梢上还挂着指头大的两个小瓜蛋。我想是去年秋天挖柴的人在这儿吃西瓜吐的籽。正好这儿连根挖掉一棵红柳，土虚虚的，很肥沃，还有根挖走后留下的一个小蓄水坑，西瓜便长了起来。

那时候雨水盈足，荒野上常能看见野生的五谷作物：牛吃进肚子没消化掉又排出的整粒苞米，鸟飞过时一松嘴丢进土里的麦粒、油菜籽，鼠洞遭毁后埋下的稻米、葵花……都会在春天发芽生长起来。但都长不了多高又被牲畜、野动物啃掉。[1]

作家观察着自己熟悉的土地，运用细节描写，细腻生动地描写了春天大地上的一草一木。由于观察细致，哪怕是用白描的手法，也能让文字充满生机与诗意，让春天在一系列微小的事物中诞生，表现作家对春天的热爱之情，以及对生命在时间中循环往复的思考。

1.刘亮程：《风中的院门》，济南：山东文艺出版社，2020年，第11页。

（二）联想思维训练

联想思维训练是散文写作中一个展开发散性思维的环节。它要求创作者将观察到的事物进行深入的思考和联想，从而得出更深层次的含义和理解。具体的联想思维训练方法有这些：可以进行物象联想，例如，当看到一片落叶时，可以联想到秋天的到来，生命的轮回，时间的流逝等，这种物象联想可以帮助人找到写作的主题，也可以提供丰富的写作素材；也可以进行情感联想，例如，当看到一个孩子在公园里玩耍时，可以联想到童年的快乐，无忧无虑的日子，成长的痛苦等，这种情感联想可以帮助我们理解人性；在观察世界时，还可以进行历史联想，例如，当看到一个古老的建筑时，可以联想到它的历史，它的故事，它的变迁等，这种历史联想可以帮助我们理解历史。除了这些，还可以多通过画思维导图来发散思维，再对自己联想到的事物进行分门别类，保存联想的痕迹。

例如，李娟《一匹马的忧伤》：

一阵喝彩声打断了我的回忆，睁开眼睛，眼睛和心灵都已濡湿。眼前的那匹马被牵上了场，它的背上驮着三个人和一张桌子，做着各种各样的表演。在掌声弥漫里，我的心却沉沉地载满了伤感，不知为记忆，还是为了这匹马的命运。如果它生在乡下，虽然劳累，却能亲近土地，亲近自由，可以在长风浩荡里，让蹄声敲碎满地的夕阳，胜过今日的技巧，或耻辱。

在别人的笑声和掌声里，而我，却分明看见了那匹马的战栗，它的眼角，渗出大颗的泪，晶莹中映出这个世界的扭曲与无奈。最后看了一眼那匹马，我推开人群离去，脚步和心情一样沉重。[1]

作者看到马在众人面前的表演，联想到马的命运，以及马在乡下自由的生活，而不免感到伤心；通过马的战栗和泪水，联想到这个世界的扭曲与无

1.李娟：《一匹马的忧伤》，《意林》2020年第4期，第28页。

奈；把具体的马的情感抽象化，使之成为对整个世界状态的隐喻。作者李娟运用一系列的联想思维使得作品饱满而生动，也从中流淌出自己丰富的思考能力与对万物的悲悯之情。

（三）创新思维训练

在散文写作中，创新思维训练可以让人摆脱以往模式化写作的桎梏，跳脱出写作模板，让文本焕发出活力，让读者眼前一亮。具体的创新思维训练方法有这些：可以进行主题创新，例如，可以使用思维导图来列出所有可能的写作主题，然后避开常规、老套的主题，找到新的主题并具体展开该主题下的内容；再进行角度创新，例如，可以尝试从个人与他者、社会、历史等不同的角度来看待一个主题，也可以以逆向思考的角度进行，然后选择最有创新性的角度来写作；在写作过程中也要注意方法创新，例如，使用多种不同的修辞方法，尤其是通感、象征等这些一般人比较少用的修辞技巧；也可以使用区别传统散文的结构形式，融入小说、戏剧、田野调查、访谈录等文本结构，来打破常规的散文写作方法，找到新的写作方法。

例如，创作一篇以乡村为主题的散文，可以参照梁鸿的《中国在梁庄》，创作思维图如图5.1。

从下述思维导图中可以看到，作者突破了以往乡土散文写作的范式，选择在文学表达的同时融入社会学与人类学的视角，将乡村的人、事、物通过一个个问题细致展现出来，描绘出当下中国乡村的现状，也表达着作者自身复杂的感情。在作品中，散文、田野调查、访谈等多种文体互相穿插，也给人带来了特别的阅读体验。

当然，下图仅作为参考，每个创作者可以在创作前根据个人情况绘制自己文章的思维导图，并设置、展开思维导图中的各项内容。

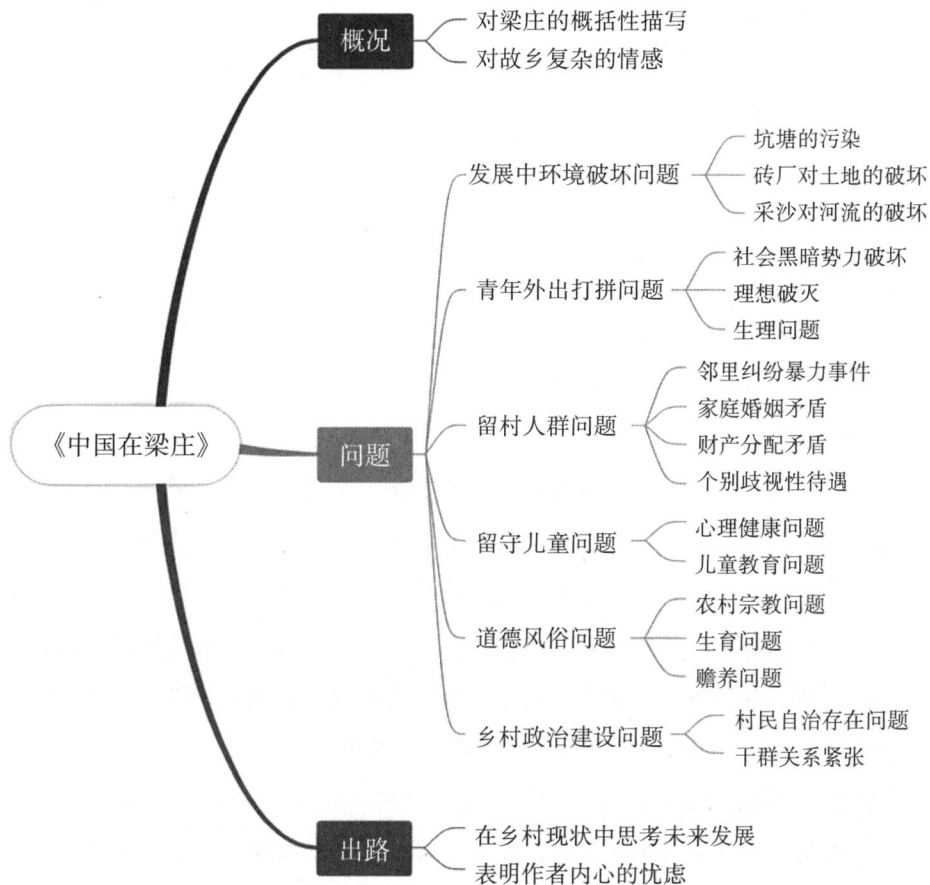

图5.1　《中国在梁庄》思维导图

二、散文写作中常用的方法

（一）合拢法

在散文写作当中，合拢法是一种通过一定的设计将素材、情感、人物、事件等在文章结尾进行总结和收束，合拢一体，为主题服务的写作方法。使用这种方法，可以有效避免散文因形式自由、松散带来偏题、离题的问题，让读者对文章表达的意涵有一个清晰的认识，同时也将增强文章的感染力和艺术效果。

在创作中要使用合拢法，需要作者在构思与写作过程中精心设计和巧妙安排，可以通过如下步骤进行操作：

1. 明确主题

在写作之前，作者应该明确散文的主题，这将有助于确定文章的起承转合，以及最终的合拢点。主题是文章的灵魂，所有的材料和情节都应围绕主题展开。线索是作者组织素材、创作构思一部完整作品的思路，将个体已知经验、情感、文献资料、采访的内容及全部写作材料，有机地串联整合在一起，形成一部有特色的文章。线索一般分为明线（显性）和暗线（隐性）两类，同时根据篇幅长短也可分为单线索和多线索。

2. 设置悬念或伏笔

在文章的开头或中间部分，作者可以设置悬念或埋下伏笔，为后文的合拢做好铺垫。这些悬念或伏笔可以是某个情节、某个意象或者某个问题，它们将在文章的结尾得到解答或呼应。

3. 发展情节或情感

在文章的主体部分，作者应该充分发展情节或情感，通过细节描写、情感渲染或逻辑论证，使读者对文章的主题有深入的理解和感受。

4. 自然过渡

在接近结尾的部分，作者需要巧妙地过渡，将文章的情节或情感引导向合拢点。过渡应该是自然的，不露痕迹，使读者在阅读过程中不会感到突兀。

5. 合理合拢

在文章的结尾，作者应该以一种合理、恰当的方式将文章的主题、情感或情节进行总结和收束。合拢可以是直接的，也可以是含蓄的，可以是情节得到圆满解决，也可以是情感上的深刻反思。

6. 留白与回味

不要把散文结尾写得太满，让人产生臃肿的感觉。在末尾合拢之后，可以适当留白，给读者留下想象和回味的空间。这样的结尾也能让文章深入人心，让人久久不能忘怀。

例如，要写一篇主题为"时间的流逝"的散文，来探讨时间对人与物的影响。可以在文章开头设置悬念或伏笔，描述一个古老的钟表，它的时针已经停止了，但每天仍然准时响起报时的声音。这个悬念激发了读者的好奇心，想要知道这个钟表的背后故事；接着，在文章的主体部分发展情节、展示情感，讲述钟表的历史，它见证了一家人的悲欢离合，以及随着时间的流逝，家庭成员的变化和离去；在接近结尾的部分，描述钟表修理的过程，以及修理师傅对钟表的感慨，这为文章的合拢做了自然的过渡；在文章的结尾合理合拢，回到现实，描述修理好的钟表重新开始走动，象征着时间和生活的继续以及对人的无情。总结文章的主题，表达对时间流逝的感慨；在合拢之后记得留白与回味，不要直接点明所有的感慨，而是通过描述钟表日复一日的嘀嗒声，让读者自己去体会时间的意义，留下无穷的回味。

（二）结构法

散文的结构与形式一样灵活多样、不受限制、姿态各异，是形与骨的关系。优质的散文追求自然天成的艺术效果，不过散文的形式无论如何松散无形，但其结构必须散中有序，结构是支撑形散而神不散的骨架。在现代散文中，文体常常表现为既有时间、空间顺序的外线结构，又有思想感情贯穿的内线结构，相互交叠，虚实相映。

散文结构形式的多样性，主要有以下五种结构：

1. 线性结构法

线性结构是最常见的散文结构，它按照时间顺序或事件发展的逻辑来组织材料。这种结构清晰、条理分明的文章，便于读者理解。例如，在朱自清的《背影》一文中，作者按照时间顺序，讲述了自己与父亲分别的情景，通过叙述展现了中国式父爱的深沉；在另一篇散文《荷塘月色》当中，作者则是以夜晚出门散步这件事为线索，线性地描绘了行走途中所见的美景和作者的内心感受。

2. 蒙太奇结构法

蒙太奇结构来源于电影艺术，它通过不同时间、空间的片段剪辑，创造出一种非线性的叙事效果。这种结构常用于表现复杂的情感或抽象的主题。例如，周晓枫在《你的身体是个仙境》和《桃花烧》中采用跳跃式的叙述，在场景画面的基础上，以蒙太奇式的时空推移和转换角度的方式，打破了事件与事件的连续性，构成独特的结构模式。

3. 心理结构法

心理结构侧重于表现人物的内心情感世界，通过人物的心理活动、内心独白来写作。例如，史铁生的《我与地坛》和巴金的《怀念萧珊》，即是根据作者生病时的心理活动及情绪情感变化而写。

4. 画面结构法

画面结构侧重于通过生动的画面描写来传达情感和意境，它往往不依赖于传统的叙述顺序，而是通过画面的切换来推进故事。例如，高建群在《西地平线上》一文中，分别截取在定西高原、罗布淖尔荒原和阿勒泰草原的三次日落情景，展现"雄伟的风景"和"世间有大美"之主题，打破了时空的限制和事件发展的先后顺序，创造出富有立体感的多层面的审美空间。

5. "开放辐射型"结构法

"开放辐射型"结构没有一个固定的线索或顺序，而是以一个中心点出发，向四周辐射展开，形成多个并列或交织的叙述线，最终呈现出一种以层层意象叠加并置的结构方式。例如，庞培的《乡村肖像》描写了乡村教堂、

40多岁的女牧师、生了铁锈的大门、小学堂、地面凸凹不平的白铁店、拉二胡的瞎子、乌篷船、旧桥、茶馆、糖果厂、农村公共汽车、乡村的夜等物象或人物，均以生活场景的自然呈现形式展开。

当然，散文结构形态多种多样，不断被新的创作者探索、研究、展现，也在其中融入了各种文体结构，使当代散文写作充满新的面貌与活力。

（三）语言锻造法

散文是语言的艺术，也是作家展现个人风格和写作理念的标签。当代散文作家的艺术探索多是从语言的革新开启。好的语言不单只是连贯、通顺的表达，还需要展现出作者良好的语感，好的散文语言需要作者开掘拓宽语言的新义，在文章中使用富于新鲜的活力与弹性、奇妙而新颖的字词句组合；应带有陌生化的异质、个性化的展现，有创造性、个人鲜明标签；同时又浑然天成，充满特别的情感和趣味，将语言的内在联系起来以合成新型的语态；以自由、新鲜的表达实现词语的解放和本质回归。

那么，怎样锻造好语言，形成个人独特风格？有以下三种方法与技巧：

1. 使用修辞手法

（1）运用通感

写作中打开感官，即打开人的眼、耳、鼻、口、手的五感。启动七觉：视觉、听觉、嗅觉、感觉、味觉、知觉和触觉。在文字中采用七觉五感中共同的连接点，可形成视、听、音、画相结合的艺术效果。

例如，迟子建《寒冷也是一种温暖》：

在北方，一年的开始和结束都是在寒冷时刻，让人觉得新年是打着响亮的喷嚏登场的，又是带着受了风寒的咳嗽声离去的。但在这喷嚏和咳嗽声之间，还是夹杂着春风温柔的吟唱，夹杂着夏雨滋润万物的淅沥之音和秋日田野上农人们收获的笑声。[1]

1.迟子建：《原来姹紫嫣红开遍》，杭州：浙江文艺出版社，2016年，第48页。

将新年以拟人的方式亮相或离开，"打着响亮的喷嚏"和"带着受了风寒的咳嗽声"，用声音制造形象和画面感。同时还伴有其他不同声部的音响："春风"是温柔的吟唱，夏雨的淅沥沥的声响，秋日农人的笑声，以声音呈现不同的画面，即为音画同声之效。

（2）使用象征与隐喻

象征与隐喻是散文作品中最常见的现代表现手法，在叙述语言跳跃式的动感形式中蕴藏着深刻的意蕴。象征通常是指用一个具体的事物来代表一个抽象的概念、主题、观点、情感或深层的意义。例如，白鸽象征和平，种子象征希望。隐喻是通过把一个事物描述成另一个通常与之无直接关联的事物，来形成一种隐晦的比喻。多数时候是将抽象或难以描述的概念具象化。例如，爱情是一杯美酒，他的生活是一潭死水。

二者区别在于隐喻通常是一种直接的比较，而象征则更加含蓄，它有时候不直接说明所代表的意义，而是通过上下文和整个作品的氛围来传达。隐喻更多用于修辞，通过比较来增强语言的形象性和感染力；而象征更多用于构建主题和深层的意义，它是作品意义结构的一部分。

在众多散文作品中，隐喻和象征往往是交织使用的，通过这些手法，作者能够传达更多复杂和深层的意义，以增强文本的表现力和感染力。例如，茅盾在散文《白杨礼赞》中所描写的"白杨"，既是对抗战时期坚强不屈的北方农民、保家卫国的哨兵的隐喻，又象征了中华民族朴质、坚强、力求上进的精神。

（3）多种修辞手法并用

在散文写作中，有比喻、拟人、排比、对比、重复、夸张等常见的修辞手法，也有通感、象征、设问、反问、反讽等容易被忽略的修辞手法。没有多少作家只在自己散文中使用一种修辞手法的，多种修辞手法并用，是语言表达呈现出一定美感必要的手段。当通过修辞的手法将话语进行反常搭配，从而形成变异化语言，即变异修辞。变异修辞和普通修辞的区别在于语言变异所呈现的陌生化和新鲜感。

例如，李修文《万里江山如是》：

真是美啊。弥天大雾暂时还没有消散的迹象，但这就是甘蔗林该有的模样。甘蔗们明明都在，雾气却又护卫和隔离着它们，就好像，它们所在的地方，是仙草所在的地方，也是传国玉玺所在的地方，你非得要用血肉、苦行和征战才能触及它的一丝半点。真是美啊：天上飘起了雨丝，雨丝淋湿了甘蔗，甘蔗林里便散发出了巨大的香气。这香气，绝非只是咬破甘蔗之后汁液喷溅出来的香气，麦苗的香气，婴孩的香气，桃花被风吹散的香气，生米被煮成熟饭的香气，它们全都来了。甘蔗林的香气，即是这世上的一切香气。在香气里，在雾气里，近一点，再近一点，盯着离我最近的一根甘蔗去看。蔗干精悍，一节一节的，节节都饱满得像是紧握起来的拳头；蔗叶修长，它们先是像剑，垂下来之后，却像是顺从和驯服的心；从下往上看，整根甘蔗都被雨丝和雾气沁湿了，就好像，为了胜利，年轻的战士淌下过热泪，又掩藏了热泪。[1]

此文通过比喻和拟人等多种修辞手法并用，用参差交错的节奏感的语言，呈现了甘蔗林散发的独特气息、质感、形与神之态势，用甘蔗汁喷溅的香、麦香、桃花被风吹散的香、米饭的香等具象的生活化气味，形容甘蔗林盛大而丰富的气息，将雨雾后甘蔗林上的露水比作战士淌下又隐藏的热泪，这种不常见的词语搭配组合应用，构成了语言的新鲜感。

2. 借鉴意识流、蒙太奇等手法

散文借鉴西方现代艺术技巧及电影艺术表现手段构建实验文本，通过梦幻、呓语、潜意识等因素，巧妙使用蒙太奇的剪辑手法，营构大量迷宫式的意象，形成具有超现实色彩的文本。

例如，张锐锋《古战场》：

公元前四世纪的道路是狭窄的，它可能使一切事物在道路上相遇。正是

1.李修文：《致江东父老》，长沙：湖南文艺出版社，2019年，第51页。

这一点，使庄子在凝视前方时，发现了一只骷髅。庄子勒住骏马，宝鞍向后倾斜。那一刻，世界如此之轻，他所能踩住的只有一双金属打制的马镫。[1]

第一句即将读者引向时空倒置的古代道路，在回溯古战场时，将历史人物用动态营造了一幅幅跳跃的戏剧性的画面：道路、骷髅、骏马、世界、金属、马镫。这些名词聚合了丰富的意象，形成过去和历史强烈的在场感的交融，似梦似幻，亦真亦假，具有超现实色彩的艺术效果。

3. 运用语言营造画面感

（1）使用色彩词汇

散文的语言色彩性体现在作家力求用语言的描摹，经由想象力构成一幅有视觉冲击力的画面。要学会在散文中采用或浓或淡、或冷或暖的色彩，与情感交融，呈现鲜明的画面感，抒发自己的审美情感，即情彩结合。语言色彩的调和、对比及两者的互补与统一，是散文作者常用的语言艺术表现手法。

例如，周涛的《博尔塔拉冬天的惶惑》：

所有的树都匍匐着，紧贴地面顺着风势往前长。粗壮的树干像一根烧红拧弯的铁棍子，在离开地面半米的距离兀然折向一方，与地面平行，铺展开扁平的枝条。有些像孔雀开屏还没开直的样子，但是更像太和殿白玉石阶下一片跪拜叩首的清廷众臣。

这些扭曲的树，这些适应环境的树，从小就扭了，它们习惯了顺从和跪拜风势，忘记了天空。

天空成了一块洗得发白的干净的旧衣服，上面隐隐留下几道浅白的印痕——那是风在拧干它时留下的折迹。[2]

这段散文的语言色彩非常丰富，既有对自然景象的真实描绘，又有对生

---

1. 张锐锋：《复仇的讲述》，北京：东方出版社，2014年，第28页。
2. 袁鹰、吴泰昌编：《鲁迅文学奖获奖作品丛书：散文（上卷）》，北京：华文出版社，1998年，第206页。

命力和尊严的隐喻，让人感受到作者内心情绪的参照和映射。在词汇色彩上，这段散文选择了很明显表达外在色彩的词汇，如"烧红""白玉""发白""浅白"等词，表现出强烈的视觉效果；在情感色彩上，文章通过一系列的比喻和象征，比如"孔雀开屏还没开直的样子""跪拜叩首的清廷众臣"等，描摹从小适应环境而扭曲的树，象征那些失去尊严、习惯顺从和跪拜的群体，营造出一种悲凉底色的语境，传达出作者对自然和生命的深深感慨，使得文章表达的主题更加深刻，也让读者在感受到文中世界的同时，也能思考人与自然的关系以及生命的意义。

（2）聚焦瞬间光源

印象主义主张在瞬息万变的阳光变化中捕捉特定的物体形式，描绘刹那间打动心灵的瞬间感觉，主要强调光源对物体的影响，将真实绚烂的色彩呈现在人们面前。不妨在散文中也学会这样的技巧，聚焦到某一刻的场景、事件，写出那个瞬间的一切，包括景物、情感、意识等方面。

例如，阿来的《声音》：

刀口一样轻薄的寒意！

当我从军马场招待所床上醒来，看见若尔盖草原的金色阳光投射到墙上时，立即感到了这轻薄的寒意。

阳光是那么温暖金黄，新鲜清冽的寒意仍然阵阵袭来。这寒意来自草原深处那些即将封冻的沼泽，来自清凉漫漶的黄河，但这只是整个十月的寒意。眼下的这种轻寒更多来自落在草族们身上的白霜。

从黄河两岸平旷的滩涂与沼泽，到禅坐无言的浑圆丘岗，都满披着走遍四方的草。都是在风中，一直滚动翻沸到天边的草。[1]

作者借鉴绘画中印象派对光源的感受，捕捉若尔盖草原瞬间印象的画面感及内心敏感的感受。金色的阳光投射在墙上，轻薄的寒意，来自封冻的沼

1.史小溪主编：《中国西部散文精选：第3卷》，兰州：甘肃人民美术出版社，2011年，第45页。

泽、河流，十月及草上的白霜，光影瞬间的变化与感知觉相互映衬投射，形成了极强的画面语言。而作者带着些许悠然、豪迈的情感也从对这些风景的书写中流露出来。

（四）提取拼凑法

叙事散文带有小说特征，主要是因为离不开人物和事件，这些元素是叙事散文写作中重要的推动力。但如何能够让过于扁平、普通的人物和事件进入散文当中而显出新的生命力，需要作者从生活中提取拼凑，在大部分非虚构叙述中融入少量虚构的色彩，使人物和事件鲜活、丰满。

下面提供人物和事件两方面的具体操作方法：

1. 人物的提取拼凑

（1）特征提取

从现实生活中选取具有代表性的人物，提取他们的典型特征，如外貌、性格、习惯、语言等，然后将这些特征进行重新组合，塑造出新的散文人物形象。

（2）经历融合

将不同人物的经历、故事进行筛选和融合，创造出全新的散文人物。这种人物可能具有多重性格和复杂经历，使散文内容更加丰富和立体。

（3）情感移植

散文中，除了作者自身抒发情感，也可将作者的情感体验移植到散文人物身上，让人物的情感与作者的情感相融合，来深化文章的主题、思想以及情感上的感染力。

例如，要写一篇关于"孤独"主题的散文。可以从生活中不同的人物身上提取孤独的特征，比如一个在夜晚独自摆摊的街头小贩、一个在图书馆角落里默默看书的学生、一个坐在公园长椅上独自吃午餐的上班族。将这些特征拼凑在一起，创造一个孤独的人物形象，他在散文中是作者的一个朋友，会在夜晚工作，喜欢阅读，习惯独自用餐，这个形象成为了探讨孤独主题的一个焦点。作者再从自己的经历中提取出孤独的情感，或是将曾经在生活里、电影中、书籍上感受到的类似情感移植到这个虚构的朋友身上，这个人物就成为了作者表达孤独主题和探讨其意义的媒介。

2. 事件的提取拼凑

（1）真实事件改编

从现实生活中选取具有意义的事件，进行艺术加工和改编，使其更加符合散文的主题和情感表达。

（2）虚构事件创造

根据散文的主题和情感需求，创造虚构的事件，与现实生活中的真实事件相结合，形成独特的散文情节。

（3）多角度叙述

对同一事件，从不同人物的角度进行叙述，展现事件的多面性和复杂性，增加散文的深度和层次。

例如，要写一篇关于"友情经历"的散文，作者可以从不同的真实事件中提取元素来构建一篇散文。可以从作者的童年记忆中提取一个和朋友一起玩耍的场景，从作者的学生时代提取一个和朋友一起学习的经历，从作者的成年生活中提取一个和朋友一起面对困难的故事。将这些事件的元素拼凑在一起，来创作一篇记录友情的散文，它包含了在童年、学习经历和成年生活中友情的不同面貌，从而反映作者与他人在不同时光中的成长。

通过对现实生活中的人物和事件进行艺术性的拼凑和重组，可以创造出既具有现实基础又具有艺术加工的散文内容。这样的散文既能够引起读者的共鸣，又能够提供独特的文学体验。但在运用提取拼凑法时，要注意保持散文的整体感和统一性，避免人物和事件的拼凑显得生硬和不协调。同时，要注重散文的情感表达和艺术效果，使人物和事件能够有机地融合在一起，共同服务于散文的主题与思想。

第三节　过程写作实训：一篇散文的诞生

散文创作的过程，先回归到本真的出发点，是建立在内心生发的灵感上，自己对世界有话想说，然后将这些内容以文字的方式输出。创作者不妨将这个过程作为一次心灵的深度探索和旅行。这种旅行并非简单地从一点到另一点的线性移动，而是一种深层的、多维的和富有内涵的对这世界的体验。它要求创作者深入到生活的核心，从自我到他者，跨过时间、空间，观察那些常被忽视的细节，感受人与世界的种种层面，然后用文字表达自己的感受和思考。这种表达既可以是直抒胸臆的，也可以是缘物写情、借物论理的，既可以是理性的，也可以是感性的。但无论怎样，这都需要创作者按照一定的机制输出，需要在题材、语言、细节、结构、思想等方面去思考和设计，来写出一篇漂亮的散文。

一、散文写作步骤

散文写作可以从以下六个步骤进行。

（一）寻找灵感

灵感常是灵光一现，虽有偶然性，但也可以找寻到，需要从创作者个人经历出发，思考自己的成长过程、特别的时刻、重要的转折点；或是在日常生活中寻找，如一次散步、一次偶遇、一次交谈或一次旅行等；或者多关注社会现象，留心社会事件、文化趋势或当前的热点问题；当然，也可以在阅读书籍和观影过程中获得灵感。方式有很多，里面都藏着写作的种子，等待创作者去发现，去挖掘。

（二）确定主题

在灵感到来后，要开始收集相关素材。积累越多素材对自己帮助也越大。可以从中整理、归纳，确定自己的散文主题。一篇散文的主题可以是一个，也可以是相关的几个，但建议主题不宜过多，会破坏散文的整体性。这些主题应该体现出创作者对这个世界的独特观察与思考，有想要通过散文表达出来的思想和情感，可作为写作的目的。当然，创作者也可以考虑自己的目标读者，思考在这些素材中，他们期待有哪些主题。

（三）构思内容

确定了主题后，需要对散文进行初步的构思。可以创建一个简单的大纲来组织自己的思路。大纲可以作为散文最初的结构，包括开头、主体段落和结尾的大概内容设计。每个部分都应该围绕主题展开，避免偏题、离题。要从素材中挑选相关主题的具体事例放进散文里，同时思考如何处理这些事例，哪些展开，哪些略写，来吸引读者的注意力，并给他们留下深刻印象。

（四）动笔写作

在大纲的指导下，可以正式开始写作。在散文写作的过程中，要多注意描绘细节，通过感官功能详细描述外在的环境，也可以在散文中塑造人物角色，加入人物的外貌、动作、对话交流等，让文本变得丰富、鲜活，具有生活气息和文本张力，也让读者身临其境；语言上要多运用修辞手法，如比喻、拟人、夸张等，增强语言的表现力；学会在散文中展现内心世界，可以通过作者的内心独白、思考等方式，让观众了解作者的情感，这些情感最好能有波动、递进的变化，呈现出作者情感的深度和复杂性。做到这些，能够很好地提升散文的文学性和美感，同时也能够准确地表达作者的思想和情感，让自己写下的文本散发出散文本身的魅力。

（五）修改及润色

完成初稿后，需要对自己的散文进行反复修改和润色。可以先从语言、结构、情感表达等方面进行修改，尽量使笔下的散文符合自己期待的模样。在修改的过程中，可以邀请他人帮忙审阅，他们或许会看到创作者不易察觉到的错误，也会给创作者一些建议，这些建议有时会给创作者带来新的启发。当创作者觉得自己的散文即将完成的时候，别忽略最后的润色。这个环节主要是对散文的语言进行更细致的打磨，使整篇散文在语言上更加精练、生动。

（六）分享及发表

可以选择将写好的散文分享给朋友、家人或者写作小组，同时请他们提供反馈，再与他们交流自己的想法，这样可以不断提升创作者的写作能力。如果对自己的散文足够满意，这时别忘记投稿、发表，让写出的散文实现更多的意义和价值。发表平台可以选择期刊杂志、文学网站或是社交媒体，当然也可以选择参赛，与别人的文章同台竞技，等待评审结果。发表或参赛前，需要了解各个平台或赛事的稿件风格及要求，例如是要求严肃文学风格、青春文学风格，还是大众文摘风格，对主题和字数是否有要求等，确保自己的散文能够符合要求，避免胡乱投稿浪费精力或是一稿多投带来麻烦。在投稿时，可以附上一份简短的作者简介或作品简介。这些信息会帮助编辑、评审更好地认识作者或者理解作者的作品。如果要求投稿者隐去相关信息，则可以忽略这点。

总而言之，散文的创作并不简单，它是执笔者走往内心，也走向世界的一个过程，需要深入生活，观察生活中的细微之处，然后用文字表达所感、所思。在这个过程中，创作者不仅仅能在写作上得到各种技艺的锤炼，也会发现自己学习、反思、与人沟通的能力都得到了一定的提升，这也是塑造、完善自我人格的一个过程，努力使自己做到"文如其人"。当然，最后无论写下的散文是否得到广大读者的认可，最重要的是，创作者已经通过这个过程更深入地了解自己和世界，这本身就是写作带来的一种收获。

二、散文创作过程

下面以散文《脸》¹的创作过程为例，谈一谈一篇散文是如何从无到有的。

1. 灵感来源：作者是如何获得灵感的？

疫情期间，作者开始进行线上图书直播，这是作者个人前所未有的经历。直播需要化妆，这使他开始面对自己的脸。人们的日常生活也在疫情带来的日子里发生巨大变化，戴口罩和视频交流成为常态，这为作者思考自己的脸和别人的脸在不同情境下的意义提供了机会。引发了他对表象与实质、

【散文范例】
潘云贵《脸》

真实和虚拟的思考，以及传统的性别角色、身份认同和审美观念如何影响个人的自我认知和社会互动。散文中提到的各种人群，他们的故事反映了社会对"脸"的多元理解和价值观念。这些方面共同构成了散文《脸》的创作灵感来源，为散文的主题和叙事提供了丰富的素材和深刻的思考。

2. 选材策略：文中采用了什么素材、题材？

作者选择了疫情期间这一特殊时期作为背景，这是一个全球性的重大事件，几乎影响了每个人的生活。在这个背景下，人们生活的方式、对外貌的关注、与社会的互动等都与以往不同，这为散文提供了丰富的素材、题材。作者通过直播前去形象设计店化妆的经历，探讨了更深层次的社会心理，展现了不同人群对"脸"的态度和看法。这些角色包括作者自己、姐姐、化妆师、形象设计店的顾客等，他们各自的经历和观点为散文提供了众多视角。散文中的故事和人物虽然经过艺术加工，但都源自作者的亲身经历和观察。这种真实性使得散文更具感染力和说服力。

---

1. 潘云贵：《脸》，载云鲸航著《烟火温柔，人间雪白》，北京：中国友谊出版公司，2021年，第210页—226页。

3. 主题设定：文中用到了哪些主题？

作者在文中通过探讨"脸"的多重含义，包括身份、年龄焦虑、他人目光和社会审美等，展现了"脸"在当下语境中的重要性和复杂性。在这个意象下面，可以先感受到"个人成长"的主题，散文通过作者的亲身经历，探讨了个人对"脸"的认知、自我认同和成长的过程；其次是"当下与传统流变"的主题，文中提到了不同人群对"脸"的态度和处理方式，其中有传统的认知，也有新潮的理解，反映了社会对"脸"的多元理解和价值观念，也使读者对当前社会的审美观念产生思考；同时文章也探讨了"表象与实质"的主题。在当下，人们都逐渐习惯通过屏幕交流，网络时代下虚拟与真实的边界，人与世界的关系，都值得去探索。这些主题设定使《脸》这篇散文具有了十分深刻的内涵和现实意义。

4. 思想感情：作者如何在这篇散文中体现？

作者在文中对"脸"这个意象进行了多维度的思考：对当下语境中的"表象与实质""真实与虚拟"进行认知，不仅关注外在表象，也深入探讨了背后的身份认同、社会地位、性别角色等多重内涵，也捕捉到网络时代中人的异化问题；传统在当下受到的冲击也是作者所要思考与表现的部分，形成了文中潜在的矛盾、对立和冲突；在对人的情感表现上，作者在文中先是展现个人情感的变化，如对"脸"从忽视到关注、对化妆从抵触到尝试、对化妆师从陌生到理解等。其次也展现出对社会群体的关怀，通过化妆师之口提到各种顾客，如因意外毁容的女生、想漂白身体的男生、生活压力大的职场女性等，他们对外貌的焦虑、对认同的渴望、对衰老的恐惧等被一一描写出来，作者对他们表达了同情和理解，使文章具有深刻的人文关怀，也使读者感受到散文写作的温度。这些多维度的思考使文章散发出深沉的韵味，使读者在阅读过程中既有情感的共鸣，又能进行深入的思考。

5. 人物塑造：在这篇散文中有何重要性？

很多人会在散文中写景、写物、写自我的世界，却忽视了散文中他人的进入。在这个世界上，没有人会是一座孤岛，每个人每天都必然在与他人产生关联。作者在这篇散文中安排了众多人物：首先是作为第一人称叙述者的作者，在散文中呈现了一个对自我和外界都在敏感观察和思考的形象；姐姐作为一个人物角色，展现了与作者不同的审美观念和生活态度；化妆师作为另一个重要的角色，她与顾客的交流和故事分享，展现出了她的职业态度和对人的关怀，也是作者了解社会的一扇窗户；文中也写到了形象设计公司的顾客角色，包括因意外毁容的女生、想漂白身体的男生、生活压力大的职场女性等，这些角色反映了社会中不同群体对"脸"的态度和处理方式。作者在散文中安排这些人物，会使文章更有生活气息，反映出众生相，真实而生动。

6. 结构安排：作者在这篇散文中如何精心安排？

作者首先草拟了一份简要的写作大纲，大纲采用线性叙事结构，按照时间顺序安排了这五点内容：男性从对"脸"的不在乎→对化妆的抵触→到疫情期间直播需要去店里化妆→再到与化妆师接触→听化妆师聊到客人的故事。除了这种结构，文中还使用了场景切换，由作者的家到形象设计店，由乡村到城市，空间进行变化；也使用了插叙的手法，让作者的个人经历与化妆师的故事、顾客的故事都得到了呈现。这些结构上的安排，不仅丰富了内容，也使得主题更加多元和立体。散文的结尾没有给出明确的结论，而是以一种开放式的方式结束，为读者留下了对主题继续思考和探索的空间。

7. 文字打磨：怎样让这篇散文在语言上更具表现力？

《脸》当中的文字有两种质地，一种是作者运用散文中常见的修辞手法以及细节描写，文中采用大量的比喻、对比和象征手法，例如：

村庄是她幼时拿到的棉布鞋，耐脏的鞋面上没有多少花哨明艳的图案，硬邦邦的鞋底仿佛携带着村庄的历史和故事，她的生命无法承受这样的一种"重"。她要轻盈，她要纤细，要光亮，要体面，要快乐，要商场、咖啡馆、牛排店，要KTV、健身房、美容院，要电梯、公交车、地铁、二十四小时便利店。而朴素、单调、落后、平凡、贫穷的故土只是她所面对的一间老屋了，所有的瓦片、房梁、墙面、房柱都挂着愈发焦灼的灰烬味，散也散不去。

这一段将村庄和城市进行对比。把村庄比喻成朴素的棉布鞋，瓦片、房梁等都象征着村庄的落后与贫穷，与之相对应的是商场、咖啡馆、KTV、美容院等，它们象征着都市的繁华与热闹。作者对化妆的过程、直播的体验等描写极为细腻，如："先是爽肤水带着些许酒精的气味从脸上抹开，我如置身雨后的林场，紧绷的面颊瞬间变得清爽；之后乳液与皮肤开始接触，毛孔如同张开的小小嘴巴，很快就吸进粘稠的白色液体，脸蛋逐渐嫩滑起来；再涂一层保湿霜，由指腹绕着两腮往外旋转、抚摸，想象星球在面部的宇宙上温柔运转的轨迹。"这段内容细致描绘着化妆的步骤，使读者仿佛置身于场景之中。这些方法都能使文字更精致，更优美，更富有表现力。

另一种质地的文字，是作者在文中穿插了大量的对话和内心独白。文章里有"我"和姐姐、化妆师的诸多对话，这类文字会显得简单，更贴近人物日常表达，具有真实感。这些对话和相关事件又引发了"我"的内心独白。

我瞥见一张张少男明星青春的面孔。他们与我生活中遇见的那些男孩子相比，好像来自另外一个世界，那里灯火璀璨，每个角落似乎都挂满华丽的衣裳，大家没有生活的痛感，也没有时间的压力，那一张张光亮帅气、没有丝毫褶皱的面孔就是最好的佐证。他们施着粉黛，画着眼线，涂着唇彩，双眼戴着美瞳格外明亮有神，这些在如我这样的男生看来极其女性化的部分，似乎很自然地融入到他们的身上。

这个片段展现了当下娱乐化的生活气息，男性越来越注重打扮的事情让"我"感到惊讶，像看到一个新的世界，心理和情感都随之产生复杂变化。这些质地不同的文字都需要创作者精心打磨，一类趋向精细，一类趋向日常，来形成张力，使读者在语言审美上变得多元，也能在阅读过程中更好地理解文中的情感和思想。

8. 发表过程：通过参赛途径发表作品

作者按照散文写作步骤在2020年9月底创作完《脸》这篇散文后，先在2020年10月投稿第七届"野草文学奖"，获得了散文组一等奖。随后，该篇散文被大赛主办方推荐发表于2021年1月《散文选刊》（上旬刊），并被杂志社推荐入围了2020年中国当代文学最新作品排行榜。这是通过参赛途径发表作品，很多时候创作者可以选择报刊平台或者网络平台投稿。一般是将稿件发送到指定邮箱或者投稿系统，会有编辑回复审稿结果。如有录用，通常会有修改意见及建议，按照要求修改并返稿，等待一段时间，作品就发表出来了。

研讨与实践

1. 散文与诗歌、小说这两种文学体裁有何不同？请结合具体作品进行分析，从中来认识散文的特点和魅力。

2. 人工智能如Chatgpt也能写散文，但人工智能写作的散文容易出现套路化或格式化的现象，你认为该如何突破和改变？

3. 以"人与自然"为主题，写一篇描绘自然景色与人类情感相互交融的散文。要求1500字以上，运用丰富的修辞手法和细节描写。

4. 请你选择一个日常生活中的场景，如市场、公园、咖啡店、电影院、图书馆等，进行观察，然后描绘场景，如环境、人物、氛围等，并设定有思想深度的主题，写一篇散文。要求1500字以上。

5. 请你回忆一次难忘的生活经历，写出自己在这次经历中的情感变化和心理活动，如喜悦、悲伤、失落或感动在其中的呈现，使用内心独白、对话、闪回等手法。要求1500字以上。

6. 观察一栋古老的建筑物，如祖宅、庙宇或工厂。写一篇散文，探讨这栋建筑物如何见证了时间的流逝，以及它对文化及人的生活所产生的意义。要求2000字以上。

拓展阅读

1. 张怡微：《散文课》，上海：华东师范大学出版社，2020年。

2. 王彬：《散文课》，北京：研究出版社，2022年。

3. 马骏：《散文写作教程》，上海：复旦大学出版社，2020年。

4. 沈从文：《湘行散记》，北京：北京十月文艺出版社，2013年。

5. 汪曾祺：《人间草木》，杭州：浙江人民出版社，2020年。

6. 李娟：《冬牧场》，北京：新星出版社，2018年。

7. 亨利·戴维·梭罗：《瓦尔登湖》，徐迟译，上海：上海译文出版社，2009年。

8. 阿兰·德波顿：《旅行的艺术》，南治国等译，上海：上海译文出版社，2020年。

第六章

小说写作

学习目标

1. 知识目标： 了解小说的概念、历史，掌握小说的分类与文体特征。

2. 能力目标： 知晓小说写作的一般规律，运用相关创作方法，写作一篇小说。

3. 素质目标： 培养独立创作精神，进一步提升文学修养和写作能力。

小说因其题材广泛、形式多样，不受时空限制，且具有娱乐性，一度成为创作和阅读最广泛的文体之一。小说是一种综合性的艺术形式，创作起来并不简单。对于初学者来说，需要掌握必要的创作方法和熟悉创作过程。

第一节　小说的界说与特征

一、小说的界说

（一）小说的概念与类别

"小说"一词最早出现于《庄子·外物篇》中"饰小说以干县令，其于大达亦远矣"。这里的"小说"，是指琐碎的言论，与现在的小说的概念相差甚远。直至东汉桓谭所著《新论》，才出现今日小说的观念雏形："若其小说家，合丛残小语，近取譬喻，以作短书。治身治家，有可观之辞。"班固在《汉书·艺文志》中，把小说家列于"九流十家"之末。中国小说的历史悠久，唐传奇、宋元话本及明清章回小说，都是中国近现代小说发展的先河。五四新文化运动后，小说成为中国现代文学中具有代表性的文体。随着时代的发展，小说一跃成为四大文学体裁（诗歌、散文、小说、戏剧）之一。

《辞海》（第七版）这样描述小说："文学的一大样式。以叙述为主，具体表现人物在一定环境中的相互关系、行动和事件以及相应的心理状态、意识流动等，从不同角度塑造人物，表现社会生活。在各种文学样式中，其表现手法最丰富，表现方式也最灵活，叙述、描写、抒情、议论等多种手法可以并用，也可有所侧重；一般以塑造人物形象为基本手段。"借此进一步简洁概述，小说是以语言叙述为媒介，以虚构的方式塑造人物形象并呈现人物的行动过程，通过描述完整的故事情节和具体的生活环境，表现人类生活与社会环境的叙事性文学体裁。

小说按照作品篇幅和容量一般可分为长篇小说、中篇小说、短篇小说和微型小说。字数的多少、作品的容量以及反映生活的范围等都是划分长篇、中篇、短篇和微型小说的重要因素。长篇小说一般在10万字以上，容量宏大，情节复杂，人物形象众多，擅长表现广阔的社会生活和人物的命运。《红楼梦》《白鹿原》《三体》等作品皆是长篇小说。中篇小说一般在3万字到10万字之间，如卡夫卡的《变形记》、莫言的《红高粱》、沈从文的《边城》等。短篇小说一般在2000字到3万字之间，如契诃夫的《变色龙》、欧·亨利的《麦琪的礼物》、鲁迅的《孔乙己》等。微型小说也称为"小小说""袖珍小说""一分钟小说"，一般在2000字以内，情节十分简洁、人物高度集中、结构精巧，如川端康成的《父母心》、沈宏的《走出沙漠》等。

小说也有严肃与通俗之分。严肃小说通常指的是文学小说或文艺小说（Literary Fiction），这些小说艺术格调较高、思想内容丰富深刻，在表现形式上多有探索，与之相对应的是那些以消遣、娱乐为主要目的的通俗小说（Popular Fiction）或类型小说（Genre Ficiton）。类型小说有较为固定的受众，最显著的特征是情节模式化、人物定型化、情感相似化、主题单一化。类型小说可以分为爱情小说、侦探小说、恐怖小说、科幻小说、悬疑小说、军事小说、间谍小说、奇幻小说等，其创作的突出特点是强调情节冲突、悬念设置与适时煽情等。

（二）小说的发展状况

中西方小说的历史可以追溯到古代，在历史的变迁中，小说经历了不同的发展阶段和风格变化。汉代是中国古代文学发展的重要时期，亦是中国古代小说发展的萌芽期，在这个阶段，严格意义上的"小说"尚未形成。汉代的"小说"更多指代的是那些短小琐碎的传闻、杂史、笔记、风俗和传说，代表性作品有《燕丹子》《神异经》《海内十洲记》《列仙传》《说苑》《风俗通义》等，这些作品多依托历史人物、民间传说，杂糅神话、方术和儒家伦理，为后世小说的发展奠定了基础。魏晋南北朝时期是中国古代小说发展的初兴期，出现了以记叙神异鬼怪故事传说为主体内容的志怪小说（如《列异传》《搜神记》）和以专记人物言行和历史人物传闻轶事为主题内容的志人小说（如《世说新语》《西京杂记》）。唐代是中国古代小说发展的成熟期，唐传奇的出现标志着中国古代小说文体走向成熟。这一时期，文人创作意识增强，写作题材广泛，爱情、侠义、神怪、历史均有涉猎，代表作有《莺莺传》《李娃传》《霍小玉传》《柳毅传》《南柯太守传》《虬髯客传》等。宋元时期是中国古代小说的转型期，这一时期，话本小说兴起，注重情节冲突与市井生活描写，白话文开始取代文言，代表作有短篇话本，如《碾玉观音》《错斩崔宁》等，以及长篇讲史，如《大宋宣和遗事》《三国志平话》（后发展为《水浒传》《三国演义》）等。明清时期是中国古代小说发展的巅峰时期，章回体小说成为主流，长篇小说繁荣，题材全面开花，文人成为创作主体，职业作家出现，艺术手法高度成熟，代表作有《三国演义》《水浒传》《西游记》《红楼梦》《金瓶梅》《聊斋志异》《儒林外史》等，历史演义、英雄传奇、神魔小说、世情小说等发展至顶峰。

晚清至民国初期，是中国古典小说的衰落与变革时期。这一时期，中国社会剧烈震荡，西方文化涌入，新旧思想碰撞，小说在题材、形式、语言和功能上发生了深刻变革，传统章回体小说走向衰落，社会谴责小说、政治小说与社会启蒙小说、鸳鸯蝴蝶派小说、翻译小说先后兴起，蔚为大观，加之近代报刊迅速发展，连载小说兴起，语言进一步通俗化。社会谴责小说代表作有《官场现形记》《二十年目睹之怪现状》《老残游记》《孽海花》；政治小说和启蒙小说代表作有《新中国未来记》《黄绣球》；鸳鸯蝴蝶派小说代表作有《玉梨魂》《广陵潮》等；翻译小说代表作有《巴黎茶花女遗事》等。清末至新文化运动时期开启了中国现代小说阶段，自此以后，至二十世纪八九十年代，小说形成了3—4次创作高峰，出现了一大批经典作品。

西方小说的历史可以追溯到古希腊和古罗马时期，但在这个时期，文学更多地表现为史诗和传说，如荷马的《奥德赛》和《伊利亚特》，以及维吉尔的《埃涅阿斯纪》等。中世纪的西方小说主要有骑士传奇和宗教文学两大类别：骑士传奇代表作《亚瑟王传说》《亚瑟王与圆桌骑士》《罗兰之歌》《特里斯坦与伊索尔德》等；宗教文学代表作有《神曲》《坎特伯雷故事集》《修道院的悲剧》等。文艺复兴时期，文艺作品的主题主要是反对宗教统治、反对禁欲主义，小说代表作有乔万尼·薄伽丘的《十日谈》、弗朗索瓦·拉伯雷的《巨人传》、托马斯·摩尔的《乌托邦》等。17世纪，西方小说的发展进入了一个新阶段，欧洲出现了第一部现代小说——塞万提斯的《堂吉诃德》，这标志着欧洲近代现实主义小说的创作进入了一个新的阶段。18世纪是西方小说发展的黄金时期，出现了许多杰出的小说家，如丹尼尔·笛福的《鲁滨逊漂流记》和简·奥斯汀的《傲慢与偏见》。这些作品以社会洞察和对人性的描绘闻名于世。19世纪的西方小说经历了浪漫主义和现实主义的交替。浪漫主义小说强调个人情感和幻想，如夏洛蒂·勃朗特的《简·爱》和维克多·雨果的《悲惨世界》。现实主义小说则关注社会问题和真实的生活，如查尔斯·狄更斯的《雾都孤儿》和列夫·托尔斯泰的《战争与和平》。

　　20世纪是西方小说发展的多样化时期，涌现出许多不同风格的作品。现代主义小说如詹姆斯·乔伊斯的《尤利西斯》和弗兰兹·卡夫卡的《变形记》等，通过复杂的叙事结构和意识流的运用挑战传统叙事形式；后现代主义小说则更加强调对现实和语言的批判，以非线性的叙事、模糊的边界和多重解读为特征，如阿尔贝·加缪的《局外人》、杰克·凯鲁亚克的《在路上》、唐纳德·巴塞尔姆的《第二十二条军规》、库尔特·冯内古特的《第五号屠宰场》、托马斯·品钦的《万有引力之虹》等。此外，还有一些特定类型的小说在西方文学中独具特色。反乌托邦小说以政治和未来寓言为主题，如乔治·奥威尔的《一九八四》、阿尔多斯·赫胥黎的《美丽新世界》、叶夫根尼·伊万诺维奇·扎米亚京的《我们》；推理小说以解谜和揭示真相为主题，如阿加莎·克里斯蒂的《东方快车谋杀案》《尼罗河上的惨案》和阿瑟·柯南·道尔的《福尔摩斯探案集》等；科幻小说以未来科技和社会变革为背景，如菲利普·K·迪克的《仿生人会梦见电子羊吗》、雷·布拉德伯里的《华氏451》等。恐怖小说则以神秘事件、超自然现象、灵异探险、犯罪与恶行等方式对小说展开建构，如斯蒂芬·埃德温·金的《闪灵》和威廉·皮特·布拉蒂的《驱魔人》等。

　　在当下，小说继续呈现出多样化和跨文化的特点。全球化的影响使得不同文化和语境之间的交流更加频繁，许多作家在创作中融合了不同的文化元素和叙事风格。同时，新兴的数字媒体和网络技术也为小说的创作和传播提供了新的可能性。中西方小说的历史经历了不同的阶段和风格的变化，从古代的口头传统到现代的多样化和跨文化表达，小说始终是人类表达故事和思想的重要形式，通过不同的叙事方式和文化背景，让读者在阅读中体验和思考更多的人类经验和情感。

二、小说的特征

1. 故事性：小说的核心特质

故事是指一系列事件按照一定顺序排列的整体叙述，通常包括人物、背景、冲突和结局等基本元素。故事性是小说的核心特质。故事性强调小说的内容，即小说所讲述的事件、情节和人物。一个有故事性的作品通常具有引人入胜的情节，能使读者或观众产生兴趣和紧张感。故事性关注小说的结构和组织方式，它强调故事的起承转合，包括引入、发展、高潮和结局等要素，使故事具有逻辑性和连贯性。故事性更关注小说所传递的主题和意义，具备好的故事性的作品能够通过故事中的情节、人物和事件传达出作者的观点、情感和思考，使读者产生共鸣和思考。

《骆驼祥子》以北平一个人力车夫祥子的行踪为线索，他的梦想是拥有一辆自己的黄包车。然而，他一次次失去自己的车。他第一次攒钱买车，却被大兵抓走，车也被没收；第二次买车的钱被孙侦探骗走；第三次是妻子虎妞给他买了辆二手车，但虎妞难产去世，祥子不得不卖车安葬她。这不仅推动了故事的发展，还深刻反映了当时社会的不公和个人命运的无奈。

2. 情节性：环环相扣的因果链

情节是指故事中事件之间因果关系的安排和组织结构，它强调的是事件之间的逻辑联系和发展过程。小说的情节性是指小说所呈现的情节发展和事件的连续性，它强调故事的连贯性和逻辑性，通过一系列相关的事件来推动情节的发展。与之相对的，故事性更注重故事的内容和主题。它强调故事的主题、人物的内心世界以及作品所传达的情感和思想，更关注故事的深度和意义，而不仅仅是事件的发展。因此，情节性和故事性是两个既有联系又有区别的概念。在一个成功的作品中，情节性和故事性通常是相互依存的，它们共同构成了一个完整的故事。

情节性需要考虑合理安排故事中的事件，使之既能吸引读者又不失逻辑性。在侦探小说《巴斯克维尔的猎犬》中，每一个线索都被精心设计，环环相扣，通过夏洛克·福尔摩斯的逻辑和证据，最终揭示了看似超自然现象背后的真正原因。

3. 虚构性：独立的虚拟世界

小说的故事性和情节性决定了小说的虚构性特征。小说通过虚构的故事情节、人物和事件，创造出一个独立的虚构世界，与现实世界有所区隔。小说虚构的特性可以使作者较为自由地发挥想象力和创造力，创造出各种奇幻、丰富的故事和人物，从而使小说成为一种审美形式，读者可以在其中获得逃离现实、体验不同世界的乐趣。但虚构性并不意味着小说的无逻辑性，好的小说仍然需要具有情节的连贯性、人物的真实性和故事的可信度，与读者产生共鸣。

刘慈欣的科幻小说《三体》讲述了地球文明与三体文明的接触。三体星环境极端恶劣，气候不稳定，生活在那里的三体人不得不寻找新的家园。小说的设定充满了奇崛恢弘的想象力，创造了一个完全不同于现实的虚拟世界。虽然《三体》是虚构的，但书中的科学理论如纳米材料和量子通信等，都是基于现有科学知识的延伸。这使得虚构的世界看起来非常真实，读者很容易沉浸其中。

4. 多维性：人物的立体塑造

小说以人物塑造为中心，作家通过各种方式和技巧来展现人物的多维性。多维性是指人物具有多个层面的特点和复杂的性格。在优秀的小说中，人物形象通常是多维度和多面性的，体现出人物的丰富性和复杂性。

人物的丰富性指的是人物形象具有多样化的特征和性格。一个丰富的人物形象不仅有明确的外貌和身份特征，还有独特的个性、价值观、情感和行为方式。通过细致入微的描写和刻画，读者能够感受到人物的真实性和立体感。丰富的人物形象能够为作品增添生动性和吸引力。

人物的复杂性指的是人物形象具有矛盾性和深刻性。一个复杂的人物形象不是简单的好人或坏人，而是有很多不同的面向，具有复杂的情感、动机和行为。他们可能面临道德、伦理、社会等多方面的抉择和冲突，以及自我成长和变化的过程，从而引发读者对人性和社会问题的思考，使作品富有深度。

人物的丰富性和复杂性使得人物的呈现立体化。优秀的作家通过生动的人物描写和行为表现等来塑造丰满、立体的角色。《红楼梦》中的贾宝玉既有贵族少年的傲气，也有对封建礼教的反叛精神，还有对待爱情的深情执着。他的性格复杂多变，有时候温柔体贴，有时候又显得冷漠无情。这种多维性让他成为一个非常真实和立体的人物。

第二节　小说写作的思维训练与创作方法

回顾世界文学史，伟大的作品之所以伟大，是胜在终极追求上，胜在精神的超越和人生的境界上。也就是说，价值观是决定一部作品质量的根本因素，这既需要作家丰富的阅历，也需要作家超拔的精神境界，不是短时间内可为的。但是，创作思维与方法的训练可以在短时间内取得进展，它们是一个作家创作旅程中的必经之路和必达之地。只有完成了创作思维与方法上的训练，勤加练笔，才能创作出合格、优质的作品，进而随着技法与人生境界的提升，创作出伟大的文学作品。

下面介绍四种方法，分别针对叙事、情节、情境和人物等方面展开论述，以加深对小说创作思维与方法的理解。

一、叙事元素法

叙事元素法就是一种分析和运用小说中各类叙事元素的方法论，它可以帮助创作者理解和运用构成小说的多种叙事元素，如果创作者能灵活应用这些叙事元素，就可以提升小说的叙述效果，增强小说的吸引力和层次感。小说作为以叙事为主导的文艺样式，称得上叙事元素的有很多，如场景、描述、对话、动作、冲突、张力、伏笔、悬念等。这些叙事元素在小说中承担着重要的叙事功能，因此我们需要了解叙事元素的相关知识与用法。

（一）场景

场景是小说的最小单位，是小说的基石。为了更好地理解场景，在这里以电影为例说明。电影作为一门叙事艺术，简单来说，它是由镜头——场面（场景）——段落构成的。若干镜头构成一个场面，若干场面构成一个段落，若干段落构成一个完整的电影故事。如果对一个电影场景进行分解，它是由一个又一个镜头构成的。小说亦如此，小说的场景由环境、人物状态（情感、心理、动作、对话）等要素构成。在编织场景时，应尽量把场景情境化，让人物在情境化的场景里活动，从而展开小说叙事。场景叙事对于深化主人公的处境、编织故事情节具有重要意义。

一语未休，只听后院中有笑语声，说："我来迟了，不曾迎接远客！"黛玉思忖道："这些人个个皆敛声屏气如此，这来者是谁，这样放诞无礼？"心下想时，只见一群媳妇丫鬟拥着一个丽人，从后房进来。这个人打扮与姑娘们不同，彩绣辉煌，恍若神妃仙子：头上戴着金丝八宝攒珠髻，绾着朝阳五凤挂珠钗，项上戴着赤金盘螭璎珞圈，身上穿着缕金百蝶穿花大红云缎窄裉袄，外罩五彩刻丝石青银鼠褂，下着翡翠撒花洋绉裙；一双丹凤三角眼，两弯柳叶掉梢眉，身量苗条，体格风骚，粉面含春威不露，丹唇未启笑先闻。[1]

曹雪芹通过细腻的笔触构建了一个充满张力的场景，使得读者能够清晰地想象王熙凤出场的情景。环境方面，林黛玉身处一个庄重肃穆的空间，所有人的行为举止都极为谨慎，这一背景设定与王熙凤的高调登场形成了鲜明

1.曹雪芹、高鹗：《红楼梦》，北京：中华书局，2005年，第17页。

对比。人物状态方面，王熙凤的服饰和外表被详细刻画，彰显其独特的身份和性格，而她那句"我来迟了，不曾迎接远客！"更是以大胆直接的语言风格打破了现场的沉寂。林黛玉内心的疑惑进一步加深了场景的戏剧性。通过这样的场景构建，作者不仅展现了人物之间的关系，也推动了情节的发展，为后续的故事埋下了伏笔。

（二）对话

对话是指人物在场景中所说的话。有效的对话能够传递出人物心中的声音，这种声音体现的是人物的外部冲突和内部冲突。人物受到环境、语言、情绪的挤压时，所发出的声音（对话）往往也是应激的反应，当这种应激反应足够强烈时，又会反映出人物在当时当刻的内心的矛盾与冲突。在编写人物对话时，应当尽量简洁，尽量做到每句话都有意义，能够更好地表现人物在现实处境之下的内部和外部的冲突，同时对话要符合人物的身份。

（三）描述

描述是一部叙事作品里最不可或缺的部分。可以这么说，没有描述，就没有叙事。无论是小说、戏剧还是电影剧本，抑或是其他以叙事为主的艺术样式，很难想象缺少描述这一元素可以称得上是一部叙事作品。由此可见，描述在一部叙事作品中的分量。描述在叙事作品中起到沟通的作用，没有描述，叙事就容易脱节，就像没有桥梁，我们就无法通向大江大河的彼岸。

具体地说，描述就是用平实的语言叙述，尽量少用形容词，多用动词和名词，以达到叙述的真实、可感的效果。如果作者想让读者描述出自己所写的故事，光有人物对话和动作是不够的。所写的人是年轻还是衰老？瘦还是胖？高还是矮？他的心理状态是愉悦还是压抑？这些都需要用描述来释放更多的有效信息，也就是抓取更多细节。描述具有双重职责：既刻画人物又讲述故事。描述又可以分为背景描述、外貌描述、心理描述和故事叙述等。

1. 背景描述

背景描述是对故事整体环境的交代，通常在一些小说的开头或者插叙时做背景交代，如欧内斯特·海明威的小说《乞力马扎罗的雪》开篇：

覆盖着积雪的乞力马扎罗山高19710英尺，据说是非洲境内最高的一座山峰。山的西主峰被马赛人称作"纳加奇-纳加伊"，意思是"上帝的殿堂"。靠近西主峰的地方有一具冻僵风干了的豹子尸体。豹子在那么高的地方寻找什么，没有人做出过解释。[1]

2. 外貌描述

外貌描述是指对人物的面貌长相、身材、衣着、表情甚至包括声音和气味的描述。使用外貌描述可以使读者更加清晰地了解人物的外部特征，这对于塑造人物形象、凸显人物性格具有重要作用。

3. 心理描述

心理描述是指对人物的心理状态、内心活动所进行的描写，以此凸显人物在特定环境中的精神面貌。人物的所思所想、欢乐与悲伤、忧愁与快乐、希望与绝望等精神特征，都可以使用心理描述的方法进行呈现。好的心理描述能够穿透人物的外在，直击人物的心灵世界。譬如莫泊桑的小说《珠宝》，主人公郎丹突然发现妻子生前摆弄的那些假珠宝都是真的，而这些珠宝很可能是妻子的情人送给她的，知晓真相的那一刻，莫泊桑对郎丹展开了心理描述，那一刻的郎丹是充满绝望的。

4. 故事叙述

故事叙述是叙述的一种综合手段。它的主要目的并不是推动故事情节的发展，而是通过对环境、气味、感觉、心理状态、所思所想以及作者看到的、听到的具有叙述价值的东西描述出来，以此达到营造故事氛围、烘托故事气氛、拉近与读者关系的作用。马塞尔·普鲁斯特的《追忆似水年华》开篇采

1.欧内斯特·海明威：《乞力马扎罗的雪》，小二译，南京：译林出版社，2021年，第1页。

用的就是故事叙述的方法。读者在阅读开篇的过程中，会立即对故事产生一种亲近感，仿佛普鲁斯特近在身旁，他的故事专门为你而讲述，你能够听到、闻到、感觉到他所叙述的一切声音、气味和朦朦胧胧的少年情思。

（四）动作

动作反映的是人物在某一环境下所做出的反应，这种反应可以折射出人物的内心活动、思想波动、情绪变化等。动作又可以分为小动作和大动作，所谓小动作就是人的肢体动作，需要作家进行具体而细致的描述，而大动作实际上是指某一类行动。小动作只表现人物的具体动作，不承担推动故事发展的功能，大动作则承担推动故事情节发展的功能。在一部叙事作品中，动作描写是最常见，也是最重要的手段。动作描写具有过程性，无论是描述一个行动（如复仇），还是描述一个具体的动作（如吃饭），都是在描述动作发生的过程。

动作描写应当减少使用形容词和副词，因为这样会减慢动作的速度。如果要加快动作的速度，最好选择强有力的动词。例如，"他踮着脚尖走出房间"要比"他悄悄地走出房间"更有感染力。

（五）冲突

没有矛盾就没有冲突，冲突是矛盾的外化形式，随着矛盾引发的冲突加剧，矛盾也在与冲突的纠斗中达到一种动态平衡，并最终化解或长期处于一种相对稳定的共存状态。与黑格尔所说的没有行动就没有悲剧一样，没有冲突也就没有故事，冲突是推动故事发展的重要手段。冲突是两股相向的力的对撞，就好比两只拳头迎面冲撞，冲撞的剧烈程度决定了冲突的大小和解决问题的难度。人作为矛盾的综合体，本身就处于各种矛盾之中，这些矛盾最后形成大大小小的冲突，以不同形式表现在人物的行动中。

冲突的形式主要包括三种：与环境的冲突、与他人的冲突和自我的内心冲突。这三种冲突中，前两种是外在冲突，后一种为内在冲突。外在冲突与内在冲突不是孤立存在的，内在冲突引发外在冲突，外在冲突是内在冲突的一种外化，是内在冲突达到一定程度后对外界的反应。内在冲突和外在冲突互相纠缠在一起，引发人物的情绪、心态、行动上的变化。

（六）张力

张力是一个物理学概念，指受到拉力作用时，物体内部任一截面两侧存在的相互牵引力。正如冲突是两股对撞的力一样，张力是在冲突过程中形成的相反方向的力。冲突的内核是碰撞，张力的内核是戏剧主体所受到的反向牵引力，在这样的反向牵引力中达到一个动态的平衡。张力是冲突的对立面，冲突本身蕴含着张力，就好比弹力球，砸的力越大，弹力球反弹的力也就越大。但是冲突是有限度的，这个限度依托弹力球的材质，再好的弹力球也有砸坏的危险。这就需要在写冲突之前判断，能不能够形成与之匹配的张力。张力伴随冲突而产生，没有冲突就没有张力。通常，人物在面临两难选择的情况下，最容易形成两股力量的拉扯，也就是张力，以此表现人物内心强烈的挣扎，揭示人性深处的复杂，提升作品的品格。

（七）伏笔

简单地说，伏笔就是前文对后文的一种提示或暗示，为后文埋设线索。预设伏笔之后，一定要做好铺垫，几重铺垫之间应该是层层暗示、层层递进的关系。在使用伏笔时，切记要遵从"不伏则已，有伏必应"的原则。有伏不应会显得突兀，好比米下了锅，却没有煮一样，是不完整的。在使用伏笔时，应当注意所伏之笔在展开之后，应当注意循序渐进的原则，不可操之过急，过早揭晓。

（八）悬念

《辞海》对悬念的解释为："欣赏戏剧、电影或其他文艺作品时产生的一种心理活动，即关切故事发展和人物命运的紧张心情。作家和导演为表现作品中的矛盾冲突，加强艺术感染力，常用各种手法引起读者（观众）的悬念。"悬念是以情节为主导的叙事作品中常用并且十分有效的手段。

悬念分为大悬念和小悬念。大悬念通常设置在故事的开头，总领整篇故事，最后故事要回答的就是开头所设置的悬念，解答为什么会这样。它的作用是一开始就牢牢抓住读者的心理，在读者的阅读期待中完成故事的讲述。小悬念通常设置在故事的中间或偏后部分，因为故事进入中段以后，平铺直叙的叙事常常会使读者疲倦，为了重新唤回读者的阅读热情，所以设置一些小悬念来辅助故事的讲述、增进读者的兴趣，使他们不至于中途放弃这个故事。

一篇小说究竟要不要设定悬念，要依情况而定，而设置大悬念还是小悬念，则要考虑整篇故事究竟是要完整地回答所设定的悬念还是部分地回答所设定的悬念。茨威格的《一个陌生女人的来信》就是通篇在回答陌生女人和著名作家R之间到底是什么关系，他们之间到底经历了什么的问题，所以适合使用大悬念；而老舍的《断魂枪》则是徒弟与人斗败后，看师傅神枪沙子龙是否会为他"报仇"，报不报仇是一个小悬念，后续故事则在回答这个小问题，所以适合使用小悬念。

二、蒙太奇思维与情节组合法

蒙太奇（Montage）是一种在电影、文学和艺术领域中常用的创作技巧和表现手法。它源于著名导演谢尔盖·爱森斯坦的理论和实践，被广泛运用于电影叙事和艺术创作中。蒙太奇通过将不同的影像、情节、音乐等元素进行快速、连续的剪辑和组合，创造出新的意义和情感效果。它可以通过不同场景、时间、角度和速度的交替、重叠和对比，使故事更加丰富、引人入胜，并传达出一定的主题和情感。

在小说创作中，可以运用蒙太奇思维，形成一套情节组合法。所谓情节组合法指的是通过合理安排和发展情节，将不同的情节元素巧妙地组合在一起，创造出复杂和引人入胜的故事。作为创作者，可以借鉴其中的创作技巧和思路，以提升自己的小说创作能力。情节的串联与组合，可以使小说更加生动地描绘人物的内心世界，展示社会的复杂性和人性的多样性。读者可以跟随这些情节的发展，深入理解故事的主题和意义，感受人物的情感和成长，产生对社会和人生的思考。

以下是一些采用情节组合法的创作案例，可供参考。

1. 线性情节组合方式：情节按照时间顺序，以逻辑性和连贯性为原则依次展开。这种情节组合法常见于传统的叙事结构，例如《简爱》中的主人公从童年到成年的成长经历。

2. 平行情节组合方式：同时展示多个相互独立的情节线索，它们可以是不同人物的故事，或者是在不同时间和地点发生的故事。例如乔治·R·R·马丁所著的史诗奇幻小说系列《权力的游戏》中的多个家族的故事线索，通过情节的平行组合方式，增加了故事的复杂性和张力。

3. 回环情节组合方式：情节线索在某个点上相互连接或重叠，通过回溯、回忆或时间循环来实现。以美国作家奥黛丽·尼芬格的小说《时光旅行者的妻子》为例。小说的主人公亨利是一个具有时间旅行能力的男人，而他的妻子克莱尔是一位正常的女性。故事以线性结构展开，但通过回忆、回溯和时间循环的方式，情节线索在某些关键点上相互连接和重叠。读者逐渐了解了主人公亨利的时间旅行经历，以及他和克莱尔之间的相遇和相处。这些回溯和回忆的片段揭示了亨利和克莱尔之间的复杂关系，以及他们如何面对时间旅行带来的挑战和难题。同时，小说中还出现了时间循环的情节。克莱尔和亨利的故事在不同的时间点交叉展开，他们的相遇和分离以及他们的生活在多个时空中的重叠。这种时间循环的情节组合让读者在阅读过程中经历了多个时空的交错和重复，既让人着迷又令人困惑。这种情节组合的方式不仅增加了悬念和惊喜，还深化了人物关系和故事的主题。随着回环情节的展开，读者逐渐发现，故事中的各个时间点和情节线索彼此相互关联，相互影响。这种连结和重叠的情节组合方式为故事带来了更多的复杂性和戏剧性。

4. 嵌套情节组合方式：嵌套情节指在故事中嵌入次级情节，以增加故事的丰富性和复杂性。这种情节组合法通过插入回忆、闪回或者故事套故事、情节套情节等手法，向读者透露更多的信息和背景，丰富主线故事的情节发展。一个典型的例子是英国小说家阿加莎·克里斯蒂的小说《无人生还》。在这部小说中，每个角色都有自己的背景故事，小说通过插入这些次级情节，逐渐揭示了谋杀案的真相。这些次级情节不仅为读者提供了对于角色更深入的了解，还为故事的发展和谜团的解决提供了关键的线索。嵌套情节的使用可以增加故事的层次性和紧张感，同时也可以为读者提供更多的情感共鸣和思考空间。通过揭示角色的过去、内心世界或者与主线故事相关的细节，嵌套情节可以增加故事的深度和真实感，使读者更加投入和沉浸在故事中。

实际上，情节组合法是一种类似于蒙太奇的叙事方法和手段，正如电影拍摄完毕后，不同的剪辑师剪辑出的电影作品有很大差异一样，小说作者也可以根据情节的排列组合方式，对故事内容进行巧妙的安排，以此创造出独特而令人难忘的作品。在这个意义上，情节组合法最大限度地赋予了作者对情节安排的权力，提升了作者创作的自由度。

三、"刺激-反应"情境设计法

"刺激–反应"情境设计法是一种根据预设情境设计故事情节的方法。该方法强调在故事中根据预设情境创造引人注目的刺激事件，然后展示人物对这些刺激事件作出的反应。"刺激–反应"模式可以更加有效地构建小说情节、推动小说发展。

表6.1　故事常见的情境类型

故事类型	刺激（S）	反应（R）
复仇/反复仇型	被伤害	报仇、惩罚/自我疗愈与和解
救赎/反救赎型	负罪/歉疚/伤害	赎罪、救赎/拒绝救赎，逃离
失恋型	失恋	关系弥合/无法弥合
求爱型	爱的愿望	追求成功/失败
创伤/反创伤型	创伤	疗愈与和解/无法走出创伤情境

续表

故事类型	刺激（S）	反应（R）
侦探型	案件（杀人等）	破案/没有破案
警匪型	正义、秩序遭受挑战	恢复正义与秩序/匪徒逍遥法外
匮乏/反匮乏型	匮乏（缺爱、不幸等）	补偿、满足/未得到补偿、满足
逃离/反逃离型	受创伤/压抑等	逃离/反逃离
求真/反求真型	被蒙蔽/冤枉等	求真、寻找真相/反求真
超级英雄型	人类处于毁灭边缘	拯救人类

"刺激-反应"情境设计法的具体方法如下：

引入刺激事件：在故事的起始阶段，引入一个引人注目、具有挑战性或冲突性的刺激事件。这个事件可以是一个意外发现，也可以是突如其来的问题、突发的危险或突然改变的情况等等。这个刺激事件应该能够引起主人公及其他角色的兴趣和情感反应。

描述反应：描写主人公和其他角色对刺激事件作出的反应。这些反应可以是情感上的，例如惊讶、愤怒、害怕，也可以是行动上的，例如采取积极的行动、寻求帮助或陷入困境。通过描述人物的反应，展现他们的内心世界和思想过程。

探索后续发展：根据人物的反应，进一步发展故事情节。这可能包括更多的冲突、挑战或转折点，推动故事向前发展。人物的反应和行动也会引起其他角色和情节的变化和发展。

循环和积累：在故事中不断循环和积累"刺激-反应"的模式。每个刺激事件都会引发人物的反应，而这些反应又会导致新的刺激事件的发生。这种循环和积累可以增加故事的紧张感和张力，保持读者的兴趣。

高潮和解决：在"刺激-反应"循环中，故事将逐渐走向高潮。高潮是故事中最关键、最紧张的部分，通常是主人公面临决策、解决问题或达到关键目标的时刻。在这个关键时刻，主人公需要采取行动，应对刺激事件的挑战。

结局和反思：在高潮之后，故事将逐渐走向结局。在结局中，主人公的行动和决策将产生结果，并对故事的发展产生影响。这个结果可以是积极的、满意的，也可以是意外的或令人失望的，这取决于故事的发展和主人公的选择。结局也可以提供反思和总结，展示主人公的成长和变化。

需要注意的是，"刺激-反应"故事情节的建构需要关注剧情的连贯性和张力。刺激事件和人物反应之间应该有一个有机的联系，每个刺激事件都应该推动故事向前发展，引发新的反应和行动。同时，故事情节中的刺激事件和反应行动应该形成一个紧密的循环，持续引起读者的兴趣和好奇心。

以海明威的小说《乞力马扎罗的雪》所构建的创伤—逃离情境为例。小说在开头后，旋即引入了一个具体的刺激事件，这一事件是由蜷缩在主人公哈里附近和盘旋在上空的大鸟所引发的：

"最神奇的是一点都不疼，"他说，"这时候你才知道它发作了。"

"真是这样吗？"

"绝对是。很抱歉，你肯定受不了这股气味。"

"别这么说！请快别这么说了。"

"你瞧瞧，"他说，"到底是我这副样子还是这股气味把它们给引过来的？"

男人躺着的那张帆布床放在金合欢树宽大的树荫下，他越过树荫，看着前方令人目眩的平原，除了地上蹲着的那三只令人生厌的大鸟外，天空中还有十多只在盘旋，它们掠过天空时，在地面上投下了迅速移动的影子。

"从卡车抛锚的那天起，它们就在这里打转了，"他说，"今天是它们第一次落下来。刚开始我还仔细留意过它们飞行的姿态，想着有朝一日写小说时能用上。现在想想真好笑。"

"你别这么想吧！"她说。

"我只不过是随便说说，"他说，"说说话我觉得轻松多了，但我不想烦你。"

"你知道我不会烦的，"她说，"我只是因为什么都做不了，感到特别不安。我觉得我们应该尽量放松一点，等飞机来。"

"或者等飞机不来。"

"请告诉我我能做些什么。肯定有我能做的事情。"[1]

如果细读小说会发现，这些大鸟引发了哈里与情人之间的冲突，同时也造成了哈里内心剧烈的痛苦，随后刺激事件进一步深化，哈里与情人开始了无谓的争吵，在争吵中哈里一点一点放弃了活下去的希望，死亡的气息始终萦绕在他的周围，小说因此奠定了死亡叙事的基调。在这里，海明威用那些大鸟作为小说的切入点，以此构建出一种徘徊在死亡边缘、具有强大张力的情境。读者不禁会问，哈里为什么会这样，他遭遇了什么？这样的写法，可以快速引出人物冲突，制造悬念，引人入胜。在哈里与情人的争吵以及作者的叙述中可以看到，海明威在写这篇小说的时候，先用外在冲突（与环境、他人的冲突）层层深入，为最后写出人物的内在冲突（自我的内心冲突）做准备，写出冲突的层次感，在外在和内在冲突的纠缠中，写出人物深刻的精神处境。

具体来看，在小说随后的叙述中，作者一点一点释放信息：哈里和情人在非洲狩猎旅行途中，腿被松针刺破，引发了坏疽。此时的哈里躺在一张行军床上，等待救援。没受伤之前，他看到那些大鸟很兴奋，以为日后可以以此写一篇短篇小说。可是，随着感染的加剧，死亡的恐惧不断袭来，那些不停在天空中盘旋的大鸟在哈里眼中失去了往日的优美，使他内心不断产生它们在静静等待他死去、分食他肉体的幻觉。这种想法随着身体的痛苦而加深，他此刻与非洲的种种壮美景致格格不入，甚至开始憎恶这场狩猎之行。而这，使他与当下环境的冲突加剧，这完全是他强烈的内心冲突导致的。同样的，哈里与情人的冲突也是由哈里的内心冲突引发的。在大鸟盘旋等待分食哈里肉体的巨大的死亡隐喻之下，哈里与情人起了激烈的冲突。此刻的哈里，内心处于孤绝的状态，死亡的气息时时笼罩着他，他开始排斥一切，拒绝一切。情人不断地安慰哈里，飞机会来的，你会得救的。可是，越是这样，哈里越感到不耐烦，他已经放弃了生的希望。此刻，对情人言语的攻击与折磨是他

1.欧内斯特·海明威：《乞力马扎罗的雪》，小二译，南京：译林出版社，2021年，第1—2页。

唯一能感受自己还活着的手段。

厌倦和愤怒充斥在哈里胸中，他在厌倦什么，愤怒什么？只有回答这两个问题，才能回答哈里内心冲突的根源。腿部生坏疽严重感染后，长时间的肉体折磨使哈里疲惫不堪，在等待死亡来临的过程中，哈里的精神承受了巨大的折磨。他对痛苦地活着、等待死亡的宣判已经感到厌倦了。他内心有一种强烈的声音：快点结束这一切吧。然而，生命即将谢幕的哈里，发现这一生全都在享乐中度过了。安于享乐使他消磨、浪费了自己的生命。死神来临之际，他对自己的过往是愤怒的，他痛恨自己为什么没有把想写的小说写完，痛恨眼前这个带给他丰厚物质生活的女人，痛恨自己胡作非为的一生……其实，这次到非洲狩猎，哈里原本是打算重新振作精神，重启写作的，可是却迎来了死神。人生就是这样，没有人知道明天和意外哪个先来。最终，哈里在坏疽引发的昏厥中产生了一种奇异幻觉——他等来了救援，他被抬到了飞机上，飞机向非洲最高峰乞力马扎罗飞去，向着世界之巅飞去，向着人类难以企及的高度飞去。《乞力马扎罗的雪》之所以如此迷人，不仅仅因为海明威自我镜像式地为自己设计出了另外一种离开人间的方式，还在于他丰富了死亡叙事的精神向度——极致的理想主义、超越死亡、超越自我的精神境界。

从《乞力马扎罗的雪》的案例可以看到，小说人物不断处于情境刺激之下，故事情节会更加紧凑和富有韵味。"刺激-反应"情境设计方法适用于各种类型的故事，包括小说、电影、戏剧等。它可以帮助创作者更好地构建情节、深化人物角色，并增加故事的紧张感和吸引力。通过"刺激-反应"情境设计，故事情节可以更加连贯流畅，让读者更容易跟随和理解故事的进展。

四、人物关系创作法

人物关系创作法是指通过描绘和探索人物之间的关系来推动故事的发展和展示人物的成长。通过描绘这些关系，可以展示人物之间的情感和互动，以及这些关系对人物成长和故事发展的影响。人物关系创作法可以帮助读者更好地理解和关注人物的内心世界、动机和行为。在小说中，人物之间的关系是复杂多样的，各种关系之间往往存在着多重情感、动机和利益的交织与冲突。这种复杂性可以使小说更加真实和吸引人，同时也能够展示出人物的多面性、内心的矛盾与挣扎。常见的人物关系包括爱情关系、友谊关系、家庭关系、师生关系、敌对关系、同事关系、上下级关系等。

在创作小说的过程中，既需要处理好人物关系、人与外部环境的关系，也需要处理好内在关系（心理变化、自我认知的变化等）。假如这个故事中有四个人物，分别为A、B、C、D，那么从人物关系的角度，就要考虑A和B、A和C、A和D、B和C、B和D、C和D的关系。这些组合而成的关系网络、关系系统构成了故事的行动关系序列，虽然并不一定每个行动关系序列都对故事的发展起作用，但是故事的发展却是由这些关系序列所实际推动的。这些关系序列也可以根据主次关系进一步细分，显然所有人物的关系都是从核心人物A处派生的，可以以此划分出主脉关系、次主脉关系以及若干支脉关系等。当人物足够多、人物关系足够复杂的时候，这种主脉、次主脉、若干支脉的分类法的益处就会突显出来。所以，单从人物关系的角度考虑，故事是以综合、多重、叠合的关系引发人物的具体行动，关系的"完成"，则意味着故事的完成。同样的，如果从人物与外部环境的关系出发，就可以根据关系的深浅及演化程度，概括为以下几个基本关系序列：

> 和谐—打破和谐—冲突—决裂；
> 和谐—打破和谐—破裂—剧烈冲突—决裂—缓解—重新走向和谐；
> 决裂/剧烈冲突/破裂—引发新的冲突—冲突加剧/剧烈冲突/决裂—缓解—和谐。

这些关系序列实际上构成了关系的多种可能性，根据不同的组合过程，仍然可以衍生出一些关系的可能。但这并不是无限的，关系的组合序列始终都有一个限度，那就是以故事的节奏为限度，因为这些关系序列与故事的节奏直接相关。如果将上述序列打乱，随机组合，势必在展现关系的过程中会形成一种杂乱无章、一团乱麻的局面，这不利于在"关系"进展层面推进故事的发展。所以，每一种外部关系序列，都应以适中、稳妥地把握故事节奏为准绳。其实，人物内在关系的展现也大致处于这样的节奏之中，只是，把握人物内心的变化，应当恰当地考虑感性因素和理性因素，感性因素和理性因素不是一种对立、割裂的关系，而是一种辩证、发展的关系。由此，从狄德罗的情境关系角度出发，人物关系、人与外部环境的关系、内心的演变关系所形成的关系网络或关系的组合，便可协同而有节奏地推动故事的发展和走向。

总的来说，人际关系的复杂性是小说中关系创作的重要方面。通过描绘和探索人物之间的情感、利益冲突、动机多样性、信任与背叛以及关系的形成与变化，作家可以创造出丰富多样的人物性格与形象，使故事饱满、生动，具体可感。很多小说从人物关系的角度切入，通过对话、描写和情节发展，展现了丰富多样的人物关系。

以下列作品为例：

简·奥斯汀的《傲慢与偏见》：该小说通过主人公伊丽莎白·班纳特与达西先生之间的相互吸引和误解展示他们之间爱情关系的进展。他们从一开始对彼此抱有偏见和误解，到逐渐了解对方，最终走到了一起。

加夫列尔·加西亚·马尔克斯的《百年孤独》：这部小说以布恩迪亚家族为中心，展现了多代人之间错综复杂的人物关系。通过描写他们之间的爱恨情仇、命运纠葛和血缘联系，创造了一个充满戏剧性和绚丽多彩的人物关系网络。

卡勒德·胡赛尼的《追风筝的人》：这部小说以阿富汗的两个朋友阿米尔和哈桑之间的关系为核心，展现了友谊、背叛和赎罪的主题。他们在阿富汗动荡的历史背景下经历了许多困难和考验，这些经历深刻地影响了他们之间的关系。

弗朗西斯·斯科特·基·菲茨杰拉德的《了不起的盖茨比》：这部小说以主人公盖茨比对黛茜的痴迷和追求为线索，展示了爱情和社会阶层的冲突。他们之间的关系受到虚荣、欺骗和社会期望的影响，形成了一种富有戏剧性的人物关系。

安托万·德·圣-埃克苏佩里的《小王子》：这本童话小说以小王子与他遇到的各种人物之间的关系为主线，展示了友谊、孤独和成长的主题。

第三节　过程写作实训：一篇小说的诞生

　　一篇小说究竟是如何诞生的？说起来既复杂，也简单。复杂在于把创作的过程想象得过于神秘，好像创作是一种不可言说之物。简单在于通过训练，可以解析小说的具体创作过程。如果将创作的过程进行细化，用过程写作思维创作小说，就会发现，创作的神秘性被破除了，小说创作并没有想象中那么难，非但没有那么难，反而经过训练，人人都可以创作小说。

一、小说写作步骤

　　小说写作步骤可以分为以下九个阶段：

　　1. 确定小说的主题和构思：首先要确定讲述的主题，以及小说的基本框架和情节。可以思考一些问题，如小说的背景设置、主要角色的性格，行动的各个阶段以及故事的起伏、高潮和结局等。

　　2. 角色创造和发展：为故事中的主要角色设计性格特征，使他们具有独特的特点。可以思考每个角色的外貌、性格、家庭背景、经历等，以及他们在故事中的角色定位和发展。

　　3. 编写大纲：在开始写作之前，可以先将故事的大纲写出来，包括故事的起始点、情节的发展和高潮、角色的变化等。这有助于更好地组织小说结构和展开情节。

　　4. 开始写作：可以按照大纲的指引，从故事的起始处开始写起。根据需要，可以选择第一人称、第二人称或第三人称的方式叙述，以生动的语言和细节描写吸引读者。

　　5. 进行修订和修改：完成初稿后，可以对故事进行反复修改和修订。检查文章的结构、情节、逻辑和语言等，调整叙事节奏和情节的连贯性，删减冗余的内容或添加更多细节等，以提高小说的质量。

6. 请他人进行审阅：完成修订后，可以请其他人阅读你的小说，然后判断是否接受他们的意见和建议。他们可能会提出一些有益的修改建议，帮助你改进和完善小说。

7. 进一步修改和润色：根据他人的反馈和建议，对小说进行进一步修改和润色。可以重点关注故事的逻辑性、情节的连贯性、角色的发展等方面，使小说更加完整和吸引人。

8. 最终校对和编辑：在完成最终修改后，进行最后的校对和编辑工作。仔细检查拼写、词汇、语法、标点等方面的错误，并确保故事的格式和排版整齐规范。

9. 投稿、发表：此阶段需要研究出版机构或刊物。首先，找到适合你的小说类型和风格的刊物。可以通过互联网搜索、阅读类似主题的书籍或杂志等方式来了解更多信息。有些出版机构或杂志接受电子邮件投稿，而有些可能要求邮寄纸质文稿。在投稿之前，务必仔细阅读出版机构或刊物的投稿指南，并遵循所有要求。确保材料格式正确，文稿没有拼写或语法错误，封面信中包含必要的联系方式等。一旦投稿完成，需要耐心等待出版机构或刊物的回复。这个过程可能需要数周或数月，所以要保持耐心。

总之，写小说需要充分的准备和规划，不断的修改和润色是必不可少的。同时，要保持对写作的热情和耐心，不断提升自己的写作技巧和表达能力。

二、小说创作过程

接下来以短篇小说《霞光里的舞蹈》[1]的创作过程为例，看看一篇小说是如何从无到有创作出来的。

1.李君威：《霞光里的舞蹈》，《长江文艺》2023年第11期，第100—106页。

1. 如何选材?

选材实际上是创作一篇小说的准备阶段。在这个阶段需要确定好选题,继而全面搜集素材。作为小说写作的初学者,最简单的方式是从生活中寻找选题、挖掘素材,这就要求写作者向生活学习。生活中,每天都有无数故事发生,有些故事是亲身经历的,有些是听闻的,有些是目睹的。生活就是一座艺术的宝库,但是并不是每一个故事都适合变成一篇小说作品。来源于生活中的真实故事当然具备生活的质感,但是一部小说作品光具备生活的质感、生活的气息是不够的,它至少还需要具备一个相当的特质,那就是艺术的特质——它是否能够传递出人的普遍情感?是否能够打动人心?是否能够引人深思?是否具备冲破现实的超越力量?是否追求一种永恒的人性的光辉?这些都是决定选材成功与否的关键。

2. 主题的设定

主题有两种设定方式:一种是主题先行,即创作者在创作之前就已经预先确定了作品的中心思想,然后根据这个中心思想去寻找素材,展开创作过程;另一种是主题后行,即创作者在选题、寻找素材阶段、创作阶段,逐渐意识到/寻找到创作的主题,从而在创作实践中践行这个中心思想。这两种主题设定的方法都能够完成创作,但是具体在写作过程中,应该贴着生活写,贴着人物写,否则就会显得生硬。

【案例展示】
李君威《霞光里的舞蹈》

拿《霞光里的舞蹈》这篇小说来说。过去写工厂,一般聚焦于国企改革、国企工人下岗潮、流水线工人的精神生活等,如果再走这条路,就会显得没什么新意。所以,小说《霞光里的舞蹈》走出了以往的题材,将目光投射到作者所熟悉的乡镇企业,聚焦于工厂内外两个鲜活个体的真实人生,写她们平淡如水又残酷的生活,希望以此展现乡镇企业对乡村生活以及人的精神面貌的改变,尝试为这对工厂姐妹花立传。

3. 根据现实人物提炼出原型人物

原型人物指的是在小说中出现的与现实生活中存在的人物有相似性的虚构人物。这些人物可能是基于真实人物的改编或由真实人物提供灵感来源,也可以是作者自己的创作。原型人物在小说中起到塑造故事情节、展示特定角色特点和传达主题的作用。那么，如何在现实中提炼原型人物，提炼原型人物有哪些步骤？

第一，观察和研究：观察你周围的人和他们的行为。注意他们的言谈举止、态度和个性特点，研究他们的背景、经历和动机。这样可以帮助你了解人物的多样性和复杂性。

第二，提取关键特点：从观察中提取出关键的特点和特征。这可以包括外貌、性格、态度、言行举止等方面。注意那些与故事中的角色或主题相关的特点。

第三，创造和改编：在创作过程中，将提取的特点进行改编和创造。将不同的特点组合在一起，形成独特的原型人物。可以选择突出某些特点，加强或削弱某些特征，以满足故事的需要。

第四，发展角色：不仅关注外部特点，还要深入挖掘人物的内心世界和心理状态。思考他们的动机、目标、恐惧和冲突。这样可以使人物更加立体和有深度。

第五，多角度思考：不要局限于某一种类型的人物特点，尝试从不同角度和视角观察和思考。探索不同人物类型和性格的可能性，使你的角色更加多样化和丰富。

第六，注意保护隐私：在提炼原型人物时，要注意尊重他人的隐私和权利。确保你的创作不会侵犯他人的权益，可以对原型人物进行适当的改编和虚构，使其与现实生活中的人物区分开来。

以小说《霞光里的舞蹈》为例。小说以作者家乡的乡镇企业毛巾厂为模型，这个毛巾厂规模不大，大概有几十名工人，工人的年龄大多在50岁到60岁之间。由于毛巾厂是乡镇私人企业，所以他们没有什么双休日，一年到头只有十来天的年假，几乎没什么休息时间。他们做的是流水线上的活，需要日复一日地重复劳动，所以厂里的人都有一种长期积累下来的疲倦感。在这样的环境下，作者选取了两个代表性人物——"我母亲"和"秦阿姨"。作者认识的这两个外地落户的女工，她们把家安到镇上已有许多年，一直在毛巾厂打工。她们工作很勤勉，靠着自身的努力，她们中的一个人已经把孩子供到博士，另一个人的孩子大学毕业后，在外省的城市已经拥有很好的工作，"我母亲"从毛巾厂退下来，在家帮忙带孩子。这就是小说中的两位主人公"秦姨"和"我母亲"的原型。之所以选取她们做原型人物，是因为她们在毛巾厂的所有工人当中，具有普遍代表性。在这个镇上，年纪轻的、有些技术专长的都到外地打工去了，剩下这些岁数偏大的人在镇上的几家私人企业做工，贴补家用。千万不要小看他们（她们），就是靠着他们（她们）积攒的钱，才给了子女们阶层跃升的空间，父辈们用他们的辛勤劳动为子辈们换取了上升的时间和空间。子辈们大学毕业后，在城里谋得一份好工作，然后安家立业，有的继续求学，一路从本科读到硕士、博士，没有来自家庭的支持，他们是很难做到的。在小说里，作者将"秦姨"设定为一位博士生的母亲，将"我母亲"设定为一个在乡下所谓"已经完成了任务"（儿子大学毕业、娶妻生子）的母亲。秦姨的生活似乎看不到头，可是儿子博士很快就会毕业了；"我母亲"看似"已经完成了任务"，可是她的任务还在继续，从毛巾厂退下后，在家里继续为"我"操劳着，帮"我"带孩子。这就是乡下父辈普遍面临的现状。他们究竟何时能为子女操完心，真正地"完成任务"、拥有自己的生活呢？这是这篇小说的中心立足点。

　　4. 小说投稿与改稿

　　小说最初以《两姊妹》为题投稿到《长江文艺》杂志，一个月后，编辑打来电话讨论小说修改事宜。编辑提出了两个问题：首先是小说的题目缺乏新意，不能突出小说内涵。基于这个问题，作者提出以《霞光里的舞蹈》《战斗的生活》《晚霞》三个题目作为备选。对于这三个题目，编辑认为《霞光里的舞蹈》不错，但是有将现实问题审美化的倾向，另外两个不够好。就《霞光里的舞蹈》这个题目，作者从生活的苦难与人的尊严的角度给出了解释，认为这个题目恰恰能够突出人的精气神与尊严，编辑认同了这个解释。另一个问题是小说的视角问题，开头使用了"我母亲"和"秦阿姨"并列的句式，读起来不够顺畅。于是，作者对小说开头做了重新处理，以母亲引领叙事，着重交代了人物所处的时间、空间背景以及人物的整体处境。修改后，得到了编辑的认可，编辑将小说送审。两个月后，小说终审通过，半年后小说发表。

研讨与实践

1. 如何理解小说的故事性与情节性？

2. 找一篇你喜欢的小说，分析该小说采用了哪些叙事元素？作者对于场景、对话、描述、动作、冲突、张力、伏笔、悬念等要素是如何处理的？

3. 根据情节组合法创作一篇小说。例如，围绕一个人在童年时期经历的一次重要的事件，以及该事件对其成长和人生轨迹产生的深远影响展开创作。

4. 根据"刺激—反应"情境设计法创作一篇小说。例如，写一个人在面对道德困境时做出艰难选择的故事，讨论他内心的挣扎和选择的后果。

5. 阅读以下两则材料，尝试解析人物关系，并根据背景及人物关系的描述，运用人物关系创作法现场编写小说情节。

（1）女儿：初中女生。父母早年离异，缺失父爱，跟随母亲生活，但缺少母亲的陪伴。

母亲：40岁左右，高中语文老师，班主任，教学及事务性工作繁多，对女儿陪伴少，甚至忘记了女儿的生日；她给女儿请了一位钢琴家教，男性，40岁左右。女儿逐渐对这位家教产生情感的依赖/依恋。女儿月经初潮是在家教指导下慌乱应对的。

家教：与母亲相熟，有意组建新家庭。

父亲：隐含人物（具体信息不给出）。

（2）一场大地震后，母亲从废墟中挣扎出来。她受了很重的伤，在废墟中拼命地寻找自己的两个孩子。两个孩子在离她不远处的废墟之下，姐姐被石块压得紧一些，弟弟被石块压得稍微松一些。这个时候余震就要来了，大地开始晃动，母亲在两难的选择中先救谁？是弟弟还是姐姐？请根据"母亲先救了弟弟，余震过后，又去救姐姐"展开叙述，重点突出母亲营救的过程和震后母女打开心结的过程。

6. 从下面给出的题库中选择一个题目创作1篇小说，标题自拟，字数不限。

（1）写一个人遭受欺凌、排挤、打压的成长故事。

（2）写一个人在追求梦想的旅程中遇到挫折和成长的故事。

（3）写一个人在面对恐惧和内心妖魔时寻求勇气和解脱的故事。

（4）写一个人追寻爱情的故事，描述他和恋人的相遇、挑战和成长。

（5）写一个人在一个神秘的地方发生离奇事件后的推理故事，描述他如何解开谜团并找到真相。

（6）写一个人在未来科技高度发达的世界中冒险的故事。

（7）写一个人在面对家庭的秘密和谎言时，寻找真相和重建关系的故事。

（8）写一个人在面对自然灾害或生存威胁时求生和拯救他人的故事。

（9）写一个"我"和小动物的故事。

（10）仿写鲁迅小说《伤逝》，写一个当下城市题材的涓生与子君的故事。

拓展阅读

1. 王安忆：《小说六讲》，上海：上海人民出版社，2021年。

2. 葛红兵：《小说类型学的基本理论问题》，上海：上海大学出版社，2012年。

3. 爱·摩·福斯特：《小说面面观》，苏炳文译，广州：花城出版社，1984年。

4. 米兰·昆德拉：《小说的艺术》，尉迟秀译，上海：上海译文出版社，2019年。

5. 美国《作家文摘》杂志社编：《短篇小说写作指南》，谢楚聿译，长沙：湖南文艺出版社，2019年。

6. 珍妮特·伯罗薇等著：《小说写作：叙事技巧指南（第十版）》，赵俊海译，北京：中国人民大学出版社，2021年。

第七章

话剧剧本写作

学习目标

　　1. 知识目标：了解话剧剧本的概念、类型，掌握话剧分类与话剧剧本的特征。

　　2. 能力目标：能够运用人物塑造法、情节建构法、场景描摹法创作一部话剧。

　　3. 素质目标：感受话剧剧本及其表演的独特魅力，培养美感，提高艺术感知力。

　　一部完整的话剧参与人员众多，包括剧作家、导演、演员、幕后人员等，但首要的是剧作家，他们创作的剧本是话剧演出的文字载体，设计了人物、剧情和结局等，对剧作进行全面的构思和演绎。只有剧本完善，导演才能排练，演员才能表演，观众才能欣赏。优秀的剧本是话剧演出的基础，优秀的剧本虽不能保证演出的成功，但糟糕的剧本肯定无法带来精彩的演出。由此可见剧本的重要性。那么，优秀话剧剧本的标准是什么？如何撰写话剧剧本？是否有一定的规律与方法？这些都是本章讨论的重点。

第一节　话剧剧本的界说与特征

在了解话剧剧本之前，我们首先要了解话剧及其种类。话剧的不同性质和不同篇幅都影响着话剧写作的内在思路。

一、话剧剧本的界说

（一）话剧的界说与类型

话剧是以对话和动作为主要表现手段的戏剧形式。这门艺术最早产生于古希腊时期，它脱胎于酒神祭祀的仪式当中，是西方最古老的文学与表演艺术之一。中国话剧产生于1907年，当时称"新剧""文明戏""爱美剧"等，1928年由戏剧家洪深提议定名"话剧"，以统一这门新的艺术形式的称谓。

话剧从内容性质和美学范畴上来分，可以分成悲剧、喜剧和正剧。

第一种是悲剧。在古希腊时期，悲剧是在春天播种时为谢神而表演的山羊之歌。最早的悲剧主人公在命运的支配下，往往是无可逃脱的，常以失败和灭亡而告终，我们称之为命运悲剧。那时主要还是信奉神力，人力没有办法抵挡神对命运的安排，有点宿命论的味道。《俄狄浦斯王》就是命运悲剧的一个典型。时代逐渐发展，悲剧的概念逐渐有了一些根本性的改变。如莎士比亚的悲剧，往往表现人物的理想或愿望与现实之间不可调和的矛盾。莎士比亚笔下的悲剧人物，往往也是性格上有一定的缺陷。例如，麦克白的欲望、李尔王的傲慢、哈姆雷特的徘徊等等，因此，我们也把莎士比亚的悲剧作品称之为性格悲剧。再到后来就是社会问题悲剧，鲁迅就说悲剧是将那些有价值的东西毁灭给人看，人类的美好理想或夙愿，在社会现实中没办法实现。

第二种是喜剧。喜剧最早是古希腊人在秋季收获葡萄时为谢神而表演的狂欢之歌。因此很多学者把喜剧的气质和酒神精神与狂欢之歌联系起来。在剧情方面，狂欢歌舞之时，领队者常要表演一些谐谑之词引人发笑，所以喜剧的特点是多以滑稽的形式嘲笑或讽刺生活中的一些丑恶现象和人物性格中的缺点弱点。例如，契诃夫的喜剧，往往就是讽刺某些人身上的性格缺点，比如人格上的吝啬、贪财、虚伪等。一般来说，喜剧的结局是愉快和圆满的。19世纪以后，现代派喜剧往往具备黑色幽默的特征。它讽刺在现实中看起来司空见惯背后却不合理的现象，作品充满了荒诞与反讽的色彩。黑色幽默利用喜剧的形式与思维来揭露现实，嘲笑权威，颠覆常规。

第三种就是所谓的正剧，它是介于悲剧和喜剧之间的一个类型。人类的生活错综复杂，不单纯是悲剧性的或者喜剧性的，而是有悲有喜、悲喜交织、悲喜无常。因此，这类正剧又称为悲喜剧。例如《罗密欧与朱丽叶》，这部剧上半部分是愉悦的，讲述罗密欧与朱丽叶如何月下幽会，如何坠入爱河的故事，但是到了剧尾，因为家族世仇等各种阻碍和冲突，两人未能在一起，最后双双殉情，酿成了悲剧。

如果按照作品的篇幅、规模等形式来划分话剧，可以分为独幕剧和多幕剧。

独幕剧是独成一幕的短剧，它往往受到严格的时间、场景的限制。所以它要求结构比较紧凑，矛盾冲突的展开要比较快，结局要来得比较迅速，这样才能构成一个独幕剧的欣赏要素，比如契诃夫的《天鹅之歌》等。

与独幕剧相对应的是多幕剧。舞台的大幕启闭一次为一幕，在话剧演出过程中，大幕启闭两次以上者，即称多幕剧。多幕剧是一种体量相对比较大的戏剧，容量庞大，往往一幕里面又包含很多场景，故事情节比较复杂。多幕剧通过换幕的形式来表现时间的间隔和空间的转移，把不便于在舞台上演出的事件转移到幕后，处理不同时间、不同空间的事件，进而把观众带到不同的空间和场景当中去。多幕剧能够展现诸多人物、情节、场景，它反映的生活也就更加广阔。多幕剧有许多情节和场景，在结构上往往比较复杂，不像独幕剧，只有一个主情节和主场景。

（二）话剧剧本概述

话剧剧本，指的是为了舞台演出而撰写的故事底本。

在格式上，话剧剧本主要包含了人物表、时间、地点、布景说明、对话和舞台提示这几个部分。人物表主要列出话剧当中出场的人物，并对其进行简单介绍。时间是指故事发生的年代、季节、昼夜等。地点是指故事发生的地域、场景等。布景说明主要是对话剧演出所需要的背景、道具及其位置关系等进行说明，用以塑造舞台空间，象征着故事发生的真实场景。对话是话剧的主要组成部分，包含了对白、独白和旁白。舞台提示是在正文当中对灯光、音乐、表演等做出的规定和要求。

在内容上，话剧主要是以对话和行动来推进情节和冲突，因此剧中人物的对话以及人物的行为成为主要描写的对象。话剧中的对白既要通俗易懂，便于观众接受，又要高度凝练，以最少的语言去传达人物的思想和感情。因此话剧语言需要有一定的文字修养，仅仅大白话是远远不够的，如果全是大白话，那就像小品，而不像是一门文学艺术了。因此，话剧剧本的语言既要通俗易懂，又要有文学艺术性的表达。

话剧的剧本是可以作为文学作品去独立欣赏的。当我们看剧本时，就能够想象舞台场景及其背后的广袤空间，这个过程如同欣赏小说的对话一样。相比电影剧本而言，话剧剧本更加立体直观。电影剧本相当于是一个中间形态的脚本，所以独立审美价值不如话剧剧本。话剧剧本是高度凝练的对话形式，语言中充满了机锋，从对白、独白和旁白中能够梳理出故事冲突和情节脉络。因此，话剧剧本不仅是演出的辅助底本，而且还是一种独立的文学作品。总之，话剧剧本写作是一门艺术，不仅需要有丰富的想象力和创造力，还要懂得如何将剧情、细节表现出来使观众感动。话剧创作是一种把文字转化为舞台表演的过程，而前端的剧本创作则包含了台词、动作说明和情节结构等元素，并且需要考虑到不同的写作视角和表演要求。

二、话剧剧本的特征

话剧是一门独特的艺术样式，首先它必须在剧场中演出，其次它必须以对话和动作为主要表演形式，最后它归根结底是一门舞台艺术，这就决定了它的剧本往往有如下三个特征：集中性、对话性和综合性。话剧的剧场性决定了剧本的集中性，话剧的对话性决定了剧本的对话性，话剧的舞台性决定了剧本的综合性。

（一）集中性

话剧是在一定的剧场、借助舞台来完成的，我们把它称之为剧场性，古今中外的话剧演出都是借助不同类型的剧场和舞台来完成的。剧场有各种各样的形式，古希腊罗马时期以露天剧场为主，现代剧场以封闭式建筑为主，当代的一些小剧场则开辟出一些特殊场域作为演出剧场，比如工厂、监狱、街头等，其目的是便于演员的表演和方便观众从各个角度去欣赏话剧，以沉浸感为最终目标。因此，当话剧只能在一个剧场中完成时，由于这个特殊的舞台媒介，在内容上就要求剧本中的人物必须要集中，矛盾、情节和场面等皆是集中的。也就是说，剧本的集中性是话剧剧场性的必然要求。

譬如，电影当中有很多龙套演员，可以拍摄千军万马，但是我们在戏剧的剧场中是不可能出现的。要来个千军万马，剧场里面也站不下。因此，舞台只能聚焦于几个主要人物，可能在场的只有几个将领在表演。如果要表现千军万马，可能要通过一定的音响辅助来完成，必须把人物的数量压缩在舞台可以承受的范围内。

话剧剧本的矛盾也比较集中，要抓住最核心的几个矛盾来展开，而不能像写小说那样描写很多次要人物之间的非主要矛盾。

情节也是在有限的场次和有限的布景中来展现的。如果情节特别多，就要换很多场次和道具，那样演出成本太高了，因此只能把它压缩在一些核心场景中。

在法国古典主义戏剧时代，人们提出了戏剧创作的"三一律"原则，指的是戏剧创作的时间、地点和情节必须高度一致，剧情需要发生在同一个地点，时间要求压缩在一天之内，情节以单线索为主。中国有些经典戏剧作家或多或少还是遵循了"三一律"的内在要求，曹禺的创作就受到了"三一律"的影响，他写的《北京人》，核心场景就在曾府的花厅，故事的时间也在一天之内，情节是这个家族的没落和人物的出走。曹禺在创作剧本时遵循了"三一律"的原则，观众在剧场观剧时就会觉得剧情特别紧凑。

因此，话剧剧本写作由于受到剧场性的制约，要求剧作家必须省略一些非关键的情节，跳过一些非关键的时间，去展现最核心的场景和事件。那些过渡性的部分内容，往往是通过剧中人物的讲述来完成的。

（二）对话性

话剧有一个很重要的属性，即对话属性。话剧区别于其他剧种的最重要的特点就是它是以大量的舞台对白、独白和旁白来展示剧情、塑造人物和表达主题的。

对白是话剧当中最显著的特征和标识，是两个或者两个以上人物之间相互对话，各自阐明观点和立场，发生争论、劝说，抒发感情，等等。一个人在台上自说自话，这个称之为人物独白。独白往往是表达内在心理活动、抒发个人情感等。独白更多体现在心理外化的时候，心理外化指的是把人物内在的心理活动通过自白的形式展示给外界。独白看似是自说自话，其实也是给观众一些信息提示。另外，话剧当中还有一些旁白，虽然不多见，但偶尔也会用到，这就是通常说的"只闻其声，不见其人"的表达方式。这在话剧中是一个很有意思的表现方法，观众听到这个演员在舞台外面说话，但是他本人还没有进入到舞台当中。

话剧中的对话和小说有所不同。创作小说也会经常写对话，但是小说中的对话往往不是很凝练。话剧对白则要特别凝练，因为在舞台上表演，每一句话都要能够攫取人心，如果太过芜杂或者无效信息太多，则不利于抓住观众。

话剧艺术和小说不一样，小说可以有很多介绍性的文字，但是话剧没有。话剧的介绍性文字，是在人物的对白中完成的。另一个不同就是人物之间的关系，小说可以直接介绍人物之间是亲戚、朋友、敌人的关系。而话剧则必须从人物对话的态度中去感知和总结这些信息。总之，话剧的对白承载的内容多，呈现出来的效果又很凝练，这对话剧的对话写作提出了非常高的要求。有效的对话是话剧剧本写作的关键。剧作家在写话剧剧本时，要注意赋予主要人物有力的台词，并将其表现出来，让观众能够认同并理解。此外，作家还可以考虑运用多方位的对话技巧，例如刻画性对话、冲突性对话和悬念性对话等，以充分表现主要人物的性格和情感。

（三）综合性

话剧是一种综合性的艺术，其特点是在舞台上塑造众多具体可感的艺术形象、向观众直接展现社会生活情景及其背后的问题。它或者是写实主义的，或者是具有浓厚的象征主义的。

话剧作为综合性的舞台艺术，主要包括四个门类：第一是文学，话剧演出需要有剧本，剧本是演出的文学依据，它为舞台的艺术创造出思想、形象的初步设计，就像蓝图对于建筑工程一样；第二是表演，在话剧形式中，表演艺术是中心，能够把剧本中所提供的形象、故事进行再创造，成为舞台艺术，主要靠演员的表演，如对白、表情等等；第三是音乐，音乐的设计要以剧本提供的思想、人物、情节为基础，它的作用主要是烘托人物的思想感情、心理活动，制造气氛、为开展情节塑造人物服务；第四是美术，这主要是指化妆、服装、布景、道具等，美术设计有的是直接塑造人物形象，有的则为人物活动提供典型环境，为情节的开展创造气氛。此外，还包含手工艺、灯光、舞蹈、武术等要素。

话剧舞台艺术的综合性属性要求话剧剧本写作也应该具备综合性思维，要求剧作家创作剧本的时候也要有相应的艺术视野和预见去设计和铺陈。在塑造人物形象的时候，可能需要对表演有一定的预设；在描写场景的时候，可能需要对动作设计和音乐设计有一定的想象；在编排结构的时候，可能需要对场景的布置及其美术效果有一定的心理预览。这些都是剧作家必要的修养。由于剧作家的综合性思维和视野，使得创作出的话剧剧本也呈现出综合性特征。这些特征主要体现在剧本的布景设计和舞台提示之中。

首先，剧本的布景设计一般放在剧本正文前方，详细介绍了场景中的背景板、道具及其位置、光线及其角度等，这都是美术设计的体现。比如在曹禺《北京人》的布景设计中这样写道："这间小花厅是上房大客厅和前后院东厢房衔接的所在，屋内一共有四个出入的门。屋右一门通大奶奶的卧室，门上挂着一条精细的绿纱帘。屋左一门通姑奶奶——曾文彩的睡房，门上没有挂帘子，门框较小，比较肮脏，显得里面的屋子也不甚讲究。整个后墙的一面，是一排糊着蓝绸子的槅扇门窗，和一小部分壁橱似的小小的书斋。"[1]曹禺的舞台设计非常讲究，像是一幅工笔画。

其次，剧本的舞台提示一般在正文中，用小括号标示出来，在这当中，一般都会有音乐、音响、歌声等的提示，这都是音乐设计的体现。比如在阿瑟·米勒《推销员之死》最后的舞台提示中，作者这样写道："在暗下去的舞台上只听得见长笛的乐声，而与此同时压在这所房子上空的公寓大楼的无情的高层建筑变得轮廓格外清楚。"[2]阿瑟·米勒用长笛作为闭幕音乐，悠扬绵远，让人回味无穷。最后，剧本也会对演员表演有一定的提示，这部分往往也是出现在剧本的舞台提示当中，一般包含了对演员动作、表情等的指示，往往是剧作家对表演的预设和期待。我们仍然用《北京人》的开场举例，张顺的舞台提示是"陪着笑脸"，曾思懿的舞台提示是"嘴唇一咬"，这个表演提示非常形象且细微。

以上剧本中所呈现出的美术、音乐、表演，都是话剧剧本综合性的体现。

1.曹禺：《北京人》，成都：四川人民出版社，1984年，第3页。
2.阿瑟·米勒：《推销员之死》，英若诚译，上海：上海译文出版社，2020年，第223页。

第二节　话剧剧本写作的思维训练与创作方法

　　话剧剧本写作是一个系统性的工程，也是一个复杂的思维活动的过程。这个过程包含了主题设立、创意萌生、人物设计、情节编排、结构调整、舞台想象、时间设置等多种运思。每一位编剧的思维角度、思维方法和思维过程都有所不同，有的从朦胧的主题立意出发，有的从大体上的情节轮廓出发，有的则从一个印象深刻的场景出发。

　　一部优秀的话剧一定要有立得住的人物，人物的性格和动机决定了故事的情节方向，而故事的情节方向决定了故事的场景和演绎。一部出色话剧的主题意义是故事完成后自然呈现出来的结果，而且往往具有多义性，而不是根据某种特定的意义强行编排出来的，所以，话剧写作不推崇主题先行的写作观念。

　　关于话剧写作，教师一方面要引导学生阅读古今中外经典的剧本，感受优秀话剧的独特魅力；另一方面要根据写作规律和教学经验，总结一套话剧剧本写作的方法，借助这些方法，在教学中有意识地进行思维训练，才可能达到事半功倍的效果。人物塑造法、情节建构法、场景描摹法就是经过教学实践总结出来的话剧写作的方法。人物塑造法是情节建构法的前提，情节建构法是场景描摹法的前提，三者一以贯之，具有密切的关联性和过程性。根据这三种方法，一共衍生出辅助话剧写作的六个表格："人物设计表""人物关系表""动机——障碍表""阻碍——行动表""场景细化表""行动——反应表"。初学者需充分掌握这三种方法，认真填写这六个表格，不断地推敲打磨，就能构思出一部相对成熟完整的话剧作品。

一、人物塑造法

　　一个立得住的话剧人物是舞台的灵魂。从古至今，我们能够铭记的故事，往往都有让人铭记的人物，比如弑父娶母的俄狄浦斯王、残忍复仇的美狄亚、阴郁的王子哈姆雷特、野心勃勃的麦克白、傲慢又可怜的李尔王、果断出走的娜拉、活在美国梦里的推销员威利等等。人物在话剧中具有非常重要的地位，他们是直接面对观众的，是观众与话剧世界的媒介。每一个登上舞台的人物，编剧都需要用心塑造和刻画，作者甚至要把自己想象成人物本身，体会他们的所思所想，站在他们的立场上，说出他们想说的话。金庸曾对话剧大师赖声川谈起他的创作："他花非常多的时间建立角色，在他脑中想好所有角色，角色完整到已经完全有生命的地步。他说，只要角色到了这个地步，把他们放在任何状况里，'他们自己就会跑'。这个说法很传神。角色的个性是推动任何一本小说情节的第一因，先把每一个角色都想得跟真人一样，有喜怒哀乐，再把这些真人放在一个个情境中，一起互动，前因推动后果，小说似乎就能自己写自己！这就是'导因，不导果'的绝佳例子。"[1]金庸虽然谈的是小说的角色创作，但话剧亦如此。

　　塑造和设计人物是话剧写作的第一步，也是最重要的一步。要写好话剧人物，首先要做好前期准备和设计工作，初学者可以通过表一和表二两个步骤完成人物设计。

表7.1　人物设计表

	名字	形象	性格	职业	能力	动机
角色1						
角色2						
角色3						
角色4						
角色5						

　　在表7.1中，编剧第一步要对剧中的主要角色起一个便于观众记忆的名字，有很多普通编剧不太重视这一点，实际上，一个好的名字可能暗示着人物角

1.赖声川：《赖声川的创意学》，桂林：广西师范大学出版社，2011年，第160页。

色在剧中的功能，或者和主题相关，是对主题的某种暗示。而且朗朗上口的名字便于观众记忆，出众独特的名字有可能引发观众的揣摩。

第二步则是要确立好角色的基本形象，便于导演去寻找和发现。不同的角色，其鲜明的形象也是有利于观众去记忆的，有一些角色的面部和身体特征，往往暗示了其心理状态。编剧要注意分解角色的形象，即划分细节，如行为、态度、声音、语言、眼神等，依据角色在剧情上的变化来进行表现，以此来体现角色的生命力和个性。编剧还要注重将人物的精神世界表现出来，这可以通过描写人物的内心活动来展示，如通过描写人物的某些精神或情绪的转变，或人物的行为举止及其谈话等来表现。

第三步则是要确定角色的性格特点，对角色进行深入地分析，确定其个性的鲜明特点。在这里，编剧可以参考各种文学著作中的形象以及剧作中的演员角色，参照现实生活中的真实案例往往能够深入人心。当然，角色的性格并不一定是固定不变的。在一些长剧当中，编剧要设定一个合理的剧情起承转合，让角色的性格得到发挥和发展，使之在剧情中能够充分表现出来。人物的性格往往决定了人物的行动方式，冷静者往往镇定自若，暴躁者往往火急火燎，懦弱者往往很难坚定，勇敢者往往无所畏惧，等等。

第四步则是要确定人物的职业及其能力。当代社会是一个高度分工化的社会，不同的职业往往能够塑造人物不同的行为特点及思维方式，而职业往往也赋予人物相应的能力，能力往往又体现为角色在剧中的行动能力。一个角色在剧中要克服相应的困难，必须要有相应的能力，这决定了剧情走向。倘若人物角色没有办法克服阶段性的困难，他就必须去历练和学习，一旦他克服了阶段性的困难，则证明了其能力的提升，继而需要接受新的挑战。当然，也有一些剧情中，作者凭空赋予了人物一些特殊的能力，使其在行动中无往而不利。

第五步也是最关键的一步，就是要考察清楚核心主人公的动机。核心主人公的动机是一个故事的关键。某种程度而言，我们欣赏一个话剧故事，就是在观看一个主人公的动机及其实现或幻灭。譬如复仇类故事，复仇就是主人公的核心动机，怎样复仇，复仇过程中遇到什么挑战，复仇能否成功，正是观众最期待看到的。比如《哈姆雷特》的复仇，当哈姆雷特的叔父通过阴谋篡位并娶了哈姆雷特的母亲时，哈姆雷特复仇的动机便确立起来了。在复仇的过程中，他一方面要经受叔父的种种阴谋诡计，另一方面又要克服自己优柔寡断的心理障碍，最后虽然完成了复仇，但也玉石俱焚。由此可见，人物角色有没有一个鲜明的动机，决定了故事是否有根本动力，决定了观众能否继续追下去。

表7.2　人物关系表

（注：人物关系需要根据表一中的角色与角色的不同关系去填充）

在表7.2中，我们需要对出场人物的关系做一个梳理。实际上，人物关系不仅仅是亲友、仇敌这么简单，而是要围绕着人物动机去设计。有哪些是主人公的帮助者和辅助者，有哪些是主人公的障碍者或者反对者，这样人物的关系就比较清晰了。实际上，人物关系的发展变化往往决定了情节走向，有很多故事的人物关系要到剧作的最后环节去揭示，比如《雷雨》当中周萍和四凤的兄妹关系，就有力揭示了该剧的悲剧走向。但是，作者在预设环节，不妨先把这些关系通过图示展示出来，作为对自己编剧的一个提醒。只是在正文写作过程中，一开始将这些比较隐秘的关系遮蔽或者埋藏起来，等到合适的时机做出揭示，从而让观众出乎意料，达到恍然大悟的目的。

二、情节建构法

亚里士多德认为："悲剧是对于一个严肃、完整、有一定长度的行动的摹仿；它的媒介是语言，具有各种悦耳之音，分别在剧的各部分使用；摹仿方式是借人物的动作来表达，而不是采用叙述法；借引起怜悯与恐惧来使这种情感得到陶冶。"[1]从亚里士多德对悲剧的界定中可以看出，行动是悲剧的主体内容。实际上，情节的本质就是人物的行动所组成的序列，这里的行动可以通过一系列动词来概述，比如寻找真相、惩治凶手、复仇、刺杀、相爱、相知、忏悔、等待、出走等等。由于话剧的行动又往往体现在对话当中，因此很多行动是以对话来体现的，这类动词我们可以概括为说服、谩骂、辩论、攻讦、诉说、规劝、通报、讲述、呐喊等等，不同的情节点都是可以用一个核心动词来概括的。那么，了解了情节的本质，又该如何去建构它？有效的行动一定是回归人物的，这就回到了第一张表格中的第六列。在有了基本人物设计的基础之上，可以通过表三和表四来进行情节建构。

一部剧作中人物的行动从何而来？那就要回到第一部分对人物角色的塑造上来。一个人物的动机决定了其行动方向，人物和情节是要保持统一关系的，这样才能使情节不虚浮。但是，在这个过程中，人物的行动往往又会受到各种各样的阻碍，动机和阻碍构成了剧作基本的冲突，这便是戏剧的冲突性。一部戏耐不耐看，好不好看，有没有冲突显得尤为重要。那么要克服这些障碍，则必须要付出种种努力和行动，这就是人物行动的来源。一部好的作品，人物不可能独立于情节之外，情节的发展也不可能脱离人物的动机，此即人物和情节的统一。构建话剧情节要从人物塑造开始，必须重视主角的形象塑造，例如：刻画他们的外在和内心特征，理解他们的性格，以及表现出他们的意向，这些都是构建话剧情节中不可或缺的要素。如果脱离了这一点，或者有悖于这一点，那么一定是一部不成熟的剧作。

表7.3　动机——障碍表

	动机	阻碍动机的潜在障碍
角色1		
角色2		

1.亚理斯多德：《亚理斯多德〈诗学〉〈修辞学〉》，罗念生译，上海：上海人民出版社，2016年，第36页。

续表

	动机	阻碍动机的潜在障碍
角色3		
角色4		
角色5		

　　在表7.3中，我们把各个人物的动机梳理出来，继而通过发散思维和头脑风暴的方式，把所有可能阻碍人物动机的因素尽可能多地列举出来，不管是内在的还是外在的，是敌人的还是自己的，是社会的还是家庭的，等等，这便于下一步去筛选和创作。在这里需要注意的是，并不是所有的障碍都能够入戏，经过筛选后，只有那些冲突比较激烈，能够表现人物内在本质的障碍，才值得被写入。

表7.4　障碍——行动表

	筛选出来的障碍	克服障碍所需行动
情节1		
情节2		
情节3		
情节4		
情节5		

　　在表7.4中，我们对表7.3中的核心障碍进行提炼，继而列举出人物为了克服这些障碍所要辅助的行动，这样就有了情节的雏形。有了情节雏形后，还需要进一步发掘情节背后的冲突性。若要营造紧张刺激的话剧冲突，必须掌握合理的叙事技巧，要从主题和人物关系去着手构建故事情节来构思冲突。应该合理地组织对白，用言辞和对话来加深人物之间的冲突，特别是把重要情节和脚本中的主题重心放在角色之间展开的对抗中，使冲突更加明显，更具有悬念性。营造话剧冲突，要合理利用剧中的时间、语言、情节等，将人物和剧情紧密结合起来，使冲突达到紧凑、紧张的效果，这样才能让观众体验完美的戏剧节奏。

三、场景描摹法

场景是话剧表现的基本单元，抽象的情节和行动序列都要通过一个个具体可感的场景展现出来，因此一定要掌握场景描摹的思维方法。很多人理解场景，往往只是将其当成话剧的背景，其实，一个完整的场景包含了时间、地点，这个地点往往很微缩，近乎于场所这个概念，包含了景物、静物、道具等等，话剧布景主要是根据这个地点来设计的，同时还包括了人物以及场景当中人物的言行举止。

表7.5　场景细化表

		时间	地点	人物	开局	中局	结局
情节1	场景1						
	场景2						
	场景3						
	场景4						
	场景5						

在表7.5中，把筛选出来的有效情节进行场景化，人物角色在不同场景中完成不同的行动，人物的愿望和目的很少能在一个场景中就完成，往往是不间断的努力，分配到了不同的场景中。这样，必须对某一个场景的时间、地点以及场景当中发生的事情有所描述，因为在话剧当中能看到的就是一幕幕具体的场景。其实，如果想要让每一个场景都保持张力的话，也要安排场景的开局、中局和结局，使事件有一个发展变化的过程。

在情节建构法的基础上，需要对情节序列进行重新排列，此时剧本创作已经上升到了结构的层面。结构即对情节的编排，主要是通过时空序列来完成的。这就是在表五中强调时间和空间的原因。那么，话剧剧本写作如何有效运用时间和空间呢？

在时间艺术上，首先，要安排剧本的重要情节和节奏，以达到最佳的视觉效果。例如，可以采取让情节发展速度快慢结合的方法，在重要部分减慢节奏，拉长时间，使情绪更加强烈，形成一种节奏感。其次，要精心设计剧中人物之间的时间轴，以便把握剧情的脉络。时间轴的安排必须有序，并且要适当地注明每段剧情在何时、何地发生，以表达剧情的关联性和流畅性。最后，尝试使用时间的艺术处理，例如把握时间的变化、利用回忆、展示未来等技巧，这样能够使剧本的故事更加生动，观众的感受性也会大大提高。

在空间艺术上，可以采用开放式或封闭式的布局，安排不同场景的动作和对话。例如，把不同场景之间的距离缩短，使观众得以通过更多的视角观看节目，从而加深剧中人物的变化和冲突。要根据剧本的故事情节，结合具体的舞台空间，设计简洁的舞台图，将台上台下的动作合理区分，从而使台上的节目更有内涵、更有吸引力。能够利用舞台空间的装置和场景，结合剧本中的人物行为来推动剧情的发展，更好地表达主题和作品内容。总而言之，运用合理的舞台空间，可以加强剧本中人物和情感的显示，更好地表现剧本的主题，让话剧空间更具有艺术性和生动性，让观众受到更强烈的视觉冲击，从而提高剧本的表现力和感染力。

表7.6　行动——反应表

场景	角色1	角色2	角色3	角色4	角色5
行动1					
行动2					
行动3					
行动4					
行动5					

完成了表7.5的内容，表7.6的内容其实是为了帮助和丰富场景写作的，场景除了像我们之前所说的那样，包含了景物和静物，落实到具体的场所中，人物的反应和行动才是场景中最主要的内容。把每一个场景中出现的人物罗列出来，当角色1发出了某种行动或者说了某些话，必然会刺激其他角色做出

相应的反应，以此来不断提示我们所写的内容，用以完善我们的场景写作。

通过以上六个表格，我们对人物有了比较深入的设计，又通过人物建构了基本的冲突和情节，再通过对情节的分解和细化，来完善每一个场景，这样策划和构思出来的话剧，至少是合乎情理的，不至于失去故事的主体框架。但是，这六个表格的策划想要最终书写为成熟的话剧，必须要在每一个环节不断地推敲和打磨，还需要在情节的编排上运用匠心独运的时空设计，才有可能编出上等的作品。

四、整体写作要点

写作话剧剧本，在掌握上述写作方法的同时，还要在整体上注意以下四个写作要点。

首先，编剧在写剧本前要对舞台的整体观念进行构思。无论是定下舞台角色、舞台布置，还是定下故事的背景、演出的场景等，都要根据剧本的需要选择一个有效的叙事模式。了解剧情的建构，理清剧本的前因后果，把握剧中人物的矛盾，结合主题思想和主旨精神，来巧妙地设置故事情节，展现整个故事的起承转合。当作家初步写完话剧剧本并准备把它演出来时，应尽可能地进行预演，以便更精准地了解话剧的完整思路，也可以对剧本进行必要的修改和完善，从而更好地体现最终的创作成果。

其次，编剧也要注意在剧本中突出各个角色的生动表现，使各个角色都有自己独特的性格和印记，能够让观众理解和记忆。编剧写剧本时要注意人物情绪的渐变，包括人物的思考和行动，如紧张、激动、伤心、乐观、憔悴等，这些情绪影响着故事走向，是剧本写作中必不可少的元素。编剧在写剧本时要注意文字的情绪，避免淡漠，还要用心去反映故事中真实可信的人物情感，才能使剧本更为有趣，深入人心。在写作话剧剧本时，作者也可以考虑增设一些"附加剧情"，以便更好地帮助演员理解角色性格特征，也可以让整个剧本更加丰富、有趣。此外，还可以在写作过程中注入互动或是幽默的环节，以便让舞台表演更具观赏性。

再次，写作话剧剧本，人物的台词是构成话剧的基础，它可以帮助作家将自己的想象力转化为可以演绎的舞台作品。因此，在写作话剧剧本时，应重视台词的构思和多样性，以便使台词能够更形象地表达出人物的思想和情感。对话技巧在剧本写作中起着举足轻重的作用。作家们在写作过程中要充分考虑各种不同的对话技巧，把人物最真实的情感展现出来，还要具备足够的创作功底，在把握节奏方面做到恰到好处。此外，编写动作说明也是必不可少的，因为台词不足以构筑出完整的话剧，而动作说明又可以使表演变得更逼真。为了避免写作过程陷入"空虚"的情境，作家还需要建立合理的情节结构来完善台词和动作说明。一个合理的情节结构可以使故事更有连贯性，可以帮助作家对故事整体的情感进行有效的把握，从而实现思想的表达。

最后，要根据实际要求，确定剧本内容的主题思想和艺术风格，将故事情节融入剧本。同时，要熟悉语言运用的规律，突出剧作家个性化的色彩，在剧本中加入更加真实、有趣的形式，令观众感受到话剧艺术的魅力。话剧剧本写作需要考虑舞台表演的要求。在舞台上表演时，同一个作品不同演员在表演细节上可能有所不同，因此作家们需要在创作过程中考虑到演员表演的可能性，以便让整个剧本更加完美地表演出来。

综上所述，话剧剧本写作是一项高超的艺术，需要编剧拥有宏观的设计，大量的想象力和创造力，在基础知识的支撑下，编剧只有做好前期准备，充分理解剧本写作的目的和步骤，才能够写出一部贴切观众需求、有价值的话剧剧本。

第三节　过程写作实训：一部独幕话剧剧本的生成

第二节介绍了三种话剧创作的思维方法，初学者通过对六个表格的填写，来完成整个话剧写作的构思过程。本节以一个真实案例来体现话剧写作的构思过程，通过完整地填写和打磨上述六个表格的内容，进一步形象化地展示话剧写作的思维过程和创作方法，借此来呈现一部作品雏形的生成。

【案例展示】
蒋孝玉《骗子》

一、人物设计表

表7.7 话剧剧本《骗子》人物设计表

	名字	形象	性格	职业	能力	动机
角色1	小章	24岁的青年男性，气质板正、斯文	温和、细腻、机敏、正直，做事认真负责，但有点逆来顺受。	警员	反应灵敏、做事有条理、审讯手段犀利	公正合理地解决案子、增加办案经验
角色2	老吴	30岁的中年男性，老气横秋	不耐烦、爱耍威风	警员	办案经验丰富	快速解决案子
角色3	小程	23岁的年轻女性，干练有朝气	单纯、坦率、正直、豁达	（见习）警员	善于随机应变，机敏	学习办案经验、公正合理地解决案件
角色4	王莉	气质优雅的中年卷发女性	精明、尖酸、刁滑、爱财	微商	会赚钱	通过报警找回因遭遇电信诈骗损失的钱财
角色5	李晓东	身材肥胖、不修边幅	忸怩、冲动、暴躁	自由职业者	会电子信息技术	通过报警要回给女主播刷的礼物
角色6	韩笑笑	浓妆艳抹、身材火辣	虚荣、蛮横、巧言令色	主播	花言巧语、外貌出众、会唱歌	通过报警找到卖假护肤品的微商并索赔

在表7.7当中，该剧作者构思了六个人物，其中前三位是警员，后三位是报警人，分别是微商、自由职业者和主播。作者对他们的外在形象进行了精准的描述，对他们的性格也做出了简单的勾勒，同时赋予了他们不同的能力，最重要的是，作者对六个人物的不同动机做出了清晰的交代，不同人物的动机的碰撞，必然擦出不一样的火花。从动机当中，我们都已经能够看出角色1和角色2有潜在的冲突，一个希望合理地处理案件，另一个则想快速结案。

二、人物关系表

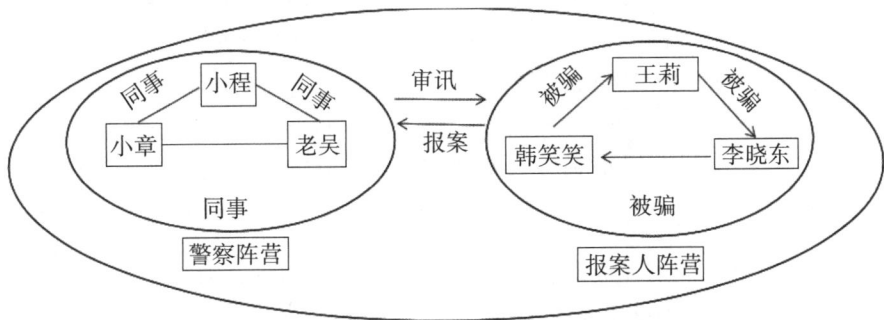

图7.1 话剧剧本《骗子》人物关系图

在图7.1当中，我们可以清晰地看出六个人物之间的关系，他们可以清晰地分为两个阵营，其中前三位是同事关系，而后三位形成了闭环形式的互骗关系，王莉被李晓东所骗，李晓东被韩笑笑所骗，韩笑笑又被王莉所骗，这体现了戏剧化的手法——巧合。

三、动机——障碍表

表7.8 话剧剧本《骗子》动机——障碍表

	动机	阻碍动机的潜在障碍
角色1 小章	公正合理地解决案件	无法锁定行骗者，难以拿出证据； 报案人隐瞒部分真相； 老吴不想细究案子；
角色2 老吴	快速解决案件	行骗者互相指责，都不认错；

续表

	动机	阻碍动机的潜在障碍
角色3 小程	学习办案经验	行骗者对其行骗行为极力狡辩；老吴的判罚有些草率；
角色4 王莉	找回被电信诈骗的钱财	出售的护肤品可能是假货；
角色5 李晓东	找到网络女主播要回礼物	曾有多次电信诈骗经历；
角色6 韩笑笑	找到卖假护肤品的微商并索赔	担心自己名声受损，粉丝脱粉

在表7.8当中，作者根据表7.7中的六个角色的动机，通过头脑风暴的形式，列举了阻碍角色动机的潜在障碍。在这些障碍当中，有些是角色和角色之间的相互冲突，比如角色1和角色2之间的观念冲突；有些是外力的因素，比如报案人隐瞒真相；有些则是人物内在的因素，比如担心名誉受损。这些障碍都是从角色身上的动机中延伸出来的，能够为人物下一步行动的展开构成基础。

四、障碍——行动表

表7.9 话剧剧本《骗子》障碍——行动表

	障碍	行动
情节1	无法锁定行骗者，难以拿出证据	小程查询报案人所提供的信息 小章捕捉报案人被骗过程中的细节
情节2	报案人隐瞒部分真相	小章的问讯使报案人不经意露出行骗的"马脚"
情节3	行骗者对其行骗行为极力狡辩	小章一针见血指出行骗者的核心问题，行骗者无从狡辩
情节4	行骗者互相指责，都不认错	小章挨个指出报案人诉求的合理性以及行骗的违规性

续表

	障碍	行动
情节5	报案人各自有所顾忌，不敢延长审理时间	小章拿出已经查询到的部分证据，运用心理战术，让行骗者的谎言不攻自破 老吴以熟练的办案经验"套"出骗局真相
情节6	老吴不想细究案子，老吴的判罚结果不公	老吴暗示报案人可能因为行骗留下案底 小章向老吴指出行骗者行为的潜在危害 小程向小章倾诉自己想当警察的初心

在表7.9中，作者根据表7.8中的障碍，筛选出来了六个核心障碍，以此梳理出来了六个核心情节点。剧中的人物为了达成他们的动机，就必须克服眼前的障碍，那就必须付诸一定的行动。要注意的是，情节5当中，作者把三个报案人所面对的障碍进行了总结——每个人都有所顾忌，不敢延长审理时间。到这里，作者已经基本清楚地梳理出了核心情节和话剧冲突，其中最主要的冲突来自小章和小程对于公正审理案情的期望和老吴草率判罚之间的矛盾，第二个冲突是审判方希望查明案情和三个报警人的隐瞒之间的矛盾。

五、场景细化表

表7.10　话剧剧本《骗子》场景细化表

情节	场景	时间	地点	人物	开局	中局	结局
情节1	场景1	晚上	3号接待室	小章、王莉、老吴、小程	王莉陈述报案原因	老吴打断小章问询	王莉等候信息查询结果
情节2	场景2	晚上	2号接待室	小章、李晓东、小男孩	李晓东讲述报案原因	报案人背后的特殊关系暴露	小章指出李晓东的问题
情节3	场景3	晚上	警局大厅	小章、老吴、小程、韩笑笑、王莉、李晓东	大厅响起老吴与韩笑笑的争吵声	三个报案人之间的复杂关系渐显	行骗者之间互相指责

续表

情节	场景	时间	地点	人物	开局	中局	结局
情节4	场景4	晚上	警局大厅	小章、韩笑笑、王莉、李晓东	小章逐个询问报案人诉求	小章分析每个报案人的违规行为	小章运用出色的法律知识指出了每个人的违规
情节5	场景5	晚上	警局大厅	小章、老吴、韩笑笑、王莉、李晓东、小程	三个报案人被审问	老吴对三个行骗者心理施压	老吴对三个行骗者做出罚款处罚
情节6	场景6	晚上	警局大厅	小章、小程	"公正办案"的"正"字从墙上掉落	大厅突然停电，不得不结案	小章和小程心有不满

在表7.10中，作者将情节具体化为一个个场景，由于独幕剧的缘故，一个情节基本上在一个场景当中就可以完成。这五个场景就是话剧最终呈现出来的场景，每一个场景都厘定了时间和地点，也简单总结了在这个场景中发生的事情，开头——中间——结尾，整个过程都清晰呈现出来。这样一来，这部独幕剧的内容已经基本架构好，只需要通过下一个"行动——反应表"对每一个场景进行完善就可以了。

六、行动——反应表

表7.11　话剧剧本《骗子》行动——反应表

场景	角色1 小章	角色2 老吴	角色3 小程	角色4 王莉	角色5 李晓东	角色6 韩笑笑
场景1	让同事查询电话号码	将新案件甩给年轻警员处理	帮小章查询王莉提供的信息	向小章提供被骗信息		
场景2	询问李晓东被骗过程			试图美化被骗经历		

续表

场景	角色1 小章	角色2 老吴	角色3 小程	角色4 王莉	角色5 李晓东	角色6 韩笑笑
场景3	进一步审讯案情	发泄怒气质问案情	在审讯场外等候	极力为自己辩白	极力为自己辩白	极力为自己辩白
场景4	仔细分析案情		配合分析	被小章说服	被小章说服	被小章说服
场景5	质疑办案程序	做出罚款，并威胁留案底	询问小章案子处理结果	意欲快速离开	想索要发票	意欲快点离开
场景6	质疑办案程序		准备把大厅的"正"字重新贴好			

在表7.11当中，作者对话剧中的每个人在不同场景中的行动和反应都做出了总结和归纳，以此来填补场景中人物的活动信息，借此来丰富场景内容，使场景更加充实有内涵。此表只是一个辅助性的表格，是为了让作者在构思时一目了然地看出不同人物之间的关系，如果有空缺的部分，就可以提示作者去补充。当然，有些场景中不是所有人物都出场，因此这些缺席的人物的反应在表格当中自然也是空缺的。话剧《骗子》正是在上述六个具有步骤性的表格基础上构思完成的。

整体而言，该剧以网络诈骗为素材，关注互联网时代的社会痛点，选题比较新颖且具有现实关怀。在构思过程中，该剧作者一开始只是想以几个诈骗人之间的互骗为基本情节，后来拓展了构思，纳入了警察阵营，拓展了审理情节，使故事更加复杂。在人物上，作者开始塑造了几个小孩子，借此表达成人世界和儿童世界的对立，但是功能性角色对剧作情节影响不大，经过课程研讨后，作者删除了小孩子的戏份。剧本最终也实现了社会正义的表达和诉求，是一部非常有趣且有意义的习作。

研讨和实践

1. 话剧剧本的基本格式包含哪些？

2. 话剧的对话写作和小说、电影有何区别？

3. 如何理解人物和情节的统一性？

4. 结合具体剧本，你如何理解话剧的结构？

5. 尝试使用本章的创作方法，结合六个表格，构思并完成一部话剧剧本。

6. 请尝试用AI大语言模型生成一部独幕剧本，并结合本章的人物塑造法、情节建构法、场景描摹法进行修改提升。

拓展阅读

1. 徐燕主编：《剧本写作教程》（第2版），北京：中国传媒大学出版社，2022年。

2. 刘宁主编：《话剧语言训练教程》，北京：文化艺术出版社，2011年。

3. 谭霈生：《论戏剧性》，北京：北京大学出版社，2009年。

4. 亚里士多德、贺拉斯：《诗学·诗艺》，郝久新译，北京：中国社会科学出版社，2009年。

5. J.L.斯泰恩：《现代戏剧理论与实践》，刘国彬等译，北京：中国戏剧出版社，2002年。

6. 约翰·霍华德·劳逊：《戏剧与电影的剧作理论与技巧》，邵牧君等译，北京：中国电影出版社，1989年。

7. 阿瑟·密勒：《阿瑟·密勒论戏剧》，郭继德等译，北京：文化艺术出版社，1988年。

8. 周宁主编：《西方戏剧理论史》，厦门：厦门大学出版社，2008年。

9. 乔治·贝克：《戏剧技巧》，余上沅译，北京：中国戏剧出版社，2004年。

10. 布莱希特：《布莱希特论戏剧》，丁扬忠等译，北京：中国戏剧出版社，1990年。

第八章

非虚构写作

学习目标

1. 知识目标：学习非虚构写作的基本知识与发展历史，了解非虚构写作的文体特征。

2. 能力目标：掌握非虚构写作的过程写作方法，学会运用本章思维训练方法与不同结构类别的写作技巧，创作出优秀的非虚构作品。

3. 素质目标：通过对非虚构作品的阅读与创作，提升文学素养与写作能力，重新审视写作者的自身生活。

新世纪以来，非虚构写作成为中国文坛广泛热议的一个话题，写作者、研究者针对这一话题进行了大量研讨，尝试对这一新的文学概念进行框定。但这一工作并不容易，非虚构写作并不仅仅将自身限定在文学圈内，而是以破圈前行的姿态为更多非职业写作者提供了自我表达的途径。从这一点来看，非虚构写作为"人人皆可写"的写作民主化观念提供了不小助力。

虽然非虚构写作的门槛不高，但若想写出较高水准的作品，需要对它的源流、特征、方法与技巧等方面做一个系统了解和实践运用。本章将结合具体案例来讨论叙事性非虚构作品的特性与创作方法。

第一节　非虚构写作的界说与特征

一、非虚构写作的界说

从最广义的层面来讲，非虚构（nonfiction）是与虚构（fiction）相对应的一个超大文类，在这一意义上，凡是"不虚构"的写作类型大都可以放置其中。如果以"非虚构文学"进行框定，它包含了报告文学（reportage）、传记（biography）、自传（autobiography）、家庭故事（family storytelling）、回忆录（memoir）、日记（diary）、日志（journal）、旅行札记（travel writing）、美食写作（food writing）、文学新闻（literary journalism）、编年史（chronicle）等在内的大型文学族群。

若是从狭义的层面看，"非虚构"则有它独特的由来与发展历程，特指兴起于美国20世纪60年代的新新闻报道、非虚构小说和历史小说等新的文学书写类型。如果再将非虚构放置在中国语境中来考察，情况还要更为复杂一些。中国的非虚构写作，首先经历了20世纪80年代由少数学者所发起的域外引进，又在2010年前后由《人民文学》杂志主推，形成一股非虚构写作潮流，最终在与传统报告文学文体的相互浸润中慢慢确定自身特征。

（一）美国60年代的非虚构写作浪潮

非虚构写作诞生于美国20世纪60年代的"后工业社会"，主要由新闻领域的新新闻主义（New Journalism）和文学领域的非虚构小说（Nonfiction Novel）发展而来。20世纪60年代的美国社会充满不确定性和大变动：肯尼迪总统遭暗杀、马丁·路德·金遭暗杀；越南战争、黑人民权运动、女性解放运动、性解放运动、嬉皮士运动；古巴导弹危机、阿波罗登月计划……现实生活中所发生的奇观故事超出了小说家的虚构能力，读者期待尽快得知这些现实故事背后的更多细节，而当时的新闻报道大多只提供一些简单概况，无法充分满足读者的阅读期待。

这种情况下，传统小说和新闻都受到了冲击，小说家们转向社会现实一端，尝试用更为贴近现实的方式来呈现光怪陆离、急速变化的社会，形成非虚构小说这一新的写作样式。非虚构小说的出现，在当时只是为了应对文学与现实相隔膜的一种调适策略，以坚实的现实事件为基础进而虚构为小说，说到底还是在小说的门类之中。尽管杜鲁门·卡波特捧出了《冷血》这样的超级畅销书，并声称自己所创造的"非虚构小说"是一种"严肃的新艺术形式"，但这种艺术形式并没有获得太久的生命力。

相对而言，汤姆·沃尔夫所倡导的新新闻主义（New Journalism）对非虚构写作在日后的发展产生了更大影响。对于1960年代的新闻读者而言，按照新闻价值大小排列新闻事件的"倒金字塔结构"和以信息传递为主的"5W"（Why、What、Where、Who、When）模式已经不能满足他们对于报道深度和故事生动性的要求，读者们期待着像阅读小说一样去读新闻报道。事实上，在沃尔夫竖起新新闻主义大旗之前，偏叙事性的新闻报道早已出现，早期的报告文学便是很好的例证。沃尔夫所做的是把这一写作传统进行了出色的总结，并由此掀起一股新的潮流，充分借鉴小说写作技法，与其他新新闻主义的实践者们一同创造了叙事性新闻报道的新样式。

戏剧性场景描写，是新新闻主义实践者最善用的一项叙事技巧。在以往的新闻报道中，概括性的事实阐述占据主流，文章通常会按照何人、何事、何时、何地、何故的方式平铺直叙告知信息，以尽量简洁的形式把重要信息交代完毕，而新新闻记者们更喜欢运用场景展示的方式将故事细致地呈现给读者。场景化描写这一历来被认为是小说写作中的最显著特点，从此开始大面积出现在文学性新闻写作中，提升了新闻写作的审美特性。此外，新新闻报道的特点还包括：对白的大量运用、精细的细节捕捉、叙述视点的多元变化、描写内心独白、塑造合成人物。

除了塑造合成人物这一点有悖于非虚构写作的真实性原则，新新闻报道都是在非虚构的准则之内借鉴小说写作常用的叙事技巧，而且，这些技巧的运用提升了传统新闻写作的文学性水准。从另一个角度而言，许多叙事技巧其实被所有叙事性文本所共用，只不过非虚构叙事性文本在新新闻主义观念提出之前并未充分打开自身的叙事之维，因而也便压抑了自身的审美之维。场景描写、对白、独白、细节以及视点的变化，让非虚构作品具备了与小说一样的阅读质感。

（二）非虚构与美国高校创意写作系统的融合

虽然非虚构小说和新新闻主义在1970年代末期就已风头不再，但这些文学潮流所探索的写作样式已经构成了非虚构写作的重要遗产。值得注意的是，美国的非虚构文学写作从20世纪90年代开始，将创意非虚构（Creative Nonfiction）的名称纳入到创意写作教育教学体系内。

根据美国学者、非虚构作家李·古特金德（Lee Gutkind）的说法，他在1970年代就开始使用Creative Nonfiction这一术语[1]。古特金德所倡导的"创意非虚构"一词很准确地容纳了这一文学类型的两大要素。这里的"创意"（Creative）指的是使用诸多文学技巧使作品更加好读，它侧重于叙事层面，而"非虚构"（Nonfiction）指向故事内容层面的材料真实。古特金德用更简洁的话语表述，创意非虚构即"讲得很好的真实故事"（true stories well told）。

古特金德在匹兹堡大学设立了全美第一个创意非虚构研究生项目，颁发艺术硕士（MFA）学位，自此，创意非虚构（Creative Nonfiction）与诗歌（Poetry）、小说（Fiction）并列成为创意写作项目的三大类别。发展至今，美国以及其他西方国家的高校创意写作项目中，多数都包含创意非虚构的文学硕士（MA）、艺术硕士（MFA）以及博士学位（PHD）。

约翰·麦克菲（John McPhee）在普林斯顿大学也开设了非虚构写作课程，培养了大批优秀写作者，其中包括多位普利策奖获得者。但麦克菲更喜欢将非虚构文学称之为事实文学（The Literature of Fact）。不管是"创意非虚构"，

1.Lee Gutkind , Hattie Fletcher, *Keep It Real：Everything You Need to Know About Researching and Writing Creative Nonfiction*, New York：W.W. Norton & Company, 2009, p.6.

还是"事实文学",这并不妨碍古特金德与麦克菲等人在高校写作教学系统内将非虚构文学散布得更广,使之更有生命力。

(三)国内对非虚构文学的两次接受

学者董鼎山在1980年最先向国内介绍美国的非虚构小说(Nonfiction Novel)与新新闻写作(New Journalism)潮流,前者以杜鲁门·卡波特、诺曼·梅勒为代表,后者以汤姆·沃尔夫、盖伊·特立斯为代表。董鼎山在文章中对此持怀疑态度,认为二者只不过是一种营销噱头,目的是在引起公众注意,多销几本书。[1]与董鼎山的观点有所不同,报告文学作家理由对"非小说"情有独钟:"它是小说的对应物,象小说又不是小说。它强调了内容的真实性,也突出了表现手法的文学性。"[2]

王晖、南平两位学者在1986年首次以"非虚构文学"为名来介绍美国的非虚构小说、新新闻报道与口述实录体三股潮流,第一次比较系统地概括了美国非虚构文学兴起的背景及其价值,并希望以此来推动国内报告文学理论探索的深入。[3]随后,王晖、南平又把"非虚构文学"这一概念与中国具体实际相结合,将报告文学、纪实小说与口述实录体三种文体形式划归在"中国非虚构文学"概念之下,并策略性地把报告文学、口述实录体称作"完全非虚构",把纪实小说称为"不完全非虚构",以此来对中国新时期非虚构文学(1977—1986年)做一个整体性描述。[4]

作为最早提倡"非虚构文学"这一概念的学者,王晖、南平十分明确地先从美国非虚构文学浪潮的梳理中借鉴经验,然后借用这一概念与中国的相应文体进行对接,从而形成新的、具有统摄力的文学概念。不过,由于当时

1.董鼎山:《所谓"非虚构小说"》,《读书》1980年第4期,第133—136页。
2.刘茵、理由:《话说"非小说"——关于报告文学的通讯》,《鸭绿江》1981年第7期,第70—74页。
3.王晖、南平:《美国非虚构文学浪潮:背景与价值》,《当代文艺思潮》1986年2期,第123—128页。
4.南平、王晖:《1977——1986中国非虚构文学描述——非虚构文学批评之二》,《文学评论》1987年第1期,第35—43页。

报告文学作为一种强势文体而具有较高的讨论热度，这种将报告文学与其他亲缘类文体归置在一起而形成新命名方式的倡导并未引起过多反响。

随着时间的推移，报告文学这一与时代同频共振的文体在时代浪潮中逐渐失去了曾经的社会关注度；伴随着市场化大潮的推进，一部分报告文学又转向了商业化追求方向，颂歌式、虚假性作品层出不穷，于是出现了21世纪之初对报告文学的种种诘难之声。

范培松指出90年代报告文学的批判退位，认为中国报告文学走过80年代的辉煌期后，在世纪末呈现出一种颓势。[1]李敬泽更为激进地提出"报告文学枯竭论"，宣告"报告文学已死"，首次提出以"非虚构作品"来替代传统报告文学的主张。李敬泽指出邓贤《中国知青终结》为了追求故事性而进行大肆虚构，违背了报告文学/纪实文学作者与读者之间对于文本真实性的契约。[2]

李敬泽与王晖、南平都倡导"非虚构"概念，但双方所提概念的内涵与外延有所不同。王晖、南平两位学者试图从美国文学、新闻界借用一个新的概念来含括国内相类似的文体形式，且把报告文学视作其中最重要的组成部分；而李敬泽更倾向于以"非虚构作品"的名称直接替代传统的报告文学。

李敬泽在新世纪之初对"非虚构"的重提，引发了国内对这一文学概念的第二波接受浪潮，而真正的大潮来临时刻，是李敬泽在其主编的《人民文学》杂志开设"非虚构"栏目。《人民文学》设立"非虚构"栏目并非首创，《钟山》早在2005年便开设过"非虚构文本"栏目，《中国作家·纪实》也在2006年设置"非虚构论坛"栏目，但都未引起大的关注。《人民文学》的新一轮"非虚构"号召，在精心策划之下很快引发广泛关注。

《人民文学》于2010年第2期开设"非虚构"栏目，没有明确的宣言和方向，《人民文学》对非虚构的倡导更像是一种摸着石头过河的尝试，认为"今天的文学不能局限于那个传统的文类秩序，文学性正在向四面八方蔓延，而

1.范培松：《论九十年代报告文学的批判退位》，《当代作家评论》2002年第2期，第130—136页，146页。

2.李敬泽：《报告文学的枯竭和文坛的"青春崇拜"》，《南方周末》2003年10月30日。

文学本身也应容纳多姿多彩的书写活动，其中潜藏着巨大的、新的可能性"。[1]
在刊发了几篇非虚构作品，尤其是推出了梁鸿的《梁庄》之后，《人民文学》
的编者声称对这一栏目"心里已经有了一点数"，一改之前的不确定性口吻，
"我们认为，非虚构作品的根本伦理应该是：努力看清事物与人心，对复杂混
沌的经验作出精确的表达和命名"[2]。随着非虚构作品刊发数量的增多与读者
反响的日益强烈，《人民文学》杂志紧接着发布了"人民大地·行动者"非虚
构写作计划，以资助方式征集写作项目，持续推进非虚构热潮。

　　虽然中国非虚构写作潮流并没有像美国非虚构文学一样在兴起之初就产
生杜鲁门·卡波特的《冷血》这样的标杆性作品，但在写作者和研究者的共
同努力下，非虚构文学的内涵、写作伦理、写作技巧等方面都有所突破。同
时，非虚构潮流的兴起还加速了传统报告文学的变革，使其格外注重"叙事
性"而一定程度上舍弃了老旧的"批判性"或"政论性"特点。丁晓原认为，
在"全媒体"传播时代，应该将报告文学视为一种"叙事性非虚构写作方
式"，以非虚构性、叙事性和文学性这"新三性"置换原有的新闻性、文学
性、政论性这"老三性"。[3]如此一来，报告文学自身的变革方向其实是在向新
兴的非虚构写作靠拢，如果摒弃二者之间处于文学之外的名称之争，近年来
它们的合流趋势越发明显。

　　综合非虚构写作在国外的发端、发展以及引入国内后的流变来看，需要
在一种朝向未来的视野中将报告文学纳入非虚构文学概念之中，结合报告文
学的传统和非虚构写作的新特点建构中国非虚构话语体系。由此可以将与非
虚构相关的一系列概念做出界定："非虚构"是相对于"虚构"而存在的一个
文类划分概念，"非虚构写作"则是一种以"非虚构性""叙事性""文学性"
为基本要义的写作形式，其所生成的作品为"非虚构文学"。

　　本章所谈论的非虚构写作更多指向李·古特金德所说的创意非虚构写作

1.《留言》，《人民文学》2010年第2期，第3页。
2.《留言》，《人民文学》2010年第10期，第3页。
3.丁晓原：《报告文学，作为叙事性非虚构写作方式》，《文艺理论研究》2020年第3期，第
76—83页。

（Creative Nonfiction Writing）或杰克·哈特所说的叙事性非虚构写作（Narrative Nonfiction Writing），更强调它的叙事性维度，也即运用文学的叙事技巧讲好真实故事。

二、非虚构写作的基本特征

如前文所言，非虚构性（真实性）、叙事性、文学性是非虚构写作的基本要义，除此之外，这一写作方式在引进之后的本土化过程中，又结合其他文学内外部要素，生成了个体性、在场性、大众性三种特性，丰富了中国非虚构写作的立体维度。总结来看，非虚构写作的基本特征突出表现为以下六点：

（一）真实性

真实性，或说非虚构性，是非虚构写作的立身之本，是这一写作类型得以成立的前提，简单来说，就是杜绝以虚构的方式进行创作。在非虚构写作发端时期，一些创作者为了提升作品的可读性，不满足于叙事形式层面的探索，进一步越过边界，进行叙事内容的虚构。如盖尔·希伊在1970年出版的《拉客》中，塑造了妓女"红裤子"的形象，但这一形象却是记者所采访的纽约时代广场上多个妓女形象的复合体，这一合成人物显然违背了真实性原则。另一则著名的案例发生在1980年，珍妮特·库克在其作品《吉米的世界》中杜撰了一个吸毒成瘾的孩子，这篇报道以非虚构作品的名义刊登在《华盛顿邮报》，并为她赢得了普利策奖。真相查明后，库克辞去了报社工作，她的同事们也倍感耻辱地退回了普利策奖。

非虚构写作，需要写作者在充分获取非虚构访谈材料和恪守非虚构写作伦理的前提下谨慎操持，稍有越界便造成文体失范。比如，戏剧性场景描写过程中，涉及对写作者不在场情况下的场景重建，这一写作行为需要充分的访谈材料做支撑，而非写作者单凭想象，像写小说一样进行场景虚构。同样，对白、独白、细节等文本要素，都必须恪守"有一分材料说一分话"的谨慎原则。

（二）个体性

以上所说的真实性或非虚构性，并非指绝对真实，而更多是一种个体意义上有限度的真实。非虚构写作不同于传统新闻报道那种刻意隐藏自我的纯客观式信息传递，也不同于传统报告文学那种真理在握式的直接批判，而是从个体视角出发，将写作者的个体自我放置在作品之中，明确自我的限度，同时不断审视自我，反思自我。

非虚构作家梁鸿在《中国在梁庄》前言部分，对自己的工作与书斋经验进行了自我质疑：在很长一段时期内，我对自己的工作充满了怀疑，我怀疑这种虚构的生活，与现实，与大地，与心灵没有任何联系。[1]带着这些对自我的质疑和反思，梁鸿深入到家乡，以个体视角书写村庄的变迁。

而面对真正触及"现实"后所产生的不适感，梁鸿同样做了个体化的书写与自我反思。探访在西安打工的梁庄亲友时，梁鸿对打工者出租屋的厕所进行过着重描写：水泥地板上是厚厚的、颜色暧昧的污垢，抽水马桶的盖子、坐板、桶体都是黑的，微透着原来的白色。靠墙的角落放着一个垃圾桶，被揉成各种形状的卫生纸团溢出来，散落在四周的地上……满屋让人憋气的污浊气味。[2]这样的厕所让习惯了城市现代化公寓生活的梁鸿无法接受，在忍了又忍、寻找公厕无果的情况下，她只能"用一层层卫生纸垫着"，艰难完成了这次如厕。面对在厕所水池里洗过，又成为盘中餐的那些菜，梁鸿为了证明自己不在意这些，强迫自己吞咽下去。对于这些隔膜与不适，梁鸿非常自知，她不止一次承认过自己是一位"不坚定的调查者"，每次离开那些拥挤、破败、不便的打工者生活场所，她都会有一种"略带卑劣的如释重负感"，然后"既无限羞愧又心安理得地开始城市的生活"。[3]

1.梁鸿：《中国在梁庄》，北京：台海出版社，2016年，第1页。
2.梁鸿：《出梁庄记》，广州：花城出版社，2013年，第35页。
3.梁鸿：《出梁庄记》，广州：花城出版社，2013年，第311页。

（三）在场性

非虚构写作在国内的兴起，很大程度上就发源于对"在场"的要求。所谓"在场"，即要求写作者切实地走入现场，细致观察、感悟现场，以置身事内的姿态面向写作对象。非虚构写作要求作家以"在场"的方式联通文学与社会之间的互动和对话，强调作家的"行动力"，通过田野考察、纪实采访等方式让作家融入现场，成为事件的见证者或行动的参与者。

《人民文学》在推动非虚构潮流时，格外注重对"行动写作"的关注，在刊发梁鸿《梁庄》的2010年第9期"留言"中，编者就乡村书写展开追问，认为当下一些作家并未根据实际而是根据想象中的对象进行创作。[1]因此，《人民文学》号召作家们"走出书斋，走向田野"[2]，以行动的姿态，以在场的方式，以非虚构写作创造新的可能。

以作家身份从新疆迁居到广东东莞的丁燕，为了真正了解作为她写作对象的东莞与生活在这个城市中的人，选择进入工厂中成为一名女工，用两年时间来体验书写对象的真实生活，完成了非虚构作品《工厂女孩》。用长达两年的时间来做在场"体验"，丁燕的书写代价可谓巨大，但她清晰地认识到这种选择对于写作的必要性："我知道，比任何想象、阅读、泛泛之谈都更强有力的方式就是——将自己的肉身作为楔子，深深地插入生活底部"[3]，"如果我不能处于描述对象的王国之中、没有参与到那些具体的活动场景中，只是以接受者的身份、用被动的眼光去记录事物的外部印象，那我的情感和文字就是有隔膜的"[4]。

（四）叙事性

故事对人类而言，充满着恒久的吸引力，但故事并非专指虚构，非虚构

1.《留言》，《人民文学》2010年第9期，第3页。
2.《留言》，《人民文学》2010年第10期，第3页。
3.丁燕：《工厂女孩》，北京：外文出版社，2013年，第6页。
4.丁燕：《工厂女孩》，北京：外文出版社，2013年，第285页。

故事也有着同样的魔力。相应的，所有的叙事方法、技巧，也并非由虚构写作所独占，对非虚构写作同样适用。杜鲁门·卡波特能借用叙事技巧写出成名小说《蒂凡尼的早餐》，同样能够运用这些技巧完成非虚构作品《冷血》，其中的差别只是前者为虚构故事，后者为耗费六年时间采访得来的真实故事。就像李·古特金德所宣称的那样，非虚构写作就是将真实故事借用叙事技巧来进行更好地讲述。

杰克·哈特在《故事技巧——叙事性非虚构文学写作指南》中，像罗伯特·麦基在《故事》中将叙事技巧应用于电影剧作一样，把故事的讲述技巧应用于非虚构写作。在麦基、哈特等深谙故事技巧的写作导师看来，所有叙事性文体的故事结构都是一致的："故事通常会从一个充满欲望的人物开始，他努力克服成功道路上的各种障碍。"[1]这种故事模式的简明表达即"主人公—困境—解决困境"。杰克·哈特还极具创造性地在此基础上设计出一条由阐述、上升动作、危机、高潮、结局所构成的"叙事弧线"，帮助非虚构写作者更好地讲述故事。

（五）文学性

非虚构写作需要讲好故事，但仅仅把故事讲好还不足以达到文学作品的要求。非虚构文学写作的目标，是达成与优秀小说一样的文学水准，这要求写作者充分运用文学笔法。

被誉为"文字手艺人"的袁凌，在非虚构写作的文学性，尤其是文字质感方面有着自觉追求。在《血煤上的青苔》中，袁凌书写了八仙镇多位矿难伤残者的生活，"人口不到三万人的八仙镇，隐藏着上千座矿工的坟墓，和上百名残废的矿工"[2]，这些数字中透露着现实生活中沉重的苦难，但袁凌并没有以新闻报道的方式用外指性语体直陈苦难故事，而是用内指性的叙述语体生成文本的文学性与审美空间。

1.杰克·哈特：《故事技巧——叙事性非虚构文学写作指南》，叶青、曾轶峰译，北京：中国人民大学出版社，2012年，第5页。
2.袁凌：《青苔不会消失》，北京：中信出版社，2017年，第14页。

《血煤上的青苔》开篇，袁凌写道："王多权的窗户闭着，窗外几乎看不出雪米子的飘落，如同十七年来这间屋子里的时间流逝。"[1]作为矿难伤者的王多权，已经瘫痪在床十七年，袁凌并没有直接告知这一事实，而是以"十七年"这个时间长度与"窗户闭着的屋子"这一封闭空间的交织来隐喻王多权的生命状态，打开文字中的感受空间。再如文章快要行进到结尾的一个段落：

开春了，青苔无声地修复着这个世界。但煤灰仍旧无处不在，渗进了遇难矿工们的骨灰里，邹树礼的脸上，和尘肺病人的胸中。但已经看不出怵目的鲜血。没有什么比血更新鲜又易于陈旧的了。[2]

在这里，"青苔""煤灰""鲜血"溢出文字之外的象征义重新构造了语言能指与所指间的指涉关系，形成足具蕴藉性的文学语言。袁凌以平静、舒缓的语调和节奏，让文字迸发出内在的力量感。

（六）大众性

非虚构写作经过《人民文学》等传统文学刊物的倡导后，又借助新媒体完成"破圈"，走出了狭窄的专业文学圈子，号召了更多大众写作者加入到写作潮流中，形成了突出的大众性特征。大众写作者不像作家、记者、学者一样身为专业文字工作者，他们大多未受过较为专业的文字训练，凭借兴趣拿起笔来进行自我书写，以朴拙和真情打动读者，形成了与专业文字工作者并驾齐驱的非虚构写作新势力。

自2015年起，国内兴起了多家非虚构新媒体平台，其中较有代表性的有"人间the Livings""谷雨实验室–腾讯新闻""真实故事计划""正午故事"等。这些平台除刊发专业写作者的稿件外，更倾向于征集来自民间非专业写作者的非虚构稿件，如"正午故事"发表过家政女工范雨素的《我是范雨素》，引发热烈的社会反响。此外，一些老年写作者的非虚构作品近年来也受到广泛

1.袁凌：《青苔不会消失》，北京：中信出版社，2017年，第3页。
2.袁凌：《青苔不会消失》，北京：中信出版社，2017年，第14页。

关注，如"秀英奶奶"秦秀英写出《胡麻的天空》《世上的果子，世上的人》，姜淑梅写出《乱时候，穷时候》《苦菜花，甘蔗芽》《俺男人》等作品。这两位老人都是在人生暮年才开始在家人鼓励下进行创作，从半文盲状态一步步学习写字、绘画，最终完成了她们带有回忆录性质的非虚构作品。

网络技术的发展使写作与发表变得更为便利，无数心怀写作热情和表达欲望的非专业写作者，能够通过新媒体平台以非虚构写作的方式表达自我，摆脱了被代言的境况。随着写作民主化观念的普及和创意写作教育的进一步推广，将有更多大众写作者拿起笔来书写自己的故事。

第二节　非虚构写作的思维训练与创作方法

小说等虚构类文体可以凭借想象解决一些素材问题，但非虚构写作者却需要对写作对象进行充分的采访调查，以求真、务实的思维方式，搜集写作的有效素材。非虚构写作者需要了解素材的来源与处理方式，需要知晓叙事结构与写作要素的安排，围绕写作对象进行深度思考。非虚构写作需要写作者具备较强的综合素质，借助一些方法更有利于非虚构作品的创作。本节中，将先了解采访调查法、抽象阶梯法、叙事弧线法、核心要素法等四个重要的创作方法与思维训练方法，下节中再结合具体案例详解过程写作的诸环节。

一、采访调查法

选题是非虚构写作的第一步，也是至关重要的一步。与虚构类写作不同，非虚构写作只要选定了题，"写什么"便有了基本方向，不容易在中途改弦更张。那么，可选择的书写范畴有哪些？哪些故事又是值得去写的？要回答好这些问题，需要做好前期的采访调查，在充分收集信息的基础上进行非虚构创作选题。

对于专业非虚构写作者来说，不论是面对灾害现场还是带有危险性的采访对象，抵达现场进行采访调查是义不容辞的使命和责任。比如特稿记者杜强在"鲁荣渔2682号惨案"发生四年后找到刑满释放的赵木成，努力取得对方信任后，采写完成了非虚构作品《太平洋大逃杀亲历者自述》。采访过程中，杜强连续跟访赵木成十几天，对惨案发生时诸如人物"左手递刀还是右手递刀"这类细节进行尽可能地追问、记录，从而完成了一篇优秀的非虚构作品。

但这一类题材的采写具有很大的不确定性以及一定的危险性，不建议刚开始接触非虚构写作的作者贸然尝试。作为大学生群体，虽然很难像专业非虚构写作者一样，深入热点事件一线进行调查采写，但可以尝试重新审视、挖掘身边的故事，从熟悉的校园故事、家庭故事、社会故事写起。在这三者之中，家庭故事可以作为重点关注的对象。

在选择书写家人时，可能会受到中学作文教育的影响，产生一种"意义焦虑"，即纠结于这一作品能否生发出"正面意义"。任何一篇叙事性作品都具备故事层和意义层，摆脱八股式"意义焦虑"并非拒绝"意义"，而是以真情实感，用自己的文字生成个人想要传达的意义。以非虚构写作的方式去书写家人传记，这一书写行为本身就带有意义。

在动画电影《寻梦环游记》中，有一位逐渐被家人和世人遗忘的亡灵埃克托，当他在人间被彻底遗忘之时，便会化作金色的粉末，走向真正的"死亡"。最终，埃克托被自己十二岁的玄孙米格"拯救"，重新回到家人的记忆中。虽然这是一个幻想故事，但现实生活中也是如此，如果家人没有留下他们的故事，在岁月变迁中，后人关于他们的记忆会越来越淡化，直至消失，就像从未来过这个世界一样。

运用采访调查法时，要注意宏观和微观两方面素材的获取，既要有粗线条的以时间为轴线的大事件，也要有具体的细节，细致到如杜强采访赵木成究竟是"左手递刀还是右手递刀"，这些细节能够很好地帮助写作者在创作正文时构建出像小说一样的场景，像小说一样通过细节刻画人物。

除了对故事发生时的一些细节进行采访与记录外，采访者进行采访时的环境细节、采访对象细节也可以尽量多做些记录，比如天气情况，周边环境，人物着装、动作、神态、语言等。这些对于"当下"的环境描写与人物描写，能够与人物的过往形成关联、对照，拉开作品内部的时空张力。

至于为何要同时注意宏观和微观两方面素材的获取，其实关乎到一个非常重要的创作思维方法，即抽象阶梯法。

二、抽象阶梯法

非虚构类作品与虚构类作品在写作上有一个本质的区别：后者是在有限的现实材料基础上不断做加法，虚构成一个完整故事，有些"无中生有"的意思；而前者是首先获取大量素材，然后在大量的素材中去粗取精，不断做减法，像是把一块玉石精细打磨成玉饰。非虚构写作需要有大量精力用在正文写作之前，先根据故事选题尽可能获取素材，获取的素材越丰富，写作时的可选择性就越多，否则就成了巧妇难为无米之炊。

在素材获取阶段，需要注意的是素材获取的有效性。不管是自我挖掘还是面向他人的采访，都需要注意宏观与微观两个层面的内容。所谓宏观素材，即一些粗线条的事件。如果是采写爷爷、奶奶的故事，他们大多会以时间为轴线告诉你哪年发生了哪些事，在你的追问下把一些重要事件罗列出来，最后形成一张大事年表。但这仍不能构成有效素材，如果以这些素材为基础去写作，最后完成的顶多是一篇时间跨度足够长的人生大事记，本质上还是流水账。

语言学家塞缪尔·早川曾在《语言学的邀请》一书中提出"抽象阶梯"概念，这一概念后来被广泛应用于文学创作领域。在早川看来"所有的语言都存在于阶梯上。最概括或抽象的语言和概念在阶梯的顶端，而最具体、最明确的话语则在阶梯的底部"。[1]

1.马克·克雷默、温迪·考尔：《哈佛非虚构写作课：怎样讲好一个故事》，王宇光等译，北京：中国文史出版社，2015年，第103页。

　　早川还在书中列举了温德尔·约翰逊所提的"死线抽象"（dead-level abstracting）现象。所谓死线抽象，即将个人言说停留在某些固定的抽象阶层上：流水账式的日记体写作是停留在抽象阶梯最低阶层的表现，无休止讲述一些互不关联、无法生成组合意义的事件；空洞乏味的口号式演说是停留在抽象阶梯的最高阶层的表现，只传递一些抽象概念而不对这些概念进行事实阐释。另有一种死线抽象现象，常见于新闻报道中。"大部分新闻报道使用的都是抽象阶梯的中间阶段。例如，关于车祸的新闻报道会比较抽象地描述受损车辆和车祸后果。它不会爬到阶梯的高层，归纳出总体车祸概率或者交通安全的趋势。同理，它也不会下到阶梯的低层，对事故进行分秒不差的特写报道。换句话说，大部分的新闻报道既无特别意义，也缺乏戏剧性。"[1]针对这些写作问题，早川给出的建议是"能写趣味隽永文章的作家……在抽象阶梯的各个层面都能活动自如；他们能够迅速地、优美地、有条不紊地从高级阶层落到低级阶层，再从低级阶层升到高级阶层。"[2]

　　任何优秀的叙事类作品一定包含启迪人心的"意义"与扣人心弦的"故事"这两个要素，抽象阶梯作为一种重要的创作思维方法，可以帮助写作者更好地在阶梯顶端创造意义，而在阶梯底部选择相应事件做例证。

　　为了能够实现这一点，写作者需要获取足量的有效素材。真正的有效素材，除了粗线条的大事记外，在一些重要的时间节点上，还要有足够多的细节，包括人物着装、动作、对话、心理活动，也包括事发当时的天气情况，周边环境等等。

1.杰克·哈特：《故事技巧——叙事性非虚构文学写作指南》，叶青、曾轶峰译，北京：中国人民大学出版社，2012年，第55页。
2.塞缪尔·早川、艾伦·早川：《语言学的邀请》，柳之元译，北京：北京大学出版社，2015年，第174页。

三、叙事弧线法

罗伯特·麦基在《故事：材质、结构、风格和银幕剧作的原理》中指出：结构是对人物生活故事中一系列事件的选择，这种选择将事件组合成一个有战略意义的序列，以激发特定而具体的情感，并表达一种特定而具体的人生观。[1]为了让叙事性非虚构写作者树立清晰的结构意识，杰克·哈特在古老的三幕剧基础上绘制了一条"叙事弧线"[2]（如图8.1）：

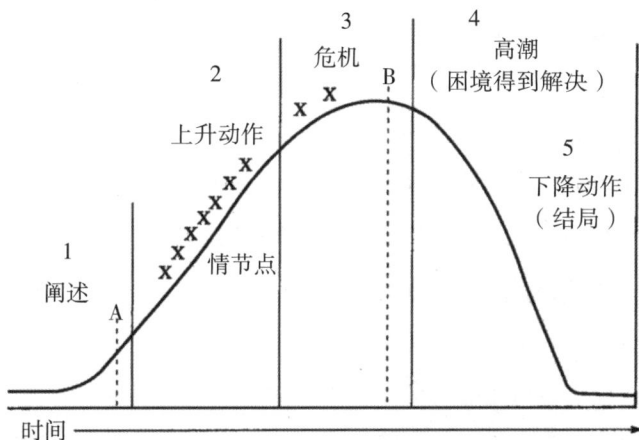

图8.1　叙事弧线

叙事性非虚构写作中的结构设计，需要作者对已获取的故事素材进行有序编排，让它们以更好的组合方式发挥表达效果。所谓叙事弧线法，就是借用这条叙事弧线来重新编排故事素材。

在以上图表中，最下方是时间轴线，由左向右依次推进。时间轴线上方

1.罗伯特·麦基：《故事：材质、结构、风格和银幕剧作的原理》，周铁东译，天津：天津人民出版社，2014年，第30页。
2.杰克·哈特：《故事技巧——叙事性非虚构文学写作指南》，叶青、曾轶峰译，北京：中国人民大学出版社，2012年，第22页。

就是叙事的弧线。叙事弧线总共分为五个部分，依次是阐述、上升动作、危机、高潮以及下降动作。

阐述部分主要交代故事的背景信息：主人公是谁，他的基本状况如何。图表中，阐述部分还有一个情节点A，这个点代表一个"触发事件"，可以把它称为"触发点"，是指主人公遇到了一个问题，然后不得不去应对这个问题。A点就像一把手枪的扳机，只有触发扳机，子弹才会射出。

上升动作部分主要讲述主人公自"触发点"以来面对不断升级的问题而采取的一系列"动作"，主要指他的行动。你可以看到，这一部分有一些"情节点"，也就是"事件"，你可以根据故事的篇幅设定而调整事件的多少，长故事可以有多个事件，短故事可以只有一两个事件。但需要注意的是，事件之间是有递进关系的，故事随着时间的推进继续爬坡，情节越来越紧张，矛盾越来越激烈。

危机部分是整个叙事弧线最顶端的部分，故事在这一部分爬坡到顶点，矛盾冲突最为激烈，主人公遭遇到了最大的危机，必须想办法予以应对。这一部分有一个情节点B，这个点叫做"领悟点"，意味着主人公在这里得到了领悟，产生了情感、态度、价值观上的内在变化。

高潮部分是危机解决的一系列事件。在这一部分，主人公获得领悟后通过个人行动将危机逐步化解，将故事推向高潮。

最后一部分是下降动作，也即是整个故事的结尾。在这一部分，由情节点A所触发的故事动力已经消耗殆尽，故事从高潮部分迅速下行，直至平稳落地。

以上叙事弧线所呈现的，就像让故事爬上一个坡，可以称之为"爬坡故事"。爬坡故事有一个明确的主人公以及一条完整的叙事弧线，有明确的起因、经过、结果，各个事件之间是递进式关系。如果借用透视法来做一个类比，可以这样理解：爬坡故事中有明显的焦点——主人公与故事线，类似于一种"焦点透视"。

叙事弧线是爬坡故事的一个基本模式，在每一个具体的作品中都会有些偏离，尤其在非虚构作品中，可能缺少弧线上的一两个环节，但总体故事走向是爬坡式的。

四、核心要素法

直接引语、间接引语、概述以及描写是所有叙事性文学作品中的四项核心要素，叙事性非虚构写作自然也不例外。所谓核心要素法，即在写作过程中合理组合这四项核心要素，将自己的作品在文字层面处理得更好。

《南方周末》编辑部曾"研发"出一套"广播体操写作法"，具体来说就是把直接引语、间接引语、概述、描写分别编号为1、2、3、4，到了正式写作中，它们的组合就变成了"1234，2234"这样一个八拍的序列。当然，这一"广播体操写作法"的具体组合序列会因人而异。

接下来以李海鹏的《举重冠军之死》[1]为例，分析叙事性非虚构作品四要素的特点，探讨如何合理安排这些要素。

直接引语比较好理解，就是直接引用人物的原话。

例如：

刘成菊问："力力，你怎么样啊？"才力回答说："正呼吸呢。"对于他来说，"呼吸"几乎是个医学名词，专指依靠机械的辅助进行呼吸。夫妻二人聊了会儿体己家常，刘成菊哭了，然后说，没事就好，先挂电话吧。赶在妻子挂机之前，才力说出了最后的遗言："别哭，别哭。"

间接引语与直接引语相对，不直接引用原话，而是通过作者的简介转述，在不违背原意的基础上进行二次处理。

例如：

由于父母都是这所医院的退休工人，因此从1999年第一次住院以来，院方一直很照顾他，这一次，大夫告诉他，住院费只需要象征性地先交一点儿就行。但是才力裤兜的钱连这"一点儿"也不够。

概述是指概括性地叙述，叙事的节奏很快，短短篇幅内就可以容纳很多

1.本文刊发于《南方周末》2003年6月19日第25版。

的故事信息，通常用于交代一系列背景事件。

例如：

在退役后的5年中，才力一直被各种各样的烦恼包围着。从1998年起，除了后来致死的呼吸疾病之外，腿伤和腰痛都没有停止过对这个大力士的折磨，少年时代在手掌和颈背做的肉茧手术造成了后遗症，常常疼得他汗流浃背。命中注定地，自打1990年在北京亚运会达到个人事业的顶峰之后，他就不由自主地滑落下来。贫穷曾使他买不起肉，偶尔吃一次，全家都因肠胃不适而呕吐。在与人聊天时，说不到20分钟，他就会突然睡着。他尽量不穿袜子，怕弯腰时猝死。为了省钱也为了锻炼身体，他每天都以160公斤以上的体重骑自行车上下班，结果自行车就压坏了十几辆。因为过胖，他在找工作时受到事实上的歧视。

描写与概述相对，叙事节奏很慢，通常用很长的篇幅对人物、事件或者场景进行精细呈现，所传达的故事信息不多，但细节充分，画面感很强。

例如：

他睡眠呼吸暂停综合征的宿疾早已培养了刘成菊的警觉，像往常一样，头一天半夜她突然醒来，及时地看到才力巨大的胸膛艰难地起伏着，由于只呼不吸，憋得面色发青。她赶紧找来那台辽宁省体院付账的价值6800元的小型呼吸机，给他戴上，打开到中档刻度"10"。才力又睡着了，房间里顿时充满了突然顺畅但仍粗重的呼吸声。借助这间朝北房间里的夜色，刘成菊看到丈夫汗水淋淋的皮肤，结婚5年以来已经数不清是第几次，深刻地意识到他活得有多么辛苦。

这四项作品要素非常重要，需要在理解的基础上运用到阅读和写作训练中去。通过创意阅读方法，分析优秀叙事性非虚构作品的四要素组合法，然后通过仿写进行个人练习。下面谈谈作品中运用四要素时需要注意的方面。

（一）直接引语和间接引语

写作时，直接引语不宜多用。要避免的第一种情况是滥用对话：

我说："……"

他说："……"

我又说："……"

他又说："……"

……

这样大篇幅地使用直接引语会让读者产生厌烦感，尤其是人物对话并无特点的情况下。非虚构写作不同于虚构写作，虚构写作可以根据需要设计人物对话，且让对话尽量有趣。非虚构写作中的人物对话都是真实发生过的，而真实生活中人物的对话又很难刚好直接用在作品中。如果一定要呈现人物的对话，在保证真实的情况下，建议尽量减少对话的回合，尽量使用间接引语。

除了对话问题，还有一种需要警惕的情况是直接引用人物的大段原话。除非书写对象表达能力很强，语言生动，否则，原话需要通过间接引语的方式处理后再呈现，以避免文句语言粗糙。

当然，也有几种情况下直接引语的表达效果好于间接引语。第一种是人物本来的语言表达能力强，"金句"频出，很适合直接拿来用。第二种是人物说的某些话包含着重要的信息，或者很有力量感。比如：

这天他们聊了5个小时，主要是回忆起往日生活中的乐趣，尤其是才力退役5年中的事情，商玉馥后来痛苦地总结说，"一个小时一年"。

这段话中的这句直接引语就很有必要，在这个语境中能够展现出母亲失去儿子的巨大伤痛感。

（二）概述和描写

概述和描写是一篇作品中占比最多的部分。概述的节奏快，描写的节奏慢，两者搭配，快慢结合，能够很好地控制叙事的节奏。概述所囊括的信息量大，但往往比较枯燥；描写所涵盖的信息量小，但画面感很强，生动形象。一篇作品中不能只有概述，同样也不能只有描写，二者相搭配才能构成一篇优秀作品。

简单来讲，概述要干净利索，不拖沓，把必要的背景信息和稍微重要的事件以较快的节奏带过；而描写则需要细致，像是电影中的特写镜头，慢悠悠地呈现场景以及人物动作。

《举重冠军之死》用简洁节制的语言交代了才力的死亡与死亡的伤痛——"第二天是女儿的节日，一周后是结婚5周年纪念日，但是生命的时间表已经排定。赶在午夜之前，冠军与五月一起离去了。"作者用一句话点名，死者与活人之间的联系，在概述中传达无奈与哀伤。"当天早上闲呆在院子里的居民们，都看到160公斤的才力摇摇晃晃地上了车，车身因此剧烈地一沉。""摇摇晃晃地上了车"是人物动作，"车身因此剧烈地一沉"是场景描写，突出才力特殊的体重以及出行面临的麻烦。

描写这一要素非常重要，往往能够成为作品最出彩的地方，需要明确的一个原则是：要展示，不要告知。在进行描写时，一定要尽量展示细节，而不要直接告知抽象的内容。《举重冠军之死》就用了非常多的数字，6800元、4元7角、20元、100元、借了300元、又借了100元、拿着800块钱、收入1200元……通过这些细节描述，充分展示了才力困苦的生活状态。

想要在描写时做到更详细的"展示"，需要充分动用视觉、听觉、触觉、嗅觉以及味觉这五种感觉，在有必要的情况下，尽量写出看到了什么，听到了什么，触摸到了什么，闻到了什么以及尝到了什么，做到细节充沛。

第三节 过程写作实训：非虚构作品的诞生

一篇完整作品的创作绝非一蹴而就，而是运用过程写作法，将写作的整个流程拆解成多个步骤，循序渐进地去完成。传统的过程写作法，一般分为预写作、打草稿、修改、校订、发表五个环节，结合非虚构写作的特点，可以将这个过程设计为故事选题、素材获取、结构设计、正文写作、作品修改五个基本环节。在上一节中，我们了解了非虚构写作的一些原则与方法，本节将尝试将上述五个环节依次分解，结合具体作品案例进行写作实训。当一个作品的生成被拆解成多个细化的步骤、环节后，写作会变得更加轻松自如。

一、故事选题

上一节谈到非虚构故事选题时，着重谈了最为熟悉的家庭故事。如果以家庭故事为选题方向，接下来就是进一步确定书写什么样的家庭故事，以谁为故事的主人公，书写关于他的什么故事等。

在一般认知中，可能会觉得家庭故事再熟悉不过，其实不然。尤其是离家在外求学后，与原生家庭拉开了时空距离，更能够在一个远观的位置上进行写作。当然，这种写作有时也需要一定勇气。

广东金融学院张正敏自小在一个较为特殊的家庭中长大，她的妈妈是一位"越南新娘"，并且在她所生长的地方有为数不少的"越南新娘"。长大后，面对网络上对"越南新娘"的污名化报道，张正敏心里感到不适，但又似乎无可奈何。在聆听了非虚构写作者黄灯关于《大地上的亲人》作品分享会后，她决定要为"越南新娘"这个身份缺失、话语权缺失的特殊群体进行正名，以非虚构写作的方式替她们发声。张正敏首先回到家乡进行调研，随后在调研基础上完成了这篇非虚构作品《我的妈妈，是2800块买来的越南新娘》。通过张正敏对自己母亲的书写，读者认识到"越南新娘"并非一些媒体所报道的负面形象，而是真正的受害者。张正敏以自己的勇气和非虚构写作行动，书写了妈妈的人生故事，也为"越南新娘"这一群体正名。更难能可贵的是，作者并没有把妈妈离开爸爸重新组建家庭等情节进行刻意隐藏，突出了妈妈努力掌控自己人生的强烈自我意识。

来自南京大学的张瑾在《无法谋面的小张和老张》这篇作品中书写了一段特殊的家庭故事，故事选题本身包含着极强的情感张力：在同一家医院中，同父异母的妹妹在5楼妇产科出生，9天后，82岁的奶奶在22楼呼吸科病危，次日于家中逝世。去世前，奶奶得知了小孙女的出生，但二人始终未能谋面。在作品行文中，读者可以感受到作者内心的情感矛盾，最终也看到了作者内心的成长。

以上两篇作品都获得了良好的传播效果，很大原因在于故事选题层面。这并非说明两位写作者的人生经历格外特殊，每个人的经历都有特殊之处，每个家庭都有特别的人与事，问题的关键在于如何抓住这一特别之处，使带有个人色彩的故事能够产生让大多读者共情的公共性。

二、素材获取

如果把一篇非虚构作品的生成以做菜来打比方，选题就像是确定自己要做什么菜品，获取素材就像去菜场买回来一些食材。这一步对非虚构写作来说至关重要，如果买回的食材不充足，便做不出菜；买回的食材不新鲜，便做不好菜。

对于书写他人和自我书写两种非虚构写作类别，素材获取的方式有所不同，前者主要依靠深度采访，后者主要依靠深度自我挖掘。虽然在选题阶段强调书写最熟悉的故事，但即便面对所熟悉的校园故事、家庭故事以及身边的社会故事，也仍需要进一步获取素材，并对所获取的素材进行整理。就算是自我书写类的非虚构写作，也要通过自我挖掘的方式打捞出埋藏在内心深处，潜意识中不愿意去触碰的部分。

在《我的妈妈，是2800块买来的越南新娘》的写作中，张正敏面对的虽然是自己熟悉的家人，但她仍旧花了大量时间用于采访，只有获得足够的群体素材，她才能通过妈妈这一个体透射出"越南新娘"这一群体的现实状况。个体素材的挖掘和群体素材的获取，是这个作品成功的关键。

在更为专业的非虚构写作者那里，对于故事细节的获得方式更值得学习。在《〈太平洋大逃杀〉采访手记》中，作者杜强透露了他的细节采访方式。由于赵木成并不是一位表达能力很强的受访者，杜强只能针对一些细节进行反复追问：

> 因为考虑到特稿写作需要非常多的细节，关于渔船上的事情，我问的时候会非常非常细致，比如说谈到刘贵夺向他借渔刀的情节，我会问他说，你当时在做什么，你看到刘贵夺的时候他在做什么，他是蹲着还是站着，他问你要鱼刀的时候，你是怎么给的，左手给的右手给的，他左手接的右手接的，以及接了之后他说什么话。
>
> ……
>
> 比如我问他，你是怎么躺着的？你的手是怎么样的？你是半躺着，还是扬起一点头？从你那个角度你能看到什么？凡是我能设想到画面空间里有什么，就一个一个发问补全，让赵木成去做填空题，所以才会特别地费劲，所以他才会越来越烦躁，"你问这些干嘛呀，这些问题我不是都说过了很多遍了嘛？"不过，特稿所需的细节丰富的程度，要求采访只能是采取这么一种缠斗的、抱摔的方式。[1]

只有获取到充足的细节，才能帮助你重构场景，写出像小说一样精细的非虚构作品。

---

1. "网易传媒科技研究院"公众号，《〈太平洋大逃杀〉采访手记：掩藏在平凡生活里的恐怖》，2016年4月1日。

三、结构设计

上一节详细介绍了爬坡故事的结构模式。这里继续以《举重冠军之死》举例详说。

李海鹏的《举重冠军之死》仅有四千四百余字，主人公是亚洲举重冠军才力，讲述的是才力退役之后的落魄与死亡。作品开篇阐述才力退役之后所面临的一系列难题，而触发事件是特殊体育制度背景下才力的退役，成为辽宁省体院的一名门卫。如果才力退役之后的生活状况能够好一些，悲惨境况也许便不会出现。

之后是作品的上升动作部分，包含才力夜里病症复发、母亲的噩梦、才力去父母家三个主要事件。再往后是作品的危机部分：才力在医院中病危，家人四处筹集住院费。在"高潮"部分，李海鹏写了才力与妻子的最后一次通话。下降动作部分，作品讲述了才力"沉重身心的最终解脱"，冠军与五月一起离去。

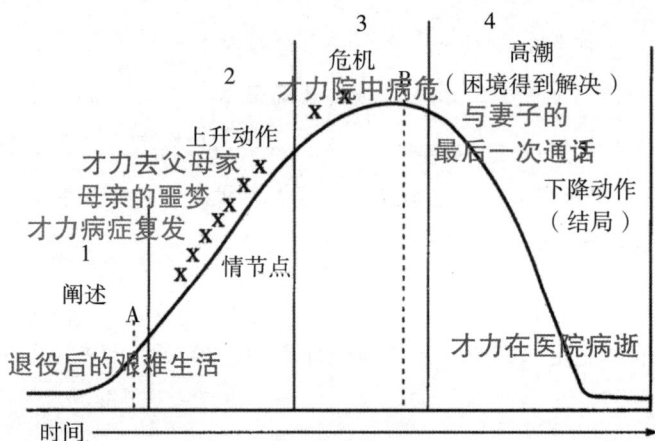

图8.2 《举重冠军之死》叙事弧线

如此分析《举重冠军之死》，可以清晰地看到作者在创作这篇文章时在结构层面的谋篇布局，通过爬坡故事的结构设计，在故事讲述层面扣人心弦。

其中，才力入院后的个人经历以及家人的行动，让读者真切感受到才力作为亚洲冠军退役之后的悲惨境况，才力身上的顽疾折射出"冠军"训练机制对身体的严重伤害，指向对作品背后所反映的特殊体育制度的深刻反思。

运用爬坡式结构模式时，需要把所获取的故事素材填充到结构框架中去，形成一个故事大纲。所谓故事大纲，就是按照事件原发的时间顺序分条罗列，形成一份写作大纲。还可以在这份大纲上标注要重点展开场景叙述的地方。

故事大纲完成后，还需要调整为叙事大纲，也就是正文写作时对事件的叙述顺序。正文写作时，写作者往往不是按照事件原发的时间顺序来写，也可能是让作品从故事中间开场，或者以其他方式打乱叙事顺序。

优秀的叙事性非虚构作品通常在叙事的时间顺序上花一些心思。《举重冠军之死》就不是以时间顺序来写，而是运用了倒叙和插叙手法。在打乱原有叙事时间顺序的情况下，叙事大纲能够帮助创作者进一步理清思路，完成一份完整的设计图，带着图纸开始正文写作。

四、正文写作

（一）开头：产生阅读兴趣

万事开头难，写作也一样。哪怕已经有了足够清晰的图纸，真正开始下笔时也可能会遭遇写作障碍。所谓写作障碍，简单来讲就是指将自己的创作想法转化成文字时所遇到的障碍，左思右想、抓耳挠腮不知怎么写下文章最重要的第一句话，这是每一个写作者都会遇到的问题。

想要突破写作障碍，有以下两点需要注意。首先，放下心理包袱，树立一个观念：所有作品的初稿都是半成品，后面的一次次修改才是关键，不必要求自己一下笔就能写好。然后，把之前设计的蓝图先忘掉，拆去那些限制你的框架，尝试自由写作，在你这个选题方向下自由自在地写。比如，若是想写爷爷的故事，可以先回忆小时候与爷爷在一起的美好回忆，自由而无拘束地写下这些内容。这个过程类似于飞机起飞前先要进行一段长长的助跑环节，达到一定速度时才可以起飞。遭遇写作障碍时，先让自己"开始"写作，当你找到写作感觉，进入创作的"起飞"阶段之后，可以把前面的这段自由写作部分删去，换成一个真正的开头。

一篇作品可以有无数种开头方式，这些开头方式的共同特点是能够让读者产生强烈的阅读兴趣。

1. 从故事中间开始

从故事中间开始，是指作品的开头并不是按时间顺序从故事的起因开始写，而是直接跳到故事中间，以"危机"部分作为开场。这样安排的好处是，戏剧性最强烈的环节最先出现，能够一下吸引住读者。这样的开头方式比较适合爬坡结构的故事（图8.3）：

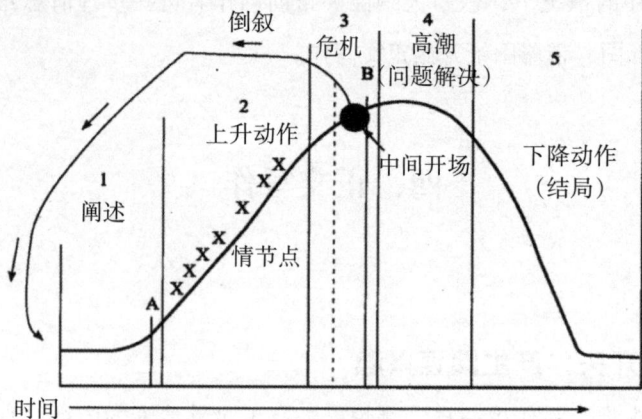

图8.3　故事从中间开场

2. 场景描写式引入

有些作品会以精细的场景描写将读者带入故事，对爬坡故事和平路故事结构均适用。

袁凌《九岁女孩和奶奶的命运门槛》开头部分是这样的：

堂屋地面生出了一层青苔，黏土结成鱼鳞。陈年的门槛，不足以隔住门外院坝的生荒气，只是阻碍了奶奶折叠成铁板桥的身形。

　　奶奶的背已经从腰上完全塌下来，似乎被取去了脊椎，个头比九岁的杨轩还低。门槛对于她近乎天堑，却不时还需提上半桶水。过槛的时候，她把水桶先放到地上，双手举起搁上门槛，再提起放到门槛里边。人随后扶着门槛翻过去。三个动作联为一体。灶屋的门槛无法逾越，奶奶人先越进去，水桶放在槛外，蹲在灶屋地上舀水上灶。

　　水管子接在门前，积水汇成一条小河，几乎隔断出入家门的道路。杨轩坐着一个小板凳，就着水管子洗菜，手指渐渐在大盆的冷水里变得通红。这是她放学后和奶奶的分工。

　　读这三段文字，就像跟随着纪录片的镜头缓缓进入故事所发生的场景，看到了堂屋的模样，看到了那节有着强烈象征意义的门槛，又看到了"奶奶"和九岁女孩杨轩的样子。这样细致的场景描写使文字产生画面感，引导读者进入叙事空间。

（二）语言：形成个人风格

　　语言是一部作品的"颜面"，颜值高不高，全靠语言水准。在中学阶段的作文创作中常常会有一个误区，认为好的语言就是华丽的，其实不然，华丽的语言往往为华丽而为之，华而不实。真正好的语言是精准、到位，带有个人风格特色。

　　形成自己的语言风格，是成为优秀作家的第一步。作为刚刚开始接触文学写作的新手来说，语言仿写是一个不错的练习方式。仿写不是抄袭，不是直接拿别人的好词好句来放到自己的作品中，那样对锻炼语言风格没有任何意义。仿写是找到你喜欢的作家作品，不断抄写、背诵他的作品，尝试复制他的语言风格。文学语言的仿写就像练字时临帖，先把字写得"像"大师，然后再站在巨人们的肩膀上成为你自己。

　　在仿写的基础上，尝试"选自己的词，说自己的话"，避免陈词滥调，避免空话套话，慢慢形成自己的风格。汪曾祺曾在《小说技巧常谈：成语·乡谈·四字句》这篇文章中谈到成语使用的问题，认为写景不太适合用成语，原因是成语大都有它固定的意思，很难用成语写出景色的独特性。就像汪曾祺所指出的《西游记》中写景的问题：《西游记》爱写景，常于"但见"之后，写一段骈四俪六的通俗小赋，对仗工整，声调铿锵，但多是"四时不谢之花，八节常春之草"一类的陈词套语，读者看到这里大都跳了过去，因为没有特点。汪曾祺还谈到，写人也不应多用成语，道理跟写景类似，很难写出人物的独特性。比如《水浒传》中写林冲，《红楼梦》中写王熙凤，都带有一种陈词滥调的感觉。

这里需要明确的一个问题是，写人写景不宜用成语，并不是否定成语的用途。成语作为汉语中留存下来的词汇，具有重要的文化价值和使用价值，必须在日常书写练习中学会正确使用这些成语，传承经典文化。但是，写作不仅仅是传承，更是创新，如何在写作中选取自己的词汇，说自己的话，是创新的必要性所在。

汪曾祺提及写人、写景都不宜用成语，因为成语会使所描写的景与人"一般化"。虽然汪曾祺所说的问题是针对小说而言，但不论小说还是非虚构，写人、写景方法都是通用的，所书写的对象是独一无二而非一般化的。如果运用了成语或者俗语，那这个特殊化的独一性就被掩盖掉了。

例如，写一个地方的环境：风和日丽，晴空万里，山坡上牛羊成群……这样写不是不可以，但没有写出特别性，没有用自己的词，说自己的话。非虚构写作所看到的景象绝对与"风和日丽""晴空万里""牛羊成群"这几个词所表现出来的景象有差别。所以，要充分调动"五种感觉"去捕捉信息，然后选用自己认为最恰当的词汇去表达信息，这样才是"说自己的话"，才能慢慢形成自己的语言风格。

（三）人物：挖掘复杂性

叙事性非虚构写作都是在讲故事，而故事又都是人的故事，人物是作品的核心，人物复杂性的挖掘与呈现又是核心中的核心。

具有复杂性的人物可以称为圆形人物，比如有缺点的"好人"，或者有善良一面的"坏人"。与圆形人物相对的是扁平人物，也就是完全的"好人"或者完全的"坏人"。对于非虚构写作来说，人物都来自现实生活，而现实生活中并没有绝对的"好人"和"坏人"，作品所写的人物一定是具有复杂性的圆形人物。在正文写作过程中要时刻记得通过"变化"来展现人物的复杂性。

《我的妈妈，是2800块买来的越南新娘》第五节开头，作者张正敏笔锋一转，写到了"妈妈"的新变化：

那年夏天，妈妈外出打工，与她一同消失的，还有镇上的一个重庆叔叔，大家平时有往来，哥哥和我都认得。

也许是从未体会过被人追求的感觉，没过多久，妈妈在电话里忍不住给我分享，说叔叔待她有多好。虽然她没点明，但我都明白了。于是，那年冬天看到他们两人牵着手出现在我面前时，我也就没有很惊讶，更没有气愤。

妈妈说重庆叔叔的父亲去世了，她要陪着去奔丧，临走前想见我一下。我们草草吃了顿饭，我全程都沉浸在愧疚当中，因为我不知道回家要如何向爸爸解释。

在此前的叙述中，"妈妈"作为买来的越南新娘，一直是贤妻良母的形象，默默为整个家庭做着贡献。但这里，"妈妈"开始追求自己的人生，在未与"爸爸"做了断的情况下开启了另一段感情。如果要单纯树立母亲光辉的"正面"形象，作者完全可以舍去这一部分，但张正敏没有刻意"隐恶"，而是选择如实呈现一个圆形人物，通过变化展示出人物复杂性。

（四）结尾：完结与回味

相比于作品开头来说，结尾要容易一些，因为故事已经按照作者设计的方向走到了最后。但好的作品结尾至少应有以下三种特性：第一，它应该是一段故事的完结；第二，作品的意义需要在此浮现，但又不是像中学作品一样强行点题、升华；第三，它需要给读者留下文学的审美和回味。与开头一样，故事的结尾也会有很多种方式，常用方式有以下四种。

1. 场景描写式

有些作品结尾处选择一个有意味的场景来实现"淡出"的效果，让读读完后感觉仍有回味，生成更为丰富的意蕴。

但在座位上，她仍旧带着一点受惊的表情坐下来，两只紫姜芽一般受冻的小手缩在桌肚里。只有在完全无人注意的时候，这张清秀的小脸上会现出一闪即逝的、属于九岁年龄的笑容，似乎生怕被发现，带来灾祸。

袁凌《九岁女孩和奶奶的命运门槛》这篇作品在开头部分是以精细化场景描写方式引入，来展示九岁女孩和驼背奶奶的生活环境，经过文章中间部分对女孩和奶奶生活经历的讲述后，作者在结尾处又以纪录片式的场景描写揭示了女孩微妙的心理，让读者更深入地理解这个人物以及悲苦命运在她生命中的烙印。

2. 感叹式

"感叹式"结尾方式，是指在作品结尾处作者抒发自己的感叹，以此强化情感。比如梁鸿长篇非虚构作品《中国在梁庄》的结尾：

再见，故乡。
再见，妈妈。有您在，我会回来，直到我生命停止的那一刻。

作者在这里虽然没有使用感叹号，但感叹的意味和强度显而易见，表现出"梁庄女儿"梁鸿对故土和已逝至亲的眷恋之情。

不过要注意，作品如果想要以感叹结尾，一定要谨慎，不能空发感叹。以上结尾的感叹显得不那么突兀，是因为作者前期铺垫了足够多的情感，情感曲线随着叙事不断上扬，才催生出最后的这两句感叹。如果情感不到位，感叹便成了"空叹"，不能让读者产生共情效果。

3. 总结式

"总结式"结尾方式一般用于总结观点，在当代叙事性非虚构写作中并不常见，但在一些以阐发观念为主的作品中也有出现。比如，李海鹏的《车陷紫禁城》结尾：

北京市将为这种状况埋单1800亿元，以便在2008年奥运会到来之前彻底改造城市交通系统，这笔投资相当于大多数省会城市同期同类投入的几十倍，其效果将面临各种挑战。2008年将是北京市格局定型的最后时刻，也是城市良性发展的最好而且可能是惟一的机会。在此之前，人们不得不学习如何对付一场雨、一场雪、一次交通意外，以及如何与汽车相处本身。

通过这一总结段，文中零散的素材有了更强的凝聚力，共同指向总主题。

4. 引语式

"引语式"结尾方式是指在作品结尾处引用某一人所说的话，可以是直接引语，也可以是间接引语。这样处理的好处是，用人物自己的话来结尾能够更好地展现人物的性格特点，进一步强化人物形象。但也要注意，不是随便一句话都适合拿来做结尾，一定是富有意味的话。比如，张正敏《我的妈妈，是2800块买来的越南新娘》的结尾：

送走所有客人后，我们母女也是像这一晚一样，一张床上聊到深夜。

到最后，半睡半醒的妈妈喃喃道："我现在就像在做梦一样，好像不是真的，又好像是真的。我那么多越南老乡，她们的子女都在十七八岁的时候结婚生孩子了，我的女儿居然要去上大学了。你知道吗？有你，是我在中国唯一值得骄傲的事情啊。"

这里用妈妈的直接引语来做结尾，首先表现出妈妈对于"我"所取得成绩的骄傲，另外，作者在这里并没有继续写"我"的反应，没有刻意感叹和抒情，表现出写作上的情感节制和深层话语蕴藉性。

五、作品修改

初稿完成不是写作的结束，而仅仅是一个新的开始。很多优秀作家都发表过一个共同看法：好文章不是写出来的，而是改出来的。顺利完成正文初稿后，就需要修改它。修改作品的第一步，可将作品打印成纸质版。即便在这个技术发达的社会，编辑改稿时也是拿着打印稿和红笔进行工作，因为纸质版的稿件能让他们更加专注于作品，更好地审视作品。

打印好纸质作品后，需要朗读自己的作品。在反复的朗读过程中，发现其中的问题，然后用红笔在纸质稿件上进行标注，再回到电子版文档中进行统一修改。修改电子文档前，拷贝一份原稿，并标注修改的这份稿件为第二稿，因为作品修改有时是个反复的过程，如果反悔了，还可以把之前的找回来。

作品的修改可以分为"大改"和"小改"。大改是指作品结构调整、素材安排调整、开头与结尾的方式修改等比较大的修改动作。如果按照以上写作流程一步步走下来，每一个写作步骤都有精巧的设计在先，在"大改"方面就不会太费周折。这一阶段最重要的是"小改"，即作品字、词、句层面的修改，使之不断臻于完美。

（一）清除赘语

在初稿写作中，一定充斥着很多不必要的赘语，比如太过频繁出现的人称代词，以及多余的"的"和"了"。删除作品中的赘语很考验语感，需要知道哪些不必要的词语必须删去，又要知道如何删才不影响语法规则。

看看下面这段话，哪些赘语可以删除：

安迪从屋外走进来了，他手上提的是一只红色的布袋，他把布袋往桌上一丢，走到了床边，鞋子也不脱就跳上了床，他把被子往他脏的衣服上一裹，呼呼地睡起了大觉来。

反复朗读后，像编辑一样在原文中进行删除标记，做出修改：

安迪从屋外走进来，手上提着一只红布袋。他将布袋往桌上一丢，走到床边，鞋子也不脱就跳上床，把被子往脏衣服上一裹，呼呼大睡过去。

修改的第一处是人称代词"他"。原段落中有四个"他"，太多且没有必要，修改后只剩一个"他"，全文更加干净清爽。

第二处修改是删去了几个非必要助词"的"，使文字更精练。很多"的"删除与否不影响表达规范，但删去之后效果会更好，比如"只要不影响语法的规范的'的'，一律可删去"这句话里，第一个"的"就应该删去。

第三处修改是把原段落中三个"了"全部删除，在不影响原意的情况下，使文字尽量简洁。

第四处修改是把"红色的布袋"改成了"红布袋"，不光删去了一个"的"，还顺带删去了一个不必要的"色"。

第五处修改是把原段落中两个重复词语"把"的第一个改成"将"。同一词汇重复出现这种情况在作品初稿中也很常见，作为一个对文字要求比较严格的写作者，要尽量避免。

第六处修改是把原段落一个长句改成了两个句子，长句改短句。长句能够承载更为复杂、丰富的信息，但长句并不容易把控，建议尽量使用短句。

第七处修改是把原段落最后"呼呼地睡起了大觉"改成了"呼呼大睡过去"。这一处修改的目的也是力求简洁，能用六个字说清的问题，绝不用八个字。

这个短到只有75个字的一小段，竟然可以进行七处修改，并且还可以继续改。如果在朗读自己的作品时，也会发现与以上七种情况类似的问题，可用红笔在打印稿中随时标注出来，然后再回到复制好的电子稿中进一步修改。

以上这则修改案例仅举了个例子，缺乏相应的上下文语境，在实际修改中还要考虑在特定的上下文语境中合理修改作品，清除赘语。

（二）合理使用标点

除清除赘语外，还需要注意标点的使用方法，这听起来似乎很基础，但却十分必要。

1. 逗号与句号

这两个标点是写作中最熟悉不过的，但要用好，并不容易。中小学语文教师已经无数次告知不可"一逗到底"，要善于把逗号改成句号。前面已说过，长句很难驾驭，最简单的方法就是把一个长句改成两个，或者更多短句。多数优秀作家都是短句善用者。另外，有时需要将逗号改为句号，后面单独成句，以表强调。例如：

我挤在狭小的过道里，坐在我的双肩包上，占据约0.3平米的空间，公文包和手提袋被我扔到旁边的座位下，我要这样度过23个小时。[1]

这句话中最后一个逗号应该改为句号，一句变两句，后一句起到很好的强调作用，突出在如此狭小空间内所要度过的时间之长。

2. 感叹号

感叹号是写作中常用但一定要慎用的一种标点，尤其是在文学作品中。感叹号表感叹之意，提醒读者这里是在表达比较强烈的情感意味。但文学作品讲究文字的内在蕴含性，文字表层以不露声色为佳。如果感叹号用多了，给读者大呼小叫之感，破坏了文字的内蕴。

使用感叹号一定要谨慎，试试有没有其他方式来代替。比如，要感叹一个人美丽，不用直接说：她真是太美啦！这是直接的告知，就算连用三个感叹号，读者也不会知道她究竟有多美。优秀作家写美人绝不会用感叹号，而是用白描或侧面描写："手如柔荑，肤如凝脂，领如蝤蛴，齿如瓠犀，螓首蛾眉，巧笑倩兮，美目盼兮。"《诗经·硕人》这一句，作者通过大量的细节展

1.湃客：创意读写工坊，《深夜列车上，独自踏上返乡路的12岁少年》，2020年3月19日。

示为读者描绘了一位千古美人。读者捕捉到这些细节，自然会领会到作者的感叹。同样，《陌上桑》中描写秦罗敷之美，是通过配饰和行者、少年、耕者的表现来传达。文学作品中，作者尽量不要去感叹，而是让读者感叹。

逗号和感叹号是写作时在表意层面需要慎重处理的。其他常用的标点符号，如顿号、分号、冒号、破折号等，要尽量使用规范，试着在规则之内发挥每个标点的最大效用。

自行修改完作品后，还可以尝试与相熟的好友组织小型作品修改工坊，相互提出修改意见，结合第一批读者的意见再做调整修改，最后进行投稿。

研讨与实践

1. 非虚构写作与小说、散文、诗歌相比，各有什么显著区别？

2. 如何理解非虚构写作的真实性与在场性？

3. 文本拆解练习：阅读一篇优秀的叙事性非虚构作品，尝试梳理出它的结构和故事大纲。

4. 语言仿写练习：找一个自己喜欢的文学作品中的段落，尝试分析这一部分语言风格的成因，对其句式进行仿写。

5. 采访练习：选择一位家人，将以下采访提纲表格根据实际情况进一步完善，主动去采访这位家人，了解他/她的人生故事。

采访提纲	
姓名	
年龄	
出生地	
家庭情况	
像我这么大的时候过着怎样的生活	
人生中有哪些重要的事（可先按时间顺序来采写，注意与大的时代背景相关联）	

采访提纲	
最难忘的一件事	
最难忘的一个人	
目前的生活状态	
……	

在完善这份采访提纲时，要尽量明确自己想要了解哪些方面的信息，然后有侧重点地去设计一些问题。完善采访提纲后，在实际的采访过程中，如果出现问题预设之外的故事，一定要记得随机应变。例如，受访者提到了一些好玩的事，或者说你认为很重要的事，尽量去追问一些具体的细节，尽可能全面采写到关于家人的故事信息。主动采访，耐心倾听，详细记录。

拓展阅读

1. 张慧瑜：《非虚构写作》，北京：高等教育出版社，2023年。

2. 杨瑞春、张捷：《南方周末特稿手册》，广州：南方日报出版社，2012年。

3. 雪莉·艾利斯：《开始写吧：非虚构文学写作》，刁克利译，北京：中国人民大学出版社，2011年。

4. 杰克·哈特：《故事技巧——叙事性非虚构文学写作指南》，叶青、曾轶峰译，北京：中国人民大学出版社，2012年。

5. 马克·克雷默、温迪·考尔：《哈佛非虚构写作课：怎样讲好一个故事》，王宇光等译，北京：中国文史出版社，2015年。

6. "人间the Livings"公众号，《我的妈妈，是2800块买来的越南新娘》，2018年11月22日。

7. "袁氏物语"公众号，《九岁女孩和奶奶的命运门槛》，2018年8月25日。

8. "湃客工坊"公众号，《村里有座庙：一起特大海难的民间记忆》，2019年8月1日。

————— 第九章 —————

新媒体写作

学习目标

1. 知识目标： 学习新媒体、新媒体写作的基本知识，了解新媒体写作的文体特征与风格。

2. 能力目标： 理解贯穿于新媒体写作中的三大思维，熟悉新媒体写作的流程，运用新媒体写作的思维训练方法与写作技法创作优质的新媒体文章。

3. 素质目标： 在阅读、品鉴和分析优质新媒体文章的同时，掌握新媒体写作的规律，培养媒介素养，进一步提升文学修养和写作能力。

新媒体写作包含了多样的写作行为与活动，它依托网络媒体、移动媒体、户外虚拟平台等新兴媒体进行创作，形成了包括网络文学、网络新闻、论坛和聊天记录、广告文案、博客、微博、微信、网络短视频脚本写作等新兴文本样式，极大地丰富了写作样态。本章根据新媒体写作的使用情况，结合学生实际，重点讨论和探究以微博、微信公众号为主的新媒体写作。

第一节　新媒体写作的界说与特征

　　媒介形式的变革导致人类感知世界的方式和行为习惯发生巨大变革，新的媒介使得人们在认知、思考与实践行为上引入了新的尺度、新的速度和新的模式。在当下，电子媒介时代的数字技术已经深入到现实生活中的方方面面，极大地改变了人们的思维方式和生活方式。那么，何谓新媒体？与传统媒体相比具有什么样的传播特性？何谓新媒体写作？新媒体写作与传统写作之间又有什么联系和区别？这些都是亟待我们厘清的问题。

一、新媒体写作的界说

　　媒介的发展变化与人类阅读方式的改变密切相关，对各种文体的演变以及表述方式都产生了新的要求。反映在写作上，传统写作的一些金科玉律，在新媒体语境下发生了巨大变化，这就要求创作者调整传统认知，更新创作思维，练就新的写作技能，开启一场"新"式写作。

　　一般认为，"新媒体"作为一个专业术语，源于1967年，美国哥伦比亚广播电视网技术研究所负责人P·戈尔德马克在一份关于开发EVR（电子录像）产品的项目计划书中首先使用了"新媒体（New Media）"一词。后来，美国传播政策总统特别委员会主席E·罗斯托向尼克松总统提交的报告中多处使用"新媒体"。由此，这一专业名词开始在美国广泛传播，并逐渐扩展到全世界。

　　21世纪初，"新媒体"一词开始在我国流行开来。随着新媒体产业的迅猛发展，国内越来越多的传播与媒体研究人员开始关注新媒体的发展现状和未来趋势，而学术界对于新媒体的探索与论争也持续不断，关于"新媒体"的内涵和外延，很多学者、专家、研究人员都从不同角度进行了阐释与界定。但是，由于新媒体处于不断发展变化中，新的现象、新的事件、新的热点不断涌现，这对"新媒体"概念的界定造成了极大挑战，至今为止，关于它的定义始终没有定论。结合学界已有的研究成果，尤其是在联合国教科文组织对新媒体所下定义的基础上，我们认为，新媒体就是以数字技术（包括计算机和数字网络信息技术、移动通讯技术等），以网络（包括互联网、宽带局域网、无线通讯网、移动互联网等）为载体，向计算机、智能手机、数字屏幕等终端受众提供信息和娱乐服务，并具有交互性、即时性、融合性等特征的传播形态和媒体平台。

依托新媒体而形成的新媒体写作从本质上说仍属于写作。它与传统写作一样，依然是人类处理、变革社会关系以及认识人自身的一种重要实践方式。

首先，从写作特点来看，新媒体写作具有较强的针对性和交互性。新媒体写作正是建立在深度分析特定读者群特点的基础上，对特定内容进行垂直深挖的一种写作形态。在写作过程中，创作者通过自己的一套写作技巧和方法，快速抓住读者眼球，并形成持续的用户阅读粘性。此外，在新媒体写作过程中，作者与读者的交流对话进一步加强，甚至读者对于内容创作的反馈会极大影响作者下一步的写作。

其次，从写作形式来看，在新媒体环境下，为了更能适应手机、平板电脑等智能互联网终端，写作也出现了以文字符号为主，并融合图片（包括静态图、动态图、表情包、照片等）、音频（包括音乐、歌曲、人声等）、视频（包括长视频、短视频等）等多元符号的新兴形式。

再有，从传播渠道与发布载体来看，新媒体写作正是以网络媒体、移动媒体为载体而进行的一种写作活动。而且随着数字技术的不断发展与丰富，诸如网站、博客、微博、微信等自媒体平台都成为新媒体写作内容的重要发布阵地。

基于以上对新媒体写作的写作特点、写作形式以及发布载体的充分阐释，我们将新媒体写作界定为：一种依托于网络媒体、移动媒体以及自媒体平台为主要发布载体，在深度分析读者特点与需求的基础上，经由作者构思、选题、策划、采写、编辑，并通过文字、图片、

【知识延伸】
新媒体写作与传统写作的区别与联系

音乐、视频、表情包等多媒体符号语言呈现作者所思所想并具有强交互性的写作形态与活动。

二、新媒体写作的基本特征

总体来看，新媒体写作在写作自由度、作品发表、交互性以及表现形式等方面与传统写作有着明显的差异，然而两者之间并非截然对立，存在一定的继承与对应关系。但在当前新媒体环境与新媒体语境下，新媒体写作仍旧呈现出了自身独特的文类特征，具体包括以下六个方面：

（一）新媒体写作是对象化的写作

新媒体写作十分注重传播群体的针对性，面向特定读者群，是明显的对象化写作。新媒体写作既不会面向全部的公众，也不会仅仅针对极少数人，写作者会在客观分析自身与读者的基础上，自觉确定目标读者群。例如，针对特定年龄、特定地域、特定性别、特定价值观、特定动机、特定习惯的读者来写文章，以帮助这些特定读者实现自我表达。新媒体写作的前提是，要有深入和大量的用户研究，充分了解读者的需求，为读者提供诸如人文历史、金融投资、健康养生、休闲娱乐、亲子教育、婚姻两性、情商修养、热点舆情、社交礼仪等方面的服务，帮助读者进行知识增量，站在读者的角度进行写作，具有明确的写作指向。

（二）新媒体写作是聚焦式的写作

目标市场定位，决定了新媒体写作的方向。同一个领域，不同定位的新媒体会呈现截然不同的内容。如果新媒体的写作者希望媒体的内容能够有效吸引读者，那么所有写作内容都要围绕这个方向，立足于这个领域来深度挖掘。新媒体通过持续输入特定类型的内容，使得他们的目标读者形成阅读习惯，并持续产生对该媒体的特定期待。因此，在新媒体写作过程中，作者要把握住细分领域，只有专注于某一领域，进行垂直深挖，写作的内容足够聚焦，媒体输出的文章才会产生足够大的影响力，整个媒体平台才能获得读者的认可与信任。

（三）新媒体写作是提供价值的写作

新媒体写作要为读者提供实用价值，满足读者的需求。写作者在动笔前以及写作的过程中，往往需要考虑两个问题：首先，这篇文章对于读者的意义到底在哪里。是增加一个新知识？是帮忙做了内容的汇总？是说出读者想说却不敢说的话？还是通过有意思的文字给读者带去欢乐？其次，这篇文章满足了读者什么样的需求。是收获新知的需求？是猎奇的需求？是情绪抒发的需求？还是娱乐的需求？从这个层面看，新媒体写作就是一种"赋值"写作。

（四）新媒体写作是时效优先的写作

新媒体写作特别强调内容的时效性。一般而言，新媒体上的文章寿命为24小时，一篇文章发出去24小时之后，如果不能引起反响和讨论，之后也就很少有人去关注和阅读。这样的特征决定了新媒体写作的一个重要倾向——追求热点事件。具体说来，在新媒体写作中，一种做法是写作者会将各类热点事件加入到自己的内容创作中，让热点事件作为写作的论据、案例，充分表达对某些人事、现象的观点和看法。让热点事件来充实文章内容，使得文章能够与时俱进，赢得读者的喜爱。还有一种做法则是以热点事件为引线，立足于自己的媒体定位和基调，将热点转到自己将要论述的专业领域或具体事件中。当然，并不是任何热点事件都适合引入文章中，"蹭热点"有时候是一把双刃剑，如果作者选取的角度不合适，触碰了一些底线规则，反而有可能成为众矢之的。

（五）新媒体写作是阅读社交性的写作

新媒体写作并不是说作品完成了就完事，作者需要进一步推动文章的二次转发，让更多的人看到。"爆款"文章会有几百万、几千万的阅读量，而这些阅读量多是由读者转发而来的。读者在阅读的同时，甚至还会与作者互动，对文章内容进行留言、评论，从而形成一个由阅读所带来的社交场。这样的特征决定了在新媒体写作中，写作者需要赋予文章更多的闪光点，使得文章内容自带传播属性，从而形成强大的内推力，促使读者阅读后能自动转发文章，通过新媒体上的阅读社交关系影响到更多层面的人。

（六）新媒体写作是风格化的写作

对于新媒体而言，好文章的标准就是要有"风格"，就是作者在写作一篇文章时，遣词造句、表达观点、行文布局等方面需要有自己独特的调性。读者在阅读一篇新媒体文章时，实则是希望与一个鲜活的个体进行思维的碰撞，交流与对话，联系与互动。因此，这种风格化写作赋予了新媒体人格化特征，给予读者强烈的冲击，增强了读者的印象，使其对该新媒体具有更大的黏性，更具有活跃度。当然，风格化的写作并不容易，在文章写作过程中，如何去搜集资料、如何运用叙事方法、如何掌握行文逻辑、如何锤炼语言等，都必须先有扎实的写作基础，才能形成独特的写作风格，以便深度吸引自己的读者。

第二节　新媒体写作的思维训练与创作方法

在新媒体时代，我们进行写作应该具备何种思维方式？围绕这样的思维方式，我们应该具备何种认知和训练方法？本节结合新媒体写作的基本特征，通过分析新媒体文章的写作和传播过程，进一步提炼、概括与总结新媒体写作有效的思维训练方法，尝试为新媒体写作初学者提供写作策略、写作要点、写作方法与技巧层面的参考。

一、基于读者思维的新媒体写作训练

与传统写作往往聚焦于社会事件、政经时事、社会发展过程中的宏大话题不同，新媒体写作更加着眼于阅读这篇文章的"人"，也即读者本身。这样的性质决定了新媒体写作更加重视用户体验，有时甚至会去迎合用户需要。因此，作者在进行新媒体写作时，应该树立读者思维，即明确自己的写作是"为读者的写作"。既要满足读者对内容的心理需求，满足读者自我成长、自我实现等需求，也要满足读者安全感、同理心、同情心等情感需要；同时还要适应读者的阅读场景。例如，微信公众号文章的发布时间、文字分段、排版设计等都应该适应读者的阅读习惯。

那么，基于读者思维，在新媒体写作中，可以从以下两个方面着手进行训练。

（一）明确目标读者，做好定位

在动笔进行新媒体文章写作之前，首先需要考虑的事情是做好定位。因为定位不同，文章产生的价值就不同。

首先是明确目标读者。写作者在创作文字作品时，需要明确：谁将会阅读你的文字，倾听你说话？他们年龄有多大？有什么样的习惯和偏好？这里面涉及对目标读者的阶层分析，包括年龄、学习、职业、收入、性别等；偏好分析，包括目标读者的上网习惯、社交习惯、个性特点；痛点分析，包括目标读者常有的迷茫、焦虑、拖延、孤独等；还有心态分析，包括目标读者所具有的善良、真诚、积极、主动、利他心态等。如果文章读者是作者自己，那么作者写的可能是日记、笔记之类，而不是给别人看的文章。但如果写作者写文章是为了与更多读者交流思想、表达观点、抒发情感，那么写作前，作者就需要深度研究目标读者群，充分了解他们的兴趣点，并经常性地为他们提供这方面内容，获取读者的认同，这样才能有效增加读者黏性。

其次，明确作者身份。此处的作者身份包括两个方面：其一是作者自我定位，其二是作者所在原生环境的定位。就前者来看，写作者是学生，还是教师；是律师，还是医生；是投资达人、心理学者，还是情感专家……身份的打造，是给作者自己同时也是给读者的一个强烈的信号和暗示：在某个领域，写作者是一个深度耕耘、拥有真知灼见的专业人士，是一个标签明白、值得信赖的IP[1]。就后者而言，所谓"原生环境"就是写作者当前最熟悉的环境，在这个环境中，写作者需要进行场景的识别和归纳。例如，写作者是高校的大学生，那作者当前的原生环境就是以学校为核心的，学校里面又包括了教室、图书馆、体育馆、食堂、休闲娱乐区、老师、同学、恋人……将这些熟悉的生活场景变成写作素材的来源，而当中所涉及的人和事就可以构成创造话题的现场。

最后，为读者提供某种价值。作者写作的文章能够为读者提供什么样的价值？是解决了他们内心的某种痛苦，抑或是解决了他们学习、生活、工作中的一个困惑？是为读者提供了一种观看世界新的角度，抑或是为他们提供了一种新的思考方向和解决办法？是为读者带去欢笑和愉悦，抑或是为他们带去了身份的认同和尊重，以及情感上的共鸣？总之，作者写的文章对目标读者而言，务必"有用"才行。只有这样，才能进一步促使读者阅读并转发。

（二）分众化阅读，垂直方向深度挖掘

在新媒体环境下，读者的阅读呈现出明显的分众化特点，每个读者更愿意去阅读与自身兴趣、需求、特点相符合的内容，在内容的选取上更加个性化、专业化。这就意味着新媒体平台在内容的组织和投放上需要更加精准垂直；同时，这也决定了新媒体写作者为了满足受众的需求，在写作时需要规避信息同质化，增强对特定读者群的针对性和贴近性，立足于自身定位和基调，并结合热点、焦点问题，产出内容。因此，在某一个专业、行业或者更

1.编者注：根据世界贸易组织（WTO）发布的《与贸易有关的知识产权协定》中的界定，IP即"Intellectual Property"（知识产权），指人类智力创造的无形财产权，包括专利、商标、版权、工业设计等，赋予创造者对其成果的独占使用权。

小的领域去做垂直方向的深度挖掘是新媒体环境下非常有效的写作方法。具体来说，可以从两个写作维度进行挖掘。

第一，从日常性的人、事、现象等入手进行垂直方向深度挖掘。例如，关于"爱情"这个日常话题，已经被凡人谈了千万次，但做深度挖掘仍旧可以产生如下写作方向：

十个经典爱情故事；

十个艺术家的爱情故事；

唐诗、宋词、元曲中的爱情；

金庸小说中的爱情；

村上春树的爱情与川端康城的爱情比较；

机器人可以谈恋爱吗；

摩梭人是这样谈恋爱的；

惊悚的爱情，螳螂是这样恋爱的；

……

第二，结合当前热点、焦点问题，立足自身定位和基调来进行垂直方向深度挖掘。例如，国产剧《都挺好》在一众媒体播出后大火，电视剧呈现出的都市家庭情感、传统家庭亲子关系等引发观众热议。当时，不少新媒体作者抓住这个热点，结合自身定位和基调，写出了很多不同角度和情感落点的文章。善于写亲子类文章的作者，针对这部剧，主要写中国父母和子女间的一些关系，如《"苏大强"式父亲遭人骂：中国父母，分为三层》《好的家庭，父母都很作》等；擅长写励志情感鸡汤类文章的作者，则写出了《不想活成苏大强，年轻时就要做到这三点》《你现在的不努力，老了就都成了打脸的证据》等；而定位于影视评论类的写作者，则是写出了《这部国产剧，火了!》《倪大红的崛起，流量明星们又一次被打脸》等文章。在这些新媒体文章中，每个写作者因为身份的不同，自身定位的不同，会寻找不同的切入点去追热点、写文章，更好地突出个人IP的价值，而不是都去写《都挺好，这部电视剧真好看!》。

总之,人人都在做新媒体的时代,垂直方向深度挖掘可以帮助新媒体写作者写出一些充分表达特定读者群思想、观点、情感的文章,有效引发读者共鸣,从而实现文章的分享与转发,促成新媒体文章传播效果的最大化。

二、基于图像化思维的新媒体写作训练

过去,传统媒体的写作更偏重对语言文字符号的运用,即便发展到后来,依托于网络CP端媒体的写作也会加入一些照片、视频、音频等多媒体,但发展到移动新媒体写作时,不仅要会综合运用文字、照片、视频和音频,还需特别擅用表情包、动态图等去以图表意。

(一)新媒体写作中对表情包的使用

表情包是社交媒体和网络不断发展之后的产物,与以往传统的表情不同,它通常是以时下流行的明星、语句、动漫、影视截图等为主要素材,通过截取或者二次加工而形成的一种以表达特定情感方式的图片。

从本质上讲,表情包属于一种流行文化。它的出现极大地迎合了新媒体受众的阅读习惯。基于表情符号而形成的各种类型的表情包有画面感、幽默风趣、有网感、易理解、易传播、互动性强,这几乎满足了每个新媒体平台的传播要求。而广大网民在利用新媒体交流交往时,表情包又缓和了使用单一语言文字带来的苍白语气,打破了文字硬度交流的尴尬。人们利用表情包不仅提高了沟通效率,节省了交流成本,避免了文字表达可能带来的误解,同时还利用独特有趣的表情包表达自我,彰显个性。另外,从表情包的形成与制作来看,在新媒体环境下,不同群体的受众会根据不同需求主动寻找素材、生产、复制以及传播各种类型的表情包,以满足他们特定的交流需要,这极大地提升了用户的参与积极性。同时,同类型表情包的生产者与传播者容易形成一个个小圈子,人们在小圈子里交流互动,形成文化身份认同,于无形之中推动了网络文化的发展。再有，表情包的制作往往以热点事件和人物为素材，借助社交网络平台的传播优势，很容易迅速引起网民共鸣，进而提高网络话题的讨论度。

上述种种优势，使得表情包在新媒体写作中被广泛运用，甚而，一篇新媒体推文可以不用一个字，但是却不能没有表情包。纵观当前新媒体领域，几乎所有公众号、微博等主流平台的文章都无一例外在大量使用表情包，凡能看到的娱乐、美食、旅游、财经，甚至是一向主题严肃的官方媒体都在使用。

具体来说，新媒体写作使用较多的表情包，从内容上看，主要以漫画、植物、动物、风景、名人等作为素材；从类型上看，大体又可分为纯图表情包、图文表情包、颜文字表情包、纯文字表情包等小类型。

总体而言，表情包以搞笑的居多，且构图较为夸张。在新媒体写作中，通过制作、收藏并分享这些表情，写作者可以极大增强文章的可读性、趣味性；同时，写作者通过展现自己的藏图，还可以获得同一圈层的读者的认可，从而实现心理上的满足。但是表情包使用不当，也会带来弊病。例如，一些带有脏话、不雅图片、错别字的表情包在新媒体上广为传播，势必会给人们的日常生活和语言交际带来不良影响，同时给汉语的良性发展造成冲击。再比如，有些人把知名人士或身边人的照片做成表情包，不仅是对他人的不尊重，还会侵犯他人的肖像权，甚至还会被一些追星族攻击。还比如，那些包含不文明的图片、嘲讽他人的词语、粗话脏话等的表情包，会污染社会风气、降低审美品位、麻痹大众、渲染放大社会浮躁心理，从而影响整个社会群体素养的提升。

因此，对于新媒体写作中表情包的使用，需要采取谨慎宽容的态度，既要充分考虑到表情包传播上的优势，制作一些优质的表情包增加新媒体文章的可读性，提高阅读量和转发频率；同时也要合法化和提升表情包的制作规范，尽量规避和禁止制作一些不符合社会主流文化的表情包，以构建朗正风清的网络文化和语言环境，让这种在网络上兴起的表情文化的作用达到制高点。

（二）新媒体写作中对动态图的使用

进入移动新媒体时代，新媒体写作已经不再满足于将传统的文字、图片、视频等要素相结合。对于新媒体文章来说，除了优质的内容，视觉效果也很重要，一篇视觉效果好的文章，能传达不俗的风格理念，给读者留下深刻的印象。其中，采用动图成为视觉设计的着手点。

目前，新媒体写作中用到的动态图绝大部分都是GIF格式。GIF的英文全称是"Graphics Interchange Format"，原意就是"图像互换格式"。GIF又可分为静态GIF和动画GIF两种，支持透明背景图像，适用于多种操作系统。GIF动态图相对于静态图片，包含更多信息量。其中，场景化表达、自带的跳跃感、视觉冲击更易引起用户注意。另外，GIF动图中个性有趣的形式内容，既符合网络交流的情感需求，也迎合了年轻用户的猎奇心，可以更好地引起互动、评论、分享。所以，不管是PC端还是移动APP，都在逐步使用GIF动态图来做最简单最直接的信息发布，并逐渐渗透到营销以外的不同场景。

就当前来看，动图制作主要通过两种方法进行。第一，使用GIF动图素材库来获取。其中，GIPHY、SOOGIF、Golden Wolf、scorpion dagger、rafael-varona、Gifparanoia、MONO App，还有百度等都是非常热门并且好用的动图素材库，通过这些搜索引擎以及网站可以搜索到丰富而有趣的动态图。第二，快速录制GIF动图。具体来看，可以用到giftools、gif快手、Easy GIF Animator、Screen to Gif（GIF动画录制软件）、GifCam、Ulead GIF Animator 制作生成；Instagiffer（GIF动画制作工具）、QQ影音截取视频片段；抠抠视频秀/Animator-Gif直接截取GIF；还有迅雷播放器，可以在看视频的过程中直接GIF截图。

在新媒体写作领域，GIF动图因其体积小、成像相对清晰的特点而大受欢迎。同时，借助动态图可以充分解决因语言过于抽象而导致信息不能准确传递的问题，极大提升文章的可读性，使文章内容更易传达给受众。例如，"一条风味地图"微信公众号在2022年5月14日推出的原创文章《厨房配角别小瞧，牛奶加它变布丁！》，写作者正是充分利用了动态图将美食制作过程进行了直观的展示。

这篇推文主要介绍了如何创意运用厨房做菜的"配角"——仔姜和生姜，将它们制作成美味可口的小吃。但是如果纯粹用文字描述制作小吃的过程，读者依然会费尽脑力去理解，还不一定能准确把握制作方法。所以，这篇推文就将小吃制作的基本环节、操作手法直接做成了动图，非常直观，不仅让人对制作过程一目了然，还进一步降低了信息传播过程中的失真率。

三、基于交互思维的新媒体写作训练

网络新媒体的出现，打破了传统大众传播基于信息单向流动的传播方式，其鲜明的交互性使得人类的信息传播更接近于人类自然的传播方式，更人性化。在网络新媒体营造的赛博空间中，突破单向的、线性的阅读方式，在操作层面上实现交流互动、互文链接，使得多个参与者、多个文本之间相互关联，这正是新媒体写作中交互思维的充分体现。基于此，围绕这种交互思维，可以从以下两个方面来进行新媒体写作训练。

（一）建立召唤结构

在新媒体写作中，写作者应该具备明确的交流互动观，即能够运用图文声像等多种符号建构起鲜明而强烈的召唤结构。"召唤结构"是德国接受美学代表人物沃尔夫冈·伊瑟尔在《文本的召唤结构》中提出的概念。他认为文学文本中的"空白点""未定点"能够激发读者的阅读兴趣和想象空间，并称这种由"未定点"和"空白点"组成的文本的结构基础为文本的"召唤结构"[1]。这种文本结构因空白和否定所导致的不确定性，呈现为一种开放性的姿态，并且随时召唤着接受者能动地参与进来，通过想象以再创造的方式接受文艺作品。新媒体写作强调从外部到内部都要对读者和观众进行召唤，使他们成为真正的参与者。

1.转引自曾庆香、玄桂芬：《社交媒体召唤结构：新闻交往化与亲密性》，《现代传播》2019年第1期，第42—48页。

例如，"老徐的复利人生"微信公众号在2022年8月24日推出的《四川高温背后的真相简直是触目惊心》一文。首先，文章围绕2022年8月川渝两地持续出现的高温、旱情等热度较高的话题进行写作，很容易抓住读者的注意力，引发他们主动关注。其次，推文在进一步列举全球自然灾害时，不仅有大量生动形象的文字描述，还提供了很多令人触目惊心的照片与图片，从外部环境上给读者以强烈的心理冲击，使得读者切身感受到如果不珍惜和保护好地球自然环境，那么"灾害，开始和每个人息息相关"。直接让读者对于当前地球的生存环境产生评论的欲望。最后，作者在文章结尾处写道：

"当地球已经开始警告人类，我们不能再置之不理，人类每一个小小的举动，都会为后代子孙留下福报。

爱护环境，节约能源，在生活的小事中多做一点，这不是抠门，而是大爱；

少开一天车，空调调高一度，出门自己带环保袋，这些也许不能改变什么，但是当越来越多的人加入行列中，却可以凑成巨大的改变。

人类，从来没有像现在一样感受到命运共同体的存在。

改变，也已经迫在眉睫。

要不然这次的高温，也许只是一个开始。"

作者在文章结尾发出警告，同时还提出了一些改变当前局面的具体做法，由此建构了一个"召唤结构"，以吸引读者参与并互动发言。正是由于这种既含理性又有情感的召唤，文章吸引了大量读者在推文后面留言，参与讨论，与作者互动。可见，在新媒体写作中，运用这种召唤结构，可以有效实现与读者的情感关联，唤醒读者内心的情感因子，激发其情感共鸣；同时，还可以更好地让读者参与其中，与创作者进行交流互动，更好地激发参与者自发传播。

（二）充分利用"超链接"

"超链接"是一种对象，它是以特殊编码的文本或图形的形式来实现链接，如果单击该链接，相当于指示浏览器移至同一网页内的某个位置，或打开新的文字、图片、视频、音频、网页、网站、程序等，所以通过"超链接"，新媒体写作几乎可以使一切作品相互关联起来。尽管人们认为新媒体写作是碎片化的，但运用超链接可以使新媒体写作在内容的广泛性上完全突破传统媒体写作的局限，它几乎可以将所有文本互相链接。因此，在很多比较成熟的微博账号、微信公众号、应用APP上推出的文章里都经常设置有超链接，以便链接相关联的其他账号或作品。例如，"SWU创意写作"微信公众号在每期推文的后面都会附上"今日推荐"，实际上就是通过设置超链接的方式，关联其他相关文本。（图9.1）

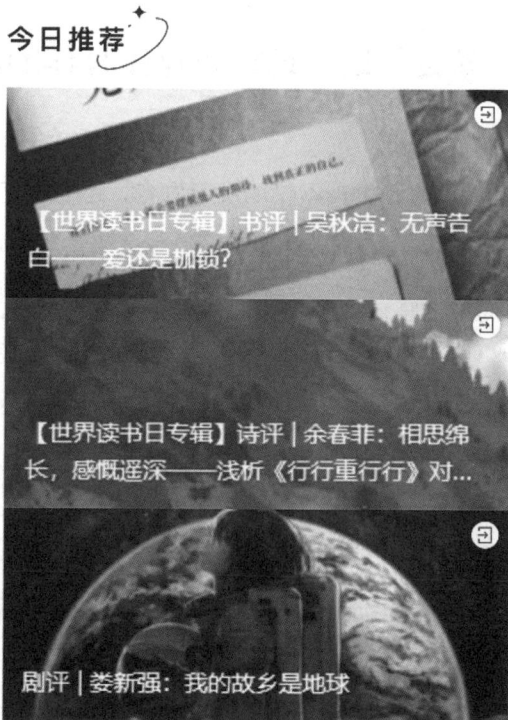

图9.1 "SWU创意写作"推文后的"今日推荐"超链接

读者通过点击"今日推荐"下方的图片或者文字，就可以很方便地打开其他相同类型的作品或者文本进行浏览阅读了。

第三节　过程写作实训：新媒体作品的诞生

新媒体写作从来都不仅仅是写作，它包含了文章的选题、构思、创作、编排设计、推广传播等诸多环节。那么，一篇现象级的新媒体文章如何诞生？本节将结合前文所述新媒体写作的思维方式与训练方法，并通过对数篇有代表性的10万+爆文案例的分析与解读，详细论述与呈现一篇现象级新媒体文章的诞生过程。

一、"爆文"诞生记：新媒体写作的流程

现象级新媒体文章的诞生，不仅取决于内容，还取决于新媒体文章的推广与传播。首先，新媒体写作的选题、内容、语言表达等方面需要发挥合力，契合时下读者的阅读动机；其次，新媒体文章封面头图的选取与设计、配图、排版等还需要适应屏读时代读者的阅读场景与阅读习惯；另外，还需要考虑一篇新媒体文章的发布推广以及与读者的互动等。总之，只有写作与传播相得益彰，新媒体写作者才有可能创作出现象级的作品来。

（一）写作方向：文章选题

新媒体写作的选题很重要，它直接关系着文章写出来后能否引起读者的关注，引发读者情感上的共鸣，从而促使读者的二次转发。新媒体写作的选题远比传统媒体写作更复杂，并且有其独特的选题逻辑和操作方法。

首先，做选题的第一步是明确目标读者，包括了解读者的经历和偏好，了解读者的需要和情感，了解读者的价值观。只有文章选题与目标读者相互匹配，文章才能真正打动读者，引起读者的共鸣，文章被传播的概率才大。

其次，要在自己熟悉的领域筛选题材、做选择。市面上的题材非常多，

新媒体写作者需要依据自身的平台定位，选择适合自己写作的选题。另外，各行各业都需要足够的知识沉淀，作者对领域越熟悉，输出的内容就越优质，如果硬着头皮去写不熟悉领域内的题材，自然写不出优质的文章。

第三，要在熟悉的领域内紧抓热点。新媒体写作往往有着自己的生命周期，在熟悉的领域紧跟热点去写，才有成为"爆文"的可能，错过了这个节点，文章也就会失去价值。具体来说，可以从热搜新闻、名人忌日、节日节气、热门影视、热门歌曲、公益广告，以及热门人物中去获得热点；还可以从朋友圈情绪、微博评论、其他账号观点、读者以往的痛点、同行的成功经验等去获得对于热点的新颖立场和独特视角。总之，一个寻常的选题，如果能搭上热点的快车，就有可能成燎原之势，"爆款文"也就垂手可得了。

第四，避免选题过程中常犯的错误。在新媒体写作中，确定写作方向时还要注意避免文章中出现过于自我、个性的表达；避免选题与阅读对象不匹配；避免选题三观不正；避免文不对题；避免与账号调性不相符等问题，以确保文章选题立意正面、积极、深刻，能给读者提供价值，助力读者成长。

（二）写作结构：标题与成稿

1. 标题

一篇新媒体文章，决定其上限的因素很多，比如热点、时间点、选题痛点、信息增量、形式、文笔、素材等，而文章标题则是阅读量下限的决定因素。标题正是一篇新媒体文章流量的入口。

在新媒体写作时，如何让标题吸引读者，产生"吸睛"效果，具体的制作方法有：提炼核心信息；直击读者的兴趣点或痛点；制造悬念；在标题中实现价值交付；在标题中提供新知识；在标题中表达新观点；在标题中加入金句；等等。

例如：

《诗坛扫地僧！外卖小哥击败北大硕士夺第三届中国诗词大会冠军》

提炼文章内容的核心信息是制作文章标题的基本方法。上述标题，如果没有前半句，后半句也已经交代了核心信息——"外卖小哥击败北大硕士获得诗词大会冠军"。加上前半句"诗坛扫地僧"，强调了结果的出人意料。

《是时候谈谈婚礼这件小事了》

是谁对婚礼感兴趣，首先是已经领取了结婚证的男女和他们的家人，其次是举行婚礼没多久的人……其实，所有结过婚的人或多或少都有点兴趣。在一般人眼里，婚礼是大事，而作者故意说"这件小事"，让更多的人有了兴趣。用简明扼要的语言直接击中读者兴趣点或痛点，也是新媒体文章标题制作的主要方法。

《中国最不能惹的三个女人——》

这是"互联网周刊"微信公众号里面的一篇文章标题，写作者在制作标题时有意制造了悬念：哪三个女人？为什么不能惹？这样的悬念一步到位，直指读者的好奇心，让人忍不住想要探寻真相，或者对号入座。

《43页精华PPT！从零开始把内容运营讲透了》
《女人会穿很重要，跟她们学搭配，比其他女孩子都漂亮》
《妈妈们必看，如何帮助孩子击败蛀牙》

上述标题，抓住了读者趋利避害的心理，给读者提供了明确的利益承诺和帮助，以及一些行动建议，在标题中就实现了价值交付。

《人生何必纠结，放下便是晴天》
《没事早点睡，有空多挣钱》
《少说话是教养，会说话是修养》

在新媒体文章标题制作时，还可以加入金句。只要金句句式足够新，表达的观点足够好，这种金句体的转发率和传播率都会特别高。

综上，在新媒体写作中具体制作标题时，需要根据选题的内容、选题的背景、同类题材别人如何做等因素来采用适当的方法。但是，还需注意，忌用标题党，勿贪大求全、故弄玄虚、夸大其词，与文章内容不符，甚至哗众取宠，迎合某些低级趣味；尽量避免使用一些生僻或难以理解的词，以及读者不关心的词。同时，标题制作的技巧和方法不是永恒不变的，还需根据时事和环境的变化不断调整，随时复盘和迭代，仔细研磨，抓住读者对标题"第一眼缘"的机会，只有如此，才能促成一篇新媒体文章更高的阅读率和转发率。

2. 成稿

所谓成稿，就是构架完整、用词准确、有头有尾的一篇完整的文章。一篇文章构思是否严谨、文稿是否完整跟一个写作者的成稿能力有着非常紧密的联系。而成稿能力正是爆文写作的基础。

具体来说，新媒体写作者需从以下三个方面提升其成稿能力：

（1）写一个让人充满期待感的开篇

新媒体文章应该在一开头就牢牢勾住读者的心，而不是花大量的篇幅来讲述一个没有新意的故事。一开篇就引发读者好奇，让人产生期待感，正是制胜关键。具体来说，可以尝试在文章开头直接将主要矛盾摆在读者面前；或者利用一个对大多数人而言认知有偏差的现象或观点作为开头，引发读者的好奇心；或者在文章一开头，就直接抛出读者最关心的问题，在深入阅读开始的地方就直击读者内心最敏感的地方；或者在开头提前告知读者一个"炸裂性"的结果，结论先行；或者直接用一个精彩故事作为开头引入，简单直白，引发读者强烈代入感。

例如，2017年一篇刷爆朋友圈的新媒体文章《我叫范雨素》，开篇如下：

"我的生命是一本不忍卒读的书，命运把我装订得极为拙劣。"

这个开头看似简单的一句话，但是却极大地勾起了读者的兴趣。读者会去猜想，为何作者会说"她的生命不忍卒读"？她的人生到底经历了什么？她为何会说自己的"命运拙劣"？拙劣到什么程度？一连串的疑问会引领读者进入文章一探究竟。

这种结论先行的写作手法，本质上来说，利用了人们的好奇本能。如果作者写的这个结果具有超强的冲击力，在吊足了读者的胃口后，为了寻找答案，读者巴不得把文章的每一个字都吃透。

（2）写出引人入胜、新鲜有趣的内容

内容是一篇文章的核心部分，想要读者耐心阅读完整篇文章，在内容方面必须做到引人入胜、新鲜有趣。

具体来说，在写作时要学会调动读者情绪，例如，能够紧抓读者的痛点、需求点、嫌恶点来写；文字表达要真情流露，充分书写作者的真实情感，在文章表述中要设置情绪的爆发点；同时，还要尽力强化代入感，比如可以常用"我""你""我们"等等这些词汇来拉近与读者的心理距离；还可适当地加入心理描写来代入情绪。当然，最重要的，是把细节写到位。这个细节，可能是一个情景的描写，一句恰到好处的转折，一个不经意间的小幽默。

（3）写一个引人分享的结尾

新媒体文章中，一个好的结尾会让每个读完它的人都产生转发的欲望。转发分享的人越多，这篇文章被看到的次数就越多，最后就容易形成爆款文章。

具体来说，结尾设计的方法与技巧有很多，例如，金句总结、提振情绪、引发共鸣、旁征博引、呼吁行动、展现远景、落脚生活、对比强调、表达祝愿、引发讨论等。但总体来看，新媒体写作在文章结尾时，需要传达给读者一种向上的、积极的、意义深远的观点，促使读者产生传播的冲动、情绪的提振、情感的共鸣，这是设计结尾时写作者需要考虑的最关键的地方。

（三）写作语言：叙述与表达

在新媒体时代，读者的阅读呈现出速度快、频率高、碎片化、浅阅读的特征。在这种阅读模式下，信息获取成为读者的第一需求，而且读者追求迅速、高效地获取信息。因此，新媒体写作者在语言叙述和表达方面，一方面要契合作者自身的个性与风格，另一方面还应少采用一些陌生的专业词汇，用读者最熟悉的语言来讲述陌生事件。在新媒体环境和语境中，读者的阅读时间，经常都是读者的空隙时间，读者想要的绝不是诘屈聱牙的说教和僵硬死板的陈词滥调，因此，叙述妥当、结构干净、文字准确更能适应新媒体写作叙述与表达的节奏。

例如，微信公众号"狮小主"2016年10月29日推出一篇《爱到深处是笨拙》的文章，当中有这样一段描述：

"我不相信姥爷会真的喜欢吃那些又酸又苦土腥味又大的菜梆子，当初的生活条件差，他把最好吃的都留给了我和姥姥，后来生活条件慢慢好起来了，他仍旧如此。

后来我慢慢明白：谁也不能和他抢那些最难吃的菜梆子，因为这就是他表达爱的方式——一种笨拙的，旷日持久的付出。

哪怕这道菜换成了山珍海味，他也仍旧会把其中最好的部分留给我。也许只有那些菜梆子的味道，才能让他回忆起当初的漫长岁月，甘之如饴，欣然老去。那个味道，什么美味佳肴都无法代替。因为那里面，有回忆，也有他难以言及的爱。"

这段描述中，最动人的地方在于其妥当的文字描述。整段描述没有将姥爷对亲人的爱做感天动地的夸张的铺陈叙写，而只是通过老人家吃白菜帮的行为表达出来，却让人深刻地感受到姥爷心中深沉的爱。在新媒体文章写作时，不超出文章本身的表达语境，让文字漫天飞舞，这是作者需要时时铭记的"定律"，一旦超出文章本身的语境，叙述就会显得很奇怪，不符合读者的阅读需求了。

新媒体写作特别需要干净的语言。多分段，避免长篇大段文字堆积在一起，尽量用分裂式行文。多用短句，少用长句。可采用口语化表达，少用翻译腔式的表达，尤其是过长的从属短语和多层逻辑的表达。如果作者自己读起来都费劲的语句，就不要再拿给读者看了；长的句子尽量拆成短的句子，多层的含义尽量拆解成单层的意思。比起"无时无刻不在担心"，"我很担心你"要好读得多。

精练。一些用处不大的诸如"我认为……""……啊"这样的句式，会让文章显得繁冗啰嗦，尽量去掉。多用动词、名词、定语，给人以简单、明白、干净利落的阅读体验。

（四）写成之后：设计与推广

新媒体写作不能仅仅停留在传统的写作过程中，文章成稿后，关于文章的传播，新媒体写作者还需要在封面图片、文中配图、排版、音频视频插入等方面选择最适应新媒体时代读者阅读场景的呈现方式。同时，还需要进一步考虑文章的推广，选择恰当的时机发布作品，以及与读者进一步地交流互动。

1. 编排设计

图片的使用。一篇新媒体文章，如果密密麻麻的文字布满全屏，会给浅阅读模式的读者带来压力，使得他们放弃阅读。因此，借助一些切题的配图、表情包等，对长篇幅、多段落的文章适时进行分段，可以增强读者阅读的趣味性。另外，封面图片的设计也很重要，合适的封面图片应当配合标题，使得文章达到最理想的传播效果，能够让读者在浏览文章的第一时间，引起读者点开文章的阅读兴趣。

音频、视频的插入。新媒体写作比起传统写作最大的不同，就在于不再单纯依靠文字符号来表情达意、表述观点。除了适时插入图片对文字进行切割之外，还可以借助网络技术、APP应用的编辑排版功能，在文章适当位置插入音频、视频，以丰富文章的表现形式，进一步提升文章的可读性，使得一篇新媒体文章的表现样态更为多元化，吸引读者的关注。

排版设计。新媒体写作在排版设计上还需要适应读者屏幕阅读的习惯和审美要求：

其一，新媒体写作者书写的句式不应过长，分段可以更频繁，尽量用简洁的语言形构全文。

其二，对文章中设置的金句、一些重要的观点等突出显示，可对文字进行加粗处理，以迎合读者"刷"文章时的阅读动作、阅读记忆等。

其三，为了使文章结构明确，条理分明，眉目清楚，还可以使用小标题衔接前后内容。

总之，新媒体写作应当以尽可能为读者提供轻松、醒目的阅读方式为标准。另外，在审美层面，编辑模板的适当运用、字体字号的灵活使用、间隔符的插入、小插图的拼贴等都可以有效增加文章版面的美感度。但设计不应花哨，应围绕文章主题进行设计，总体上以美观大方为主。

2. 推广传播

新媒体文章成稿后，不仅要考虑后期的编排设计以适应读者在不同阅读场景中的阅读习惯，同时还应注意作品的发布时机以及与用户的互动。

就作品的发布来看，首先，要考虑发布的时间。一般而言，人们每天上网的时间集中于上午的9：30-12：00、下午3：30-5：30、晚上8：30-11：30三个时间段。这几个时间段就是推送文章的黄金时段。如果按照在线用户的活跃程度来看，一般晚上活跃用户最多，上午其次，下午稍少一些；周末上午浏览新媒体平台的人少，下午和晚上多一些，而且，周六浏览新媒体平台的人最少，周日要多很多。当然，这种黄金时段只是一般情况，如果新媒体平台与账号的目标读者不同、发布内容不同，推送文章的黄金时段就会有差异，因此发送时应该有针对性地发布。其次，要考虑发布的平台。不同的平台活跃时间段也是不同的，这就需要新媒体写作者仔细分析，精准投放。另外，新媒体写作还需考虑发布的时间节点。在一些纪念日、节日等重要时刻，发布相关的纪念性文章可能会取得事半功倍的传播效果。

新媒体文章的推广还包括了与读者的互动。文章写出来，没有读者读，新媒体作者的作品还不能被称为真正的新媒体作品。因此，新媒体写作者不能忽视文章底部的留言区功能，留言与评论正是增强读者黏性的最佳方式。不少自媒体写作者正是抓住了在留言区与读者互动的机会，与读者进行了深度的往复交流；通过留言、评论与公众号的读者保持了良好的互动，从而增加了文章本身在读者群中的影响力，增加了读者黏性，甚至还促成了种子用户的形成，造成文章更大规模、更多频次的传播。

二、写出阅读量：10万+案例的分享与解析

新媒体写作，本质上就是"故事+观点"的写作，只不过有时候一篇文章中故事内容占上风，有时候作者观点占上风。在此基础上我们可以粗略地将新媒体文章分为两大类：一类是以触动人心，提振读者情绪为主的情感励志类文章，俗称"情感文"。这类文章以叙述见长，通过故事的讲述，侧重于向读者传递正能量，以达到鼓舞人心的目的。另一类是以表达观点，引发读者思考为主的观点态度类文章，俗称"观点文"。此类文章侧重于引发读者的思考，其本质就是用观点统摄全文。观点态度类文章中的故事、金句甚至行文模板，都是为观点服务的，一旦文章的观点确定，那就要围绕观点来展开论述，同时压缩不必要的情节，使论述不偏离主题。以此为基础，接下来本节将立足于分析并解读10万+爆文的写法套路、写作技巧，以期为新媒体写作初学者提供写作上的参考。

狮小主（网名）2017年在"十点读书"公众号上首发的一篇原创文章《你的沉默，自有力量》，推出后，即获10万+阅读量，引发了读者强烈的情感共鸣。

阅读整篇推文，我们能发现：

第一，该篇文章结构明确，完全符合情感励志类文章的经典结构，即"3+6"模式。所谓"3+6"模式，就是"故事+观点+故事+观点+故事+观点"的模式。细读这篇文章，总共由三个部分构成。

第一部分：餐馆店长的故事+观点金句

第二部分：闺蜜疗伤的故事+观点金句

第三部分：看电视剧的情节+观点金句

在文章的整体结构上，简洁明白，条理清晰，眉目清楚，没有一丝花里胡哨的地方，作者完全是用情感和文字故事在打动读者。

第二，该篇推文在题材上具备情感文的典型特征。

首先，文章中，作者为读者明确提供了一种正面价值导向，即"沉默有时比聒噪、热闹更有力量"。很多时候，正面的价值引导是人们需要的，它往往比负面的东西更容易让人接受；而负面的东西会加大读者的心理负担，让读者积聚负面力量，假如在文章中都无法化解这些负面情绪，就会进一步加重这种负面的心理负担，让读者读不下去。所以，在情感文的写作中，应当如例文一样，尽量为读者提供一种正向的、有积极价值的表达。

其次，该文文辞通俗，故事贴近大众，富有生活气息。此类情感类推文，应该做到文字上的通俗，也就是动词多、短句多，依靠故事中人物对白推动情节、带动节奏，打造典型场景。同时，作者想要表述的道理要通俗，易于为读者接受。在本文中，餐馆中客人发生矛盾，闺蜜失恋后家人的嫌隙，以及影视剧中历史人物司马懿沉默背后的运筹帷幄等其实都是寻常的生活场景，或是历史中真实发生的故事。作者用简单的对白，通俗生动的文辞将这些寻常故事，现实生活中的现象，甚至是人间的烟火气都描述得真切透彻，使文字具备了强大的穿透力，直击读者内心。

此外，具有强烈的身份代入感。新媒体文章要想获得读者的接受与认可，需要有身份感的人物出现在故事之中，例如，这篇推文中餐馆的店长、闺蜜的知心朋友、影视剧中的典型人物等，唯有这样，才能打造"沉浸式"的阅读体验。因为所有的故事，归根结底，都是人的故事。当读者读到这个故事时，能够感同身受，或者联想到自己身边也存在某个与文章中一样的人，有了这种代入感，作者、文章、读者就能生发更加深刻的、积极的关联。

第三，在叙述表达上，该篇文章运用了情感励志类推文的一些常规技巧。

首先，隐去了作者的第一身份。通览整篇文章，都没有出现"我觉得……""我认为……""我们总在……"等第一身份的表达，文章有意识地消除了作者居高临下的说教，尽可能用故事当中的人物，来打造"沉浸感"和"代入感"，把故事还给故事本身，这样更易被读者接受。

其次，文章结尾设置了"高唤醒"。新媒体写作者不仅要考虑如何将文章写得精彩有价值，还需要进一步考虑如何让文章扩散出去，因为阅读量本身也代表了一个生产力的维度。该篇文章采用"故事+观点"的结构模式来写作，情感基调是温情的，但到了末尾却忽然奇峰突起，一连串的排比句极大地增强了气势，极大地宣扬了文章本身的积极情绪，让读者原本平静的心，起了涟漪，甚至是波澜。因为这样的"高唤醒"，让读者的情绪得到彻底的宣泄和爆发，从而产生了转发动机。

通过上述分析与解读会发现，情感励志类文章看似简单，实际上还是需要很多写作技巧，是需要经过大量练习才能写好的。新媒体上每天推出大量的情感文，有的写得激情澎湃，热血沸腾；有的写得犀利尖锐，入木三分；有的写得温情脉脉，隽永清新……不同的写作风格实际上都源自不同的经历和写作习惯。当然，文章的格调、情致、韵味……这些都可以留给时间去拾掇，而情感文写作最关键的，还是要讲好触动人心的故事。

接下来，可以阅读观点态度类文章《你的深度思考能力，是如何一步步被毁掉的?》，进一步了解该类"爆款"推文的写作技法。

本文是L先生原创的一篇爆款观点文，在他自己的公众号"L先生说"里，该篇文章的阅读量就有58万，而该文在全网的转载阅读量甚至超过了千万。解读这篇爆款文成稿写作的痕迹，主要有以下几方面：

第一，从选题来看。新媒体写作者在选题时，需要结合目标读者的需求，并在自己熟悉的领域内去把握读者的痛点、当下的热点、特定的情绪，以及一些稀缺的题材。本文中讨论的"深度思考能力"不算一个可以感知的痛点，没有与热点事件相关，也没有明显的人物情绪，所以该文作者从"稀缺"的角度出发，宣扬要做独立思考、深度思考的小众，不做被舆论控制、丧失独立思考的大众。相对于整个积极上进、爱学习的人群来看，该话题的覆盖基数还是比较大的，使得该篇文章的内容一开始就具备了基本的读者基础。

第二，从标题来看。本文标题中有两个关键词特别值得关注。一个词是"深度思考"。没有人会喜欢说自己是一个肤浅的人，有深度思考能力的人自然会去看作者如何解释，而目前暂时还没有深度思考能力的人也会好奇，并想探究自己没有深度思考能力的原因。另一个词是"毁掉"。整个词语让人感受到威胁和伤害，挑动了读者的恐怖情绪。设想一下，如果该标题换成《你的深度思考能力，是如何一步步失去的?》，标题中的力量和带动的情绪明显减少很多。除此以外，该篇文章能拥有50万+的流量，跟标题中加入了帮助他人、表达想法、塑造形象、社会比较等社交货币有着明显的关联。一般人看到这个标题后，会觉得写作这篇文章并且转发该文的其他人是有内涵的、有深度思考能力的人，他们是这个社会中的少数人。这样的认知会为转发该篇文章的读者在朋友圈树立一个有知识有文化、高大伟岸的形象。

第三，从文章开篇来看。作者用了生活中常见的喜茶店排队的场景，并以之和读者产生共鸣，然后进一步用故事娓娓道来，从而引出文章深度思考的主题。整个过程流畅而自然，又能充分满足读者的期待。

第四，从行文逻辑来看。一般而言，观点文的行文逻辑大体有如下两种：其一，个体的感触（吸引）——群体的触动（共鸣）——反思（说服解决）；其二，情况（线索事件）——情绪（多维度案例）——情感（共情）。本文很明显采用了第一种模式。其中，个体的感触是通过标题中的"深度思考能力"与"我"（读者）有关，以及关键词"毁掉"所引发的恐怖情绪吸引读者点开标题。此后，再通过层层设问和生动鲜活的案例，不断刺激读者的神经，吸引读者的注意力。然后，在群体的触动、引发读者共鸣等方面，作者明显采用了情感和利益技巧。在情感方面，作者把读者当朋友，并真诚地与之聊天，给予他们真诚的分享与建议。在利益层面，这里的利益不是指读了文章后能让读者赚到钱，而是让读者进行知识、信息增量。作者在文末真诚地提供了3点提升深度思考能力的建议，让读者有了实际的操作策略，能充分进行生活实践。最后，本文作者想要说服读者，放弃被操控的消费娱乐文化，引导读者进行反思，以找到适当方法努力提升自己的深度思考能力。在这个过程中，作者分别从反面危害和正面益处两方面做了深度剖析。整个分析的过程，作者都没有用说教的方式告诉读者应该怎么做，而是采用读者能够理解的逻辑一步一步去推导、引导。

第五，从分享转发来看。读者在这篇文章中或多或少都能看到自己的影子，觉得文章说的就是自己。例如自己也曾浪费很多时间去奶茶店排队，花很多时间在影视剧、综艺节目、游戏上，做了太多让自己沉溺于享乐和安逸当中的事情，如果将该文分享出去，实际上也是对自我的一种鞭策。另外，推己及人，读者身边或许也有一些朋友存在同样的问题，如将该文分享出去，也能帮助到更多的人，让他们也能变得更优秀。还有，作者在这篇文章中设立了不同的对应人群，例如不爱深入思考80%的大众、爱深度思考20%的精英小众，作者倡导做后一种人，即珍惜时间、深度思考、设定目标，做人群中的精英小众。而被作者文字所吸引、打动、反思，并认同作者价值观的读者，很自然地会将这个价值观传递出去，来表明自己与那些浪费时间、只顾享受的人不一样，并且通过分享转发这篇文章来树立自己比别人更优秀的形象。

总体来看，如果说情感文需要写作时的"走心"，那么观点文则需要观点表达时的"上头"（挑动情绪）。无论哪一种，更多的时候，要触动读者，不是依靠作者的说教，让作者代替读者去思考和发言，而是要让读者自己去思考和行动。上述10万+爆文的写作过程分析，为新媒体写作者生产优质内容，创作优秀文章提供了很好的方法指导。

研讨与实践

1. 你认为新媒体写作中的"新"，主要表现在哪些方面？

2. 如何正确看待新媒体写作过程中涌现出的"网红"现象？

3. 标题制作练习：分别比较下列几组新媒体文章标题的优劣，并仔细分析其可借鉴之处。

（1）标题一：穿内衣的常识总结

标题二：姑娘，其实你的内衣一直穿错了

（2）标题一：普通文案和优质文案的区别

标题二：月薪5000与50000文案的区别

（3）标题一：家里带孩子半个月有感

标题二："在家带娃崩溃"上热搜：优秀的父母从不做这三件事

（4）标题一：微笑或哭泣，你选哪一个？

标题二："一边流泪一边咧嘴笑"：也许这就是生活吧

（5）标题一：近10年最成功的10位互联网大佬，最失败的项目是什么？

标题二：雷军、王兴、刘强东、周鸿祎等10位大佬，最失败的项目是什么？

4. 找一篇令你印象深刻的新媒体文章（情感文或观点文都可以，最好阅读量10万+以上），分析其成功的原因、写作的技巧和方法，并在课堂上做分享。

5. 请你列举出最近一周以内这些领域的三个热门事件：时政、民生、经济、教育、娱乐、体育、科技、文学、影视剧、网络，然后从中挑选出至少一个，明确选题，构思框架，按照教材中所讲述的新媒体写作的方法和技巧，创作一篇新媒体文章。字数3000字以内，发布平台可根据实际情况自行选择。

拓展阅读

1. 王洪所：《新媒体写作的"常"与"变"》，《广播电视大学学报》（哲学社会科学版）2016年第1期，第75—82页。

2. 雷默、海马：《新媒体写作》，南京：南京大学出版社，2018年。

3. 胡森林等编：《新媒体写作》，北京：人民邮电出版社，2021年。

4. 陈阿咪：《爆款写作——100万+阅读量爆文写作指南》，北京：北京联合出版公司，2020年。

5. 华文佳：《新媒体写作变现从入门到精通》，北京：电子工业出版社，2022年。

6. 江马益、朱洁主编：《新媒体文案写作》，北京：高等教育出版社，2025年。

—————————— 第十章 ——————————

广告文案写作

学习目标

1. 知识目标： 了解广告文案的概念、分类与特征等；掌握广告文案创作的基本要素、原则和技巧。

2. 能力目标： 能分析定位目标受众，理解其需求和心理；能运用多种思维分析和创作有吸引力的广告文案。

3. 素质目标： 培养创造思维、观察力、团队精神和责任感，确保广告文案真实、合法。

广告文案写作在品牌传播中扮演着关键角色，通过精心设计的文案，企业能有效传达品牌理念、吸引目标受众、促进销售并树立品牌形象。随着社会变迁和消费者需求的提升，广告文案写作也逐步从简单的产品介绍发展为更具情感、创意和个性化的表达方式。未来，随着数字化和互联网技术的飞速发展，广告文案写作将面临新挑战和机遇。在新媒体时代，广告文案将更注重与消费者互动、个性化定制，并结合数据分析和人工智能等技术，实现更精准的营销效果。本章旨在培养学生的广告文案创作能力，将理论学习、思维训练和写作实训相结合，提升学生的创意思维和写作水平。

第一节 广告文案的界说与特征

广告文案是一种具有商业目的的文案形式，通常由文字、图片或声音等内容组成。广告文案不仅仅是文字的组合，更是一种精心设计的传播方式，旨在激发消费者的情感共鸣和购买欲望。与其他文案相比，广告文案具备商业推广的功能，既传达信息又引导消费者购买。此外，广告文案作为一种传播工具，具有独特性和重要性。通过用心策划的广告文案，企业能够有效传达品牌理念，吸引目标受众，促进销售并树立品牌形象，从而实现营销目标。

一、广告文案的界说

（一）广告文案的概念

1. 广告文案概念的发展沿革

谈及广告文案，这是一个随着现代广告学的发展而逐渐明确的概念。虽然广告自诞生之初便伴随着语言和文字，但直到现代广告学兴起，人们才开始对广告中的语言和文字进行定性和定义。1866年，拉伍德（Larwood）和哈顿（Hatton）合著的《路牌广告的历史》标志着广告理论研究的开端。紧接着，1874年，萨姆普森（Sampson）的《广告的历史》进一步丰富了广告学的知识体系。1900年，哈洛·盖尔（Harlow Gale）写成《广告心理学》一书，把心理学的内容纳入广告学说的体系。[1]到了1903年，美国心理学家瓦尔特·狄尔·斯科特（Walter Dill Scott）出版了《广告学原理》，第一次把广告当作

1.陈宏军：《广告学的溯源、变迁与学科体系的构建》，《市场周刊（理论研究）》2006年第10期，第3—5页。

一种学术理论来探讨。[1]这些早期的广告学著作，虽然在中国尚未广泛介绍，但它们的出现无疑为广告文案的发展奠定了理论基础。从1880年开始，美国已经有人使用"广告文案"（Advertising Copy）这个术语，并出现了专门的广告文案撰稿人（Copywriter）。

在中国，广告学的研究起步较晚，但发展迅速。1919年，著名新闻学者徐宝璜编著的《新闻学》首次提及了报纸广告的写作原则，虽未涉及广告文案的定义，但已显示出对广告语言文字的关注。随着广告业的不断发展，一些关键人物和著作开始崭露头角。1927年，著名报人戈公振的《中国报学史》出版，其中详细陈述了当时报纸刊登广告的状况，为广告文案的研究提供了宝贵的历史资料。真正让广告文案这一概念在中国得到普及的是改革开放后的广告学著作以及与国际广告界的交流。1981年，唐忠朴等编著的《实用广告学》将广告的文字稿与图画稿统称为"广告稿"，为广告文案的命名提供了参考。[2]随着港台地区"广告文案"提法的传入，这一概念逐渐被大陆广告界所接受。

值得一提的是，随着广告业的国际交流日益频繁，中国广告学者也开始积极引进和翻译海外的广告学名著。1991年，中国友谊出版公司出版的"现代广告学名著丛书"中，有多本以"Advertising Copy"或"Copywriter"为中心内容，并统一采用了"广告文案"和"广告文案撰稿人"的译文。[3]这套丛书的出版，极大地推动了广告文案概念在中国的普及。

2. 广告文案的定义

关于广告文案的定义，存在多种角度和解释。广告界对"广告文案"的定义明确指出其为已经完成的广告作品的全部语言文字部分[4]。对此，可以从以下四个方面来深入理解：

1.叶凤琴、刘泓：《广告学科发展及其研究范式转型》，《福建师范大学学报》（哲学社会科学版）2009年第6期，第161—166页。
2.唐忠朴、贾斌主编：《实用广告学》，北京：工商出版社，1981年，第79页。
3.高志宏、徐智明：《广告文案写作——成功广告文案的诞生》，北京：中国物价出版社，1997年，第3页。
4.赵毅：《广告文案与修辞的两大分野》，《修辞学习》2000年第1期，第43页，第2页。

首先，广告文案的存在范围仅限于广告作品本身。在广告运作过程中的其他应用性文字，如广告策划书、媒体计划书等，尽管是广告活动的重要组成部分，但它们并不属于广告文案的范畴。广告文案特指在广告作品中呈现的语言文字内容。

其次，广告文案必须是已经完成并呈现在广告作品中的部分。这意味着广告文案是在广告作品制作完成阶段的一部分，它经过精心设计和创作，最终成为广告作品中的一部分，与受众见面。

再者，广告文案指的是广告作品中的"语言"或"文字"部分。语言可以是电视广告中的人物对白、画外音，以及画面所传达的视觉信息，或是广播广告中的可听语言部分，这些都是广告文案的重要组成部分。文字则是指书面形式的语言，包括报纸、杂志等印刷媒体发布的广告作品中的文字部分，以及电视和广播广告文案的脚本等。这些语言或文字共同构成了广告文案的核心内容。

最后，广告文案由标题、正文、广告语[1]和附文[2]四个部分组成。这四个部分共同构成了广告文案的整体结构，每一部分都有其独特的功能和作用。广告文案写作是在广告创意的指导下，进行主题提炼、材料选择、结构安排以及文案与画面的配合。它要求写作者能够运用不同的文字组合和表现方式，准确表达广告主题，传达广告信息，实现广告目的。

广告文案是广告作品中不可或缺的语言文字部分，它通过精心设计和创作，以吸引和说服受众，达到广告的传播和销售目标。在狭义上，广告文案主要指的是广告作品中用于表达主题和创意的语言和文字符号。这些语言部分通常包括标题、正文、广告语、附文等，用于直接传达广告信息并吸引受众的注意力。这些文字是广告的核心组成部分，通过巧妙的措辞和创意的构思，能够有效地传达广告主的意图和产品的卖点。在广义上，广告文案则涵盖了广告从设计到表现整个过程中能够传递广告信息内容的所有文本。这不

1.又称广告标语、广告口号，是指宣传产品或服务时使用的简短、有吸引力的口号或语句。
2.又称随文，指传达企业的名称、地址、商品或服务的购买办法等附加性广告信息，位于广告文案结尾处的语言或文字。

仅仅包括标题、正文、广告语、附文等文字部分，还包括广告创意文本、广告策划书、影视广告剧本、广告实施策略等。此外，广义的广告文案涉及广告活动的各个方面，从构思到执行，都是为了传达广告信息并达到预期的效果。需要指出的是，除了文字性的文案外，广告还包含图片、视频等多种视觉元素，它们共同服务于广告信息的传达。

3. 广告文案概念的常见误区

由上述广告文案的定义可知，广告文案这一概念的使用存在着一定的误区。许多人对其理解并不准确，往往将其与广告语、广告的文字方案或广告正文等同起来。这种对广告文案概念的模糊理解，导致了广告文案在广告创作和传播过程中的作用被低估或误解。

误区一：广告文案＝广告语。

将广告文案等同于广告语是一种过于简化的理解。广告语只是广告文案的一个组成部分，它通常是精练、富有创意的语句，用于突出品牌或产品的特色。而广告文案则包含了更多的元素，如标题、正文、随文等，共同构成了一个完整的广告作品。

误区二：广告文案＝广告的文字方案。

将广告文案视为广告的所有文字方案也是一种扩大化的理解。广告文案确实包括广告作品中的语言文字部分，但它并不包括广告策划文本、广告媒体计划书等广告运作过程中的其他应用性文稿。这些文稿虽然重要，但它们不属于广告文案的范畴。

误区三：广告文案＝广告正文。

将广告文案等同于广告正文也是一种片面的理解。广告正文是广告文案的主体部分，它包含了详细的产品或服务信息，用以吸引和说服目标受众。然而，广告文案还包括标题、广告语和随文等其他组成部分，这些部分共同协作，构成了一个完整、有机的广告文案结构。

正确理解和使用广告文案概念对于提升广告效果具有重要意义。应该摒弃对广告文案的片面理解，全面把握其内涵和结构，以创作出更加优秀、有效的广告作品。

（二）广告文案的分类

广告文案作为广告作品中的核心语言部分，根据不同的标准和维度，可以划分为多种类型。以下是四种对广告文案的常见分类：

1. 按照传播媒介分类

平面广告文案：主要应用于印刷媒体，如报纸、杂志、海报等。这类文案通常以文字为主，结合图片或图形，以简洁明了的方式传达广告信息。

影视广告文案：主要用于电视、电影等视听媒体。这类文案不仅包括人物对白、画外音等有声语言，还涉及画面描述和场景设置，通过视听结合的方式吸引受众注意力。

网络广告文案：针对互联网媒体的广告文案，包括网页广告、社交媒体广告、电子邮件广告等。这类文案具有互动性强的特点，常采用超链接、动画等形式提升受众参与度。

2. 按照表现形式分类

叙述式文案：通过讲述故事或描述场景的方式，引导受众进入广告情境，产生情感共鸣。这类文案注重情节性和情感性，能够深入人心。

抒情式文案：以抒发情感为主要手段，通过优美的语言和细腻的描绘，唤起受众的情感共鸣。这类文案通常具有较强的感染力和艺术性。

论证式文案：采用逻辑推理和事实依据，以客观、理性的方式说服受众接受广告信息。这类文案注重逻辑性和说服力，适用于宣传产品或服务的优点和特性。

3. 按照目的和功能分类

品牌宣传文案：主要用于企业塑造和提升品牌形象，强调品牌的价值和理念。这类文案通常具有高度的概括性和抽象性，能够体现品牌的独特性和个性。

产品推广文案：针对具体产品或服务进行宣传和推广，强调产品的特点、优势和使用效果。这类文案注重实用性和针对性，能够直接促进销售。

活动促销文案：用于宣传各种促销活动和优惠信息，吸引受众参与和购买。这类文案通常具有时效性和互动性，能够激发受众的消费欲望和参与度。

4. 按照风格特点分类

幽默诙谐型文案：采用幽默风趣的语言和表现手法，以轻松愉快的方式传达广告信息。这类文案能够吸引受众的注意力，增强广告的趣味性和记忆点。

感性浪漫型文案：注重情感表达和浪漫氛围的营造，通过柔美的语言和细腻的情感描绘，触动受众的内心。这类文案适用于宣传情感类产品或服务。

权威专业型文案：采用专业术语和严谨的表达方式，强调产品或服务的专业性和可信度。这类文案适用于宣传高科技产品或需要专业知识的服务。

【知识延伸】
广告文案与其他
文案的比较

综上所述，广告文案的分类多种多样，每种类型都有其独特的特点和适用场景。在实际应用中，需要根据广告目标、受众特点和传播媒介等因素，选择合适的文案类型进行创作和应用。

二、广告文案的特征

广告作为商家与消费者之间的重要桥梁，其文案的质量直接关系到品牌形象的塑造和市场效果的实现。广告文案不仅承载着商品信息的传递，更蕴含着文化、情感和艺术的多重价值。不同类型的文案具有不同的特征，本文列举了广告文案的四大主要特征，以帮助文案创作者更好地理解和把握广告文案的创作要点，提升广告的传播效果和营销价值。

（一）真实性

真实性是广告文案的基础，它要求广告内容真实可信，能够准确反映产品或服务的特点和价值。真实性不仅关乎信息的准确性，也涉及情感的真实传达，使消费者能够在心理上与广告产生共鸣。因此，在创作过程中，广告创作者需要深入研究目标受众的需求和期望，确保广告信息既真实又具有吸引力。《中华人民共和国广告法》第四条规定："广告不得含有虚假或者引人误解的内容，不得欺骗、误导消费者。广告主应当对广告内容的真实性负责。"一些自媒体出现了大量虚假广告，例如：虚假违法的保健品广告，未经有关部门批准认可的化妆品广告，含有欺诈信息的金融投资广告等，这些都违背了真实性原则。

广告界一直存在虚假广告。曾有一款"藏秘排油茶"，它冒用其他产品的相关批号和审批范围，宣称自己为保健食品，具有显著的减肥功效，如"3盒抹平大肚子""全身超过30斤的肥油也能排干净"等。此外，"藏秘排油茶"围绕西藏的概念做宣传，如在包装袋上印上藏族姑娘、使用藏文等，声称该产品采用"藏传秘方"，实际上没有任何藏药成分。2007年，央视"3·15"晚会曝光了"藏秘排油茶"涉嫌虚假宣传、欺骗消费者。随后，北京市工商局对该产品立案调查，并要求其下架。这一案例充分说明了广告文案必须遵循真实性原则，不得含有虚假或引人误解的内容。广告主应当诚实守信，对广告内容负责，确保广告信息的真实性与可靠性。

（二）目的性

目的性指的是广告文案应追求实际的经济效益和社会效益，即广告文案的最终目的应体现在促进产品或服务的销售增长，并可能对社会产生积极的影响。成功的广告文案能够有效地传达产品信息，激发消费者的购买兴趣，并助力广告主达成销售目标。而精确的定向性是实现广告文案目的性的关键，通过准确识别并锁定目标受众，满足其特定需求，从而实现广告效果的最大化。

目的性要求广告文案在创作过程中，不仅要追求艺术性和吸引力，更要着眼于其实际达成的效果。这包括评估广告文案是否能引起目标消费者的关注，是否能清晰展现产品或服务的特点与优势，以及是否能激发消费者的购买行为。同时，出色的广告文案还能带来长远的社会效益，比如增强品牌形象、传播正面价值观等。

滴滴出行¹曾发布广告文案:"现在手上拿的行李,下车时可别忘在后备箱里!""叔叔阿姨,如果您想打车,就拨400-688-1700,我们帮您安排。"这些广告文案出现在城市交通枢纽的显著位置,针对即将出行或等待出租车的乘客群体。文案内容实用且贴心,既提醒乘客注意行李安全,又直接提供了便捷的打车服务信息。这种紧密贴合消费者实际需求的广告文案,旨在提升平台的品牌知名度,并直接促进服务的使用量。通过解决消费者的实际问题,这一广告文案实现了提升用户满意度和品牌忠诚度的目的,进而带来了良好的社会效益和经济效益。这一案例体现了广告文案的目的性原则,即强调实际成果与长远影响,通过精准传达产品信息和满足消费者需求来实现广告目标。

(三) 创意性

"广告拒绝平庸",创意性是提升广告吸引力的关键因素之一。通过创新的思维和独特的表达方式,广告可以脱颖而出,吸引消费者的注意力。创意设计不仅仅是视觉上的创新,更重要的是对商品的理解和潜在文化的发掘,使商品获得新的文化意义。在广告文案的创意性探索中,除了视觉上的新颖与独特,更重要的是情感共鸣的建立与品牌故事的讲述。优秀的创意广告能够触及消费者的内心深处,通过故事化、情感化的手法,让消费者对品牌或产品产生强烈的认同感和归属感。这种情感连接不仅增强了广告的记忆点,也促进了消费者与品牌之间的长期互动。

太平洋保险的经典广告语"平日注入一滴水,难时拥有太平洋",该广告语采用比喻、双关等修辞手法形象地展示了保险的小投入与大回报的关系。通过"平时"与"难时""一滴水"与"太平洋"的对比,突出了保险在关键时刻的作用和价值。广告词还巧妙地结合了太平洋保险公司的名称,既与保险业务性质契合,又解决用户痛点,具有强烈的感染力和说服力。(图10.1)

1.编者注:本章所涉及的任何商家或产品,仅从广告内容层面进行分析,不构成任何推广或营销意图。以下同。

图 10.1　太平洋保险广告语

（四）审美性

广告文案的审美性是指广告文案在传达信息的同时，能够给受众带来美的享受和心灵上的愉悦。这种审美性不仅体现在文案的语言表达上，还包括文案所营造的意境、传达的情感以及整体的艺术美感。具体包括：

1. 语言表达之美。优秀的广告文案往往运用精练、生动、富有感染力的语言，使受众在阅读过程中感受到语言的魅力。这种语言美不仅体现在词汇的选择上，还体现在句式的运用、修辞手法的巧妙等方面。

2. 意境营造之美。广告文案通过描绘特定的场景、氛围或情感，营造出一种独特的意境，使受众在想象中感受到超越产品本身的美。这种意境美能够激发受众的共鸣，增强广告的传播效果。

3. 情感传达之美。广告文案往往通过情感化的表达方式，触动受众的内心。无论是温馨、励志、幽默还是感人的情感，都能让受众在情感上产生共鸣，从而对广告产生好感。

4. 艺术美感。广告文案作为一种特殊的艺术形式，还体现在整体的艺术美感上。这包括文案与视觉元素的结合、文案与品牌形象的契合度、文案在传播过程中的整体呈现效果等。

方太电器在2016年中秋节期间推出了三支以宋词为灵感的视频广告。广告分别以《点绛唇》《蝶恋花》和《相见欢》为词牌名，创作了与厨房生活相关的宋词。这些宋词从丈夫的视角出发，描绘了女孩子在厨房中的甜蜜困扰，如想吃水果又怕细菌残留、想做美食又怕油烟污染衣物等。随后，广告巧妙地引入方太的产品，如水槽洗碗机（能去果蔬农残）、智能油烟机（四面八方不跑烟）等，解决了这些困扰。该系列广告文案在平仄和韵律上严格遵守了宋词的创作规则，同时结合现代语境和产品特点进行创作，既保留了传统文化的韵味，又赋予了新的时代内涵。此外，广告还通过国画动态重现的方式，将古典美与现代生活相结合，展现了方太品牌的文化底蕴和创新精神。这一系列广告在社交媒体和电视平台上广泛传播，不仅提升了方太品牌的知名度和美誉度，还引发了消费者对传统文化的关注和讨论。

真实性、目的性、创意性和审美性在广告文案中相互作用，共同构成了其成功的关键。真实性为文案奠定了坚实的基础，使消费者能够信任产品；目的性则通过激发用户的购买欲望促进了销售，实现经济价值和社会效应；创意性则让文案在众多信息中脱颖而出，吸引消费者的注意；而审美性则提升了文案的艺术价值，增强了其感染力和传播力。四者相辅相成，共同推动广告文案达到预期的效果，即提升品牌形象、增加产品销量、深化消费者记忆。

【案例展示】
方太的宋词系列
广告文案

第二节　广告文案写作的思维训练与创作方法

在广告文案的构思与撰写过程中，巧妙融合思维拓展训练与高效的创作策略，是提升文案质量并赋予其独特魅力的核心要素。本文将从目标导向思维、情感化思维和创意思维三个角度出发，深入探讨如何将这些思维方式有效融入文案写作中。通过明确目标、触动情感、发挥创意，将能够创作出更具针对性和感染力的广告文案，实现品牌传播与商业目标的有效达成。

一、基于目标导向思维的广告文案创作

在广告文案写作中，目标导向思维是至关重要的，它确保文案内容能够精准地服务于商业目标，进而实现品牌传播、销售促进等目的。这种思维方式要求广告文案写作者在创作之前，必须进行深入的目标受众调研，并根据调研结果制定明确的目标，以确保文案能够精准触达目标受众，并引发其共鸣和行动。

（一）调研目标受众

调研目标受众是目标导向思维的首要步骤。目标受众是广告文案的最终接收者，他们的年龄、性别、职业、兴趣、消费习惯等信息，对于广告文案的创作具有至关重要的影响。因此，需要通过市场调研、数据分析等方式，尽可能地获取关于目标受众的详细信息。

具体而言，市场调研可以通过问卷调查、深度访谈等方式进行，以了解目标受众的需求、喜好和消费行为。数据分析则可以通过对已有数据的挖掘和分析，发现目标受众的行为模式和消费趋势。这些信息的获取，有助于更深入地了解目标受众，从而为其量身定制更具针对性的广告文案。

（二）制定明确目标

在深入了解目标受众的基础上，需要制定明确的目标。这些目标应该与品牌的整体战略保持一致，同时考虑到目标受众的需求和期望。常见的广告文案目标包括提高品牌知名度、塑造品牌形象、促进销售、推广新产品等。

制定明确的目标有助于在写作过程中保持方向感，确保文案内容能够紧密围绕目标展开。例如，如果目标是提高品牌知名度，那么文案中就应该强调品牌的特点和优势，以及品牌与受众之间的情感联系；如果目标是促进销售，那么文案中就应该突出产品的功能和价值，以及购买产品能够带来的好处和优惠。

此外，制定明确的目标还有助于评估文案的效果。通过对比文案发布前后的品牌知名度、销售额等数据，可以判断文案是否达到了预期的目标，从而为后续的文案创作提供有益的参考和借鉴。

基于目标导向思维的写作训练是广告文案写作中不可或缺的一部分。通过深入调研目标受众并制定明确的目标，可以确保文案内容能够精准触达目标受众，并引发其共鸣和行动，从而实现最佳的宣传效果。

【案例10.1】瑞幸咖啡广告

好的咖啡，其实不贵。国外街头饮品，何必要卖成国内的奢侈品。

好的咖啡，其实不贵。咖啡不是奢侈品，只是一杯日常饮品。

好咖啡的味道，喝久了你就会知道。即使IIAC金豆奖，也无法一开始就取悦每个人。

你喝的是咖啡还是咖啡馆？我们不需要你为空间付费。

瑞幸咖啡的品牌定位是"快时尚咖啡"，强调品质、便捷和性价比，主要目标消费群体包括年轻白领、学生等。该文案鲜明地提出了产品目标——让普通人喝上高品质咖啡。其广告文案强调性价比，倡导咖啡平民化，提出了"小蓝杯，谁不爱"的广告口号。上述广告语都充分传达了瑞幸咖啡便宜、好喝的品质。瑞幸通过大数据分析和市场调研，发现了不同消费者在咖啡消费习惯、口味偏好和价格敏感度上的差异。为了满足消费者的不同需求，瑞幸细化了产品线，推出了多款定制化产品。

瑞幸咖啡在强调便宜好喝的同时，还根据年轻群体的需求、喜好和消费行为，打破传统咖啡店的空间限制，采用手机APP和小程序的销售模式，支持堂食、自提和外送，提高了用户体验。瑞幸咖啡的广告文案既充分调研了咖啡市场和消费者的情况，也为咖啡的推广和销售确定了明确目标，精准触达年轻群体，从而迅速成为国内最大连锁咖啡品牌。

二、基于情感化思维的广告文案创作

情感化思维在广告文案写作中占据核心地位，其通过深入探索与触动受众的情感，建立起品牌与受众之间的情感连接，进而增强广告的传播效果。这种思维方式要求广告文案写作者在创作过程中，不仅要关注信息的传递，更要注重情感的表达与共鸣。

（一）利用情感词语

情感词语是构建情感化文案的基石。这些词语通常带有强烈的情感色彩，能够直接触动受众的内心。在广告文案中，巧妙地运用情感词语，可以营造出温馨、快乐、幸福、激情等不同的情感氛围，使受众在阅读过程中产生共鸣，增强广告的说服力。

例如，在推广一款家居用品时，可以使用"温馨""舒适""惬意"等词语，让受众联想到一个温暖而舒适的家居环境，从而激发其购买欲望。而在宣传一款运动产品时，则可以运用"激情""活力""挑战"等词语，激发受众的运动热情，提升品牌形象。

需要注意的是，情感词语的运用应当贴切、自然，避免过于生硬或夸张。同时，还要根据目标受众的特点和喜好，选择适合的情感词语，以确保文案能够精准触达目标受众的内心。

"视觉志"公众号于2019年7月12日发布了一则软文文案《那些深夜不睡觉的姑娘们，都在干什么?》。文案开头使用了"那些深夜不睡觉的姑娘们"，这种直接的称呼方式能够迅速引起目标群体的共鸣，因为它直接指向了读者的日常生活。同时，通过提及"工作和生活的双重压力"，文案创造了一种情感上的紧张感，让读者感受到熬夜带来的压力和挑战，这种情感上的共鸣可以增强读者对产品解决这一问题的兴趣。文案中提到"皮肤是最经不起折腾的"，通过列举具体的问题（如皱纹、斑点、痘痘、暗疮等），增强了读者对问题的感知，从而激发了读者对解决方案的需求。通过提出"想摆脱熬夜脸真的那么不容易吗?"这样的问题，文案激发了读者的好奇心和希望，同时也暗示产品能够提供简单有效的解决方案。该文案通过情感词语的使用，构建了一个从问题识别到解决方案的情感旅程，旨在激发读者的共鸣、紧迫感和购买欲望。通过这种方式，广告文案能够有效地吸引目标群体的注意力，并促使他们考虑购买产品。

（二）讲故事

讲故事是情感化思维的另一种重要表现方式。一个引人入胜的故事，不仅能够吸引受众的注意力，还能让他们在故事中感受到品牌的温度和价值，从而建立起与品牌的情感连接。[1]

在广告文案中，通过讲述一个与品牌或产品相关的故事，可以将受众带入一个特定的情境，让他们在故事中体验到产品的使用场景、功能优势以及所带来的好处。这种情境化的表达方式，往往比单纯的产品描述更能打动受众的心。

例如，在推广一款护肤品时，可以讲述一个女性在使用产品后，皮肤变得光滑细腻、焕发青春光彩的故事。通过这个故事，受众可以更加直观地感受到产品的效果和价值，从而产生购买欲望。

讲故事的过程中，要注意保持故事的真实性和可信度，避免过度夸大或虚构。同时，还要注重故事的情节和细节描写，让受众能够身临其境地感受到故事的情感和氛围。

【案例10.2】德菲丝广告

德菲丝——法国御厨房里诞生的甜品

伟大的意大利航海探险家哥伦布发现美洲新大陆，将可可豆带回西班牙。而自从踏上欧罗巴土壤的那一刻开始，可可豆的命运也发生了巨大转折。传说有位西班牙公主嫁入法国，因思乡心切，寝食难安。御厨遂突发奇想，将

1.李爱梅、陈春霞、孙海龙等:《提升消费者体验的故事营销研究述评》,《外国经济与管理》2017年第12期, 第127—139页。

可可融入法式甜点，制成形如松露的巧克力，后来这种制法便流传保存至今。在引进国内市场的十多年间，德菲丝以"浓郁丝滑，入口即化"的口感、苦中带甜的纯正美味、表面天然可可粉的馥郁醇香，让大家对它喜爱有加，成为口口相传的优质松露巧克力品牌。

德菲丝巧克力擅长从品牌的创立和发展过程中总结出品牌故事，体现品牌的核心精神和品牌风貌。这则广告文案就运用了"讲故事"的写作技巧，通过叙述一个历史故事来吸引读者的注意力，并在情感上与读者建立联系。文案开头提到了哥伦布发现美洲新大陆并带回可可豆的历史事件，为故事设定了一个宏大的历史背景，增加了故事的可信度。通过引入西班牙公主因思乡心切而寝食难安的情感元素，文案创造了一种情感上的共鸣，让读者对公主的处境产生同情。通过讲故事的方式，广告文案不仅讲述了一个有趣的历史故事，而且巧妙地将品牌和产品融入其中，使读者在情感上与品牌产生共鸣，这是一种非常有效的写作技巧。

综上所述，基于情感化思维的写作训练是广告文案写作中的重要环节。通过运用情感词语和讲故事等技巧，可以触动受众的内心，激发他们的情感共鸣，从而提升广告的影响力和传播效果。

三、基于创意思维的广告文案创作

创意思维是广告文案写作中不可或缺的重要元素，它能够帮助文案写作者打破常规，创造出独特而引人注目的内容。通过借鉴其他领域、设计视觉冲击力、运用逆向与反向思维等方法，可以进一步拓展创意思维，提升广告文案的吸引力和影响力。

（一）借鉴其他领域

广告作为一种传播信息、推广产品或服务的手段，其发展和创新经常需要从其他领域汲取灵感和借鉴经验，这一过程被称为"借势"。广告可以从艺术、电影、文学、音乐等领域获取创意灵感。例如，电影中的叙事手法、视觉效果可以应用于广告中，提升故事的吸引力和观众的代入感。此外，广告还可以借鉴心理学领域的研究成果，如消费者行为学、认知心理学等，以便更好地洞察消费者需求，设计更具吸引力的广告内容。商业领域的营销策略也是广告借鉴的重要来源，如内容营销、社交媒体营销和病毒式营销等，丰富了广告的传播渠道和手段。目前，广告业还在不断运用计算机科学、数据科学等领域的技术，例如，人工智能、大数据、虚拟现实（VR）、增强现实

图10.3　奔驰汽车海报

该奔驰广告借势教育领域的高考，考生常说考场上选择题不会就选"C"，从而将选车选"奔驰C级"结合起来。

图10.4　霸王茶姬海报

该海报广告文案，通过展示2024年巴黎奥运会网球女单冠军郑钦文作为品牌"健康大使"的形象，结合东方茶文化与体育竞技的元素，展现了跨领域的品牌合作和形象塑造，以提升品牌形象和市场影响力。

（AR）等。这些技术使得广告能够更精准地定位目标受众，提供个性化的体验。

借鉴其他领域的创意元素，可以为广告文案注入新的灵感和活力。广告经常从文学作品中汲取语言的美感和叙述的技巧，从艺术作品中获取视觉的灵感和设计的思路，从科技领域中寻找创新的思维和技术应用，也可以在品牌和热点之间建立一种巧妙的联系，打出漂亮的组合拳。

（二）设计视觉冲击力

在广告文案中，设计视觉冲击力是吸引受众注意力的重要手段。通过独特的排版、色彩、字体等视觉元素，可以让文案在视觉上更具吸引力，从而引发受众的兴趣和好奇心。

例如，可以运用大胆的字体和醒目的颜色来突出文案中的关键词或卖点，使其更加引人注目。同时，结合图片、视频等多媒体元素，可以创造出更具视觉冲击力的广告作品。比如，在推广一款旅游目的地时，可以使用精美的风景图片和生动的视频片段，配以简洁有力的文案，让受众仿佛置身于旅游胜地之中，感受到目的地独特的魅力和吸引力。

除了视觉元素的运用，还可以通过创意的排版和布局来增强文案的视觉效果。例如，可以尝试将文案以对话的形式呈现，通过不同字体和颜色的运用来区分不同角色的发言，营造出一种生动活泼的氛围。或者可以将文案与图形、图标等元素结合，创造出独特的视觉符号，让受众更加容易记住和传播。

（三）逆向与反向思维的应用

在广告文案的创作过程中，逆向思维与反向思维是两种相辅相成的思考方式。逆向思维强调从相反或对立的角度出发，审视问题并寻找非传统的解决方案。这意味着需要挑战行业内的常规做法，打破受众对产品或服务的固有印象，以新颖的视角展现产品或服务的特性。而反向思维则更进一步，它要求对常规的逻辑顺序、因果关系或既定框架进行颠覆性重构。在广告文案中，创作者可能会重新安排广告元素的呈现顺序，或者改变受众对于某个场

图10.5　尊尼获加广告文案

2012年伦敦残奥会，尊尼获加发布了以"信念"为主题的系列广告，有缺"足"篇、缺"扌"篇、缺"目"篇等，以上显示的是缺"目"篇的图片，"眼睛看不见，就用心，盯着梦想"。（图10.5）这种"缺胳膊少腿"的文字极具视觉冲击力，这组"残缺"文案与中国汉字紧密结合，文案内容本身和创意表达的核心策略高度一致，达到了出色的传播效果。

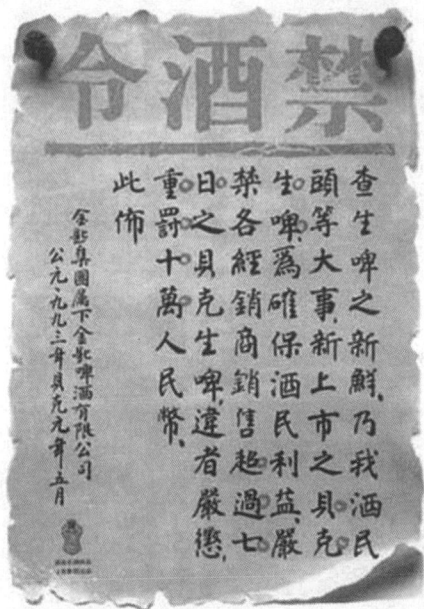

图10.6　贝克啤酒的《禁酒令》

《禁酒令》文案采用了公文中"令"的写作形式和语言风格，将产品信息用公文形式表现出来，强调了贝克啤酒对产品质量的严格把控。在"令"的文字基础上配上黄色、黑色两种对比度高的颜色，在视觉上就形成了冲击力，给受众新颖、独特的感受。本是一则商业广告，它却用严正的形式来表达，形成了幽默、戏剧性的效果。（图10.6）

景、角色或情境的预期，从而创造出令人意想不到的转折或惊喜，如所谓的结局"神反转"。

上述两种思维方式都能产生出既符合逻辑又富有新意的广告内容，吸引受众的注意力，引导受众以全新的方式理解和接受产品或服务的信息，从而增强广告的传播效果和品牌的影响力。

【案例10.3】农夫山泉："我们不生产水，我们只是大自然的搬运工。"

这句广告语巧妙地运用了逆向思维，将农夫山泉的产品定位为"大自然的搬运工"，而非简单的水生产商。这种表述方式突出了农夫山泉水源的天然和纯净，增强了消费者对品牌的信任感和好感度。

【案例10.4】大众甲壳虫汽车："想想小的好。"

这则广告没有直接强调甲壳虫汽车的小巧是缺点，反而以"想想小的好"（Think Small）为口号，反向思维地突出了小型汽车的优点，如易于驾驶、停放方便等。这一广告策略成功地为甲壳虫汽车在美国市场开辟了新的道路，反向思维挑战了当时美国市场一味追求"大"的常规思维，让消费者对小型汽车有了新的认识和接受度。

综上所述，基于创意思维的写作训练可以帮助打破常规，创造出独特而引人注目的广告文案。借助以上方法，可以进一步拓展创意思维的边界，提升广告文案的吸引力和影响力。在实际操作中，需要不断尝试新的方法和思路，结合具体的产品和目标受众特点来制定合适的创意策略，以实现最佳的广告效果。

第三节　过程写作实训：广告文案作品的诞生

广告文案作品的诞生是一个集创意、撰写与反馈于一体的过程。在这个过程中，需要不断探索灵感来源，挖掘独特的创意点；同时，还需精心撰写和修饰文案，确保语言风格贴切、结构清晰、表达精准；最后，接受他人的反馈和建议，不断打磨改进，以呈现出最优秀的广告文案作品。探讨广告文案作品诞生的各个环节，将帮助撰写者更好地掌握广告文案的创作技巧和方法。

一、从创意到文案的生成过程

（一）创意生成与筛选：灵感来源和挖掘方法

在广告文案的创作过程中，创意生成与筛选是至关重要的一步。一个优秀的创意不仅能够吸引受众的注意力，还能准确传达品牌信息，提升广告的传播效果。下面，将详细阐述创意生成与筛选的过程，包括灵感来源和创意挖掘方法。

1. 灵感来源

灵感的产生往往来自多方面，以下是一些常见的灵感来源。

日常生活观察：通过观察人们的日常生活、行为习惯和兴趣爱好，可以发现许多潜在的创意点。比如，观察人们在公共场所的行为，可以启发人们思考如何通过这些场景来展示产品的特点。

社会热点与趋势：紧跟时事热点和社会趋势，密切关注社会议题，结合品牌特点进行创意构思。例如，利用热门话题或节日庆典来策划广告活动，可以吸引更多受众的关注。

竞品分析：研究竞品的广告策略和文案风格，可以为创作者提供新的创意灵感。通过分析竞品的优点和不足，可以找到差异化的创意点，使广告更具竞争力。

跨界合作与借鉴：从其他领域或行业中寻找创意灵感，进行跨界合作。例如，将时尚、艺术、科技等元素融入广告文案中，可以创造出独特而引人注目的效果。

2. 创意挖掘方法

在有了灵感来源之后，还需要运用一些方法来深入挖掘创意。

头脑风暴：组织团队成员进行头脑风暴，集思广益。通过自由讨论和互相启发，可以产生更多的创意点子。

思维导图：利用思维导图来整理和归纳创意点，将想法进行可视化呈现。这有助于更清晰地了解各个创意点之间的联系和差异，从而筛选出最具潜力的创意。

原型测试：将创意点子转化为初步的广告原型，进行小范围测试。通过收集受众的反馈和建议，可以了解创意的实际效果，并进行相应的调整和优化。

反向思考：尝试从相反的角度或立场来思考问题，打破常规思维。这种方法有助于发现一些新颖而独特的创意点。

3. 创意筛选

在挖掘出多个创意点子后，需要进行筛选，选出最具潜力和可行性的创意。筛选过程中需要考虑以下因素。

与品牌契合度：创意是否与品牌形象、价值观和定位相符合，能否准确传达品牌信息。

目标受众接受度：创意是否符合目标受众的喜好和需求，能否引起他们的共鸣和关注。

实施可行性：创意是否具备实施的条件和资源，包括时间、成本、技术等方面的可行性。

通过综合考虑以上因素，可以筛选出最具潜力和可行性的创意，为后续的文案撰写奠定基础。创意生成与筛选是广告文案创作过程中的重要环节。

通过寻找灵感来源、运用创意挖掘方法以及进行筛选评估，可以产生独特而有效的广告创意，为文案的成功创作提供有力支持。

（二）文案撰写与修饰：从标题到结尾的写作方法

广告文案是连接品牌与受众的重要桥梁。一篇优秀的文案不仅要有吸引力的标题，还要有引人入胜的开头、内容丰富的主体以及令人回味的结尾。文案的结构决定了信息的传递顺序和逻辑。一个合理的结构能够引导受众逐步了解产品，产生兴趣并做出购买决策。

本部分内容将简要介绍广告文案的写作方法，包括从标题的创意命名，到开头的巧妙设计，再到主体的逻辑展现，最后是结尾的精妙收束。再从语言风格的选择以及表达技巧的运用来说明文案的修饰技术。

1. 标题的写作方法

标题是受众对文案的第一印象，决定了文案是否能够吸引受众的注意力。

（1）撰写标题的关键点和案例

真实：标题必须真实准确地表达文案内容，避免受众感到被欺骗。例如，某品牌发布的《年终大促销，点击就有奖品》，如果打开后内容与实际不符，会消耗受众的信任。

有趣：有趣的标题能引起受众的阅读欲望。例如，《这款手机可以拍星星》比《这款手机采用优质感光元件，夜拍能力超强》更有趣。

有痛点：标题要抓住受众的痛点，激发情感共鸣。例如《1个好创意可以帮你省掉30000块的文案，这里有22个》。

用语通俗化：标题要通俗易懂，避免使用复杂或专业的语言。例如，《我们发明了"不怕冷"的锂电池》比《全气候电池革命性突破锂电池在低温下性能的局限》更通俗。

（2）标题的命名方法

宣事式：直接点明产品宣传意图，如《限时抢购！全场商品低至五折，错过今天再等一年!》。

警示式：通过警示手法吸引受众关注，如《腰椎间盘突出了？千万不要上这当!》。

提问式：用提问方式引起注意，如《你会把父母送进养老院吗？》。

猎奇式：利用人们的好奇心理，如《哇哦！这款手机可以拍星星》。

对比式：通过对比引起用户注意，如《好的创意，抵过千万句文案》。

标语式：简短有力，如《喝孔府宴酒，做天下文章》。

新闻式：正式且具有权威性，如《华为MWC2020，等你破译》。

号召式：用鼓动性的话语号召受众行动，如《拯救发际线，一套就"购"了》。

悬念式：借助某个点引起好奇和思考，如《她辞职以后做了自媒体，结果……》。

颂扬式：正面积极地称赞产品或服务，如《"老爹鞋+猫爪鞋"多色+好看！秒变大长腿！》。

数字式：利用数字增强可信度，如《3招学起来让孩子轻轻松松吃饭》。

话题式：紧跟网络热词和热门影视，如《时尚的小船，如何不翻》。

2. 开头的写作方法

开头是文案吸引受众继续阅读的关键。开头部分主要是吸引受众的注意力，引起好奇心。

开头的设计方法和案例如下。

悬念开头：设置悬念，吸引受众。例如，描述一对夫妻买房后遭遇灵异事件，引出空气净化器的推广。

故事开头：通过故事情景导入，如男女主角的一段微信对话。

直接开头：开门见山，直截了当，如直接描述产品或服务，"全新智能手环，24小时健康监测，让生活更智能，从佩戴这一刻开始！"

提问开头：通过提问引起受众思考，如推荐书籍时提问"哪本书或哪场电影看过之后令你失眠？"

名言开头：使用名人名言或诗词，如某手机文案引用叶芝的《当你老了》。

利益开头：借助利益吸引受众，如推广产品时强调其好处，"解锁高效工作秘诀！这款笔记本超长续航，助你轻松应对全天挑战，效率翻倍！"

内心独白开头：通过人物的内心独白引入，如描述失恋后的心情，"夜深人静，孤独侵袭，是时候给自己一个温暖的拥抱了——这款抱枕，懂你的每一个不眠之夜"。

权威开头：借用权威机构或人物的观点，如推广产品时引用权威数据，"知名健康专家XX博士力荐，这款护肤品蕴含自然精华，深层滋养，让你拥有如明星般的肌肤光彩！"

热点开头：借助热点事件吸引受众，如从诺贝尔文学奖引入推荐书籍。

修辞手法开头：使用比喻、夸张等修辞手法，如"像晨曦中的第一缕阳光，这款面霜温柔唤醒你的肌肤，让岁月无痕，青春常驻！"

3. 主体的写作方法

主体部分需要清晰地表达文案的核心内容。如果是销售型文案，则在主体部分可以详细介绍产品或服务的特点、优势。如："我们的旅行套餐，带你探索未知的世界，感受不一样的文化冲击。"

主体的写作结构和案例如下。

总分式：先总起再分论点，逐层深入。

片段组合式：将几个生动、典型的片段组合起来，围绕共同主题展开。

并列式：各部分并列平行地叙述，如推广对象的各方面特征。

欲扬先抑式：先贬低再肯定，如描述欧莱雅新产品的抢购经历。

递进式：层层深入，步步推进，如描述产品解决的问题。

三段式：第一段概述，第二段展开描述，第三段提出观点。

穿插回放式：利用回忆、倒放等方式形成整体，如描述产品使用体验。

4. 结尾的写作方法

结尾是文案的收尾，需要引导受众产生行动。有时是总结文案，强调购买理由或呼吁行动。例如："别再犹豫，立即加入，开启你的精彩之旅！"

结尾设计方法和案例如下。

神转折结尾。用出其不意的逻辑关系，如"'妈妈我饿，妈妈我饿！''妈妈我累，空刻意面，随便做都好吃，只做妈妈不做饭，空刻意面连续两年全国意面零售额领先'"。

金句结尾。用名言警句或哲理性语言，如引用名人名言，"正如乔布斯所言：'你的时间有限，不要浪费时间去过别人的生活。'选择我们的产品，开启专属于你的精彩篇章"。

幽默结尾。用幽默语言引起受众的愉悦，如"别等了，再不下单，快递小哥都要改行送外卖了！"

话题讨论结尾。通过提问引起受众互动，如提问"你有什么提炼肤色的小技巧呢？"

制造场景结尾。塑造场景氛围，如描述一款好枕头带来的舒适睡眠。

引导行动式结尾。从感情上打动受众，如推广中秋月饼折扣活动，"中秋将至，思念如月渐圆。把握这份温情折扣，让爱与美味同行，为家人挑选一份甜蜜的心意吧！"

5. 匹配语言风格

语言风格是文案给受众的第一印象，也是品牌形象传达的关键。不同的品牌和产品需要不同的语言风格来与之匹配。

正式风格。适用于高端、专业的产品或服务。例如，某豪华汽车品牌的广告文案可能采用这样的语言风格："尊崇传统，追求卓越，为您呈现非凡的驾驶体验。"

幽默风格。适用于年轻、时尚的受众群体。比如，一家快餐店的广告文案可能会这样写道："谁说速食不能美味？汉堡，让你笑口常开，胃口大开！"

感性风格。强调情感共鸣，适用于与情感相关的产品或服务。例如，一款护肤品的广告文案可能会这样表达："用心呵护每一寸肌肤，让你的美丽绽放自信的光芒。"

6. 注意表达技巧

表达技巧是文案中的点睛之笔，能够增强文案的说服力和感染力。

修辞手法。如比喻、拟人等，使文案更生动。例如："我们的手机，就像你掌中的小宇宙，随时随地满足你的需求。"

词汇选择。精准、生动的词汇能够增强文案的表现力。如："精选顶级原料，打造无与伦比的口感。"

句式变化。通过长短句、疑问句等句式变化，使文案更富节奏感。例如："你是否想过，在这个繁华都市中，有一个专属于你的静谧空间？我们的公寓，就是你的心灵归宿。"

通过综合运用这些语言风格和表达技巧，可以创作出既符合品牌形象又能吸引受众的广告文案。每个品牌和产品都有其独特之处，因此在撰写文案时需要根据实际情况进行调整和创新，以达到最佳的传播效果。

（三）文案反馈与改进：接受他人建议，不断优化文案

在广告文案的创作过程中，反馈与改进是一个不可或缺的环节。通过接受他人的意见和建议，可以发现文案中存在的问题和不足，进而进行优化和改进，使文案更加完善、有效。下面，将详细阐述反馈与改进的过程，并通过举例加以说明。

1. 接受反馈

首先，需要积极寻求他人的反馈。这可以来自团队成员、专业人士、目标受众等不同群体。他们可以从不同的角度和立场对文案提出宝贵的意见和建议。

团队成员：他们一起参与了创意和文案的创作过程，对文案的内容和风格有深入的了解。他们的反馈可以帮助发现一些可能被忽视的问题。

专业人士：他们具有丰富的广告文案创作经验，能够提供更专业、更具针对性的意见和建议。

目标受众：他们是文案的最终接收者，他们的反馈直接反映了文案的接受度和效果。通过市场调研、用户测试等方式，可以收集到目标受众的真实反馈。

2. 分析反馈

在收到反馈后，需要对其进行仔细的分析和整理。这包括识别反馈中的共性和个性问题，理解反馈者的意图和关注点，以及评估反馈的可行性和价值。

例如，可能收到这样的反馈："文案中的某些词汇过于专业，普通受众可能难以理解。"这就是一个共性问题，表明文案的语言风格可能不够亲民。另外，也可能有反馈者指出某个句子不通顺或者某个表述不够准确，这就属于个性问题。

3. 优化改进

根据反馈的分析结果，需要对文案进行相应的优化和改进。这包括调整语言风格、修改不准确的表述、优化句子结构等。

以之前的反馈为例，针对"文案中的某些词汇过于专业"的问题，可以选择用更通俗易懂的词汇来替代，或者添加一些解释性的说明来帮助受众理解。对于个性问题，也需要逐一进行修改和完善。

4. 迭代测试

优化改进后的文案需要进行再次测试，以验证其效果是否有所提升。这可以通过再次邀请目标受众进行测试或者进行小规模的市场投放来实现。

通过这个过程，可以不断优化文案，提升其传播效果和影响力。例如，在一次广告活动中，初版的文案可能显得过于正式和枯燥，通过接受他人的反馈并进行改进后，加入了更多幽默和生动的元素，使得文案更加吸引人，最终也取得了更好的广告效果。

综上所述，反馈与改进是广告文案创作过程中不可或缺的一环。通过积极寻求他人意见、分析反馈、优化改进以及迭代测试，可以不断提升文案的质量和效果，实现广告文案作品的有效传播。

二、经典广告文案分享与解析

一些经典广告文案之所以能够在不同领域和文化背景下脱颖而出，关键在于它们能够准确传达品牌的核心价值，同时与消费者的情感产生共鸣。无论是鼓励人们追求梦想、挑战自我，还是强调产品的创新性和社交属性，这些文案都成功地吸引了消费者的注意力并激发了他们的购买欲望。

【**案例10.5**】方太广告《地球情书》视频文案

图10.7 《地球情书》海报

见信安好：

一直想写封情书给你

却没有动笔

因为我知道，无数爱你的人

都曾写下对你的深情厚意

他的情书，一写就是一辈子

一棵树就是一个字

一笔一画，青春无悔

他的情书，写得勇敢无畏

即使守护你的誓言

看起来有点自不量力

她的情书，植物研墨，双手做笔

只为你写下一个「爱」字

他的情书，在人与人之间传递

也带动着更多人一起

向你表露心迹

而我没有他们的轰轰烈烈

却骄傲于爱你的点点滴滴

节省一滴水一度电

滤净一杯水一缕烟

让你的脚步多一份轻盈

让你的呼吸多一次清甜

因为我想让你看见

对你的爱

在他们的湖海山川

也在我的柴米油盐

26 年来

方太致力于「空气、水、食物」等

基础领域的科技创新

让每一缕烟皆是自然

让每一滴水净如山泉

让我们把对地球的爱

写进一日三餐

方太｜因爱伟大

《地球情书》是方太在2022年天猫欢聚日及旗舰新品上市之际发布的一则品牌宣传广告片。总结来说，该广告文案具有以下三大特色和亮点。

（一）结合品牌特点，采用社会热点与趋势进行文案生成，倡导环保理念

品牌为了展现自身独特的价值观与精神态度，常常会在公众关注的社会议题上表达观点并付诸行动，其中，环境保护无疑是全球关注的社会热点与趋势。近年来，环保几乎成为了品牌营销的标配，企业倡导绿色环保经营已成为行业趋势。品牌在追求商业价值的同时，愈发强调对社会价值的彰显，而公益营销正是品牌展现其社会责任感和价值的显著方式。

方太的TVC广告《地球情书》恰好根植于品牌的环保理念，是一则充满社

会责任感的品牌宣传广告。文案通过一封手写情书的形式，不仅展现了品牌对地球环境的深情厚爱，还巧妙地将这种大爱融入日常生活，倡导每一位消费者都能成为环保行动的一员，通过点滴行动守护地球家园。这封情书由方太品牌全球代言人陈坤执笔，陈坤也是"行走的力量"公益行动发起人，其身上具有自然、环保和公益等标签，实现了品牌方与代言人的共鸣与互文。

方太秉持科技赋能低碳环保的理念，通过厨房产品卖点，树立了品牌的环保形象；同时也给用户带来了切实可行的环保方案——在厨房、在生活的点点滴滴里践行环保理念。在视频的结尾部分，观众看到了使用NSP选择性过滤技术的方太母婴级净水机、高能气泡洗科技的省水洗碗机、高效大火力技术的燃气灶、防治大气污染的集成烹饪中心等绿色科技产品，自然而然地引出了方太品牌26年来的环保努力。环保理念完美嫁接产品功能，夯实了品牌的价值定位，提升了品牌的正面形象和社会责任感。

（二）采用情感化思维来创作广告文案，向地球浪漫告白

方太擅长采用情感化思维推广品牌精神，5年内写下两封情书，从《油烟情书》到《地球情书》，从小家庭走向大家园。《地球情书》文案立意高远，善于运用情感词语和讲故事的方式来传达品牌理念。

首先，该文案以"情书"为创意，采用"情书"这一极具情感张力的形式，将品牌对地球的爱以第一人称叙述，使读者能够感同身受，产生情感共鸣。"许地球一纸情长，将爱写进一日三餐""我没有他们的轰轰烈烈/却骄傲于爱你的点点滴滴/节省一滴水一度电/滤净一杯水一缕烟/让你的脚步多一份轻盈/让你的呼吸多一次清甜"。整首情书以爱为基调，用充满情感的词语传达品牌的环保理念，吻合方太"因爱伟大"的广告口号。

方太不仅给地球写情书，还辅助海报誊写最美的文案。例如，"想把情书写在大地，一棵树就是一个字，一写就是一辈子，只为吹向你的风都带着清甜""守着你寸步不离昼夜不息，只为用鸟语花香，唤醒你的每一个春天""植物研墨，双手做笔，把对你的爱，染进一布一幔，用和你一样的靛蓝、云白和花红""多一次循环，少一点浪费，用物尽其用的生活，回报地球的馈赠"。

以上这些话语，采用感性的语言风格，极具情感化色彩，再结合诗意和浪漫的情书形式，将情感化思维用到了极致。用户通过这些细腻的文字描绘，感受到那份深沉而真挚的情感。方太还联合中国绿发会、中国银联等30多家品牌和机构，共同发起话题#告白地球的100句情话#，将爱写进日常，用平凡小事书写对地球的爱，有力地为品牌注入情感与浪漫元素，增加文化内涵。

其次，该广告擅长在短视频文案中讲故事，从真实故事中提炼深情厚意。短片基于4则真实环保故事改编，通过一封"地球情书"，以小见大，讲述了"三北防护林建设""保护黄河湿地鸟类栖息地行动""蓝靛天然植物印染工艺""二手书循环活动"等绿色环保故事。有的人用一辈子在沙漠中默默种树，造一片林；有的人不顾个人安危，阻止珍稀鸟类盗猎者，捍卫黄河岸边的鸟语花香；有的人拒绝使用有污染的布料，坚守传统技艺用天然植物印染；有的人将旧书本收回、消毒、包装，开设二手循环书店进行书本的二次利用。这四个故事，时间跨度从1980年到2020年，唤醒了不同代际的记忆，让读者了解了这40年来一代又一代中国人在环保事业上所做的努力。

方太在讲述它科技创新的理念时，不再是科普它曾主导完成油烟机国际标准的修订，也不是宣传它与中国科学院共同成立"烹饪环境与空气治理联合室"等硬核信息，而是将科技创新的理念与环保行动蕴含在故事中，通过故事这一方式来传达环保的目的。

（三）充分借鉴新媒体、文学等领域强化文案的视觉性、审美性和传播性

《地球情书》采用商业电视、短视频的方式呈现广告内容，借助互联网新媒体这一领域进行视觉化的演绎与推广。文案在视频的流转中，在MV的听觉观感中，在极具美学质感的画面中，在感性旁白的调动下，在娓娓道来的口吻渲染中，建构起一个声音、视觉与文字交融的立体话语空间，营造了视觉化的美学色彩与强烈的审美性。

《地球情书》也可以说是修辞情书，充分借鉴了文学领域的修辞与表达技巧，将品牌文案诗意化和浪漫化。文案中充满了诗意的语言和象征性的意象，使得整个文案既具有文学性又具有视觉美感，增强了阅读的愉悦感。

主要体现在以下三个方面：

1. 人物群像。通过构建多个"他"和"她"的形象，展现了不同人群对地球的深情告白，形成了一幅丰富多彩的环保人物群像。这种手法不仅丰富了文案的内容，也增强了感染力和说服力。

2. 象征与隐喻。文案中巧妙运用象征手法，如"一棵树就是一个字""植物研墨，双手做笔"等，将环保行为与情书书写相结合，既形象又富有诗意。同时，这些隐喻也传达了环保工作的艰巨与不易，以及坚持和勇气的价值。

3. 对比与反差。文案中既有"轰轰烈烈"的环保壮举，也有"点点滴滴"的日常小事，通过对比展现了环保行动的多样性和包容性。同时，这种反差也强调了每个人都能在自己的能力范围内为地球作出贡献。

文案在传播推广方面，也采取社会化媒体阵地传播方式。该广告文案巧妙地契合了两个传播时间节点，一是"3·12"植树节，二是"3·14"白色情人节，借助社会化的节日进行推广与传播。方太联合中国生物多样性保护与绿色发展基金会，在微博发布#告白地球的100句情话#，并邀请大众留言、共同撰写《地球情书》。该广告文案借助PGC、UGC的内容反哺，自传播的破圈表达，吸引了广大网友的围观、参与和传递，开启了一场面向大众的精准化沟通，增强了大众对品牌方的好感。方太打破公益营销常规打法，将公益与趣味互动相结合，实现创意和营销目的全方位落地，赋予了公益活动更多价值。

总之，该广告文案采用社会化议题确立环保主题，通过情感化的思维，故事化、文学性的内容体系，视觉化的表现形式和新媒体阵地的传播方式，将环保的理念、爱护地球的观念传达给用户，契合了方太一直以来"因爱伟大"的品牌理念，营造了方太品牌"环保、公益、有力量"的正面形象，对环保生态绿色厨卫科技产品进行了有力的宣传。

【案例展示】
一句话经典广告
文案赏析

研讨与实践

1. 请简述广告文案与其他文体（如新闻稿、产品说明书等）的主要区别，并结合实际案例说明这些区别在广告效果上的体现。

2. 请分析下面这则女装淘宝品牌"步履不停"的广告文案，说明其如何体现了广告文案的真实性、目的性、创意性和审美性，并探讨这些特点如何共同作用，使广告文案达到预期的效果。

你写 PPT 的时候，

阿拉斯加的鳕鱼正在跃出水面，

你研究报表的时候，

白马雪山的金丝猴刚好爬上树尖。

你挤进地铁的时候，

西藏的山鹰一直盘旋云端，

你在会议中吵架的时候，

尼泊尔的背包客一起端起酒杯在火堆旁。

有一些穿高跟鞋走不到的路，

有一些喷着香水闻不到的空气，

有一些在写字楼里永远遇不见的人。

出去走走才会发现，

外面有不一样的世界，不一样的你。

3. 讨论在广告文案写作中，目标导向思维、情感化思维和创意思维各自的重要性，并结合具体的广告文案案例，分析这些思维在文案创作过程中的应用和效果。

4. 选取一则你认为经典的广告文案，分析其创意生成、文案撰写和表达技巧等方面的特点，并探讨这些特点如何共同构建了这则广告文案的成功。同时，思考如何将这些成功的元素应用到自己的广告文案创作中。

5. 请尝试创作一则广告文案，并谈谈从创意生成到文案撰写，再到反馈改进，完成一个完整的广告文案创作过程。在这一过程中，你认为哪些环节最为关键？为什么？

拓展阅读

1. 郭有献编著：《广告文案写作教程（第四版）》，北京：中国人民大学出版社，2019年。

2. 唐忠朴等编：《实用广告学》，北京：工商出版社，1981年。

3. 胡晓云：《广告文案》，杭州：浙江大学出版社，2017年。

4. 李欣频：《李欣频的文案课》，杭州：浙江人民出版社，2020年。

5. 约瑟夫·休格曼：《文案训练手册》，北京：中信出版社，2011年。

6. 关健明：《爆款文案：把文案变成"印钞机"》，北京：北京联合出版公司，2017年。

第十一章

网络文学写作

学习目标

1. 知识目标： 掌握网络文学的概念与特征，熟悉网络文学写作的基本形态，了解网络文学优秀的作家作品。

2. 能力目标： 基本掌握网络文学写作的思维方式和叙事语法，尝试进行网络文学创作。

3. 素质目标： 培养学生对文学现象的敏感力与把握力，以及对网络文学作品的创意和创作能力。

    中国网络文学起步于20世纪90年代，现代电子媒介推动了传统文学的变革，引发了网络文学的崛起，经过20多年的发展，网络文学已成为中国文学的一种重要形态，形成大众创作、全民阅读的文学现象。在互联网+时代，大学生有必要接触和了解网络文学，熟知网络文学写作的基础知识，了解网络文学的思维方式和创作方法，从而提升网络文学的基本素养。

第一节 网络文学的界说与特征

网络文学是一种新兴的文学形式，它以互联网为平台，以大众为受众，以娱乐为主旨，以快速更新为特点，在文学阅读和数字阅读市场占有绝对优势。面对日益繁盛的网络文学，学界纷纷展开研究，很多学者对网络文学进行了界定，同时也梳理了网络文学的特征。

一、网络文学的界说

（一）网络文学的概念

关于网络文学的定义，学界专家如欧阳友权、周志雄等在相关论著中对网络文学进行了界定。欧阳友权将网络文学界定为：

网络文学是一种用电脑创作、在互联网上传播、供网络用户浏览或参与的新型文学样式。它有三种常见形态：一是传统纸介印刷文本电子化后上网传播的作品，这是广义的网络文学，它与传统文学的区别仅仅体现在传播媒介的不同；二是用电脑创作、在网上首发的原创性文字作品，这类作品与传统文学不仅有载体的区别，还有网民原创、网络首发的不同；第三类是利用电脑多媒体技术和 internet 交互作用创作的超文本、多媒体作品（如联手小说、多媒体剧本等），以及借助特定电脑软件自动生成的"机器之作"，这类作品离开了网络就不能生存，因而，这是狭义的网络文学，也是真正意义上的网络文学。[1]

1.欧阳友权：《网络文学本体论纲》，《文学评论》2004年第6期，第69—74页。

　　周志雄在《网络文学教程》中以本体观和实践论的辩证统一为中心，阐述了改革开放的时代语境和网络文学的主流化趋势。从本体观来看，周志雄认为，网络小说继承了传统小说中的文化价值观，在历史语境上，五四文学具有启蒙与革命的追求，底色是悲凉与沉重，相比而言，中国网络文学最直接的推动力来自现实的变革，改革开放以来经济发展取得的成就为网络文学的繁盛提供了土壤。网络文学是改革开放的产物，理解网络文学，首先要理解我国改革开放的时代精神。也就是说，网络文学承认传统文学谱系和时代语境，这是定义网络文学本体的重要依据。

　　从实践论来看，网络文学包含生态实践、运营实践、传播实践、文学实践、产业实践五大块。在生态实践上，网络文学的主流化潮流是一个自上而下的运动，是网络文学告别野蛮生长，自觉向规范、秩序转变的积极结果。在运营实践上，它具有不断升级的生产潜力。文学网站从第一阶段的免费阅读到2003年盛大文学的VIP订阅，从付费订制阅读到IP复合版权衍生的网络运营模式，再到七猫、番茄等手机APP的免费阅读，走过了20多年的曲折发展史。在传播实践上，网络文学有跨文化圈的媒介天赋和文化基因，形成了以中国大陆为圆心，以泛中华儒家文化圈为核心圈层，向周边乃至更广范围扩散的辐射状传播路径。在文学实践上，网络文学不拘泥于"诗歌与帝国对立"的传统，探讨商业机制下新的文学经典的生成方式及其历史价值和美学价值，这是网络文学商业化的真正价值。最后，网络文学又是我国文化强国战略的重要实践，网络文学已不仅仅是文学，还是影视、游戏、动漫等文化产业的源头，是国家文化产业战略的重要组成部分。

　　总之，基于"网络性"这一网络文学的内在媒介属性，网络文学概念的外延是非常宽泛的。究其内涵而言，本章所探讨的网络文学概念应附属于欧阳友权提出的第二种形态的网络文学，即"用电脑创作、在网上首发的原创性文字作品，这类作品与传统文学不仅有载体的区别，还有网民原创、网络首发的不同"。基于此种形态，网络文学是指网民在电脑上创作、通过互联网发表、供网络用户欣赏或参与的原创性文学作品，它是伴随现代计算机特别是数字化网络技术发展而兴起的文学样式和形态。这类网络文学随着现代电子媒介的出现而形成，在载体、传播方式、写作方式上改变了传统的写作模式，具有创作主体的平民化、创作过程的互动性、创作方式的多样化、创作内容的综合性等特点。

从概念逻辑划分，本章所探讨的网络文学，即狭义的网络文学，是内部有着某种连贯一致的叙事成规的网络类型文学。它不是无根之木，无源之水，是网络文学可以进行思维训练与写作训练的底层逻辑，并与网络文学形成了"网络文学—网络类型文学"的二级关系结构。

作为类型的网络文学，其根源大致是东西方两条幻想文脉。一条是跨越上古神话、上古巫话、中古仙话、中古志怪、近古神魔小说、近现代仙侠小说、新武侠小说等类型文学的中国幻想文学传统；另一条则要追溯到基督神话、凯尔特神话、北欧神话等上古神话，哥特文学、骑士文学、教会文学等中世纪文学，以及现代史诗奇幻小说与新奇幻英雄小说和漫画的欧洲幻想文学传统。受到大制作电影导致的叙事范式的革新、电子游戏带来的亚文化风潮、后现代语境中提倡的新萨满主义和随之兴起的奇幻风潮等时代因素的影响，东西方两条幻想文脉在千禧年交汇，碰撞出网络文学的灿烂繁花。

（二）网络文学的分类

网络文学在近年来风靡全国，涵盖了玄幻、武侠、历史、灵异、言情、都市、游戏等多种类型，吸引了众多的作者和读者，也催生了一批优秀的网络作品和明星作家。

在玄幻、仙侠、奇幻这些类型中，作家们以向未来探索的哲学精神在远古神话中接续当代梦想，涌现出诸如今何在的《悟空传》、树下野狐的《搜神记》、萧鼎的《诛仙》、唐家三少的《斗罗大陆》、天蚕土豆的《斗破苍穹》、辰东的《遮天》、蜗牛真人的《修真四万年》、宅猪的《牧神记》、爱潜水的乌贼的《诡秘之主》、卖报小郎君的《大奉打更人》等鸿篇力作。

"侠之大者，为国为民。"凤歌的《昆仑》、小椴的《杯雪》、烽火戏诸侯的《雪中悍刀行》、梦入神机的《龙蛇演义》、我吃西红柿的《莽荒纪》、无罪的《剑王朝》、乱世狂刀的《圣武星辰》等优秀作品，书写武侠世界人性之美，将个人奋斗融进家国情怀。

网络文学在家国大义中回望历史长河，还原鲜活的历史情境。当年明月的《明朝那些事儿》、孙皓晖的《大秦帝国》、月关的《回到明朝当王爷》、猫腻的《庆余年》、酒徒的《隋乱》、阿越的《新宋》、孑与2的《唐砖》、蒋胜男的《芈月传》等演绎了历史的兴衰，书写了小人物的飘摇人生与大人物的奋斗故事。

天下霸唱的《鬼吹灯》、南派三叔的《盗墓笔记》、三天两觉的《惊悚乐园》、我会修空调的《我有一座恐怖屋》、西子绪的《死亡万花筒》、尾鱼的《怨气撞铃》、狐尾的笔的《道诡异仙》等为代表的盗墓、惊悚、灵异题材作品，以诡异的场景和离奇的故事俘获了"Z世代"读者群体的"芳心"。

言情小说同样在网络文学中得到发展与重构。顾漫的《何以笙箫默》、辛夷坞的《致我们终将逝去的青春》、桐华的《步步惊心》、施定柔的《沥川往事》、三十的《和空姐同居的日子》、唐七公子的《华胥引》、希行的《君九龄》、匪我思存的《来不及说我爱你》、Priest的《默读》、语笑阑珊的《帝王攻略》等优秀作品，从唯美的爱情故事，到大女主的权力隐喻，再到纯爱的乌托邦式嬗变，网络言情注定成为网络文学中的一抹惊鸿。

天下飘火的《黑暗血时代》、蝴蝶兰的《全职高手》、zhtty的《无限恐怖》、梦入神机的《佛本是道》、刺血的《狼群》、烟雨江南的《狩魔手记》、关心则乱的《知否知否应是绿肥红瘦》等优秀小说，涵盖了末世、游戏、无限流、丧尸、洪荒、特种兵、种田等诸多小众网文流派，这些作品都曾在网络世界收获许多读者。

二、网络文学的特征

网络文学具有外部特征与内部特征，外部特征是基于网络文学外部研究所提出的一系列特征性功能的表述，例如网络文学的生产与传播机制、媒介属性、文化症候等，内部特征则是对于网络文学内部研究所提出的形态概括与特征表述，例如审美特征、类型特征、叙事特征等。本章基于创作实训的目的，主要探讨网络文学内部研究中的三种特质。

（一）独特的时空体叙事模式

在网络文学诞生之前，我们难以在一种文学样式中频繁看到"穿越、重生、召唤、投影、多位面交错"这类具有时空穿梭属性的金手指。"'时空体'指的不是在文学作品中所呈现的单独的时间和空间，而是它们之间密不可分的相互关系，是文学作品中时间和空间彼此相互适应所形成的一个统一的整体，或者更具体地说是时间和空间相互结合形成的某种相对稳定的模式。"[1]依照潘月琴的分析，时空体本质上是一种密不可分的时空关系。当击穿时空的金手指不断在网络文学中涌现，当有限的"架空世界"因为同人创作变得越来越浓稠，当重返过去和穿越未来使得抽象的时间变得具体可见，我们自然会发现，这种击穿时空的金手指俨然成为网络文学中最稳定的，也是最具代表性的特征，并逐步发展成某种叙事成规——时空体叙事模式。

依据这种时空体叙事模式，网络文学在世界观架构、情节组织的功能场、具体可感的艺术形象上，也都会与传统类型小说"形似神异"。网络文学中的时空体叙事模式往往有三个特点：

首先，时空体的多重性。例如，无限流网络小说每出现一个支线任务，就要有一次穿越/召唤行动，甚至有些数据无限流小说，人物角色不受时空的限制，借助游戏中的存档技术和读档技术实现"线上线下"的多时空体之间的自由穿梭。

其次，失控的时空体情节，时空体俨然成为故事本身。鉴于《诡秘之主》对塔罗会这样多时空叙事的技巧创新，网络小说对于时空体叙事模式本身作为情节，开始有了更多的创新和思考，例如《道诡异仙》把精神分裂式的故事情节纳入到时空体设计之中。

1.潘月琴：《巴赫金时空体理论初探》，《俄罗斯文艺》2005年第3期，第60—64页。

第三，不同于传统的戏仿和模拟创作，时空体模式与二次元同人创作的有机结合。作为一种叙事方式，很多网络小说作品以相同世界观——借用知名作品中的世界背景、力量体系、人设等——来书写不同的传奇故事。

时空体叙事模式对网络小说创作的影响是至关重要的。例如《无限恐怖》作为无限流的鼻祖，它最初的设定是现实人物出现在各种影视作品的架空世界之中，应该说，这类似某种穿越二次元世界（以影视作品和游戏为主）和我们三维空间的一种叙事想象，但是经历近十年的流派发展，它已经形成了"包罗万界"的跨类小说现象。无限流网络小说的叙事模式不再拘泥于"异界大陆""东方玄幻"和"西方奇幻"，其精华是包含现实和幻想的所有一切的元素（科学、宗教、神话、历史、现实、电影、动漫等等）。而在发展过程中无限流又出现了诸多分支：以《无限恐怖》为代表的传统无限流，以《王牌进化》为代表的数据无限流分支，以《诸界末日在线》为代表的诸天无限流分支，以《生存：选王游戏》为代表的综漫无限流分支，等等。

（二）自由的游戏性

游戏，是人类的原始本能之一。所谓网络文学产业化，就是在法律法规允许的前提下，为读者生产追求娱乐本质的、精神自由的规模化和标准化的叙事作品。商业化创作的网络小说则是基于游戏经验、幻想经验实现超叙事的游戏体验，通过沉浸机制、升级机制、互动机制等三重创意机制，进而实现作品内容的叙事增殖。就沉浸机制而言，网络小说与电子游戏一样充斥着共同的空间特征：虚拟现实性。以世界观为例，游戏的世界观设定一般以数字化图像形式展现，玩家只要进入游戏即可把自我角色代入游戏的场景中，而网络文学独特的时空体模式使其天然具有突破时空限制的架空世界，其设定的架空世界与游戏世界并没有本质的区别，网络文学作者正是不断将外部的、高层的幻想元素、游戏元素引入独特的架空世界中，实现不可能的情节。网络小说实质上便是让读者沉浸到英雄身体内，体验"异域冒险"与"异世争霸"的超叙事产品，这与电子游戏同样没有本质的区别。可以说，网络小说构建的架空世界，使得其与音乐、戏剧、游戏、电影等载体一样承担了相似的"造梦"功能，为人们体验另一种人生、实现理想中的真善美世界提供了一种可能性。

就升级机制而言，网络小说游戏性最基本的叙事语法就是"任务-完成"，在这一基础语法下，又细分出以"升级"为核心的，包含"拯救""保卫""打怪""寻宝""修炼"等叙事行动功能，这就形成了以主人公的游历闯荡作为第一视角，分别在不同的小世界里开展冒险故事，使主人公的冒险成为类似于电子游戏中"升级-打怪-换地图"的循环发展模式。以宅猪的网络小说《牧神记》为例，主人公秦牧不断穿越不同时期的史前宇宙，通过不断的"打怪""寻宝""修炼"实现"升级"的目标，一步步成长为人皇、天尊、混沌殿主人，并同时完成寻找历史真相，"守护"亲人、朋友，"拯救"人族的"任务"。而读者正是跟随主人公的成长路线，共同努力，经历、克服各种磨难与危险，最终完成艰巨的使命（"任务"），获得了他人的认可与自我的满足感。这种通过阅读获得的认可与满足感，其实就指向马斯洛所提出的自尊需求。当然不同的文本实现这种自尊需求的方式也不一而足，它包括了能力提升后带来的有形回报——金钱、力量、名誉、身份、法宝等，也包括了沉浸机制和升级机制共同提供的"刺激-反馈"的正向互动循环，成为读者口中的"爽文"。

需要注意的是，网络小说的游戏机制为其实现IP改编提供了重要力量。这样的好处是，文化产品之间的转化不仅满足了消费者的不同爱好，从另一方面看，也扩大了产品的传播范围，增强了原作的影响力。作为网络小说"纠缠不清"的兄弟，网络为电子游戏找到了最大的共同爱好群体，这同时为网络小说的二度创意和再次传播提供了无限可能。因此，网络小说创作与游戏内容设计、游戏经验是相互促进的共生关系。游戏经验对网络小说的世界观幻想、读者体验和同人题材的设定影响重大，通过游戏的沉浸机制、升级叙事和互动机制，网络小说也展示出数字化时代的新文学文化特质。只有不断挖掘游戏与网络小说的关系，才能进一步丰富人们对网络文学的理解，促进网络文学的传播，也有助于揭示文学、文化与社会在网络时代的走向与新变。

（三）异于日常的传奇性

中国自上古时期便延续着一条传奇叙事传统，这种传统经过志怪小说和宗教仙话的推动，在唐传奇中逐渐成熟，并在唐朝以后的文学创作中始终发挥着重要的原型规定作用——在大众阅读的意义上，具有"无奇不传，无传不奇"的"集体无意识"。在创意写作的视角看来，这种"无奇不传，无传不奇"的原型思想实际上指向以虚实结合的方式构建世界背景、人物形象和故事情节，但这种构建同时还要内蕴日常世界的人生百态。就中国古代传奇和当代玄幻传奇的区别看来，古代传奇更倾向于从神到人的遇合，当代网络文学更倾向于由人到神的英雄式书写。对于中国古代传奇传统而言，其叙事观念其实深层次地体现了传统社会对天地人神、万物神灵的尊而敬之的民族文化心理。从魏晋南北朝到唐朝这几百年的传奇创作中，实际上就是本土道教、西域佛教和儒家礼教的争执、融合的过程，三教间不断创作具有传奇色彩的人神遇合的故事，以此推动其思想在庙堂和江湖中的发展。相应的，在这种社会思想背景下，志怪小说和唐传奇中则大量出现各种人化的精木草石、神祇鬼怪，他们在与人遇合的传奇中演化出各种精彩故事。到了明清时期，尤其是在彼时的神魔小说和志怪小说中，不仅会出现人神遇合的故事，甚至有很多人神同化的现象——从自然的人化，慢慢转向人的自然化。这正暗合了中国传统文化中"天人合一"的思维习惯。可以说，中国古代传奇是中华民族的社会百态与浪漫想象结合而出的瑰宝。

在中国现当代文学中，在互联网出现以前，中国小说创作的最重要所指，即以政治理性和工具理性为内涵的"日常世界"的"宏大叙事"。例如中国白话文小说发轫时期，五四文学主题即"日常-启蒙"的"宏大叙事"。在新中国成立以后的十七年时期，"宏大叙事"更以"日常-革命"或者"日常-生产"的主题形式，表现出政治文艺的内容规定和意识形态文化生产的样貌特征，主角往往都是革命弄潮儿或者生产排头兵，例如《林海雪原》《红旗谱》《创业史》及《山乡巨变》等革命历史小说。在改革开放以后，"日常-革命"与"日常-生产"的主题逐渐向"日常-改革/变革"位移，尤其是进入20世纪

80、90年代，出现了诸如先锋小说、新历史小说、魔幻现实主义、朦胧诗等写作风潮和文学主体性、文化寻根、身体写作等关于现代派的讨论。可见，有关"日常世界"的"宏大叙事"逐渐被颠覆和瓦解，个人主体性、文化传统、新审美范式逐渐成为文学创作的叙事话语。新世纪以来，网络文学高歌猛进，其作为原生的想象力作品，内部的关于社会意识形态和政治话语的交流已经非常稀少，反映了对"日常-革命"或者"日常-改革"的生产式主题的解构，但却在"日常-传奇"的消费式主题上进行了一贯式重构，逐渐恢复中国文学叙事中的传奇传统，并且形成了更富有亚文化游戏属性的叙事产品。

哈贝马斯曾就美好世界的建设，提出"系统世界"（system world）和"生活世界"（life world）两个概念。系统世界是指社会运行的系统过程，它包括政治系统和经济系统。生活世界则是文化传播和语言组织起来的解释性范式的贮存。在现代国家，由于"系统世界"对"生活世界"的侵蚀，"生活世界"已经出现危机。这个危机的背后，说明现实社会的生存状况非常需要文艺工作者的关注。网络作为一种新媒介，它不仅代表了文学传播方式的革新，更为我们打开了一扇新的生活之门。网络的普及一方面将时空距离缩小，另一方面也使由距离带来的对世界的好奇与想象减少了。作为一种想象力的代偿机制，网络文学以其特有的异世界瑰丽想象，填补了现实生活中人们"生活世界"的缺失和萎靡。正是想象力代偿机制、世界范围内反理性的后现代文化语境和互联网媒介的无限性特征，共同影响塑造了网络文学的传奇性书写。

第二节　网络文学写作的思维训练与创作方法

2024年2月，中国社会科学院发布《2023中国网络文学发展研究报告》，数据显示，2023年中国网络文学阅读市场规模达404.3亿元，网络文学IP市场规模大幅跃升至2605亿元，网文出海市场规模超过40亿元，网文作品数量达3620万部，网文用户数量达5.37亿。可以说，经过20年的发展，网络文学已经从小群体爱好发展成为全球大生意。然而，网络文学创作并非易事，它需要作者具备一定的思维能力和写作技巧，才能在激烈的竞争中脱颖而出。那么，如何提高网络文学思维能力？如何锻炼网络文学写作技巧？本节将从以下两个方面介绍网络文学思维训练的方法与技巧，提高学生的网络文学创作能力。

一、基于神话思维的网络文学写作训练

神话思维是一种象征性和隐喻性的思维，是感性的思维。神话思维并非天马行空，它依托于现实的土壤，用幻想、感性存在的形象去映射现实，从而表现"真实"。神话思维是人类最原始的思维方式，也是文学想象的源头。网络文学是一种以娱乐为主旨的文学形式，它需要吸引和留住读者的注意力，满足读者的情感和审美需求。神话思维正好可以为网络文学提供一种有效的写作方式，因为神话思维具有以下三个优点：第一，神话思维可以突破现实的限制，创造出奇幻的世界和人物，从而增加网络文学的吸引力和新颖性；第二，神话思维可以寄寓作者和读者的思想和情感，通过象征和隐喻的手法，传达出深刻的寓意和启示，从而增加网络文学的感染力和说服力；第三，神话思维可以借鉴优秀的神话原型和故事结构，构建出完整和有序的网络文学作品，从而增强网络文学的结构性和层次性。

（一）明确目标神话，做好故事训练

为了更好地理解和掌握神话思维写作训练的方法和技巧，下面我们以一个实例进行说明。假设要写玄幻小说开篇的第一个大情节，我们可以按照以下步骤进行。

第一步：阅读和研究各种神话，了解神话的起源、发展、类型、特点、结构、主题等，从中汲取灵感和素材。例如，我们可以阅读中国的四大神话体系：西方昆仑神话、东方蓬莱神话、中原神话、南方楚神话。了解其中的神话人物、神话地点、神话道具、神话事件等。

第二步：选择和运用合适的神话元素，如神话人物、神话地点、神话道具、神话事件等，根据网络文学的类型和风格，进行改编、变形、创新等，使之符合网络文学的特点和要求。例如，我们可以选择中原神话中的女娲为主角，设定她在创造人类后，因为某种原因失去了神力，沦为凡人，被迫踏上了寻找自己神力的冒险之旅。我们可以设定她的敌人是西方昆仑神话中的西王母，她想要夺取女娲的神力，以实现自己的野心。我们还可以设定她的同伴是东方蓬莱神话中的八仙之一，他们因为各自的原因，加入了女娲的队伍。我们可以设定她的目的地是南方楚神话中的九黎国，那里有一座能够恢复神力的神秘山峰。

第三步：利用象征和隐喻的手法，将神话元素与现实元素相结合，表达出作者和读者的思想和情感，传达出网络文学的主旨和寓意。例如，我们可以通过女娲失去神力的设定，象征出人类在现代社会中面临的困境和挑战，如身份的丧失、价值的迷茫、信仰的缺失等。我们可以通过女娲寻找神力的过程，隐喻出人类在现代社会中寻求自我实现和幸福的过程，如勇敢地追求梦想、坚持不懈地克服困难。

第四步：设计开头，引出主角和故事背景，吸引读者的注意力和兴趣。例如，我们可以从女娲创造人类的场景开始，描述她用泥土塑造出各种形态的人类，然后用神力赋予他们生命和灵魂。我们可以描写她对自己的创造感到满足和欣喜，也对人类的未来充满期待和祝福。然后，我们可以通过一个意外或者一个阴谋，让女娲失去了神力，沦为凡人，从而引出故事的冲突和危机。

第五步：设计发展，展开主角和敌人的对抗，增加故事的紧张和冲突。例如，我们可以让女娲在失去神力后，遭到了西王母的追杀和陷害，不得不逃亡和躲藏。我们可以让女娲在逃亡的过程中，遇到了八仙之一，得到了他们的帮助和保护。我们可以让女娲和八仙在逃亡的过程中，经历了各种危险和困难，也见证了人类社会的善恶和美丑。

第六步：设计高潮，达到故事的最高点，解决故事的主要冲突和危机。例如，我们可以让女娲和八仙在经过一番艰苦的奋斗后，终于来到了九黎国，找到了能够恢复神力的神秘山峰。我们可以让女娲在山峰上，面对西王母的最后一次挑战和诱惑，经过一番激烈的战斗和思想的斗争，最终战胜了西王母，恢复了神力。

第七步：设计结局，结束这部分故事的发展，同时给出钩子，为下一个大情节做铺垫。例如，我们可以让女娲在恢复神力后，回到了创造人类的地方，看到了人类社会的变化和发展，感到欣慰和骄傲，也对自己的经历感到感激和成长。但同时，人类族群的繁荣昌盛对其他种族逐渐产生威胁，由此引发了新的矛盾和故事情节。

（二）知晓神话规律，激发创意灵感

现将一些代表性的神话研究成果梳理出来，这些内容可以给故事增加质感和细节。设定在一节课的时间内，以"分组阅读、原理分析、故事增值"的形式，进行一次神话故事的集体创作课。

第一，神话体系中的"互渗律"和"集体表象"。按照列维-布留尔《原始思维》的观点，神话思维遵循"互渗律"，是一种"原逻辑"或"前主体哲学"的认知形式。[1]所谓"互渗"，就是万物万象之间具有某种同一性，某一现象的出现既与其他事物有关，也与自身有关。在上古神话中，任何生命之间也是"互渗"的，例如一个拥有老虎图腾的部落，可能因为这种信仰而出现老虎的力量和气质。可以看出，"互渗律"的思维特质表明彼时的人不分主客体之间的关联，万事万物之间都有紧密的关联。网络文学和上古神话不同之处在于，网络文学主要是借助神话的人设形象、世界背景设定或主题神话的外壳（例如《搜神记》还有夸父追日神话和神农尝百草神话），并加入了作者本身的思想，在延伸小说情节的故事线上展开对宇宙和人生的幻想和思考。

1.在列维-布留尔看来，原始人思维关于主客、物我、人与自然之间这种纯粹二元对立的理性逻辑的边界是非常模糊的，他们以感性的思维看待一切，以绝对的因果去解决所有问题，不存在偶然的可能性。你看到了一条蛇，回家生病了，那么原始思维就会将其进行因果关照，你跟蛇、人与兽之间的边际在这里就被模糊了，并且以因果方式链接了你的病跟蛇之间的关系。更详细的描述可以参看爱弥尔·涂尔干的《宗教生活的基本形式》、克洛德·列维-斯特劳斯的《野性的思维》。

本质上，网络文学是一种逻辑思考的产物，并没有神话中"互渗律"的思维方式。或者说，网络文学沿用了上古神话的能指符号，但却以现代人的思维方式和故事演绎方式对其进行所指的改造，最终形成迥异于神话的小说样式。

第二，基于神话思维的"化生创世"来创生语法。中华大地以其丰饶的物产资源、复杂多样的地理形势、样貌多端的动植物种类，给予了上古神话丰厚的创作灵感。在"互渗律"思维方式影响下，上古先民们怀着对自然世界的敬畏之心，塑造出种种怪诞、狰狞、神异的神祇鬼怪形象。这些形象往往由各种动物拼接而来，或者糅合不同动物的特殊器官，或者增减相应的形体体积，或者置换不同动物的肢体关节，或者混杂多样的颜色样貌。总体看来，这样的塑造方式属于"异体合构"的创生语法。网络文学作者们一边在借鉴和使用其中的神祇鬼怪形象，一边又学以致用，将"异体合构"的方法运用到自己作品中，创造出更多风姿多彩的奇异物种。总之，"异体合构"作为神怪之物的结构组织方式，以其对动植物的生命馈借和形象移植，成为中国上古神话的创生方式，也成为网络文学创作人设的语法基石。

第三，基于"万物有灵"的"绝地天通"巫话。人类出于对生死的恐惧与担忧，产生了一股宗教向度的内驱力，进而促生为图腾崇拜、神祇崇拜和自然崇拜，这些信仰崇拜是人类趋吉避凶的心理安慰，由此信仰衍生的图腾文化、巫术仪式和咒语禁忌便成为驱使鬼神、促进繁衍和生产、缓解恐惧和压力的重要路径，这是与实证科学永不交叉的领域。上古巫觋们普遍持有"万物有灵"的自然观念，他们认为天地间存有鬼神，而巫觋则具有沟通神祇鬼怪的能力。在上古巫话的宣传下，巫术被先民们认为是唯一一种驱使神怪的力量。因此巫觋在社会上具有尊贵的地位，甚至巫觋本身就处于统治地位。在记录华夏上古征伐的幻想文学作品中，有非常多展现巫觋借助神力进行征伐作战的事件，其中记载最繁的当属《山海经》和《封神演义》。而在《国语》中，刘歆以楚国大夫观射父的口吻概括出了中国上古巫觋的三个发展阶段：第一个阶段是"民神不杂、民神异业"，这个时期的国家信仰、政治战争基本上全归巫觋掌管；第二个阶段是"民神杂糅、家为巫史"，这个时期不仅仅王室血亲可以做巫觋，任何人都可以参与巫觋的宗教事务，巫觋也不再是主导角色；第三个阶段是"绝地天通、使复旧常"，"绝地天通"典故一词最早出自《尚书·吕刑》。"绝地通天"的神话在网络文学中则促成了"末法时代"的世界观，近些年随着该世界观的类型发展，又出现了与其相对应的"灵气复苏"世界观。"灵气复苏"往往是"末法时代"的结果，这种世界观的书写往往指向网络文学中的末世流、系统流、异能流。

二、基于升级思维的网络文学写作训练

升级思维是一种以游戏化为特征的思维方式，是一种以成长为目标、以挑战为动力、以反馈为导向、以奖励为激励的思维方式。升级思维并非空想或逃避，它依托于现实的需求，用游戏化的手段去激发潜能，从而实现自我超越。升级思维是人类在数字时代的一种新型思维方式，也是网络文学创作的一种有效方法。

升级思维与传统思维不是对立的，而是互补的。传统思维帮助我们遵循和适应客观世界的规则，而升级思维帮助我们改变和创造主观世界的规则。传统思维让我们的作品具有稳定性和可靠性，而升级思维让我们的作品具有变化性和创新性。网络文学是一种以娱乐为主旨的文学形式，它需要吸引和留住读者的注意力和兴趣，满足读者的成长和挑战需求。升级思维正好可以为网络文学提供一种有效的写作方式，因为升级思维具有以下三个优点：

第一，升级思维可以突破现实的束缚，创造出丰富的类似游戏的架空世界和角色，从而增加网络文学的趣味性和新鲜感。

第二，升级思维可以激发作者和读者的成长欲望，通过设定各种目标、难关、反馈、奖励等，从而增加网络文学的动力性和挑战性。

第三，升级思维可以寄托作者和读者的理想和情感，通过游戏化的手法，展现出自我超越和价值实现的过程，从而增加网络文学的感染力和启发力。

（一）理解升级思维，做好写作训练

为了更好地理解和掌握升级思维的写作方法和技巧，下面以一个实例来进行说明。假设写一篇玄幻类型的网络小说，可以按照以下步骤进行。

第一步：设计合理的升级系统，包含力量体系和人设体系，如主角的等级、属性、技能、装备等，以及敌人或怪物的种类、特点、强度等。举一个具体案例，如果设定主角是一个修炼武道的少年，他的等级由武者、武师、武王、武皇、武神等组成，每个等级又分为初期、中期、后期、巅峰四个境界。他的属性有力量、敏捷、体质、精神等，每个属性都有对应的数值和效果。他的技能有基础的拳法、剑法、掌法等，也有高级的内功、外功、奇术等，每个技能都有对应的名称和描述。他的装备既有普通的武器、防具等，也有稀有的法宝、灵器等，每个装备都有对应的品质和效果。如果设定敌人或怪物是一个邪恶的教派，他们修炼邪功，使用邪法，妄图统治天下。他们的种类有邪徒、邪士、邪王、邪皇、邪神等，每个种类又分为初期、中期、后期、巅峰四个境界。他们的特点是邪气重，杀戮多，手段残忍。他们的强度是随着主角的升级而提升的，始终保持一定的压力和挑战。

第二步：设计有趣的战斗场景，包括战斗的背景、目的、过程、结果等。例如，可以设定主角在一次偶然中发现了一个古老的遗迹，里面藏有一本武道秘籍，他冒险进入，却发现遗迹已经被邪恶教派占领，他不得不与之战斗，从而引出故事的冲突和危机。我们可以设定主角的目的是夺取武道秘籍，提升自己的实力，而邪恶教派的目的是阻止主角，夺取遗迹的宝物。我们可以设定主角的过程是先后与邪徒、邪士、邪王等不同等级的敌人交手，每次战斗都有不同的难度和变化，展现出主角的智慧和勇气。我们可以设定主角的结果是最终打败了邪皇，夺得了武道秘籍，同时也获得了其他的奖励和收获，从而完成了任务和挑战。

第三步：设计丰富的升级反馈，在小说中给主角和读者一些明显和有趣的升级反馈，让他们感受到升级打怪的乐趣和成就感。可以选择以下四个方法来设计升级反馈：第一，使用数字和数据来显示升级的效果，比如等级、

经验、属性、技能等，让读者看到主角的具体提升和差距；第二，使用描述和对比来显示升级的效果，比如外貌描写、语言描写、心理描写等，让读者感受到主角的变化和优势；第三，使用声音和光影来显示升级的效果，比如音效、特效、颜色等，让读者听到和看到主角的升级打怪的场面和氛围；第四，使用奖励和惊喜来显示升级的效果，比如物品、金钱、声望等，让读者因主角的升级打怪获得一些额外的好处和意外的收获。

（二）掌握升级语法，激发创意灵感

接下来梳理一些代表性的网络文学升级语法，以便丰富故事情节，帮助设计小说大纲。以上一节的思维训练为基础，用"分组阅读、原理分析、故事增值"的形式对以下内容进行约1个课时的训练，进行一次网络小说的集体创作课。

1. 中古仙话与网络文学的升级语法

无论哪一个时期，对终极性的追求或者对死亡的恐惧促使人类不断地前进，使人类从有限中创造出无限的可能。在中古时期，尤其是秦朝以来，随着中国本土道教的兴起和印度佛教的传入，中国人对死亡的恐惧表征为对仙佛之流的渴望，这种渴望不仅成为上位者寻仙、访药的"长生"动力，也成为中下层人民信教、祈天的"贵生"之源。在此基础上，仙话文本逐渐衍生出"轮回往生"与"因果报应"两种叙事语法。"轮回往生"在升级语法的范畴内，往往以"重生/穿越+打怪+升级"的形式出现，例如《蛊真人》中主角以春秋蝉进行转世重修，重新击败当世强敌。至于"因果报应"，在很多网络文学的力量体系设定中，如果一个修行者有很多"因果"，那么他的修行境界不仅会停滞不前，还可能因此而"走火入魔"。为了继续提升境界，修行者就要"化凡"，了却因果，例如耳根《仙逆》中的化凡篇，我吃西红柿《沧元图》的"业感缘起"。并且，这种"因果报应"的升级语法还可以外显为小说人物的"行动"和"武器"，例如《完美世界》中石昊回溯时间长河，逆转乾坤，再如《无限恐怖》小说多次出现的因果律武器。

2. 神魔小说与网络文学的升级语法

升级语法上，近古神魔小说不仅沿袭中古仙话的"轮回往生"和"因果报应"，还更加强调"逆天而行"。《西游记》中的孙悟空集天地灵气于一身，由花果山横空出世，在花果山水帘洞过着自由生活，但是出于对死亡的畏惧、对长生的渴望，他不畏险阻，寻到灵台方寸山斜月三星洞，拜菩提祖师为师，此后进龙宫夺得如意金箍棒、藕丝步云履、凤翅紫金冠和锁子黄金甲，到地府威胁阎王并修改生死簿，从此"跳出三界外，不在五行中"。网络文学在神魔小说"逆天而行"的升级语法基础上，更加强调"修行"的概念，并逐渐形成了今天"逆天修行"的升级语法。网络文学的"修行"更加注重技术性，即通过怎样的修炼过程实现神圣世界的晋升和生命等级的跃迁，从此逍遥宇外，摆脱轮回。具体来看，网络文学的"修行"主要以心法仙诀实现精神境界"修行"，以灵石仙药实现身体境界"修行"，以战技武器实现武力境界"修行"，其"修行"方法落实到每一本小说中又千奇百样，再辅以各具特色的金手指，可以实现越级升迁和越级战斗的差异体验效果。

3. 武侠小说与网络文学的升级语法

在陈平原看来，"仗剑行侠"这一升级语法的重要之处在于怎么行侠，展开来就是使用什么工具行侠（兵器、武功、术法），以及如何设计好行侠场面。陈平原认为，新武侠小说的武打描写近百年来都没有改观，始终充斥江湖肃杀，侠士们始终是凭借武功行侠仗义。但是侠士的武器和战技却发生了转变，即从"宝剑"到"宝剑+暗器"再到"宝剑+暗器+内力"的发展过程。这样的变化将侠士们的战斗从外在武器转向内在真气，从招数战技转向心法内力，从假借物质手段向着依仗精神境界转化。[1]如果说网络文学存续了神魔小说的"逆天"精神，那么作为一种没有能力限制的"高武"想象，网络文学对于武侠小说的"仗剑行侠"升级语法的继承突出体现为如何"修行"的"升级"体验，或者说"修行"方式的量化——精神和物理两个层面的"修行"路径。这两种路径在早期网络文学中表现为"魔法+法宝"和"武力+武

1.陈平原：《千古文人侠客梦：武侠小说类型研究》，天津：百花文艺出版社，2009年，第107页。

器"的"修行"，随着网络文学不断发掘本土资源，其"修行"慢慢转向"灵力/仙力/魂力/法力/真气/能量+法宝"和"血气/武力/招式/肉身血脉/变身/化身+武器"等东方幻想式表达。随着两条路径的"修行"，又会依次出现不同的修行境界，每一个境界可能还会分为前期、中期、后期、大圆满等小阶段（其中最为经典的当属《飘邈之旅》中的修真体系——旋照、开光、融合、心动、灵寂、元婴、出窍、分神、合体、渡劫、大乘）。

第三节　过程写作实训：网络文学作品的产生

　　一般而言，网络文学的创作分为题材选择、创作灵感获取、类型选定、世界观设定、人物设定、大纲编写、固定写作场景和时间、作品修改等步骤。多数创作者往往困囿于作品的灵感、设定、章节等方面的构思。下面我们从扫榜拆书、世界观、作品人设、章节大纲等多个层次，多方面地进行网络文学的过程创作训练。

一、扫榜与拆书训练

（一）研究小说网站的排行榜

　　通过分析小说网站的排行榜，可以总结出成功作品的创作要素，为自己的创作提供参考。这就是扫榜训练的意义所在。即使你不是为了赚钱而写书，也要扫榜，因为市场=读者，而读者的认可是每位作家都需要的。

　　在扫榜时，应该总结和提炼以下内容：

　　（1）网站的总人气目录，尤其要关注新书榜。当新书的收藏骤减时，你应该能感受到网站的流量问题，考虑是否要转移阵地。

　　（2）各版块的人气排名。例如，飞卢小说网以同人小说和都市言情小说为主，其次是军事历史、玄幻仙侠等等。如果你善于写同人和都市言情类小说，就不用考虑其他版块。

（3）网站流行元素。通过观察榜单中成功作品的共同特点，可以把流行元素融入自己的作品，但要注意避免过于跟风。

（4）排行榜结构。找出近期的作品，拆解开看前四章写了什么，线索是如何排布的。这可以让你更好地了解成功作品的结构和叙事方式。

（5）捕捉读者的期待感和获得感。扫榜时学习网文的成熟作者如何捕捉读者的期待感和获得感，这一点非常重要。如今，读者的口味变得更加挑剔，他们不再仅仅追求简单的爽感。除了爽感，作者还要满足读者的期待感和获得感。即使爽感不够强烈，只要读者感到满足，那也算是较为成功的创作。要构建期待感和获得感，就要善于用笔力说话。一些看似平凡的情节、冲突都能勾起读者的阅读欲望。例如，主角借自行车引发的冲突可以是一种期待感的构建，而主角通过修理自行车赢回同伴的尊重则是一种获得感的体现。

要提升自己的笔力，可以从架构、句式、用词三个方面入手，通过扫榜积累创作技巧和方法。订阅榜、日月票榜和新书榜以及变化的潮流和节奏都是扫榜的关键要素，在各大网络文学网站都适用。

（二）选择作品进行扫榜和拆书分析

网文创作者浏览并了解起点中文网、纵横中文网、晋江文学城、飞卢小说网、番茄小说网、17K小说网、云起书院、潇湘书院等各大网站，熟知各大网站的风格与特色。之后，网文创作者根据自身的兴趣爱好与创作倾向，选择适合自己的网站进行长期扫榜，在扫榜过程中选择一部合适的作品进行拆书分析。

通过扫榜和拆书的分析，建立起创作者对市场流行趋势的认知和对优秀作品的敏锐感知，并据此提高自己的写作技巧和增加小说创作的素材来源。

接下来，根据起点中文网新书榜的榜单，选择一本小说《宿命之环》，进行扫榜和拆书的分析。

1. 扫榜分析

《宿命之环》是"爱潜水的乌贼"创作的玄幻小说，从2023年3月4日开始在起点中文网连载，于2025年1月13日完结。《宿命之环》已打破多项网文行业纪录，首订过万，入藏大英图书馆，最终成绩是荣耀五星、年度金键盘。该小说讲述了主角林轩在穿越到一个充满危机和机遇的异界后，发现自己身上有一个神秘的宿命之环，可以让他在死亡后重生，并且每次重生都会获得新的能力和记忆。为了寻找自己的身世和宿命之环的秘密，林轩开始了一段惊险刺激的冒险之旅。

该小说属于玄幻类型，是网络文学中最受欢迎的类型之一。玄幻小说通常以异界或者平行世界为背景，创造出一个完整的世界观和法则体系，让主角在其中展开各种奇幻的冒险和战斗。玄幻小说的读者群体很广泛，不分年龄和性别，对小说的要求也比较高，喜欢有创新和突破的作品，不喜欢千篇一律和雷同的作品。

2. 拆书分析

该小说的创新点在于"宿命之环"这个设定，它既是主角的优势，也是主角的劣势。宿命之环可以让主角在死亡后重生，并且每次重生都会获得新的能力和记忆，这让主角有了无限的可能性和成长空间，也让读者有了无限的期待感和惊喜感。但是宿命之环也有它的局限性和代价，主角每次重生都会遭受极大的痛苦和损失，而且宿命之环也会引来各种强敌和阴谋，让主角陷入危机四伏的境地。这让主角有了更多的挑战和压力，也让读者有了更多的紧张感和刺激感。

该小说的前四章主要是介绍了主角林轩的身份和背景，以及他穿越到异界后遇到的第一个危机和第一个机遇。第一章是主角在地球上的最后一天，他是一个普通的大学生，因为一次意外而死亡，但是在死亡的瞬间，他感觉到自己被一股神秘的力量吸走了。第二章是主角穿越到异界后的第一天，他发现自己来到了一个名叫蓝月大陆的地方，这里有着各种奇异的生物和法则，而且他也发现了自己身上有一个宿命之环。第三章是主角遇到了第一个危机，他被一群野兽围攻，为了逃生，他不得不使用宿命之环的能力，让自己重生。

第四章是主角遇到了第一个机遇，他在重生后发现自己获得了一种叫做灵魂之火的能力，可以让他控制火焰，并且他也遇到了一个叫做小白的灵兽，成为了他的伙伴。

从该小说的前四章可以看出作者的结构和叙事方式是比较紧凑和流畅的，没有过多的铺垫和拖沓，而是直接进入主题，让读者快速地了解主角和故事。作者也没有过多地解释和描写异界的世界观和法则体系，而是通过主角的亲身体验和感受，让读者逐渐地认识和熟悉这个世界。作者还通过主角的死亡和重生，以及宿命之环的能力和秘密，制造了一系列的悬念和冲突，让读者产生了强烈的好奇心和阅读欲望。

二、世界观设计训练

网络文学中，世界观设计非常重要，它是一部长篇网络小说的基础。在网络文学的世界观设计中，世界观通常指作品中的整个世界，包括故事背景、文化传统、思想观念、自然法则或是作品架设的客观规律等各个方面，它可以被看作是一份"小说地图"。这些元素构成了小说的整体背景，有助于读者更好地理解故事情节和人物性格等方面。

网络文学有两大世界观谱系：一是东方幻想世界体系，二是西方幻想世界体系。具体可分为：洪荒／封神世界观（大道三千可成圣）、"西游记"世界观（佛道合流）、九州世界观（汉土缥缈）、DND[1]世界观（均衡之道）、凯尔特神话世界观（魔法与女巫）、北欧神话世界观（遗落的神话）。

一份优秀的小说世界观可以让故事情节更加真实而振奋人心，使读者从中获得更深刻的心灵体验。同时，它还可以显著提高小说的价值和影响力，为作品增加用

【知识延伸】
网络文学的世界观

1.DND是《龙与地下城》（Dungeons & Dragons）游戏的简称，这是一款经典的桌面角色扮演游戏（TRPG）。

户的粘性和忠诚度。因此，一个好的小说世界观设计对于一部网络小说来说至关重要。

（一）世界观设计的不同方法

早期网络小说常用"升级换地图"的世界观方法，指主人公在武力上战胜反派后进入到下一个拥有更强大反派的关卡。小说更换的关卡可能是不同地域或者不同位面，都被统称为"换地图"。具体看来，就是从"新手村"开始，所有小地图渐渐连接成以城市为中心的主世界大地图，随着主人公实力的提升，又会更换大地图到域外世界（位面世界、异世界、洞天福地、世界禁区、外星球、外星域等等）。这种设计方式可能导致"脱粉"现象，也就是更换地图造成的故事代入感缺失的后果，其中小地图更换影响较小，但大地图更换往往被读者抵触。

作家宅猪在其作品《牧神记》中转换了世界观设计方式，有效地解决了此类问题。下面，我们选择《牧神记》进行世界观方法的分析与实践。

《牧神记》是一部东方玄幻小说，于2017年6月在起点中文网连载，2019年8月31日完结。该小说讲述了大墟残老村的人们从江边捡到了一个婴儿，取名秦牧，含辛茹苦将其养大，而后秦牧逐步成长的故事。小说中，秦牧先后拥有天魔教教主、新一代人皇、牧天尊等身份，与各种神魔争斗，探索历史的秘密，创造新的道法神通，最终混沌成道，寻找解决宇宙终极冷寂的方法。在世界观设计方面，宅猪使用了"莲花地图法""千层饼地图法""千丝万线法"三种方法。

1. 莲花地图法

莲花地图法是在网络文学创作中用于构建世界观和叙事的独特手法。它以"莲花"为比喻，通过层层展开的方式，逐步揭示故事的世界观、背景和人物关系，让读者在阅读过程中不断发现新的层次和细节。

莲花地图法是指不换大地图，或者尽量少换地图，无论是大地图还是小地图。宅猪选择了一个终极地图——大墟，作为小说的主要舞台。在大墟中埋下了很多秘密和伏笔，主角秦牧在探索大墟的过程中，不断揭开一些谜题，引出更多的悬念。同时，秦牧也会去其他的附属地图，如延康国、西土、太皇天等,进行冒险和成长。这样的写法就像一朵莲花,花心是大墟,花瓣是各个附属地图。每一个花瓣都有自己的特色和故事,而花心里的莲子就是要揭开的秘密。

2. 千层饼地图法

千层饼地图法是指在一个地图(即世界观或叙事框架)中叠加多层历史,其核心在于将故事中的历史划分为多个层次(如不同时代、纪元或文明),每一层都有独特的历史事件、文化特征或社会结构,这些层次相互叠加、相互关联,形成一个完整的时间线,共同构成一个完整的世界观。

宅猪在《牧神记》中,把历史分为四个时代,龙汉、赤明、上皇、开皇。秦牧所处的时代是延康时代,上面四个时代就是历史中的千层饼。秦牧在写延康的同时,一点一点地挖掘上面四个时代的历史。这样的写法可以增加小说的深度和广度,让这个世界有了过去、现在和未来,让生活在这个世界中的角色有了过去,人物形象容易立体起来。

3. 千丝万线法

千丝万线法,顾名思义,就是在两个大地图之间不断穿针引线,随着牵连线索越来越多,两个大地图最终被连接起来。使用千丝万线法会在一个故事中设置多条线索(如人物关系、情节发展、背景设定等),这些线索像"千丝万线"一样交织在一起,共同推动故事的发展。

《牧神记》中经常有修仙飞升的行动,这个飞升行动其实就意味着从人间到神界的大地图的更换,这种更换经常出现"掉粉"的现象。此时,如果先把书中其他人物转移过去,或者设计一些化凡的仙人,那么当主人公飞升到仙界后,在仙界依然有很多读者熟识的人物。主人公也可以通过这些"熟人"来了解仙界的具体状况。可以看到,千丝万线法通过两个地图的连接既可以增加读者的故事代入感,也可以让读者适应"升级换地图"带来的陌生感。当这种地图之间的联系越来越密切,那么作者适时更换地图,读者也就没有那么大的突兀感。

总之,这三种地图写法,可以锻炼宏观架控能力,非常适合热爱写网络小说以及钻研如何写网络小说的人。

（二）世界观设计训练

接下来，可从《牧神记》《诡秘之主》《大奉打更人》三部作品中任选其一，然后进行世界观的阅读学习。在阅读的过程中，注意观察作者是如何构建和展现他们的世界观的，有哪些特点和技巧，以及有哪些优缺点。阅读完作品之后，选择一个自己感兴趣的题材和风格，比如东方玄幻、西方魔幻、科幻、武侠等，然后根据自己的想法和创意，设计一个属于自己的世界观。

在设计的过程中，要考虑以下四个方面：

1. 背景设置

背景设置包括地理环境、历史沿革、文化传统、社会制度、宗教信仰等各个方面，要尽量做到合理、完整、有趣。

2. 规则设定

规则设定包括物理规律、魔法规则、武功规则等各个方面，要尽量做到简单、明确、有内在逻辑。

3. 故事地图设定

根据主线情节和人物关系，借鉴宅猪的三种换地图方法，做好世界观地图的设计。

4. 世界观小札

根据自己设计的世界观，尝试写出一些有看点的小说片段，比如开头、结尾、重要节点等。然后自己或者请别人进行评价和修改，看看自己的世界观是否能够吸引读者的兴趣和好奇心，是否能够支撑起一个完整的故事，是否能够体现出自己的特色和风格。最后不断地反思和修正自己的世界观设计，参考其他作品的优点和经验，避免出现逻辑漏洞或设定矛盾，使自己的世界观越来越完善和成熟。

三、作品人设训练

网络文学的人物设定主要分为功能向人设、种族向人设和职业向人设三种，其中功能向人设包含导师（引路者）、恋人与伙伴（协助者）和反派（反对者）；种族向人设根据不同世界背景分为人类和其他非凡种族；职业向人设同样根据不同世界背景分为不同的职业。

人物设定是创作一个有趣故事不可或缺的因素。其中，我们需要考虑的有人物姓名、性格、年龄、外貌特征、特长、标志、兴趣爱好、出身背景、拥有的物品、职业等级、渴望和理想等方面。在设定这些项目时，我们需要尽可能让人物角色更加有意思和丰满。这意味着，重要角色的设定需要考虑得更加细致，最好给他们设定一些非常特别的地方，这有助于吸引读者并推动故事情节的发展。

（一）角色设定的五个诀窍

1. 设定好人物冲突

首先要设定好人物冲突和行动——"渴望+阻力+行动"。杰里·克利弗在《小说写作教程：虚构文学速成全攻略》中提出，一个好的故事讲述包括下面五个关键的元素：冲突（渴望、阻力）、行动（彰显人物性格）、结局、情感和展示。渴望即"什么人渴望得到什么东西"；阻力即"制造一个具有威胁性的阻力"；行动即"人物要做什么事情才能克服这个阻力和实现他的渴望"；"渴望+阻力"组成戏剧性的冲突；"渴望+阻力+行动"则共同勾勒出了完整故事的外部轮廓。

然而，仅仅这些还不足以让角色更丰富立体。为了让人物角色更加立体，我们需要一层层地向下挖掘人物行为背后的原因。例如：为什么他有这种渴望？为什么他有这种性格？是他小时候的经历导致的，还是家庭环境造成的习惯？这些问题的答案能够帮助我们塑造更加丰富和有趣的人物形象，让他们更加真实和深入人心。最终，一个好的人物角色能够让读者感同身受，与之产生共鸣。因此，我们必须花费时间和精力来制定出一个独特而具体的人物角色，使其更加有个性，更加令人难以忘记。

下面我们以《诛仙》为例进行人物冲突的分析。萧鼎的《诛仙》是一部著名的网络小说，在小说第一卷中，主人公张小凡是一个资质平平的青云门弟子，与之相应的则是天赋异禀的同伴林惊羽，张小凡进门时便因资质问题备受打击，而林惊羽则成为七脉争抢的对象。张小凡拜师后受尽白眼和冷落，迅速沦落为后厨的杂役，只是在机缘巧合之下才获得了自己的独门法宝。而林惊羽则成为了师父苍松道人的宝贝疙瘩，毫不费力地得到了九天神器斩龙剑。以上的种种遭遇便令张小凡一步步渴望成为一名正道高手。正是有了对成功的强烈渴望，张小凡才想要在接下来的七脉会武中奋力表现。而从七脉会武的实战来看，当张小凡拿出烧火棍时，随之而来则是同门师兄的蔑视和嘲笑的阻力，面对他与陆雪琪之间天壤之别的实力差距的阻力，张小凡面孔都扭曲了，五官七窍在一瞬间全部流出血来，整个人完全变成了血人。但他没有退缩，他逼得天琊出鞘，逼得陆雪琪心折，他赢了陆雪琪！由此看来，前面的"渴望+阻力"形成了故事的戏剧性冲突（看点），而张小凡最后行动的坚决则表现出了坚韧的心理素质（人物形象），这为后续张小凡的人物转变做了良好的性格铺垫，他的行动就是不断地修炼和历险，寻找自身的道路和归宿。正是这样的人物冲突让张小凡成为了一个复杂而有魅力的角色，也让故事充满了悬念和变化。

2. 让读者产生代入感

要让读者产生代入感，我们需要设定更富个性和特点的人物。不仅仅需要符合那些老套的模式，作家们需要更多地走出自己的舒适区，创造出不同寻常的人物形象。这可能需要做一些额外的努力，例如，从不同的文化和背景中获取灵感、为角色赋予独特的特质和个性，这些都使得角色成为一个真实的人，具有强烈的个人特色和代表性。当然，这并不意味着我们不能使用流行的人物类型，但我们需要用自己独特的方式来展现它们，让角色与众不同，给予读者代入感。例如，可以深入挖掘男主和女主的生活经历和人格特点，让他们的互动更加生动，使得故事更有深度，更加具有代入感。这个诀窍很容易实现，但对创作有着很大的挑战，因为这可以帮助读者理解和认同角色的情感状态，共情角色的思想和行动。总的来说，我们必须打破同质化的束缚，为角色赋予独特的特质和经历，创造出独特而有趣的角色，以此吸引读者，并为故事注入更多深度和趣味。

就富有个性和特点的人物而言，赵赶驴的《赵赶驴电梯奇遇记》的人物设定非常精准。作为一部幽默搞笑的网络小说，主人公赵赶驴是一个普通的白领，他每天都要乘坐电梯上下班，但却经常遇到各种奇葩的人和事，比如被美女调戏，被老板抓包，被同事陷害，被恐怖分子绑架，等等。他的个性是机智而又胆小，善于应对各种危机，但也经常惹出笑话。他的特点是喜欢吐槽和自嘲，让读者感觉亲切和幽默。这样的人物设定让赵赶驴成为了一个与众不同的网络小说主角，也让读者能够代入他的生活和心情，享受一种轻松和欢乐的阅读体验。

3. 在动态中产生反差感

创作者需要在创作反差时保持平衡，不要刻意追求反差，因为刻意追求反差会让人物形象显得不自然。最好的方式是让反差动态地产生，让人物在故事的发展中逐渐展现不同的个性和特点。同时，我们需要针对不同的人物，寻找与其性格相反但又相互补充的特质，让人物更具丰富性和复杂性。总之，反差感是刻画人物时的一大秘诀，但需要在细节上进行把握，避免过度夸张或人物不真实的现象。通过不同的特质和性格特点的交错，构建一个多面的形象，这样的人物形象才能在读者心中留下深刻的印象，让他们被吸引并愿意为角色所感动。

天下霸唱的《鬼吹灯》是一部惊悚悬疑的网络小说。该小说的主人公胡八一是一个退伍军人，他和他的朋友们一起探险寻宝，发现了许多古代的秘密和危险。他的性格是勇敢而又谨慎，善于分析和决断，但也有自己的恐惧和软肋。他的反差感主要体现在他的身份和经历上，他既是一个现代的都市人，又是一个古代的盗墓者，他既是一个普通的平民，又是一个拥有特殊技能和知识的专家，他既是一个理性的科学家，又是一个有信仰的信徒。这样的反差感让胡八一成为了一个有层次和魅力的角色，也让故事更加丰富和神秘。

4. 学会琢磨人物

人物是故事的核心，我们需要挖掘和刻画角色的内心世界、性格特征、行为动机与成长轨迹，赋予人物生命力和真实感。当我们创作人物时，需要将他们的生活常态化，反映出现实生活的普遍状态，同时不忘塑造他们的个性和特点，通过小人物的故事来增添真实感和细节感，表达一定的思想深度和情感价值。

三九音域的《我在精神病院学斩神》是一部极为热血的都市异能类网络小说。该小说的主人公林七夜是一个没有父母的普通高中生，自幼失明，因异于常人的感知能力被误诊为精神病人，在冷眼与偏见中挣扎求生。他人生的最大愿望不过是与收养他的姨妈和表弟安稳生活，吃一碗热腾腾的阳春面，在晨光中听表弟叽叽喳喳讲校园琐事。然而，这种卑微的平凡却被赵空城的牺牲彻底打破——当鬼面人袭来时，这位守夜人以生命为代价守护了他，临终前那句"为万万百姓守长夜"的誓言，如星火燎原般点燃了林七夜的灵魂。他立下十年之约，从此踏上以凡人之躯比肩神明的道路。

十年间，无论林七夜面对诸天神魔还是迷雾中的诡谲存在，故事始终扎根于烟火人间。在沧南市的老街巷，他蹲在面馆门口和邻居大爷下棋；在上京的霓虹灯下，他默默守护深夜加班的白领；穿越到迷雾笼罩的"人圈"时，他依然会为饥民递上半个烤红薯。他的超凡能力与"守夜人"身份从未割裂他与普通人的羁绊：战斗中破碎的镜片上倒映着菜市场的喧嚣，神血浸染的指尖仍留着阳春面的余温。他的个性是矛盾而鲜活的——既是被命运碾压的孤独者，又是执炬逆行的守护者；既能冷峻地斩灭神明，也会因表弟的一通电话慌乱藏起染血的绷带。这种扎根于生活细节的塑造，让他的善良与坚韧并非空洞的口号，而是体现在每一次选择中：为卖花婆婆挡雨，替迷路孩童点亮路灯，甚至面对绝境时，依然紧握着那张皱巴巴的全家福。

《我在精神病院学斩神》的深刻之处，在于将"神性"解构为最质朴的人性光辉。林七夜从始至终未改"小人物"底色，他会因姨妈的白发愧疚，为战友的牺牲颤抖，在生死抉择前犹豫。正是这种未曾磨灭的平凡，让他的神性迸发更具震撼力——当诸天降临者嘲讽凡人如蝼蚁时，他燃烧神魂挥出的每一刀，都刻写着菜市场的吆喝、校园的蝉鸣、深夜便利店的热气。作者通过这个角色证明：真正的英雄主义不是凌驾众生，而是深知生活琐碎仍愿为其死战；最动人的力量，恰恰源于对平凡生活的眷恋与守护。

5. 描绘生动的人物画像

人设创作中的一个重要过程就是人物画像，要避免出现"千人一面"的同质化现象。小说人设除了在设定、全局、手法上下功夫，还要考虑到描写细节。世界上没有两片完全相同的树叶，即便是同一棵树上的两片树叶，其形状、颜色、大小、筋脉也会有所不同。同样，人物的细节描写可以从人物的语言、动作、心理、神态、外貌等方面进行细描，仔细观察、理清顺序、妙用修辞，一步步营造出生动、形象的人物画像，形神兼备地传达出人物的特征与气质。汪曾祺认为："中国画讲究'形神兼备'，对于写小说来说，传神比写形象更为重要。"[1]写神情、画眼睛等细节描写，都能让人物画像更为传神生动。

例如，沈从文在《边城》中对翠翠的人物描写：

翠翠在风日里长养着，把皮肤变得黑黑的，触目为青山绿水，一对眸子清明如水晶。自然既长养她且教育她，为人天真活泼，处处俨然如一只小兽物。人又那么乖，如山头黄麂一样，从不想到残忍事情，从不发怒，从不动气。平时在渡船上遇陌生人对她有所注意时，便把光光的眼睛瞅着那陌生人，作成随时皆可举步逃入深山的神气，但明白了人无机心后，就又从从容容地在水边玩耍了。

《边城》是传统小说，描写人物极具传神之效果，值得网络文学创作者借鉴。这段人物描写极其细致，不仅仅是外表的特征，更重要的是将人物的神态和性格特点刻画得淋漓尽致。翠翠被养在山野中，自然的喜好与天真活泼，

1.汪曾祺：《汪曾祺全集9谈艺卷》，北京：人民文学出版社，2019年，第291页。

在描述中得以完美体现，展现出其远离尘世喧嚣的清新之气。同时，对于陌生人或是事物的反应与神态，也让读者深感翠翠身世的特殊性，沈从文通过对翠翠的皮肤、眼神、性格等方面的描写，把她的形象刻画得生动而深刻。通过对翠翠外在和内在特点的交织描写，让她显得真实而可信，方便读者更加深入地融入小说的情境。这种在细节描写上下功夫的方法，不仅可以使人物更加立体，也能够更好地反映出小说所描绘的人物与环境。对于小人物的刻画，这种方法更是至关重要，因为小人物的形象普遍又淳朴，深度虽不及大人物，但小细节的塑造却可以让他们的形象更加鲜活生动。

因此，在写作过程中，我们应该注重细节的刻画，把人物的特点和性格通过神态、行为、举止等方面的描写，刻画得传神而生动，让读者更能够理解和认同这些小人物的形象和性格，进而更加深入地融入小说情境。

（二）人物设计训练

用一个课时的时间，围绕作品的故事创意，进行主要人物的设定。这类设定越精细，对后续故事的书写将越有帮助，也可以为人物做简单的立绘，增强造型效果。

（1）首先确定你要创作的人物类型，是主角、反派、配角还是背景人物？这一步是确定创作人物的重要性和影响范围，可以帮助你更好地为其设定形象和性格特点。

（2）确定人物的基本信息，包括姓名、性别、年龄、职业等。这些信息是创作人物的基础，可以帮助你更深入地了解人物的生活背景和经历。

（3）设定人物的外貌特征，包括身高、体型、面容、发型等。通过对外表的描写，可以为读者形象地呈现人物。

（4）设定人物的性格特点，包括个性、爱好、喜好、优点、缺点等。通过这些特点的设定，可以让人物形象更加鲜活，深入读者的心里。

（5）设定人物的经历和情感，包括人物的成长背景、家庭和情感经历等。这些经历和情感会影响人物的行为和性格，通过设定可以让人物形象更具深度和刻画感。

（6）设定人物的目标和动机，包括人物的动机、梦想、目标等。这可以让人物更加具有生命力，更加有说服力。

（7）注意人物的语言表达和行为举止等细节描写，这些细节描写可以让人物形象更加生动。

创作一个人物需要多次修订和打磨，上述几个步骤是初步构思过程。在后续的创作中，还需要不断推敲、修改，才能让人物形象更加深入人心。

四、大纲与细纲设计训练

章节大纲是指小说的每一章节的大致内容以及顺序的总体规划。它通常用于指导小说的写作过程，帮助作者掌握小说的节奏和逻辑，确保故事情节的连贯性和紧凑性。章节细纲是指将一个章节的主要内容简要概括下来，并不需要过于详细的描述。

（一）写作大纲的方法与技巧

一部长篇的网络文学作品通常章节数量不少于三百章。在章节大纲中，需要明确每一章节的主题、核心情节，以及人物、场景等元素的安排，确保故事的戏剧性和吸引力。同时，章节大纲也可以作为推动小说写作进程的重要工具，帮助作者更加系统和有序地完成小说大纲，确保整个创作过程有条不紊。

一般来说，一章正文三千字左右，而章节细纲一到两百字的篇幅已经足够了。这个方法的好处是可以让你在回看时迅速了解这一章的主要情节。同时，也可以作为写作规划的一种形式，有助于避免篇幅太长或者内容过剩的问题。但是，写作规划并不是一个简单的问题，需要我们深入研究和学习，掌握更多的技巧和方法。

大纲设计方法一：模仿现有的优秀大纲。

有一个最简单的方法就是模仿其他人的写法。可以通过互联网上各种成熟小说的大纲来找灵感。接着，再填写自己小说的细节，如人物关系、时间线、事件线、主线故事、支线故事等等。通过模仿已有的大纲，并在其中加入自己的创意，可以更快速地完成小说细纲。但是，需要注意的是，模仿他人的写法只是帮助我们入门，最终的目标还是要根据自己的创作风格进行改进和个性化的调整。

大纲设计方法二：通过扫榜倒推大纲。

扫榜推大纲是很多网文作者前辈们都会建议新人去尝试的一种方法，但是有很多新人不知道如何操作，也不知道怎么做才能做好。

首先，拿出纸笔或者打开电脑的Word，打开小说平台，把自己要写的分类榜单里的销售榜、月票榜、订阅榜、新人榜的小说都扫一遍。不需要全部都看完，但一定要看全，把自己认为优秀的小说都记录下来，包括开头、人物出场、主线故事对话、人物塑造、写作风格等方面的特点。

接着，记录下小说中的小高潮、大高潮、故事情节以及前面100章（或者上架前的章节）有哪些吸引人的地方，把非常符合自己胃口的那本小说标记下来，并把章纲总结出来。

最后，找到一本完结的优秀小说，最好与要写的小说是同一类型，认真看完，看的时候一定要做笔记，记录下来，并总结、推导出一个完整的大纲。切记，千万不要偷懒，不要直接到网上搜一篇别人推过的大纲，因为这涉及日后的故事创作。如果能认真扫榜，并将几本同类的优秀小说推导出大纲，那么已经离成功更近了一步。

大纲设计方法三：展开灵感演绎大纲。

如果你有一个好点子想要写成一个故事，那么需要将这个点子扩展成故事。

首先，及时记录灵感。不论何时何地产生灵感，第一时间将其记录下来，用手机或电脑，记录半小时以上的时间。用这段时间集中思考：这将会是一个什么样的故事？主要人物是什么样的人？放在故事哪部分最好？如何产生更多的灵感？

其次，确定故事的写作体裁。你需要思考，这个故事适合被写成短篇、中篇还是长篇小说？哪种写作体裁最适合这个故事？确认这一点，你需要付出很多努力。严肃文学要求扎实、具有艺术性、需要深厚的笔力；网络文学更加商业，需要草蛇灰线、对大体量内容的掌控力；新媒体写作则更具煽动性，需要你能够预测和把握读者的共情点。确认了写作体裁后，就可以开始写大纲了。

最后，大纲如何写呢？按照"建置、对抗以及结局"这三部分来写下结构是最粗暴的方法。这是因为小说的开篇是读者最先看到的部分，决定了小说生死；小说的对抗阶段是最会吸引读者的桥段，生活中常见的事情就不用文学呈现；结局是故事的解决，没有结局的故事就像没有脚的人类。而辅助性方法则是不停地查阅资料。你了解得越多，能写的就越多，一部好的故事需要与现实产生联系、能与读者产生共情。如果你的故事没有这些，那么它就会失败。

（二）灵感演绎法的章节设计训练

大纲和细纲的创作是写作的重要部分，在开始写作之前就需要规划好故事的结构和细节。以下是适合新手的大纲和细纲的创作训练计划：

1. 练习灵感记录

随时随地记录灵感，不要等到有空闲时间再去做。这将帮助你养成良好的习惯，同时让你不会失去那些有意义的想法。

2. 练习灵感转化

将灵感转化成故事的能力需要时间和练习。从每个灵感的视角出发，练习思考如何将灵感发展成一个完整的故事，并写下你的想法。

3. 选择题材和写作体裁

有了灵感以后，选择一个适合你的题材和写作体裁，这将有助于你明确方向并更好贯彻你的想法。

4. 练习大纲写作

根据建置、对抗和结局，尝试用简短的语言写下大纲，既可以快速地捕捉到故事中的重要事件，同时还能建立意味深长的主题。

5. 练习细纲写作

在大纲的基础上，进一步细化事件的细节。将它们按照时间和场景安排好，并注意更好地发展人物角色。细纲可以帮助你深入思考，让你有更多的想象力和灵感，让小说充满更多看点。

6. 查阅资料

在建立大纲和细纲的过程中，需要对相关领域的知识有一定的了解。所以，不断查找相关的资料，增强文化、历史、人生经验等方面的知识，能够为你的创作提供帮助。

7. 练习修改

完成大纲和细纲后，抽出时间对它们进行修改。这将帮助你缩小细节上的错误，并进一步改进你的思维模式。

通过这个训练计划，创作者可以建立一个完整的写作流程，锻炼自己的灵感创造能力，提高构思的能力、理解不同题材的能力、写作的技巧和修改的技能，让自己逐渐变得更加擅长写作。

研讨与实践

1. 简要概括欧阳友权和周志雄对网络文学本体的不同认识，并说明你的观点。

2. 简要概括神话思维和升级思维的定义、特点和优点，并举例说明它们在网络文学中的应用。

3. 根据你所选择的网络文学类型，设计一个基于神话思维的故事大纲，包括主角、敌人、神话元素、象征和隐喻、故事结构等要素，并说明你的创作灵感来源于哪些神话。

4. 根据你所选择的网络文学类型，设计一个基于升级思维的故事大纲，包括主角、敌人、升级系统、战斗场景、升级反馈等要素，并说明你的创作灵感来源于哪些游戏或现实。

5. 以起点中文网或者晋江文学城为例，进行为期一周的扫榜训练。主要关注网站的天榜、新书榜等，以及主流网络文学作品的获奖情况和评价。在关注的同时，做好扫榜和拆书的笔记，并分析一部网络文学作品。

拓展阅读

1. 欧阳友权：《网络文学本体论纲》，《文学评论》2004年第6期，第69—74页。

2. 葛红兵、刘赛：《三界模式与异大陆模式——玄幻小说的两种基本叙事模式及其"世界观"比较》，《当代作家评论》2019年第4期，第4—10页。

3. 周志雄主编：《网络文学教程》，北京：高等教育出版社，2020年。

4. 邵燕君：《网络文学经典解读》，北京：北京大学出版社，2016年。

5. 陈平原：《千古文人侠客梦：武侠小说类型研究》，天津：百花文艺出版社，2009年。

6. 李盛涛：《网络小说的生态性文学图景》，北京：中国社会科学出版社，2014年。

7. 王瑜、邱慧婷：《网络文学青春书写的嬗变与传承》，北京：中国社会科学出版社，2025年。

第十二章

文艺评论写作

学习目标

1. 知识目标：了解文艺评论的含义与类别，认识文艺评论的文体特征。

2. 能力目标：能熟练运用所学的文艺评论写作思维训练方法与写作技法，创作优质的文艺评论文章。

3. 素质目标：在阅读、鉴赏优秀文艺评论作品的同时，掌握文艺评论写作的规律，加强文艺评论写作基本功，提升理论素养和写作能力。

　　相较于广告文案、网络文学等新兴文体样式而言，文艺评论则是一种古老而历久弥新的文体样式。以诗论为核心的文艺评论，在中国得到了长足的发展，先后出现了曹丕《典论·论文》、陆机《文赋》、刘勰《文心雕龙》、钟嵘《诗品》、严羽《沧浪诗话》等古代著名的文艺评论著作。近现代以来，随着西方文艺理论的引入，我国的文艺评论逐渐发生了变化，新的理论、批评方法甚至语汇都出现在各类文艺评论文章之中。随着互联网时代的全面到来，新的文艺现象不断涌现，文艺评论也需要以新的范式发现和回答时代之问，阐发新的文艺价值。

第一节　文艺评论的界说与特征

　　什么是文艺评论？它与作品赏析、读后感或观后感有什么区别？它有哪些类型？相较于诗歌、散文、小说等文学文体以及社会评论、思想评论等理论文体，它有什么特征？这是初学文艺评论的写作者首先需要弄清楚的问题。

一、文艺评论的界说

　　文艺评论，又称为文艺批评，其内涵比较宽泛。它一方面可以指分析、评价各种文艺现象的活动、行为，另一方面也可以指以文艺现象作为评论对象的评论文体类属。这里的"文艺评论"，则是从文体角度来说的，偏重文体类属。

　　作为一种文体，文艺评论是指在一定文艺理论、文艺思想或文艺观念的指导下，对包括文艺作品、文艺家、文艺活动、文艺思潮、文艺流派、文艺理论、文艺史等在内的各种文艺现象，进行分析、阐释、判断和评价的理论性文章。其中，具体的文艺作品、作家、艺术家是文艺评论的主要对象。

　　与文艺评论相关的概念有作品赏析、读后感或观后感等。虽然它们在某种意义上存在着联系，但区别也很明显。

　　作品赏析，主要是对优秀、经典的文艺作品进行审美性解读，欣赏其成功之处，侧重于理解文艺作品本身，以渗透情感、充满文采的语言记录和描述破译作品"艺术语言"的编码信息，也就是所谓的"是这样"，不一定需要知道"为什么是这样"。而文艺评论则既可以对成功的文艺作品，也可以对不成功的文艺作品，甚至可以对低劣的文艺作品进行评论，评论时重在以议论性的学术语言分析、研究作品"为什么是这样"，评价、判断作品"这样到底好不好"，观点非常鲜明。

　　读后感或者观后感，就是阅读完或观看完一部文艺作品之后，结合人生、社会等，将个人阅读或观看这部文艺作品的具体感受、认识、感想和体会以文章的形式呈现出来，偏重自身"感性"的抒发和描绘，无需做具体的分析。而文艺评论则不能停留在自身"感性"这一层面，它需要对这种感受加以连贯性的思考，回答诸如作品是好是坏、是优是劣等相关问题，并把自己对相关问题的思考准确、明白地表达出来，所以重在客观分析与理性评价。

由于文艺现象层出不穷、复杂多样，以此为直接对象的文艺评论的类型也呈现出多样化的特征。根据分类标准的不同，文艺评论有不同的类型。

按照接受对象及其性质，文艺评论可以分为"大众评论"和"专家评论"。

按照评论的对象涉及的范围，文艺评论可以分为作品评论、作家或艺术家评论、思潮评论、流派评论等。

按照文艺的分类，文艺评论可以分为文学评论、绘画评论、音乐评论、舞蹈评论、摄影评论、书法评论、电影评论、电视评论等。而文学评论，根据评论对象的体裁，又可以分为小说评论、诗歌评论、散文评论、戏剧评论等。

按照其主要运用的表达方式，文艺评论可以分为抒情类、叙述类、说明类以及论述类评论。[1]

按照其表现形式，文艺评论可以分为论文式、随笔式、书信式、诗体式、剧本式、点评式、对话式（或问答式）、序跋式、故事式、评传式评论等。[2]

在本节中，我们将根据文艺评论的表现形式，主要介绍四种比较常见、常用的文艺评论类型。

1.参见马正平主编：《高等基础写作训练教程》，北京：中国人民大学出版社，2016年，第140页。抒情类文艺评论，即主要以抒情文的笔调、文体意识评说文艺作品的文章，有散文体和诗歌体两种形式。叙述类文艺评论，即主要以作家生平和作品历史的叙述进行评论的文章，例如述评、传记、评传等。说明类文艺评论，即主要以解说、介绍性的笔调对作品内容和自己的感受进行说明的文艺评论的文章，包括序跋、注释、札记、诗话、词话等体式。论述类文艺评论，即以分析论证的笔调进行文艺评论的文章，主要包括专著、论文、评点等体式。

2.参见董小玉、刘海涛主编：《现代写作教程》（第3版），北京：高等教育出版社，2014年，第213页。

（一）论文式

这是目前最常见也是最严谨的一种文艺评论样式，它往往按照理论文章的格式和要求来撰写，常常出现摘要、关键词、注释和参考文献等。其特点是主题明确、论理透彻、展开充分、内容丰富、逻辑性严密、篇幅较长、理论性和学术性强。如宗白华的《论文艺的空灵与充实》、孙绍振的《余秋雨：从审美到审智的"断桥"——论余秋雨在中国当代散文史上的地位》、王彬彬的《〈遍地月光〉与长篇小说的语言问题》、王晓红的《赖声川剧作的后现代倾向》、孙佳山的《多重视野下的〈甄嬛传〉》等。

（二）随笔式

这种样式也就是随感杂谈类，比如赏析、短论、漫谈、漫评等。这种形式的评论通常行文潇洒自如，笔调灵动轻松，构思新巧，篇幅短小，个性突出，富有趣味性，往往有感而发而不对所论对象进行学理化的分析推理，理论性不是很强。如巴金的《文学的作用》、王朝闻的《〈水浒传〉里的一个两面性的典型——何九叔》、李健吾的《咀华集》、米兰·昆德拉的《小说的艺术》、马建辉的《文学需要远大理想》等。

（三）书信式

这是以书信的形式撰写而成的一种文艺评论。其特点主要是语言亲切随意、态度诚恳、感情浓厚、笔调自由活泼、无拘无束、结构章法灵活、内容具体、具有很强的探讨性。如普列汉诺夫的《没有地址的信》，巴金的《一封未寄的信》，阎纲、路遥的《关于中篇小说〈人生〉的通信》，唐晓渡的《致谢有顺君的公开信》，何志云的《生活经验与审美意识的蝉蜕——〈小鲍庄〉读后致王安忆》等。

（四）对话式

这是一种两人或者多人以一问一答的谈话方式就文艺现象进行判断和评

价的文艺评论样式，因此又称为问答式。其特点主要有论题明确、观点集中、论辩性强、在思想的驳难和论辩中揭示真理。如柏拉图的《文艺对话集》，朱光潜的《诗的实质与形式》，吴亮的《艺术家和他友人的对话》，丁帆、王彬彬、费振钟的《晚生代："集体失明"的"性状态"与可疑性话语的寻证人》，黄子平、陈平原、钱理群的《二十世纪中国文学三人谈·漫说文化》，林舟的《生命的摆渡：中国当代作家访谈录》等。

二、文艺评论的特征

与诗歌、小说、散文等富含主观色彩的文学文体不同，文艺评论的主要对象虽然是文学艺术，但毕竟是"评论"，理性色彩浓厚，属于一种理论性文章。然而，作为一种理论性文章，文艺评论也不同于社会评论、思想评论等，因为它的评论对象毕竟是文学艺术，而文学艺术则具有鲜明突出的审美性，它必须要适应其评论对象——文学艺术——的审美性要求。因此，文艺评论是一种独特的文体，既区别于纯文学作品，也有别于一般理论文章。其文体特征可概括为以下三点。

（一）感性与理性的统一

整体而言，文艺评论是对各种文艺现象的理性把握。作为评论对象的各种文艺现象，其基本载体首先应该是文艺作品。无论是文艺流派、文艺风格，还是作家和艺术家，虽然它们都是文艺评论的对象，但都要通过对文艺作品的分析、评价来进行，其原因就在于它们的价值判断都是以文艺作品为依据的。文艺作品是通过感性、形象的方式来反映社会现实生活、表达情感的。因此，评论者首先就得满怀情感地沉浸到文艺作品中去感受、体悟，在欣赏中获得审美体验和审美享受。而这种审美体验和审美享受的获得，需要评论者结合自己的生命体验，调动各种感觉器官，体察作品的本体语言、艺术形象、表现手法等要素，与作家和艺术家进行深入细致的心灵沟通。就此而言，审美感受或审美享受的获得是文艺评论的基础和前提。如果一个评论者难以感受到杜甫诗歌中沉郁悲悯的情感、往复低回的表达方式、节律顿挫的语言形式，难以产生心灵上的震荡和艺术上的认同，就难以对他的作品做出合情合理的评价和判断。

虽然文艺评论要以审美感受为基础和前提，但它又不能只停留在这一层次，需要进一步地提升，否则它就难以成为"评论"。而这种提升，实际上就是理性与智性的介入。也就是说，评论者需要从文艺作品的感性体悟中跳脱出来，再以理性的眼光对作品的整体和细部进行重新审视，在独特的审美感受、审美体验与审美发现的基础上，从某种理论诸如哲学、美学、文化、社会学等高度，归纳出富有逻辑条理的论断。就此而言，理性也是文艺评论的重要特质。

因此，感性与理性的统一是文艺评论的一个重要特征。这正如美学家普列汉诺夫所言："只有那种兼备极为发达的思想能力跟同样极为发达的美学感觉的人，才有可能做艺术作品的好批评家。"[1]

（二）科学性与审美性的结合

从本质上来说，文艺评论是一门科学，属于人文社会科学的范畴。这诚如普希金所言："批评是科学。批评是揭示文学艺术作品的美和缺点的科学。"[2]因此，文艺评论应当以科学严谨而不是主观臆断的态度，从文艺现象的实际出发，通过客观的分析和研究，尽可能地揭示出对象的本质，探究个别中所蕴含的一般、现象中所隐藏的规律，从而得出合乎科学的结论。由此来说，严密的科学性是文艺评论写作本身的应有之性。

当然，任何文艺评论都不可能不受到评论者自身兴趣爱好、思想情感、知识结构、价值观念等方面的影响，但优秀的评论者则会时刻提醒自己保持

1.普列汉诺夫：《车尔尼雪夫斯基的美学理论》，转引自童庆炳、马新国主编《文学理论学习参考资料新编（中）》，北京：北京师范大学出版社，2005年，第1715页。
2.普希金：《论批评》，载伍蠡甫等编《西方文论选》下卷，上海：人民文学出版社，1964年，第373页。

客观的立场，尽可能地去接近文艺现象的本质和规律，而不被个人偏好、外在压力等因素所左右、所驱使。

作为文艺评论的主要对象，文艺作品是作家与艺术家对社会生活与人的思想情感的审美反映，是作家与艺术家借助一定的物质材料和艺术媒介，运用艺术技巧和艺术手法，按照美的规律所创造出来的艺术形象。文艺作品之所以是文艺作品，而不是经济学或政治学教科书，就在于它具有自身的本质属性——艺术性或审美性。批评家别林斯基曾说："确定一部作品的美学优点的程度，应该是批评的第一要务。当一部作品经受不住美学的评论时，它就已经不值得加以历史的批评了。"[1]因此，文艺评论应该以审美的态度，着力分析文艺作品的审美感染力与文学艺术美的存在形态，公正评判文艺作品及其他文艺现象的审美价值，努力探究文学艺术美的创造规律。否则，文艺评论就流于社会学批评、政治学批评，以致丧失了自己独特的品格和身份。

与此同时，文艺评论文章本身也应当具有审美性。同文艺创作一样，文艺评论也需要运用审美的尺度，只有通过艺术或审美的方式才能更好地去评论文艺作品。评论文艺现象尤其是那些优美、深刻的文艺作品，应当在理性评价的同时，充分体现评论者独特的艺术眼光，以真挚的情感、简练优美的语言，帮助读者深刻地认识评论对象，让读者在阅读评论中获得审美享受。

例如，鲁迅在《白莽作〈孩儿塔〉序》中对白莽的诗作《孩儿塔》评论道：

这《孩儿塔》的出世并非要和现在一般的诗人争一日之长，是有别一种意义在。这是东方的微光，是林中的响箭，是冬末的萌芽，是进军的第一步，是对于前驱者的爱的大纛，也是对于摧残者的憎的丰碑。一切所谓圆熟简练，静穆幽远之作，都无须来作比方，因为这诗属于别一世界。[2]

1.别林斯基：《关于批评的讲话》，载李国华主编《文学批评名篇选读》，保定：河北大学出版社，2004年，第53页。
2.鲁迅：《且介亭杂文末编》，载《鲁迅全集》第六卷，北京：人民文学出版社，2005年，第512页。

这段评论感情真挚，激情满怀，节奏明快，情理并茂，语言又如此优美而富有感染力，散发着一种浓郁的诗意和文气，读来别有一番味道，令人欲罢不能，正所谓"诗一般的评论"。

因此，科学性与审美性的结合也是文艺评论的一个重要特征。这正如美学家鲍列夫所说，"批评具有双重本质：从它的某些功能、特点和手段来看，它是文学；而从另一些功能、特点和手段来看，它又是科学"[1]。

（三）倾向性与创造性的融合

文艺评论是评论者在一定理论、思想或观念的指导下，对文艺现象进行分析和阐释，并做出理性价值判断而产生的精神成果。要做出价值判断，态度和观点就得鲜明，不能含糊，否则就没有多少意义。某种文艺现象好还是不好；好在哪里，不好又在哪里；应该如何克服不好而达到好。这是文艺评论文章中应该要重点呈现的。倾向性，在时效性很强的当下文艺评论中显得尤为重要。当然，对某种文艺现象的肯定或否定的评价，并不是简单、粗暴的褒扬或贬抑，而必须是经过评论者的审美感受和理性分析而得出的公正、合理、具有很强说服力的评价。文艺评论正是以其倾向性的评价有效地引导创作、打造优质作品、提升审美品味、引领时尚潮流。就此而言，倾向性是文艺评论的一个内在要求。例如，茅盾在《怎样评价〈青春之歌〉》一文中，通过细致的分析、透彻的说理，充分肯定了《青春之歌》是一部有一定教育意义的优秀作品，表明了应该怎样评价林道静这个人物的态度，实事求是地指出小说在人物描写、结构和语言三个方面所存在的不足之处。茅盾这种公正、令人信服的评价，对引导广大读者正确地认识《青春之歌》起到了很好的作用。

文艺评论不是文艺创作的"仆人"，而是文艺创作的"一件利器、一面镜子、一剂良药，是引导作者、读者和社会思潮的重要力量"[2]，它有着自身独

1.鲍列夫：《美学》，乔修业、常谢枫译，北京：中国文联出版公司，1986年，第506页。
2.《文学理论》编写组：《文学理论》（第2版），北京：高等教育出版社，2020年，第212页。

立的品格。因此，文艺评论的存在价值不在于对各种文艺现象做被动的注解，重复某些众所周知的文艺理论，而在于创造性的"发现"，将文艺现象中受众以及作家与艺术家未曾注意到或无法注意到的有价值的东西，比如新颖的艺术形式、深刻的思想内涵等挖掘出来，发人之所未发。譬如，二十世纪三四十年代，当敦煌壁画重见天日后，宗白华在《略谈敦煌艺术的价值与意义》一文中，透过敦煌壁画中极其生动而富有神魔性的动物画，发现奇禽异兽的泼辣表现里所蕴含的世界生命的原始境界、幽深醇厚的意味；通过分析敦煌人像飞腾的舞姿、线纹的旋律以及音乐意味的意境，阐明敦煌艺术在整个中国艺术史上的特点和价值以及中西人物画的主要区别，由此评价说敦煌壁画是中国"千年艺术的灿烂遗影""我们的艺术史可以重新写了"[1]。宗白华先生在这篇文艺评论中的独特发现和见解，不仅使因西方绘画观念的传入而日渐衰微的中国传统绘画焕发新的生命力，还为中国之后的艺术创作、艺术史研究指引了方向。

　　由上所述，倾向性与创造性的融合是文艺评论的又一个重要特征。

第二节　文艺评论写作的思维训练与创作方法

　　文艺评论的写作，从确定选题、阅读与欣赏原作、选择切入角度、构思准备到物化成文，无疑是一个极为复杂的思维活动过程。在这一活动过程中，评论写作主体的思维方式显得尤为重要，因为它直接影响到评论文章的质量。要进行文艺评论写作，评论者应该具备何种思维方式？围绕这种思维方式，评论者又需要具备何种认知和训练方法？本节将基于文艺评论的基本特征，结合文艺评论写作的过程，对文艺评论写作应该"怎样有效地思维"——切实有效的思维训练途径——予以提炼和概括，以期在创作方法与技巧层面为文艺评论写作初学者提供某些参考。

1.宗白华：《略谈敦煌艺术的价值与意义》，载《美学散步》，上海：上海人民出版社，1981年，第155页。

一、基于"及物思维"的文艺评论写作训练

虽然文艺评论是评论者主观思想意图的集中体现，但它并非像文艺创作那样是一种纯主观的活动，而必须要以评论对象为基点，是一种"对象化"的文艺评判活动。倘若离开了评论对象这个基点，文艺评论就成了无的放矢，自然也不会有任何价值与意义。因此，文艺评论从诞生以来，就一直以诸如文艺作品、文艺家、文艺活动、文艺思潮、文艺流派、文艺理论、文艺史等具体文艺现象为评论对象。而在诸种文艺现象中，具体的文艺作品是文艺评论核心的评论对象。因为文艺作品是文艺实践活动最基本的客体和中心环节，它往往能够反映作者的内心、折射时代的精神、展现文艺思潮的演进轨迹等，可以说所有的文艺活动现象都基于文艺作品而产生和发展。

因此，评论者在进行文艺评论写作时，应该树立"及物思维"，即明确自己的写作是基于对文艺作品的深入阅读欣赏而做出的审美阐释与价值判断。要承认先有作品及其他文艺现象后有评论这一客观事实；清醒地意识到自己所有的新鲜发现、独到见解以及成败、优劣的评价与判断，都是在深刻地认识评论对象的基础上得出的，而不是主观臆想出来的。至于那种因某种目的，比如为了炫耀自己高深的理论、彰显自己丰富的学识等，而偏离甚至脱离作品及其他文艺现象的"不及物"评论，都不是有效、有价值的评论，都背离了文艺批评的应有之义。

基于"及物思维"，在文艺评论写作中，评论者可以从以下两个方面着手进行训练。

（一）通过研读文艺作品获得真知灼见

由于文艺作品的价值和意义只有经过研读才能够产生和实现，所以评论者对文艺作品的研读显得尤为重要。为了获得真知灼见，在对文艺作品进行研读时，评论者要有意识地思考三个方面的问题：第一，文艺作品的风貌是

怎样的？第二，文艺作品为什么会呈现如此风貌？第三，文艺作品呈现的风貌有何独特之处？要精准回答这三个方面的问题，评论者就需要合理地运用系列方法。

1. 精读欣赏法

要写好文艺评论，首先就应沉浸式地、仔细地、反复地阅读欣赏文艺作品，而不是走马观花、粗枝大叶地浏览文艺作品。精读欣赏文艺作品，就要多次地、反复地钻进文艺作品中去，深切地感受、理解文艺作品的艺术形象，以艺术形象为触发点，调动自己的想象，沿着作者的思维，结合自己的生活积累，力求让自身思维活动与文艺作品中的艺术形象、艺术境界能够有机地融为一体。如此，才能进一步地把握文艺作品的复杂性和整体性，全面而深刻地领会文艺作品的精神实质和丰富内容，体悟文艺作品的艺术形象的表现方式和技巧，发现一些新的思想。俗言"书读百遍，其义自见"，讲究的就是这种精细的阅读。

例如，恩格斯在评论拉萨尔的历史剧《弗兰茨·冯·济金根》之前，用了"比较长的时间"，先后将作品至少读了四遍，就是为了取得一个完全公正的态度，为了"在读了之后提出详细的评价、明确的意见"[1]。正是由于恩格斯不厌其烦地、认真而又反复地阅读作品，读出了内核和精髓，最后才能从美学和历史两个方面对这部剧作提出公正、详细、明确、精辟的见解，并为现实主义地描写伟大历史事件总结了宝贵经验。他说："为了有一个完全公正、完全'批判的'态度，我把《济金根》往后放了一放……在读第三遍和第四遍的时候，印象仍旧是一样的。"[2]又如，列宁为了准确评价车尔尼雪夫斯基的小说《怎么办》，他说："我在一个夏天里把《怎么办？》读了五遍，每一次都在这个作品里发现一些新的令人激动的思想。"[3]由此看来，对文艺作品进

1.恩格斯：《致斐·拉萨尔》，载中共中央马克思恩格斯列宁斯大林著作编译局编《马克思恩格斯选集》第四卷，北京：人民出版社，1995年，第556页。
2.恩格斯：《致斐·拉萨尔》，载中共中央马克思恩格斯列宁斯大林著作编译局编《马克思恩格斯选集》第四卷，北京：人民出版社，1995年，第556—557页。
3.童庆炳、马新国主编：《文学理论学习参考资料新编（中）》，北京：北京师范大学出版社，2005年，第1895页。

行反复阅读、下苦功夫钻研，是取得评论发言权的基础和前提。

与此同时，精读欣赏文艺作品还要注意阅读欣赏的程序。一般来说，阅读欣赏的程序可以描述为：总体—部分—总体。所谓第一个总体，是指评论者将文艺作品从头至尾通读一遍，从而获得一个总体、完整的认识印象。所谓部分，是指评论者将文艺作品分解成若干个部分，如人物形象、结构情节、叙事方法、细节描写、本体语言、创作技巧、意境营造等，并对各部分进行细致的、重点的分析和研究，通过咀嚼、品味，从而获得某种新的感悟、新的体会甚至新的发现，初步形成一定的见解。在此基础上，再从部分回到整体，将文艺作品又从头至尾细致地阅读一遍，在阅读过程中，有意识地将初步形成的见解置于整体中去认识、去考察，从而形成系统的认识，这就是所谓的第二个总体。通过总体—部分—总体程序的阅读欣赏，评论者需要从宏观或者微观的层面上弄清楚：此作品到底表达了怎样的主题思想和情感；这些主题思想和情感是以怎样的方式来表达的；其艺术形象的主要特点是什么；其艺术形象是如何反映生活的独特规律的；其艺术形式有什么特点；等等系列问题。

此外，精读欣赏文艺作品，有时还要善于变换角度、变换方法去阅读、欣赏，让自己对作品的认识不止停留在一个方面、一个阶段，最终读出自己的体会、读出评论的真知灼见。例如，清代学者刘熙载在《艺概·文概》中说："《公》、《谷》两家，善读《春秋》本经。轻读、重读、缓读、急读，读不同而义以别矣。"[1]《公羊传》与《谷梁传》的作者由于阅读方法有别，而所得之义就不同。由此可见，在精读、欣赏文艺作品时，阅读欣赏方法和角度的变换也很重要。

2. 知人论世法

众所周知，任何文艺作品都是作家、艺术家的精神产品，与作者本人密切相关。因此，对于文艺评论而言，仅仅局限于阅读、欣赏文艺作品往往还是不够的，还需要"知人论世"。所谓"知人论世"，就是关注和了解作者以

1.所谓"《公》"，即《公羊传》，所谓"《谷》"，即《谷梁传》。引文见刘熙载著，王气中笺注：《艺概笺注》，贵阳：贵州人民出版社，1986年，第9页。

及作者所生活的社会、时代背景等。中西方学者在研究、评价某部文艺作品时，都讲究"知人论世"，只不过说法不同，西方学者将其称之为"外部研究"。

了解作者，就是通过阅读诸如作者的自传或自述文章，别人写的评传、访谈录、零星的回忆和逸闻轶事等相关材料，了解他的生活经历、身世教养、创作道路、创作意图、创作风格、所属流派、思想、性格、世界观、文艺主张或文艺观念等。了解社会、时代背景，就是通过阅读相关材料了解在特定的历史时期中，人们所生活的环境和处于这种环境下人们的思想情况。它既包括了解作品内容所反映的社会、时代背景，也包括作品写作的社会、时代背景。了解了作者，评论者才能进一步地理解文艺作品产生的主观原因，由此深入地理解文艺作品的思想性。了解了作品所反映的社会、时代背景与作者所生活的社会、时代背景，将有助于理解文艺作品产生的客观原因，由此在社会、历史这一更广阔的视野下，评价、判断文艺作品反映社会生活的真实性和真实程度。

当然，在阅读与作者有关的材料时，最好不要笼统地读，而要注意针对性和选择性，根据评论需要，集中搜集和阅读与此相关的材料。尤其是那些知名的作家与艺术家，关于他们生平、思想等研究成果浩如烟海，如果阅读时全部涉及，显然不可能，也不可取。但是，对于那些文学、艺术新人，就需要花一定的时间和精力去搜集和阅读相关材料。因为倘若完全不了解这个作家或艺术家，就很难正确地理解和评论他的作品。

研究规律告诉我们：文艺评论无论是其评论角度，还是其观点和判断，都需要以前人的研究成果为起点。否则，评论就成了无根之木，甚至有可能是在重复别人的观点。因此，在"知人论世"这一环节中，评论者除了要阅读与作者有关的材料之外，还需要阅读前人对此作者及其作品的历史评论。这种历史评论既包括前人对此作者以及过往作品的评论，也包括前人对评论者将要评论的作品的评论。在这两类成果中，肯定和否定的意见都需要了解。了解了前人已有的成果，评论者也就找到了出发点和借鉴点，为评论文章的创新和超越夯实了根基。

3. 寻绎核心特质法

对于文艺作品的研读，如果说精读欣赏主要是"入乎其内"，"知人论世"主要是"出乎其外"，那么寻绎核心特质则是"入乎其内"与"出乎其外"的融合。评论者必须要在历经精读欣赏和"知人论世"之后，才能站在一个更高的点，对文艺作品进行理性审视和审美观照，进而寻找该文艺作品不同于其他同类作品的最本质、最突出的特异性，即所谓的"核心特质"。这种特异性，其表现领域较多，有的表现在思想方面，比如反映社会生活的逼真程度、社会立场和思想意向的流露、情感或情绪体验的感染力、社会效果产生的范围等；有的表现在艺术方面，比如艺术形象的典型性和生动性、艺术手法的多样性和精确性、艺术结构的严密性和完整性、艺术风格的独特性和民族性等；有的甚至在思想与艺术这两个方面都具备。在寻找过程中，倘若发现文艺作品缺乏这种特异性，或者与其他同类作品没有多大的差别，那么对它进行评论也就没有多少价值了。

事实上，寻找文艺作品的核心特质是一个伴随分析、归纳、比较等复杂思维活动的既细致又艰难的过程，它需要评论者足够的耐心、细心与精心。在此过程中，如果评论对象是文艺作品，那么就得对作品中的思想情感、艺术形象、艺术手法、社会效果等进行分析。如果评论对象是作家、艺术家，那么就得对他各类作品的艺术风格进行归纳。与此同时，在此过程中，评论者还得运用相应的方法。有比较才有鉴别，比较是人们认识事物特殊性的重要方法，自然也是评论者寻找核心特质较重要的方法。为了寻找文艺作品的核心特质，评论者可以将文艺作品同其他同类作品进行比较，通过比较，发掘、揭示其个性和特异性。当然，评论者能否成功发掘、揭示文艺作品的个性和特异性，很大程度上取决于自己的阅读面和见识。

（二）紧密结合文艺现象进行分析论证

作为一门科学，文艺评论不能仅仅向读者表明评论者对评论对象的直觉印象和简单的价值判断，而更多的是要向读者阐明评论者为什么这么看，指出这么看的道理何在、根据何在。因此，文艺评论需要论证，通过论证有说服力地证明为什么如此判断文艺现象的高低优劣，分析造成文艺现象高低优劣的原因。而要论证，就需要紧密地结合文艺作品及其他文艺现象，而不能游离甚至脱离文艺作品或其他文艺现象来进行，否则就缺乏一定的客观性，也难以让读者信服。为了保证评论客观公正、有说服力，评论者应恰当使用以下写作技法进行充分论证。

1. 叙议结合法

所谓"叙"，即指叙述，其内容主要包括复述故事情节、概括作品基本内容以及节录、摘引作品的有关内容。所谓"议"，即指评论者的分析、论述、评议。为了让读者在阅读评论文章时能够正确地了解和把握自己所评论的对象，而不至于产生一种隔膜感，评论者行文时往往会对所评对象作相应的介绍。评论文艺作品时，一般都需要用概括的语言简要地转述作品的主要内容，包括叙事性作品的主要情节，此即所谓的"复述"；评论其他文艺现象时，也需要交代此种现象的始末。这种复述，必须要忠实于文艺作品的原意或其他文艺现象的现实，对作品的内容原貌、思想艺术旨趣或文艺现象产生的原过程，给予简明扼要、准确鲜明的传达，以求为表达评论者的观点、施加评论影响奠定基础。就此而言，复述尤其是成功的复述，是评论者的一种再创造。

例如，王朝闻在《〈水浒传〉里的一个两面性的典型——何九叔》一文中，就很好地复述了何九叔这一人物形象：

何九，人称何九叔，是一位饱经世故，在旧社会里被称为精明能干的人物。由于生活的影响，使他变得圆滑、机灵。他也受压迫，却不敢反抗。他的性格，属于一种不敢一边倒，时刻设法适应环境以保护自己的这一型。随着药杀武大郎的事件的发展，逐步在行动中表现出他的这种性格。[1]

由此可知，复述不是枯燥的介绍，不是一种简单、刻板的重复，而是评论者在对作品深刻理解的基础上有针对性、带有观点倾向性的高度浓缩、概

1.王朝闻：《〈水浒传〉里的一个两面性的典型——何九叔》，载简平主编：《王朝闻全集（二）·新艺术论集》，青岛：青岛出版社，2019年，第233页。

括和总结。

　　叙述不仅可以通过复述故事情节、概括作品内容来实现，还可以经由恰当地摘录、引用作品原文来实现。文艺作品中，有些言辞与描写因为极其精妙与生动，是难以被恰当地转述的，甚至是不可替代的，所以只能按照其原貌如实地摘录、引用。摘录、引用作品原文时，不能随心所欲，而应该简明、精当地予以选择，以此来佐证评论者的观点。例如，鲁迅的《中国小说史略》就有许多对原作的摘录，而这些摘录引得恰到好处，能够典型地说明问题、佐证观点，充分地体现了鲁迅作为论者的史识和作为作家的文心，这对于我们文艺评论写作初学者具有重要的借鉴价值。

　　需要明确的是，在文艺评论中，构成文章主干部分的是"议"，而不是"叙"；"叙"只是为"议"提供基础，提供具体的论据，而"议"由"叙"生发，是"叙"的升华和深化。因此，在行文论证过程中，评论者就应该恰当地处理好"叙"与"议"之间的关系。一般而言，评论者在围绕评论对象展开论述时，须将"议"寓于"叙"中，也就是在"叙"中寄寓自己独到的见解和发现，体现自身的感受力、洞察力和分析力，从而使得"叙"和"议"相互照应、配合，达到有机结合、水乳交融的境地。

　　例如，谢有顺、张云鹤的《从声音出发的写作——我读〈金墟〉》很好地结合了"叙"与"议"。现摘引其中一段：

　　这是人生的省思和升华。从家族、个体的历史中走出来，走向现代社会，并和世界对话，这是新赤坎的诞生，也是一种文化的现代赓续。司徒不徙和司徒誉，这是两个不同时期的人物，代表着两种不同的价值观念，但熊育群巧妙地通过钟声这个细节，形成一种对比，通过二者内心的不同感受，写出了历史和现实的真实侧面。从"我"（"没有钟声相伴，他会隐隐不安"）走向"一切我"（"依从自然的法则"），既是从乡土走向世界，也是从传统走向现代。司徒誉作为一个有国际眼光的乡镇干部，和要购买赤坎镇的侨商关忆中一样，都是从内在维度理解赤坎的人，他们的文化视野和文化关怀，体现和传承的正是赤坎的精神。[1]

　　这段文字采用了夹叙夹议的方法，不仅对小说中司徒不徙和司徒誉这两个不同历史时期的人物设置方式予以了概括，还对这种设置方式的特征、意义予以了分析与评论。当然，在文艺评论中，也可以采用先"叙"后"议"的方法，但到底是先"叙"后"议"，还是夹"叙"夹"议"，应该根据评论的具体需要而定。

　　反之，倘若只"叙"不"议"，或者以"叙"代"议"，只概括、复述原作的情节内容或文艺现象的原过程，仅在结尾处予以简短的评论，甚至没有分析评论，那就必然导致"叙"与"议"的失重和分离，使得文艺评论成为非文艺评论了。这是文艺评论行文论证的大忌，评论者要注意避免。

　　2. 先评后论法

　　文艺评论，毋庸置疑，既要有"评"，即评价、判别；也要有"论"，即论理、论证，但"评"与"论"并非平分秋色，而是有所侧重。在文艺评论中，关于"评"与"论"的地位，用先"评"后"论"一词描述之，较为恰当。所谓先"评"后"论"，即指"评"是第一位的，是评论的首要任务，是基础和根本；而"论"则是第二位的，是其次的。因为"评"是"论"的前提和基础，它为"论"提供必要的价值判断；而"论"则只是"评"的补充和延展，它是为"评"服务的，为"评"寻找一定的理论参考或事实依据。[2]

　　为此，评论者在行文时应该始终扣住评论对象，在"评"上多下功夫，也就是要评判作品好还是不好，分析和研究作品好在哪里、不好在哪里，如何进一步改进和提高等系列问题，力求评论深刻精准，展现独到见解。当然，"论"也并非不重要。只有评论者拥有足够的理论知识，熟练地掌握一定的论述、论证等方法，才能为"评"提供更为充分的学理支撑，才不至于"评"得偏颇或走样。

1.谢有顺、张云鹤：《从声音出发的写作——我读〈金墟〉》，《当代作家评论》2023年第2期，第81—86页。

2.参见王进玉：《文艺评论不能轻评重论》，《中国艺术报》2018年7月23日第3版。

倘若评论者过分注重"论"的部分，用宏大理论强行套用在评论对象上；或者干脆脱离、搁置评论对象，只顾发挥个人理论观点，将评论文章写成一般的理论文章，这就偏离了文艺评论的特质，是必须要避免的。因此，评论者在行文时要采取先"评"后"论"的方法，一定不能混淆了"评"与"论"的关系，不能颠倒了二者的主次地位，避免出现重"论"轻"评"的现象。

二、基于创造性思维的文艺评论写作训练

科学和艺术的生命力在于创新。作为兼具科学与文学双重性质的文艺评论，也追求创新。只有通过创新，文艺评论才能展现其价值，激发读者兴趣并给予启发；也唯有创新，文艺评论才能遵循自身的发展逻辑持续进步。因此，评论者在进行文艺评论写作时，应该树立创造性思维。所谓创造性思维，即打破常规和已有的思维定式，另辟蹊径，提出异于他人的新方法，并创造出新的成果的思维方式。这种思维方式往往会选择与众不同的角度，在一般人觉得不是问题的问题上找出新的答案，从而取得常规思维所达不到的效果。文艺评论的创新，既可以是选题的创新，也可以是切入角度的创新、论点的创新，等等。由此，围绕创造性思维，评论者可以从以下两个方面来进行文艺评论写作训练。

（一）捕捉"原始感觉"或"第一印象"，确定有价值的评论选题

由于评论者的兴趣爱好不同，被评论对象的内涵特性又各异，所以确定评论选题的方法也就迥然有别了。尽管如此，作为初学者，应当立足于自身独特的阅读体验、独特的体会和理解来确定评论选题。否则，就难以深入到对象中去，难以发现"新大陆"，难以使评论有新意、有特点。

具体来说，可以先回想一下，看看自己在平时的阅读观赏过程中，曾经是否有过眼睛为之一亮、心灵为之一动、精神为之一振，甚至不吐不快的感觉。这种最直接、最本能的"原始感觉"或"第一印象"，虽然稍纵即逝，却

真实地记录了自己当时阅读观赏的特定状态和心境，同时也蕴含了自己的某种"发现"。因为这种"原始感觉"或"第一印象"如果被阅读者、观赏者捕捉到，那它就会刺激阅读者、观赏者的大脑皮层相应区域进行某种分析和综合，产生一个兴奋点，从而将意义突显出来，被阅读者、观赏者清晰、完善地反映出来。由"原始感觉"或"第一印象"而产生的兴奋点，会因阅读者、观赏者的思想情感、价值观念、知识结构、艺术修养、人生经历、审美趣味等的不同而不同，因而是不可复制的，是独特的。杨义就说："所以我们就要重视自己读书时的第一感觉，因为它是你活生生的生命的一部分，它虽是朦朦胧胧不成体系的，但它包含着你的思想的萌芽，因而是非常宝贵的，我们要抓住它、重视它，而不要让很多概念蒙蔽了自己的眼睛。"[1]因此，从某种意义上说，重视"原始感觉"或"第一印象"，就是比较成功地确定了有价值的评论选题，同时也为之后新颖独特评论角度的选择提供了某种契机。

（二）求异存新，选择新颖独特的评论角度，提出富有创见性的论点

评论价值的高低，一定程度上取决于评论者能否突破现有视角和旧观点的范畴及其突破的程度。而评论角度的选择和论点的提出，是相辅相成的。一般而言，只要选择了一个新颖独特的评论角度，在纵向或横向两个维度，通过调动诸种分析综合手段，就能提出富有创见性的论点。

由于文艺评论是一种主体与客体相统一的活动，所以评论角度的选择，一方面与评论者的阅读积累、理论水平、知识结构、感受力、透视力等密切相关，另一方面则受到评论对象特征的制约。而只有主、客这两方面达到了某种契合，评论角度的选择才算是恰当的、成功的。

一般来说，评论新作家和新艺术家、新作品以及某种新出现的文艺现象，选择评论角度的余地比较大。评论者只要重视、抓住自己阅读观赏评论对象时的"原始感觉"或"第一印象"，认真思考吸引自己、感动自己的东西是什

1.杨义：《耕海一二三——杨义谈读书与治学》，北京：商务印书馆，2016年，第261页。

么——语言的魅力？结构的精妙？人物形象的生动？主题思想的深刻？表达技巧的独特？——就往往比较容易找到新的评论视角，提出新的见解。

例如，由著名作家梁晓声获得茅盾文学奖的同名小说改编而成的现实题材剧《人世间》播出后广受追捧。评论者基于各自观看该剧的感受和见解，从社会、历史、美学及主题思想、艺术形式等多角度对其进行分析评价，产生了许多高质量的评论文章。仅2022年5月之前，就有尹鸿、李亚青《平民史诗 中国密码——评电视剧〈人世间〉》，戴清《电视剧〈人世间〉的审美"三昧"——兼及探赜精品剧的成功密钥》，周安华《粗粝现实主义的温情镜像——论电视剧〈人世间〉的主旨与魅力》，霍美辰、张兴宇《时代变革与平民生活史的当代图鉴——电视剧〈人世间〉的艺术创新探究》等评论文章，展现在读者的面前。

对于已被多次评论的文艺作品或其他文艺现象，尤其是那些"百年旧作"，是否就无从下笔、毫无新意了呢？显然并非如此。虽然选择评论角度的余地没有评论新作和新出现的文艺现象那么大，但只要肯下功夫求异存新，还是有机会的。而"求异存新"，就要求评论者结合精读欣赏时的感受和所得，认真、全面地了解和分析已有的评论成果，抓住评论对象的核心特质，寻找别人没有用过或很少用的角度，从而提出富有创见性的论点。

具体来说，如果某个角度别人已经评得比较深和透，就考虑换一个视点，从其他的角度切入，以避免雷同。例如，对于罗中立的代表作《父亲》，大多数评论从画面中的人物形象及其表现手法两个角度进行分析，认为该作品当时引起关注并打动观众，主要是因为它塑造了一个感人的"父亲"形象，并采用了相对新颖的照相写实主义手法。但学者林钰源的《罗中立与〈父亲〉》一文，从画像的尺寸规格与表现内容所隐含的特定社会学含义的角度，论述了画作《父亲》产生感动中国的巨大感情力量的原因是具有政治波普性质，这就给人眼前一亮的感觉。

如果某种文艺现象众人皆有趋同的接受反应，就可以以批判的眼光审视之，以避免跟着别人的思路走。例如，刘慈欣的科幻小说《三体》获得雨果奖最佳长篇故事奖并广受赞誉时，周南焱在其文章《被过度谈论和神化的

〈三体〉》中却从一个新的角度——批判的视角——予以评论，认为《三体》已被"过度谈论和神化"，主张给《三体》"降温"，"不要过度膜拜和溢美"，应该"把它只当作一部科幻小说来看，让它回归到科幻小说的本来面目"。

如果某些方面别人虽有评论，但不够深透，就可以尝试采用某种新的理论——新的理论视角——接着来评，以求新的突破。例如，对柔石《为奴隶的母亲》人物形象进行评论的文章数量不少，且深度和广度的程度有别。而朱斌的《张力充盈的人物塑造——柔石〈为奴隶的母亲〉重读》一文，则另辟蹊径，运用一种当时比较新的理论视角——张力视角，对该小说予以了重新审视和观照，由此挖掘出了它的新特征、新魅力，这无疑是一次成功的评论。需要提及的是，理论与批评方法往往是一体的。文艺的批评方法，常见的有社会历史批评、精神分析批评、意识形态批评、形式批评、解构主义批评、接受美学批评、女性主义批评、文化批评等。[1]

追求评论角度的新颖独特与论点的创见性因人而异，方法众多。总的来说，这取决于评论者是否具备敏锐的感受力和深刻的洞察力，是否具有坚实的理论基础、理论思维能力和推理论证能力。"最有个人特性的评论是最引人注目的评论。"[2]正是这种色彩斑斓的个性差异，才使得文艺评论本身独具价值。

第三节 过程写作实训：一篇文艺评论的产生

一个较为完整的文艺评论写作活动包含了哪些环节或步骤？在写作实践中，一篇具体的文艺评论文章又是如何产生的？这是本节想要厘清的问题。

1.这些批评方法可参考相关文学理论著作，例如王一川主编的《文学批评教程》，北京：高等教育出版社，2009年。

2.罗杰·法约尔：《法国文学评论史》，怀宇译，成都：四川文艺出版社，1992年，第224页。

一、文艺评论的写作过程

文艺评论写作是一个逐渐生成的阶段性过程，一般可划分为五个环节或步骤，即确定评论选题、研究评论对象、选好评论角度、展开行文活动以及修改润饰定稿。在具体写作过程中，这五个环节或步骤有时会有交叉往复。

（一）确定评论选题

确定评论选题，即寻找并确定有价值的评论对象[1]，是文艺评论写作首先要解决的"评什么"的问题。文艺评论的对象范围很广，既可以是文艺作品、作家和艺术家，也可以是文艺流派、文艺思潮等，每一类对象的形态又纷繁复杂。因此，选择有价值的评论对象就很重要。要判断所评论的对象是否有价值，一般可以从两个方面来衡量：一是它自身是否重要、是否值得评论，如文艺家有无自己的理论见解、创作经验、风格特点等，作品是否优秀、是否反映了某种倾向、是否具有突出的社会影响等；二是现实社会是否需要，诸如文艺创作的需要、思想教育的需要、文艺理论探讨的需要等，是否应当评论。基于这两个衡量标准，下面重点介绍两类有价值的评论对象。

1. 值得评论的文艺家与文艺作品

文艺活动现象中，读者和观众接触最多的是作家、艺术家和文艺作品。但并非这些都值得评论，都能成为真正的评论对象。一般而言，只有那些有着自己独特的理论见解、创作经验、风格特点或具有突出社会影响的作家与艺术家，那些有着阅读、借鉴和研讨价值的文艺作品，才能被评论者选择为切实的评论对象。其中，具有较大的认识、教育、审美以及娱乐价值的文艺作品，一般是既能在思想、艺术上取得成功，又能在市场上受到欢迎的优秀文艺作品。例如，古今中外世人公认的名篇佳作等。

1.这里特指评论范围，如一个作家或一个艺术家，一部文艺作品或一类文艺作品等，而不是明确评论什么的论题。

2. 文艺界中的热点

在不同的历史时期，文艺界总是存在着为读者和观众所普遍关注的热点问题。新世纪以来，文艺界就出现过诸多"热点"。例如，文学经典改编引起的争议，对身体写作、私人写作的质疑，人文精神大讨论，有关"底层文学"的表述之争，关于梨花体诗歌的评价，日常生活审美化的议论，关于网络文学的流行、评价标准与评价体系的讨论，非虚构文学的名称之争，关于如何讲好中国故事的议论，对文化自信与现实主义的研讨，等等。由于不同历史时段的热门话题典型地反映了此一时期社会的文化思潮，折射了特定时期大众自下而上或者自上而下的精神生活，所以其产生有着重要的价值和意义，为文艺评论者提出了现实的论题。而对于这些从实际生活中提出的问题，如何做出恰如其分、令人信服的回答，则成为了文艺评论的课题，也是读者和社会对文艺评论者的期望所在。

（二）研究评论对象

评论选题确定了之后，就得对评论对象做认真、深入的分析和研究。评论对象大体上可以分为两类：一类是文艺作品，一类是文艺作品之外的其他文艺现象。对于这两类评论对象的研究，可以说既有共性，也有差异性。但基本上可以从以下两个方面进行。

首先，阅读观赏文艺作品或熟稔其他文艺现象的原委。

对于评论者而言，阅读观赏作为评论对象的文艺作品，既不能泛泛地浏览，也不能仅限于一般的欣赏，而要以静心观照的心态认真阅读、潜心钻研，要以全面把握作品的整体风貌、发掘作品所隐含的意蕴以及深入理解作者的情思和艺术匠心为旨归，所以其目的性非常明确。在对文艺作品进行阅读观赏时，可以依照"从头至尾的总体阅读——对作品的各部分进行细致阅读——对作品获得本质认识的总体阅读"这样的程序或步骤，由浅入深，或生疑、或逆向思考，从而读出感觉、读出新意，发现问题，拓展评论视野。[1]

1.关于文艺作品如何阅读欣赏，可以参看本章第二节中提到的"精读欣赏法"。

如果评论其他文艺现象，评论者要熟悉文艺现象产生的具体情境，发展变化的具体过程、状况，可能的趋势，等等。对文艺现象原委的了解要达到如数家珍的程度，而不能停留在文艺现象的表面。

其次，阅读创作文艺作品的作者材料或其他文艺现象产生的背景材料。[1]

仅仅阅读观赏文艺作品、熟稔文艺现象的原委还是不够的，评论者还需从作品及文艺现象本身中"跳出来"，进而将视野拓展到作者以及文艺现象产生的特定时代背景中，阅读创作文艺作品的作者材料或文艺现象产生的背景材料。作者材料包括作者的生平、经历、思想、性格和以往的创作情况等。背景材料包括特定历史时期的政治、经济、文化、社会状况等。通过对这些材料的阅读，进一步加深对作品或现象的理解和把握，了解作者的创作意图或其他文艺现象产生的原因，为之后提出独到见解、做出切中肯綮的评价夯实基础。

（三）选好评论角度

在认真、反复地阅读欣赏了评论对象，充分了解了关于评论对象的基本情况，尤其是其个性和特异性之后，选择评论角度便成了评论者的主要任务。一部文艺作品，尤其是优秀的文艺作品，其内涵和表现都十分丰富，艺术形象的创造，既有感性的融会，也有理性的沉淀，既有作者显意识的表达，也有作者潜意识的流露。并且，一部文艺作品的艺术语言、表现手法、结构、风格等，也往往是多样复杂的。因此，初学者进行文艺评论时，最好不要面面俱到。倘若面面俱到，则只能犹如蜻蜓点水，浅尝辄止，泛泛而谈，大而无当。由此，评论角度的选择就显得尤为重要了。

所谓选择评论角度，就是选择评论的视角和切入点。文艺评论犹如看山，横看、侧看、远看、近看、俯看、仰看，山所呈现的面貌、情景是不同的，从不同的视角切入，自然有不同的所得。譬如，可以从结构切入，展开对文

1.可以结合本章第二节提到的"知人论世法"来阅读。

艺作品有机性、有序性和功能效果的分析；可以从艺术语言¹或物质材料层面切入，展开对文艺作品艺术语言意义诸如惹人注意、动人情怀、引发共鸣、发人深省、耐人寻味等的评价；可以从其中的一个情节或事件切入，评判文艺作品的真实性和表达意向；可以从人物的心理意识、心理过程、心理冲突切入，探讨作者的深层创作心理，挖掘作品的心理学内容；等等。与此同时，评论角度的合适与否，不仅直接关系到后面行文的顺利与否，还影响到整个文艺评论的成功与否，所以，选择一个恰当的评论角度势在必行。

评论角度的恰当，最直接地体现在大小合宜上。如前所述，任何一种文艺现象都是由多种因素、层面、性质所构成的，其复杂性就决定了评论者评论的面不宜铺得太大。如果面铺得太大就会泛泛而谈，评价流于表面，论点平庸而肤浅，致使评论活动失去它应有的价值。鉴于此，在选择评论角度时，评论者尤其是初学者，切忌贪大贪全，尽量从小处着手，力求在某一个点或某一个角度上获得突破，也就是所谓的"小切口，深挖掘""小题大做，以小见大"。之所以选择"小切口"，是出于两个方面的考虑：一是容易驾驭，能将一个重要问题彻底地讲清楚、讲透彻、讲充实；二是便于查找资料。当然，评论角度也不宜太小。否则，评论的格局和视野就会受到限制，广度和深度就难以有拓展和挖掘。因此，评论角度的小与大是相对的和辩证的，我们不能作机械片面的理解。

在选择大小适当的评论角度之后，再考虑评论视角的新颖独特。这就需要评论者具备敏锐的艺术感受力和深厚的理论素养。²

（四）展开行文活动

通过上述准备，初步形成了自己的观点并且选择好评论角度之后，接下

1.所谓艺术语言，是指各类型的艺术用以塑造形象、传达情感的物质表现手段。不同的艺术门类，有其自身独特的艺术语言。例如，文学的艺术语言是语言文字，绘画、雕塑的艺术语言是线条、明暗、色彩、肌理等，音乐的艺术语言是音响、节奏、旋律等，影视的艺术语言是画面、镜头、声音等，舞蹈的艺术语言是人体动作。
2.关于如何选取新颖独特的评论视角，可参看本章第二节"基于创造性思维的文艺评论写作训练"中的相关内容。

来便进入行文阶段。所谓行文，即评论者将自己对评论对象的思考与研究的成果，以书面文字的形式表达出来并最终成文。虽然行文是一种文字表达，但这并不意味着它就是一种机械被动的活动。在此阶段，评论者可能还会对已形成的观点、所收集的材料、所选择的评论角度等，进行更为深入的思考或适度的调整。古人云"文无定法"，作为一种文体类属，文艺评论的写作也不例外，其行文方式和方法也因作者的思维方式、写作习惯、知识水平等的差异，大可灵活自由，多种多样。文艺评论的写作虽然无"定法"，但也存在着某种"常法"，即通则和规范。而"文"与"质"的关系处理，就属其中一种。

"文"与"质"是中国古代文论中的一对重要范畴。其含义在不同的场合和语境中，有着不同的所指。这里，我们采用其一般的含义："文"指文辞、文采；"质"指实质内容。如前所述，感性与理性的统一、科学性与审美性的结合以及倾向性与创造性的融合，都是文艺评论的重要特征。基于文艺评论文体的这三个重要特征，评论者在行文时就要处理好"文"与"质"的关系，即既要将文章写得具有一定的深度、广度、高度与新颖度，又要写得生动活泼、文采斐然、文气郁郁，使自己的评论文章文与质兼备，哲理与诗意统一，令读者读来兴味盎然又发人深省。

当然，在追求深度、新颖、文采斐然、文气郁郁时，不能像文学创作那样随意使用口语化的日常生活语言、方言土语、歇后语，大量运用感情色彩浓厚的形容词、副词、叹词，象声词等，而应该在合适地使用规范化的名词、概念、专业术语以及理论的基础上，在不影响意义表达的前提下，力求用语精美生动，调整句式。例如，添加一些渲染性的句式以打破单调，通过适当的修辞以增强表现力。宗白华的·《美学散步》、李泽厚的《美的历程》，就是这方面的写作典范。

（五）修改润饰定稿

行文活动的结束，并不意味着文艺评论写作整个过程的完结，之后它还需要进入修改、润饰、定稿阶段。因为行文活动所形成的成果只是文艺评论的初稿，是半成品。这种半成品，只有经过多次不厌其烦的推敲、修改和打磨，才能真正成为"意称物、文逮意"、对读者负责的成品。文艺评论由初稿到终稿的过程，实际上就是所谓的修改润饰阶段。文章的修改润饰，就其性质而言，是一个去粗取精、由不妥当到妥当的打磨过程。因而，修改润饰是提高文章质量的一个不可或缺的完善环节，是文章写作过程中一个不可分割的有机组成部分。

文艺评论文章的修改与润饰所涉及的内容较多，主要有论点、结构的修改，材料细节的增补删减，语言文字的润饰，标点符号、注释和参考文献的修订等。至于具体需要修改什么，怎么修改，则需要根据初稿的实际情况来定。

如果是论点，尤其是中心论点，那么可以审查原有论点是否正确、鲜明，思考原有的观点是否有片面性、提法是否有不妥当之处，对观点的阐述和论证是否不够充分和严谨、是否芜杂和枝蔓，对于原有的观点是否有更切实的新的观点能够予以补充和完善，找到问题之所在，之后有针对性地加以修正。

如果是结构，那么可以思考文章的整体框架是否完整合理，层次是否分明，各部分之间的逻辑关系是否清晰严密，各章节段落之间的过渡衔接是否顺畅自然，篇幅是否大体匀称，之后有的放矢地加以完善。

如果是材料细节，那么可以思考文章所用的材料是否正确、可靠、合适，是否能够有效地说明问题；是否有些单薄，而难以支持相应的论点；抑或是否繁杂、堆砌太多而淹没了观点；之后根据实际情况和需要或更换，或增补，或删减。

如果是语言表达，那么可以思考文章所用之语词是否有不当之处而产生了歧义，是否有语法错误，是否准确传达了自己想表达之意，是否精练而没有啰嗦重复之处，之后可以通过"默读"或"朗读"的方式，对其进行推敲、修改和润色。

文艺评论文章的修改时机和方式因人而异：有人选择初稿完成后立即修改，有人则偏好搁置一段时间后再修改；可以自己修改，也可以请他人指点修改。至于何时、采取何种方式修改，评论者可根据个人偏好自行决定。

二、过程写作案例：一篇文艺评论文章的诞生

一篇具体的文艺评论文章是怎样诞生的？其诞生是否遵循了"确定评论选题——研究评论对象——选好评论角度——展开行文活动——修改润饰定稿"的写作环节和规律？本节就以李树榕的《文化批判：深度≠高度——对近期后宫戏思想境界的反思》一文为例，通过作者对这篇文章创作情况的阐释和"复盘"，来呈现一篇具体的文艺评论文章的产生过程，并检验一下之前所述的文艺评论写作的思维训练和写作方法的合理性。

【案例展示】
《文化批判：深度≠高度——对近期后宫戏思想境界的反思》

（一）选题与作品研究

2011年，《甄嬛传》作为一部后宫戏出现在电视屏幕上，随后在中国产生了较大的影响。一个偶然事件激发了作者观看《甄嬛传》的兴趣。当将七十六集《甄嬛传》看完后，作者深有感触，觉得这部电视剧花了大心思，下了大功夫，并在艺术性上就概括出四个"好"。一是"故事编得好"：因为它悬念迭生、丝丝入扣，扣人心弦；而这个悬念还有根儿，悬念有根，它所表达的人物就有真实可信性。二是"演员演得好"：不管是扮演男主的还是女主的，不管是男配角还是女配角，他们的表演都很到位，分寸拿捏把握得也很准确，真是无可挑剔。三是"服化道声光电都好"：服装、化妆、道具，看上去就觉得是精良之作，因为它将雍正王朝到乾隆王朝之间的过渡、大清王朝皇宫内外景的设计以及不同身份地位之人的服饰等，都表现得无可挑剔。四是"音乐好"，尤其是刘欢给配唱的片尾主题歌，其多次出现半音的旋律处理就把人心莫测的感觉表现了出来。

在艺术性上概括出四个"好"的同时，作者也在思考：作为在中国影响很大的后宫剧，《甄嬛传》到底要传递一种怎样的价值倾向？观众特别爱看，

除了艺术性上的"好"之外，还有没有其他原因？经过对重点剧情的反复观看和一番思考之后，作者发现这部电视剧颇有现实意义，即"直面私利与生存的关系，敢于正视文化劣根，力求文化批判的深度"，但它的主题思想——最终要表达的思想诉求——不好。七十六集连续剧中，女主角甄嬛从一个刚入宫的纯真、善良、干净的嬛嬛姑娘，变成了一个很有心计、屡屡报复别人的皇太后。这不免让观众觉得：甄嬛的生命历程就是一个人由好变坏的历程。因为她由好变坏了，所以她最终是一个胜利者，不仅战胜了皇宫里那些想尽办法害她的嫔妃们，还报复了一会儿把她捧到天上一会儿又把她踩到脚底下的封建君主——皇帝。甄嬛由好人变坏人的生命历程告诉观众：这是一个由弱者变强者的过程。由此，作者将《甄嬛传》的主题思想概括为九个字：学坏吧，不学坏，没法活。

当悟出《甄嬛传》消极的主题思想以后，作者为众多观众的思想将会不同程度地受到"戕害"而感到忧虑。作者觉得有责任拿起笔来批判和鞭挞《甄嬛传》这类作品不好的思想导向，从而肯定和褒扬那些思想导向非常好的作品。由此，作者决定写一篇关于《甄嬛传》这部电视剧的评论。

（二）寻找切入点

决定写关于《甄嬛传》的评论后，作者就在思考：这部七十六集的电视剧，怎么切入？思来想去，作者打算从中华文明五千多年的传承入手。因为在她看来，五千多年农耕文明的传承应该值得国人反思。于是，在反思的过程中，作者抓住了两个方面的问题：一个是人的私心是怎么形成的？另一个是在封建专制社会里，进了后宫的女性到底该怎样生存？而对这两方面问题的思考，就自然地把封建社会、官场，乃至与官场相关的人怎样保护自己、怎样争名夺利，都锁定在了一个字——私心的"私"——上。于是，作者就决定把私心的"私"作为一个切入点，开始对中国传统文化进行批判，批判其中给国人带来负面影响的方面，即劣根性。而从这一点切入，作者收获颇丰。

（三）执笔行文

由于作者将文章的题目定为《文化批判：深度≠高度——对后宫戏〈甄嬛传〉思想境界的反思》，所以作者在进行文化批判时，就像鲁迅先生写《阿Q正传》那样，反思中华民族的劣根性。经过对中华民族的行为习惯和价值观念的系统分析，以文化自觉为前提，以文化自省为途径，作者将带有中国古代封建社会特色的中华民族品性的鲜明缺点归纳、概括为四点：一是精神文化层面的私心、私欲，即因利而结党营私；二是行为文化层面的阴谋，即在有些阴柔价值倾向的中国传统文化影响下，为了争夺某种资源、达到某种目的，从而施展各种阴谋诡计；三是基于私心的"人情"，即一向倚重于家庭亲族之间"因亲及亲，因友及友"的人际关系，遇到事情总喜欢托人情，以致"法治不立，各图侥幸，秩序紊乱，群情不安"；四是由社会制度所导致的人格异化，即想反抗压迫、挣脱束缚，但又不得，最终只能被迫适应环境。而对私欲、阴谋、"人情"以及人格异化的批判，铸就了《甄嬛传》这部电视剧在文化批判上的深度，也构成了这篇文章的基本框架。

在阐释这"四个批判"时，作者一方面肯定了《甄嬛传》这部电视剧在传统文化批判上所具有的深度，另一方面又指出其不足，即在传统文化批判上没有达到相应的高度，没有给观众指出一条光明的出路，从而顺理成章地得出自己的核心观点："文化批判的深度，是发现问题、暴露问题的程度，而思想的高度，却在于能否找到有效解决问题的途径。假如后宫戏一味地把艺术想象停滞在'祸福轮流转，是劫还是缘，天机算不尽，交织悲与欢'的无奈与悲叹，就难免使剧作沉溺于揭露和批判，而忘记了救赎。"而这种核心观点的呈现，是为了唤醒所有观众认识到《甄嬛传》这部电视剧价值引导的偏误。

（四）修改定稿

当作者将修改三次、自认为完美的评论文章[1]发给《中国电视》的责任编辑大木时，大木顿时眼前一亮，觉得是篇好文章，立即表示要采纳。但出于某种考虑，大木也给作者提出了一个修改意见，即不能光研究《甄嬛传》一部电视剧，最好研究与《甄嬛传》同一类的后宫戏。对责任编辑给出的修改意见，作者欣然接受。随后，作者又认真观看了与《甄嬛传》播出时间较近的《步步惊心》《美人心计》等后宫戏。在观看后宫戏的一类电视剧时，作者发现这类后宫戏都有一个共同的特征，即思想境界有待提高，题材非常值得国人进行严肃而深入的思考，甚至进行批评。之前由《甄嬛传》分析出来的"四个批判"，在《步步惊心》《美人心计》等后宫戏中，也有相应的体现。由此，作者基于之前的框架，在不同的部分增加了相关内容。又经过三次修改，作者最后完成了这篇文章《文化批判：深度≠高度——对近期后宫戏思想境界的反思》。该文内容丰富、观点鲜明、见解独到、论理透彻、展开充分、逻辑严密、理论性和学术性强、语言简练而富有表现力。

之后，李树榕的这篇评论文章很顺利地在《中国电视》上发表，并于2014年荣获第九届"中国文联文艺评论奖"一等奖。

─────────────── **研讨与实践** ───────────────

1. 简述文艺评论的范围、对象与类型。

2. 文艺评论与作品赏析、观后感有什么区别？

3. 介绍并分析一篇你欣赏的文艺评论文章。

4. 如果让你写一篇关于电视剧《人世间》的评论，将从哪个角度切入？

──────────

1.由于时隔十余年，又经历了电脑老坏、搬家换房等事宜，作者发给《中国电视》责任主编大木的文章初稿无法找到，所以在此难以呈现初稿风貌。

5. 选取一部你熟悉且喜欢的文艺作品，运用本章节所讲的写作思维和创作方法，写一篇1500字以上的文艺评论，题目自拟。

拓展阅读

1. 李德民：《评论写作》，北京：中国广播电视出版社，2007年。

2. 汤拥华：《文学批评入门》，上海：华东师范大学出版社，2020年。

3. C.S.路易斯：《文艺评论的实验》，徐文晓译，上海：华东师范大学出版社，2008年。

4. 陈邑华、郑榕玉：《创意写作——叙事与评论》，厦门：厦门大学出版社，2019年。

5. 王进玉：《文艺评论不能轻评重论》，《中国艺术报》2018年7月23日第3版。

6. 王德胜、胡疆锋主编：《中国文艺评论年度文选（2022）》，北京：文化艺术出版社，2024年。

7. 中国文艺评论家协会：《文艺评论概要》，北京：中国文联出版社，2024年。